삼국유사에 실린

한국의
왕권신화

지은이 | 신종원

펴낸이 | 최병식

펴낸날 | 2024년 12월 12일

펴낸곳 | 주류성출판사

주소 | 서울특별시 서초구 강남대로 435 주류성빌딩 15층

전화 | 02-3481-1024(대표전화)   팩스 | 02-3482-0656

홈페이지 | www.juluesung.co.kr

값 35,000원

ISBN 978-89-6246-544-0 93910

삼국유사에 실린

한국의
왕권신화

신종원 지음

주류성

책 머리에

　이 책은 우리 고대의 왕권신화를 《삼국유사》에서 뽑아 소개하고 논의를 펴나간다. 신화(神·話)는 문자 그대로 '신(들) 이야기'다. 자료의 바탕이 역사책인 만큼 '거룩한 역사 이야기'로 범위가 좁혀진다. 아주 옛날, 나라를 세우고 일으킨 이야기를 적어놓았으니 '전설'이라고 해도 상관없다. 그만큼 왕권신화는 인간과 문화·제도가 이미 장치(set)되어 있다. 우주의 순환이나 인간의 탄생·갈등 같은, 시작도 끝도 없는 이야기가 아니라 '역사가 된 왕들의 이야기'를 말한다.

　'첫째 마당'에서는 단군신화를 여러 각도에서 조명하고 해부해본다. 독자들 가운데는 '단군-신화'라는 용어가 탐탁하게 들리지 않을 수도 있다. 문자가 없던 태고/상고시대의 모습과 경험은 이야기로밖에 전해지지 않았으니 신화와 역사를 구분함이 얼마나 가능하며 또한 의미 있는 일인지

돌이켜보았으면 한다. 신화를 분석하여 그것이 역사를 어떤 식으로 반영하고 있는지 함께 음미해보자. 나라를 세운 이야기는 신의 도움을 받는다든지, 사람과 짐승 사이에 대화가 이루어졌으므로 신화로서 모자람이 없다.

'둘째 마당'에서 우리는 신라 중고시대 왕들의 '거룩한 이야기'를 역사로 읽는다. 나라를 세운 다음에도 위업을 지켜나간다는 과제가 남아 있다. 신성한 나라를 지킨 왕들 기사는 《삼국유사》 기이편에 들어 있다. 그들은 여느 나라 임금과 다르며, '하느님이 보우하사' 천 년 사직을 지켜온 서사(敍事)가 적혀 있다. 신라 중고시대 왕들의 신성혈통을 일러 '성골'이라 한다. 그 신성함이 인도 신화에까지 닿는 선덕여왕은 초인적이지만 내면으로는 처절했던 시대배경을 《삼국유사》는 펼쳐 보인다. 호사가들은 농담 반, 진담 반으로 여왕의 '세 가지 이야기'를 들려주지만 그 역시 잘 짜여진 신화다.

삼국을 통일하고도 동해바다 용이 되어 잠겨 있는 문무왕은 또 어떠한가? 아들 신문왕은 아버지 임금의 영령을 맞아 왕조의 보물 대나무/만파식적을 얻어 궁중에 모셨다. 이후에도 부왕맞이가 지속되도록 이견대라는 사당이 지어졌다. 대나무라는 신체(神體)로 (해)신을 모시는 사례가 다른 지역에는 없는지 비교·검토가 필요한 부분이다.

옷깃을 여미게 하는 '신화'임에도 굳이 '역사'로 끌어내려 제례나 가장행렬을 하는, 아직 신화시대의 이웃들에게 박수를 쳐야할지 말려야할지 시방도 말이 많다.

마지막(셋째 마당)으로 백제 무왕을 논한다. 빈한한 총각이 신라 선화공주와 인연을 맺어 왕위에 오르고, 동양 최대를 자랑하는 익산 미륵사를 세웠다. 다행히 무왕신화는 역사 차원으로 내려왔는데, 미륵사 서탑 사리 봉영기에 왕비의 성씨는 '사택(沙乇)'으로 적혀 있다. 당대의 유물이 나온 지 15년이 다 되어가는데도 선화공주 망령은 여전히 왕릉에서 맴돌고 있다. 더하여, 무왕이 신라 서울에 가서 불렀다는 노래 '서동요'가 익산에서 채록되어 향가 해독에 진전을 볼 수 있어 다행이다.

모쪼록 눈 밝은 독자가 많은 가르침과 깨우침 주시기를 바라마지 않는다.

차례

둘째 마당 : 신라의 왕권신화

셋째 마당 : 백제의 왕권신화

충북 괴산군 연풍면 서낭

첫째 마당 :

단군신화

《삼국유사》 기이제1, 고조선조 古記의 번역 을 싣는다.

고조선 (왕검조선)

고기에는 이렇게 씌어 있다. 옛날에 환인[곧 제석이다]의 서자 환웅이 있어 자주 천하에 뜻을 두고 인간세상을 탐내었다. 아버지가 아들의 뜻을 알고 삼위태백을 내려다보니 널리 인간을 이롭게 할 만하여, 이에 천부인 세 개를 주어 가서 다스리게 하였다. (환)웅은 무리 3천 명을 거느리고 태백산 꼭대기[태백은 곧 지금의 묘향산이다] 신단수 아래로 내려왔다. 여기를 신불이라 부르는데 이 분이 환웅천왕이다. (그는) 풍백·우사·운사를 거느리고 곡식·목숨·질병·형벌·선악 따위 무릇 인간의 360여 가지 일을 맡아서 세상을 다스리고 가르쳤다. 이때 곰 한 마리와 범 한 마리가 같은 굴에 살면서 사람이 되게 해달라고 항상 신웅(환웅)에게 빌었다. 그러자 신(웅)이 신비한 쑥 한 줄기와 마늘 20 쪽을 주고 말하였다. "너희들이 이것을 먹고 100일 동안 햇볕을 보지 않으면 곧 사람의 모습으로 될 것이다." 곰과 범은 이것을 받아먹고 3·7일 동안 금기하는데, 곰은 여자의 몸이 되었으나 범은 참지를 못하여 사람이 되지 못했다. 웅녀는 혼인할 상대가 없어서 매번 신단수 아래서 아이를 배게 해달라고 빌었다. (환)웅은 잠시 사람으로 변한 뒤 혼인하여 아이를 얻었는데 이름을 단군왕검이라 하였다. (단군은) 요 임금이 즉위한지 50년인 경인년 [요 임금의 즉위 원년은 무진년이므로 그 50년은 정사년이지 경인년이 아니다. 아마 틀린 듯하다]에 평양성[지금의 서경이다]에다 서울을 두고 비로소 (나라이름을) 조선이라 불렀다. 그리고 도읍을 백악산 아사달로 옮겼는데 혹은 궁[혹은 방(方)자로도 쓴다]홀산, 또는 금미달이라고도 한다. 나라를 다스린 지 1500년이 지나 주나라 무왕이 즉위한 기묘년에 기자를 조선에 봉하였다. 그리하여 단군은 장당경으로 옮겼다가 나중에 돌아와 아사달에 숨어 산신이 되었으니 나이가 1908살이었다.(원문·번역 및 역주는 뒤에 실림)

익히 알고 있는 단군신화로서 토막(구절)을 나누면 아래와 같다.

① 환인의 아들 환웅은 인간 세상을 다스리고자 太伯山 꼭대기에 내려왔다.
② 인간이 되고자 원하는 곰과 범에게 마늘과 쑥을 먹게 하고 백 날 동안 햇빛을 보지 말라 하였다.
③ 곰은 여자가 되었으나 범은 금기를 지키지 못하였다.
④ 웅녀는 자식을 낳고자 신단수 아래에서 기도하였다.
⑤ 환웅이 인간으로 변신하여 웅녀와 혼인하였다.
⑥ 아이를 낳으니 곧 단군왕검이며 그가 세운 나라가 조선이다.
⑦ 단군은 나중에 아사달로 돌아와 산신이 되었는데, 나이 1908살이었다.

우리의 관심은 아래 몇 가지가 된다.
① 환인·환웅의 실체는 무엇이며 역사상 그들의 후예는 누구인가?
② 곰의 실체는 무엇이며 범/호랑이와는 어떻게 비교되는가?
③ '환인 - 환웅 - 단군' 족보는 고정·불변인가?
④ 태백산·신단수는 단군 시절의 배경/문화에 그치(한정되)는가?
⑤ 단군신화를 우리 역사에서 어떻게 자리매김할 것인가?
이러한 문제를 차례로 살펴보고자 한다.

I. 환인은 누구 또는 무엇인가?

환인·환웅이란 이름은 한자 자체로는 이렇다 할 뜻이 없다. 우리말을 한자로 적은 표현이 아닐까? 그러면 그 뜻은 무엇일까?

1. 환인

오늘날 널리 유통되는 《삼국유사》 중종임신본(정덕본, 1512) <고조선> 조 古記(아래 <고기>로 줄임)의 환인 표기는 아래와 같다.

> 옛 기록에 써놓기를, 옛날에 환국 - 곧 제석이다 - 이 있었다 (古記云 昔有桓国 謂帝釋也)

'国'이란 한자는 '國'의 略字이므로 현대에 와서는 친절하게 '桓國'으로 인쇄해 놓곤 한다. 조선시대 학자들은 물론, 최남선(1890~1957)도 "桓國的 천제가 환웅적 천자를 강세시키는"이라고 했듯이 '국'자로 읽기에 주저하지 않았다.[1] 이능화(1868~1943)는 처음에, 환국은 환인의 틀린 글자[誤字]가 확실하다고 《조선불교통사》(1918)에서 말했다. 이후 1922년에 <朝鮮神教源流考>를[2] 쓸 때 환국설로 돌아서면서 "제대로 보지 않아서 후회 막심하다."고 말하였다. 이어서 '곧 제석이다'라고 한 것은 망령된 주석으로서 일연의 실수라고 했다. 일본학계를 보면 1904년 동경제국대학 인쇄본에서 '昔有桓国(석유환국)'으로 교감했으나 이후 환국설은 받아들이지 않았다. 1927년《대정신수대장경》에 실린《삼국유사》나 이마니 시 류우[今西龍]의 이름으로 나온 조선사학회본이 그러하다. 이들이 환국 설을 부정한 까닭은 물론 '곧 제석이다'라는 끼움주[夾註] 때문이었다.

중종임신본보다 앞서 조선 초기에 간행된《삼국유사》에는 '桓田'으로 적혀 있었던지, 일찍부터 그렇게 베껴 쓴 석남본('石南'은 송석하의 아호)이 있다. 2015년, 파른('손보기'의 아호)본이 공개되면서 이 글자는 '囯'에서 한 획이 빠진 '田'자로 확인되었다.

파른본은 다시 환인·환국 논쟁을 일으켜서 세간의 관심을 끌었다. 일부 '학계'에서는 이를 확대해석하여, 단군 이전에 이런 거대한 나라가 있었다고 한다. '시작은 미약했으나 나중은 창대'한 법. 거대한 환국 시대를 거쳐 환웅이 신단수 아래에서 이제/또 나라를 열었다고 하면 순서에 문제가 있다. '田'은 '囚' 을 달리 쓴 글자라고 밝혀졌다.[3] 고려시대에 '囚'자를 '田'으로도 썼음은 고려대장경《문수사리보초삼매경》에서도 확인된다.

2. 환인·환웅이라는 이름

제석은 불교의 수호신으로서 수미산 꼭대기 도리천에 좌정하고 있으며 『묘법연화경』 등에 나오는 釋帝桓因(← 釋迦帝桓因陀羅. S'akrodevandra) 을 달리 쓴 이름이다. 설령 '桓○'의 뒷글자를 모른다 해도 "제석을 말한다"는 주석을 따르면 桓因이 될 것이다. '환인' 단독으로 제석을 가리키는 경우는 없으므로, 안정복(1712~1791)이《동사강목》에서 지적했던 것처럼 환인을 제석이라 풀이한 것은 지나치게 불교에 기댄 해석이다.

"환인은 하늘 혹은 하느님의 근원이 되는 무슨 語形[말]의 音寫[소리 적음]"라는 최남선의 해설에[4] 와서야 비로소 이해된다. 불교/한자 용어를 빌어 자신들의 토박이말 하느(하늘, 한울)님을 환인이라고 쓰는데,[5] 이 생소한 용어를 풀이할 때 경전의 '제석' 말고는 달리 하늘에 군림하는 신령을 나타내는 마땅한 말이 없을 터이다. 《삼국유사》 탑상 흥륜사 벽화보현조에서는 제석이 곧 天帝[하느님]라 했다. 이승휴의 《제왕운기》(1295~1296년 사이 출간)에는 환인을 '상제(上帝)'라고 표현했다.

도교에서 지내는 하늘제사(天祭) 醮(초)에서도 하늘을 가리켜 '제석'이라 했다.[6] 그러므로 제석을 반드시 불교용어로 한정시켜 볼 필요는 없다. 일연과 이승휴는 강화도 마리산 참성단에서 지내는 초제를 알고 있었다.[7] 하지만 민간의 단군신화를 기록하는 마당에 굳이 불교·도교 용어나 개념을 적었다고 보지는 않는다. 당시는 우리 문자 한글이 없던 시대였다.

한편 환인의 아들 '桓雄'의 고대 소릿값[音價]이 어떤지는 정확히 알 수 없지만, 환웅도 환인 못지않게 소리가 하늘·한울에 가깝다.[8] 신터[神市]로 내려오기는 했지만, 환웅은 태생이 하늘이므로 하늘을 한자로 적은 '桓雄'에다 높임말 천왕을 붙였다. 天王 또한 하늘(님)이므로 '환웅+천왕'은 '하늘+하늘님'이 된다.[9] 앞은 소리로, 뒤는 뜻으로 적었으나 같은 뜻이니 겹말[同語反覆]이다. 한자대로라면 '桓雄'은 뜻하는 바가 없다. 환웅을 이렇게 이해할 수 있게 된 데는 뒤에 나오는 천왕으로부터 힌트를 얻었다. 단군의 할아버지·아버지 모두 하늘이자 하늘님=천신이라면 그들 사이의 아버지·아들 家系가 미심쩍다. 비로소 발상의 전환이 요구되는데, 탄생의 씨앗/원인을 제공한 이 즉 아버지 하늘에게 '因(인)'자를 씌운 것은 아닐까.

'환인'을 옮겨 적은 다른 한자를 보도록 하자. 설암 추붕(1651~1706)의 《묘향산지》에 나오는 기록이다.

지난 일은 아주 오래되어 그 사실을 말하기가 어렵다. 다만 第代朝記 (朝代記?)에[10] 말하기를, "桓仁의 아들 桓熊이 태백산의 神檀 아래로 내려와서 살았다. 환웅이 어느 날 白虎와 교통하여 아들을 낳으니 이 분이 檀君이시며, 우리 동방에 나라를 세운 군장이 되어 요 임금과 같은 해에 나라를 다스리셨다."고 하였으니, (그렇다면 그 것은) 세상 사람들이 기이한 것을 좋아하고 잘못된 것을 답습하는 말이 아님이 분명하다. (往事 鴻荒 難爲口實 第代朝記云 桓仁之子桓熊 降于太白山神檀下居焉 熊一日 與白虎交通 生子是爲檀君 爲我東立國之君長 而與帝堯並年 則非世人愛 奇蹈謬之說明矣)[11]

아버지 신령을 '桓仁'이라 쓰고 있으니 불교의 제석신과 더욱 멀어지고 있다. 같은 천신이지만 <고기>에서 아들 신령 환웅에게 수컷 '雄'자가 붙은 까닭은, 생식 원리에 따라 그가 수컷/남성임을 고려하지 않았을까? 그런데 위 제대조기에는 '子 桓熊'이라고 써서 짐승 곰을 가리키는 한자를 택했다. 이렇게 되면 환웅=곰과 백호=호랑이는 더 이상 경쟁 관계가 아니라 交合의 상대다. 雄·熊字가 얼마나 한자 뜻에 따라 쓰였는지는 알 수 없지만 그보다는 소리[音]만 취하여 적합한 한자로 적었을 확률이 높다. 이러한 이해 방식은 이미 아버지 天神 '환인'에서도 본 바이다. 우리가 환인·환웅이라는 한자에 얽매이지 않을 때 비로소 신화를 해석하는 길이 열린다.

II. 웅신의 실체

단군신화에서 곰과 호랑이는 여인이 되기를 희망하며 겨루었으나 호랑이는 탈락하였다. 神을 가리키는 우리말은 '곰'·'감'인데 우리 글자가 없던 시절 부득이 熊이나 虎로 대체되었다.

한자로 그렇게 쓴 이상 산짐승이라는 뜻으로 해석하게 되어 신화는 전개된다. 두 짐승을 나누어 각각 고아시아족과 퉁구스족으로 우리 조상을 치부하였다. 사료에 없는 '역사'다. 아직 동북아시아 생태나 민간 전승 조사가 턱없이 부족하던 시절 학설이다.

단군신화도 여러 버전이 있는데《삼국유사》의 그것만 맹종하여 곰은 과대 평가하기에 이르렀다. 사료상으로 곰(熊)은 용(龍)으로 쉽게 바뀌었다. 우리 역사나 현재도 곰을 숭상하는 예가 없음에도.

호랑이가 한국인 영혼의 처음이자 마지막임은 미국 이민 2.5세대에게도 무의식중에 박혀 있어서 되살아나곤 한다. 단군신화를 제대로 이해하는 지름길은 산신 호랑이를 제대로 아는 일이다.

1. 단군신화에 보이는 熊과 虎

단군신화를 통해 고조선 역사에 접근할 때는 먼저, 종족[ethnicity] 문제라든가 고조선 주민의 생활 또는 신앙을 파악하는 데 힘을 기울여왔다.[12] 그것은 고조선이 차지하는 시간 범위와 공간 그리고 주민 같은 거시적 연구이며, 나아가 신화 향유자의 문화에 접근하는 시도였다.

그간 역사학계는 천신[태양]과 곰을 축으로 하여 해석의 가닥을 잡아갔다. 그리하여 단군신화는 天神(나아가 至高神)숭배와 곰 토템을[13] 가진 종족의 정신세계로 보았다. 곰 토템은 단군신화를 이해하는 하나의 열쇠말이 되어, 우리 민족의 연원이 곰 숭배 종족인 고아시아족과 맞닿는다고 하였다.[14] 이런 식의 '편협한' 결론이 나온 배경에 대하여 왕리쩐은, 20세기 초반까지만 해도 중국 소수민족의 신화가 한문으로 번역·정리·출판되지 않았기 때문이라고 한다.[15] 계속하여 그는 "곰 문화는 전 세계 초기 생활에서 보편적으로 존재했던 현상이며, 인류의 선조들은 곰이라는 동물에게 공통적으로 약속이나 한 듯이 신성함을 부여하고 많은 신화, 유물, 문헌자료나 곰에게 제사 지내는 오래된 풍습을 남겼다."고 말한다. 신화상의 동물에 의미를 두려는 시각은 곰뿐만 아니라 호랑이까지도 언급하게 되었다. 연구자에 따라서는 곰과 범으로[16] 상징되는 두 개의 족단을 상정하여,[17] 웅녀신앙을 가진 씨족이 호랑이 신앙 집단보다 우수하였다고 보았다.[18] 곰 토템을 인정한다 하더라도 함께 등장하는 호랑이를 백안시할 수 있을까?

단군신화는 설화 분석을 통해서도 활발히 논의되고 있다. 곰이 사람을 낳았다고 하는 충남 공주시 곰나루 전설은 '사람·짐승 짝짓기(人獸交婚)' 이야기인데 흡사한 내용이 동북아시아 지역 시조 신화에서도 찾아진다. 단군신화의 곰 모티프[motif]는 우리 민족의 계통을 밝혀주는 움직일 수 없는 증거라 하지만[19] 우리말을 한자로 표기하던 시절의 '熊'인 점을 고려하면, 반드시 동물의 뜻으로 받아들여야 하는지 주저된다.[20]

<고기>에서 보듯이 단군신화는 고려말에 문자로 정착된 형태에서도 다분히 민간신앙의 모습을 보여주고 있다. 그러므로 단군신화를 제대로

보자면 설화의 속성을 등한시하면 많은 것을 놓친다. 우리가 익히 알고 있는 단군신화는 실은 여러 버전[version] 가운데 하나다. 신화를 분석하여 분명한 결론이 도출되고, 그것이 시간·공간적으로 언제 누구와 직결될 수 있다면 그 이상 좋을 수 없다. 그렇지만 이야기꾼이나 기록자의 존재를 망각하지 않는다면, 신화는 훨씬 복잡하기 때문에 신중히 접근하지 않으면 안 된다.

단군신화에서 곰의 등장과 역할은 절대불가결한 요소이다. 곰이 없었다면 단군 탄생 또한 있을 수 없다. 그런데 단군이 산신이 되었다는 이야기는 당나무[堂木] 神壇樹와 함께 마을 신앙의 일반형을 유지하고 있는데 반해, 곰이 등장함은 이질적이다. 단군신화의 모티프 가운데 산신과 곰이 서로 어울리지 않는다면, 신화에서 곰을 보는 시각은 무언가 달라져야 한다.

2. 호랑이의 실격?

'환웅천왕'은[21] 태백산 꼭대기로 내려왔고, 그의 주거 공간은 산이었다. 환웅의 아들 단군도 종국에는 산신이 되었다. 그러므로 단군은 산신의 아들로서, 그 자신도 산신이다.[22] 여기에 환인까지 더하면, 단군신화는 세 분[位] 신령 곧 '三聖'이라는 신들의 계보와 그들이 군림하는 세상을 펼쳐놓은 이야기다. 환웅은 하늘과 인간 세상의 질서를 이어주고, 단군은 건국 시조가 되었다. 2대에서 3대로 내려갈수록 인간과 가까워졌으며, 신화는 나름대로 그렇게 된 까닭을 밝히고 있다. 그것은 환웅이 산으로 내려온 것이며, 단군의 어머니가 사람[웅녀]이 되어서 가능한 일이었다.

곰은 시험과 금기를 이겨내어 여자가 되었고, 산=무대에 남은 배우는 범뿐이다.[23] 단군이 죽어 산신이 되었고, 신과 동물이 서로 몸을 바꿀 수 있는 것이라면, 단군은 범이 될 확률이 더 높다. 단군(=산신)이 호랑이라고 쓰여 있지는 않지만, 이치상으로는 단군=산신=범이라는 등식이 더 안정감 있다. 아래 그림을 보면 이해가 빠를 터이다.

범		범		범	
곰	환웅	웅녀	+ 환웅		
				단군 (산신)	

【등장인물 바뀌어감】

호랑이를 산신으로 여기는 관념은 수렵문화 단계까지 소급된다.《삼국지》동이전 濊條조에 나오는 "호랑이를 神으로 모셔 제사지낸다(祭虎以爲神)"는 기록에서 보듯이 虎神 숭배는 잘 알려진 사례로서,[24] 범이 곧 산신이라는 믿음은 우리 민족의 오랜 전통이다.[25] 나는 신화의 등장인물 가운데 범의 존재를 무의미하다고 보지 않는다. 웅녀의 활약이 그 자체로서 완결형이라면 범은 없어도 그만이다. 곰을 돋보이게 하는 열등생/패배자 범이라 하기에는 어딘지 석연치 않다. 지금까지 곰 위주로 단군신화를 생각하다 보니 실제 범이 맡은 역할은 거의 없는 것처럼 보였다. 그렇지만 범은 산과 같이 단지 거기에 있는 것만으로 산신의 모습을 훌륭히 연기하고 있다. 범은 참을성이 적다거나, 초식을 하지 않는 식성 때문에 금기를 지키지 못했을 것이라는 해설도[26] 있지만, 당초에 범은 이러한 시험에 응

할 존재가 아니었다. 범과 곰 둘 다 신령의 상대역이 될 수 있다면 오히려 금기를 명령받고 시험을 거쳐야 하는 후보자 役에서 산신=호랑이는 저만치 비켜서 있다. 범을 위한 변명이 여기까지 이르면 <고조선>조 고기의 단군신화는 상당히 발전된, 서사 논리상 거의 완성 단계로 보인다. 비로소 이른 단계의 단군신화를 상정하게 되는데, 그것은 단군의 탄생이 여전히 베일에 가려 있고, 둘러대는 이야기라 하더라도 모순되고 유치한 버전을 벗어나지 못할 터이다. <고조선>조 고기를 제외한 몇 가지 단군신화는 바로 그 道程의 모습이 된다. 그러면 왜 신화의 완성 단계에서 곰·범이 나오게 되었는지, 이들 두 배역이 정말 캐릭터가 다른지 의심해본다.

우리 옛말의 '감·금'이 '長·王·神'의 뜻을 가지고 있다 하는데,[27] 송나라 孫穆의 고려방언 책《鷄林類事》에는 '虎曰監 (蒲南切 - 原註. 호(랑)이는 감이라 한다)'이라 하였다.[28] '虎'에 神의 뜻이 있음을 말해주며, 신으로서의 범은 또 다른 신 환웅과 족히 짝할 만하다.

곰의 출현에 대하여 돌이켜보자. 환웅이 환인의 아들이라는 데 대해서는 아무런 설명이 없었지만, 단군에 대해서는 다르다. 건국 시조 단군은 인간과 마찬가지로 '출생'의 모습을 갖추어야 실감이 난다. 이 때문에 환웅은 배우자가 필요하다. 생명의 기원을 설명하는 생식설 논리다.[29] 단군신화는 이 가운데 후자에 입각하여 곰을 등장시키고 있다. 곰은 환웅의 배우자로서 신이어야 하고, 단군의 어머니로서 인간이어야 한다. 우리는 그동안 곰의 '인간' 됨만 말하였지, 곰이 신이기도 한 논리에 대해서는 침묵하였다.

태초에 환웅(神)이 혼인을 하려면 자기 분열을 하여 또 하나의 자신(神)을 만들지 않으면 안된다. 그 결과를 "그때 한 마리 곰과 한 마리 호랑이가 있었다."라고 썼다. 이 말은 환웅이 내려온 이후 또 하나의 神이 생겼는데 그 (고)조선어를 한자로 적으면 '熊'도 되고 '虎'도 된다는 친절한 해설이다. 그런데 어쩌랴! 두 한자는 본래 동물의 가짓수[種]를 가리키는 말이니. 이야기꾼은 비로소 날개를 달았다.

그동안 학계는 <고조선>조 고기의 서사[narrative]에 따라 '熊'이든 '虎'든 글자 본래의 뜻[訓]대로 생식 원리로 단군의 탄생을 이해하려 하였다. 두 한자 모두 神을 뜻하는 글자지만 이미 고려 후기에 '熊'이 우세를 보이던 시절의 버전이 <고기>이고, 이후 조선시대에 와서는 거의 정착된 경향이 사료에서 확인된다. 그래서 神(雄)은 그 배우자 神(熊)과 혼인이 이루어졌다는 유권해석이 나온다. 이 결합을 원인-결과로 설명해주는 방식이 신비한 약초와 금기[taboo] 모티프다. 곰과 비교하여 범 또한 神性이 전혀 뒤지지 않음을 《계림유사》를 비롯하여 《묘향산지》에서 확인된다.[30]

신의 아들이 내려와 인간을 낳는다는 줄거리 속에 설정된 암·수 곧 남·녀 짝짓기라는 이야기 방식과는 차원을 달리하여 묘향산에서 구전되는 단군신화는 신화 세계가 다르다. '桓熊'은 白虎와 관계를 맺되 어느 쪽이 암·수인지 언급도 없지만, 그러한 물음 자체가 <고기>에 물든 발상이다. 짝짓기를 하지 않는 신에게 남녀 구별은 의미가 없다. 환웅과 백호의 '交通'이란 신이 자식을 보려고 스스로 둔갑한 데 지나지 않는다. 곰을 굳이 여자로 변신시키지 않아도 단군의 신비한 탄생을 이야기하고 있는《묘향산지》단군신화는 설화 논리로 볼 때 오히려 《삼국유사》보다 옛 모습을 지니고 있다. 신화의 논리는 이야기 논리다. 조금 모순을 범하고 상식을 벗어나더라도 실제보다 더 의미가 부여된다면 재미있는 쪽이 잘 전승된다.[31] 단군신화를 해석하는 첫 열쇠는 이러한 층위를 읽어내는 일이다.

호랑이를 거느린 할아버지 산신도를 염두에 두고 보면 여자 되기를 바라는 호랑이 버전은 뜻밖이다. 산신 그림은 처음에 호랑이만 그렸다.[32] 하지만 산신도에 여자가 등장하는 예도 적지 않으며[33], 일찍부터 仙桃聖母[34]·雲梯山聖母[35] 등 여산신이 대부분이다. 현재도 할미산·老姑壇·大母山 따위는 성별로 보면 여성이다.[36] 돌로 만든 산신 獨尊으로는 흰옷을 입은 지리산 성모상이[37] 있고, 호랑이를 깔고 앉은 서울 근교 수락산의 할머니 마애상이[38] 있다. 여성 산신과 관련하여 고려 태조 왕건의 선조 虎景 전설은 흥미롭다.

호경이 마을 사람 9명과 평나산에 매를 잡으러 갔다가 날이 저물어 굴속에서 자게 되었는데, 범 한 마리가 굴을 막고 포효하였다. 열 사람은 각자의 모자를 던져서 범이 짚는 관모의 주인이 범과 상대하기로 정했다. 범이 호경의 관모를 물자, 호경이 나가서 싸우려 하는데, 갑자기 범은 사라지고 굴이 무너져 아홉 사람은 죽었다. 호경은 마을로 돌아와 이들 장례를 마치고, 먼저 산신에게 제사 지냈더니, 산신이 나타나 말하였다. "나는 과부로서 이 산의 주인이다. 다행히 장군[호경]을 만나 서로 부부의 인연을 맺고 함께 神政을 펼치려고 그대를 이 산의 대왕으로 봉하려 한다." 마을 사람들은 호경을 대왕으로 삼고 사당을 세워 제사 지냈다.[《고려사》1, 고려세계]

호경이 평나산신 즉 대왕이 되었지만, 원래는 과부 호랑이가 평나산신이었다.[39] 산신의 실체는 호랑이이기도 하고, 호경이기도 한 데서 신의 自己分化를 읽을 수 있다. 이것은 호경의 이름에 虎字가 들어감으로써 虎

(神)와 동일체가 왕건 선조 '(神)景'이기도 하다는[40] 말이다. 이 관계는 환웅과 그 배우자 熊(女) 사이의 그것과 흡사하다.

논의 전개를 하고자 여기 인류 탄생에 관한 민담 하나를 소개한다.

큰 홍수와 인류

옛날 큰 홍수가 난 적이 있었다. 오랫동안 큰비와 물살로 인해 이 세상은 모두 바다로 변해버렸다. 생물은 물론이고 인간이라고 하는 것까지도 전부 씨가 말라버렸다. 그 가운데 오직 두 사람, 오빠와 누이동생이 살아남아 높은 산 위에 표류하여 큰 나무에 올라가 있었다.

큰물이 빠져나가 세상이 원래대로 되자 인간은 한 사람도 남아 있지 않았으니, 그 오누이가 결혼하지 않으면 인간의 씨는 말라버리지 않을 수 없었다. 그렇지만 오누이 간에 결혼할 수는 없는 노릇이기에 두 사람은 결국 늙어가서 머리가 빠지기 시작하였다. 그때 호랑이 한 마리가 어디선가 남자 하나를 데리고 와서 누이는 그 남자와 결혼하여 아들을 낳고 드디어 오늘날 인류의 조상이 되었다고도 한다.

(1923년 11월 8일 釜山府 좌천동 김승태 군 이야기)[41]

홍수 뒤 세상에 인간이라고는 주인공 오누이밖에 없었다 한다. 다시 인류가 번성하기 위해서는 그들끼리의 근친상간 말고는 달리 방도가 없다. 이러한 불륜을 해명하는 이야기는 흔히 '달래강'·'달래고개' 따위 지명 전설에서 볼 수 있다.[42] 일상의 논리를 뛰어넘어 호랑이와 웬 남자가 아무런 설명 없이 등장함으로써 신화는 전개된다. 서사 구조상으로 볼 때 오누이 가운데 오빠가 낯선 남자이며, 더 나아가 그(들) 자신이 호랑이이 기도 하다. 왜냐하면 호랑이와 낯선 남자는 누이의 반대편 性으로서 오빠의 모습으로는 결혼할 수 없기 때문이다. 곧 오빠의 자기 분열이다.

위 이야기는 단군신화에서 곰이 또 낯선 여자가 되기도 하는 서사구조를 이해하는 데 적잖은 참고가 된다. 강조하고 싶은 것은 우리 민족의 창세신화에는 호랑이가 등장하여 결정적 역할을 하는 버전이 엄연히 존재한다는 사실이다. 곰은 이야기 전개 과정에서 나타난 존재이며, 신화를 더욱 호소력 있게 들려주는 하나의 메커니즘이다. 역시 묘향산 지방에서 전해오는 또 하나의 버전이 있어 흥미롭다.

> 그때 곰 한 마리가 사람이 되고자 언제나 신에게 빌었다. 신은 영약을 먹으라고 주었다. 곰은 그것을 먹고 여신이 되었다. 이에 조화를 부려 혼인하고, 아들을 낳았으니, 이가 단군이다. 《신증동국여지승람》54, 영변, 고적, 태백산)[43]

이야기 전개상 없어도 되는 호랑이는 아예 등장하지 않으며, 곰의 실체가 무엇인지를 잘 말해주고 있다. 이를 두고 말하기를, "전자(삼국유사)는 단순한 여자인데 대하여 후자는 여신이니 그 전신은 熊인 것으로 보아 熊이 곧 신(여신)이란 말이 아닐까?"라고[44] 한 박은용의 해설은 정곡을 찔렀다.

곰과 범은 대척적 관계인데 이를 적극적으로 보아, 곰이 여성의 대유물이고 범은 남성을 상징한다는 동북아시아의 본풀이를 소개하는 이(이종주)도 있다.[45] 나아가 이들 신화와 단군신화 그리고 곰나루 전설을 같은 부류로 보아 민족의 시조로서 '곰어미'를 상정하기도 한다. 그러나 앞에서 보았듯이, 우리의 설화나 유적·유물로 볼 때 곰은 호랑이에 비해 소수[minority] 정도가 아니라 드물게 나타나는 예외적 존재다. 실제 북미 대륙에 전하는 <곰과 결혼한 여자 이야기>[46](뒤에 실음) 같은 신화는 우리 문화의 호랑이 이야기(《삼국유사》 감통, 김현감호조)에 그대로 代入된다.

현대 연구자들의 견해를 들어본다. 이정재는 곰과 범의 관계에 있어 원래 곰이 산신이자 숭배의 대상이던 것이 범으로 바뀌어 갔으며, 이것은 생업의 방식 즉 경제발전 단계에 따른 결과라고 보고, 현재 곰 설화를 비롯하여 곰에 대하여 두려움이나 공경함이 희박한 것은 곰 문화가 퇴조된 잔존 형태라고 한다.[47] 김헌선도 단군신화를 언급하면서 곰 토템은 동북아시아에 공통되는 요소라고 보았다.[48] 임재해는 곰족과 범족을 상정하고 곰족이 환웅족 문화에 동화되었다고 보았다.[49] 이장웅은 곰나루설화를 웅진 도읍기에 백제의 정치 상황이 반영된 것이라 하였다.[50] 염원희는 단군신화를 동북아 여러 부족의 신화와 다르지 않다고 보며, 곰나루전설은 역사가 발전함에 따라 신화적 요소가 소멸하고 슬픈 전설로 남은 것이라고 보았다.[51] 내가 보기에, 이들 모두는 첫째, 한반도 문화에서 곰이 차지하는 비중을 고려하지 않았다. 둘째, 위 연구자들은 곰의 생태 특히 인간집단과의 관계를 등한시하였다. 셋째, 곰은 꿀이나 초식도 함으로써 먹이 때문에 사람을 해칠 기회가 상대적으로 적다. 곰은 매우 위험한 짐승이지만 성격이 온후하며 겁이 많아서 도망을 잘 친다.

우리 민족이 곰을 대하는 태도는 원래 무관심하고 냉소적인 편이다. 길랴크나 골디족 같은 퉁구스족이나 시방은 일본 국민이 된 아이누족의 곰에 대한 관념을[52] 보면 우리가 호랑이를 대하는 태도와 흡사하다. 한민족과 위의 곰 토템 종족과의 차이는 - 한시적이지만 - 곰을 사육하느냐 않느냐에서 근본적인 다름이 있다고 나는 본다.

　겨우 공주시 웅신단 정도에서 보는 곰 조각[石像]에 비하면 왕실과 사대부의 무덤이나, 마을 돌호랑이,[53] 고구려 무덤그림의 호랑이는 민족문화에 녹아있는 그들의 비중을 말해준다. 호랑이를 모시며 한편 두려워하는 습속은 선사시대라고 해서 다를 바 없다. 울주군 천전리 바위그림에는 호랑이(줄범·돈범 합쳐서)가 22마리 이상 보이는데 사슴, 고래 다음으로 많은 숫자다. 이빨이나 발톱을 강조하지 않고, 새끼 밴 녀석도 더러 있으니 영락없는 生育之神이다.[54]. 번식과 풍요가 절실한 듯하며, 해석하기에 따라서는 바위그림 화가들의 조상신이 될 수도 있다.

　한때, 곰은 어느 종족의 토템이며 호랑이는 또 다른 종족의 토템이라는 식으로 배우고 가르쳤다. 유라시아 북방의 자연환경에서 이들 두 짐승은 먹이사슬의 맨 위에 있는 맹수다. 인간이 이러한 짐승과 만나면 속수무책/불가항력이기 때문에 두 산짐승은 회피/공포의 대상이자 부득이 의지하고 보살핌을 비는 이중적 존재다. 아래 인용문을[55] 보면 먹이사슬의 최상위 두 짐승이 동시에 등장하고 있으니 이들을 나누어 어느 한쪽만 강조하는 연구는 실상과 다르다. 이들 신화에서 호랑이와 곰은 '동물조상'의 토템으로 간주하고 있으며 민족의 기원은 근친상간의 회피에 따른 '토템적인 혼인'에서 비롯되고 있는 셈이라고 글쓴이는 분석하였다. 그리고 다음과 같이 결론지었다. "신앙은 신화의 모태다. 따라서 시베리아 전역에서 거행되던 '곰 축제'에서 알 수 있는 것처럼 시베리아 만주-퉁구스족 곰 신화는 곰 숭배 신앙을 모태로 하여 형성되었다."[56] 비슷한 요소가 보인다고 같은 것은 아니다.

[자료 6]⁵⁷⁾ 어떤 사냥꾼이 자신의 두 아이를 남겨두고 강으로 가서 물에 뛰어들었다. 곰은 남겨진 아이들 가운데 소녀를 데려가 아내로 삼았고, 암호랑이는 소년을 데려가 남편으로 삼아서 함께 살았다. 우데게족은 곰과 소녀의 혼인으로부터 시작되었다. 바로 이 때문에 그들은 곰을 자신의 조상으로 생각한다. 하지만 암호랑이와 소년 사이에는 자식이 없었다. 소년은 자라서 사냥하는 법을 배웠다. 어느 날 사냥하러 갔다가 곰을 발견하고는 활을 쏘아 부상을 입혔다. 곰이 죽으면서 사냥꾼에게 자신은 그의 누이동생의 남편이라고 말하면서 다음과 같은 유언을 남겼다. "다음부터 오빠가 죽인 곰 고기를 누이동생은 절대로 먹을 수 없고, 여자는 항상 곰 가죽을 덮고 잘 수 없으며, 곰의 성기를 모계를 따라 후손에게 전해라"고. 우데게족은 지금도 이 유언을 지키고 있다.

(곽진석, <시베리아 만주-통구스족 신화의 양상과 유형에 대한 연구>)

[자료 7] 옛날에 누이동생이 간계에 빠져 그와 혼인하여 남자아이와 여자아이를 낳았다. 그 아이들이 이미 자랐을 때 오빠는 자신의 아내가 누이동생이라는 것을 우연히 알았다. 오로치족은 오빠와 누이동생의 동거를 엄격하게 처벌하였다. 그 후 오빠는 이 사실을 알고 자신의 누이동생 -아내를 죽였고 , 아이들을 동물에게 던져 버렸다. 그러나 암호랑이는 남자아이를 우연히 발견하여 키웠고 , 수곰은 여자아이를 우연히 발견하여 키웠다. 남자아이와 여자아이는 성장한 후 각각 암호랑이와 수곰과 혼인했다. 이 혼인으로부터 각각 오로치족과 우데게족이 시작되었다.

(곽진석, <시베리아 만주-통구스족 신화의 양상과 유형에 대한 연구>)

아래 선배 학자의 분석은 귀담아들을 만하다.

여기의 '곰'을 북방 민족 토템의 표현으로 이해하는 이도 있다(이병도, 김정학). 그러나 여기서는 桓因의 경우와 마찬가지로 그 언어적 뉘앙스에 유의해야 할 것이다. '熊'은 '곰'의 한자 옮김말이다. 우리 말에 신령이나 높은 어른을 부를 때 이를 '금' 또는 '검'이라고 한다. '대감' 또는 '왕검'의 경우가 그것이다. 일본인들이 당시 선진국이었던 고구려를 불러 '고마'라 한 것도 이러한 '곰' 또는 '금'에서 유래한 것으로 이해된다. 그러므로 단군신화의 '곰'이 상징하는 뜻은 수렵민의 토템이라기보다 단순히 神的 존재인 地母神의 표현으로 보아야 할 것이다.[58]

(유동식, 『한국 巫教의 역사와 구조』)

비슷한 취지로서, 국어학 쪽의 논의를 들어보자. "그러면 熊川·熊浦인데 어째서 유독 공주에 있는 웅진에만 '곰나루 전설'이 형성되었느냐는 의문"을 도수희는 제기하였다.[59] 잠정 결론은 "곰은 後·北의 뜻에 지나지 않는데 점차 동물 '곰'과 혼동되었다고 한다. 공주시 곰나루 이야기가 그렇듯이 여기에 등장하는 곰은 한 맺히고 심성이 약한 존재다. 이를 두고 '곰나루 전설'이라고 하지, 거기에 천지의 질서라든지 종족의 기원 같은 무엇은 볼 수 없다. 좀 더 조사를 해봐야 알겠지만, 호랑이에게 잡아먹힌 虎患은 있지만 곰의 피해나 관련 이야기는 들어본 바가 없다. 왜 우리 민족에게 곰 이야기는 이토록 희귀하며, 그것도 익살맞거나 어리석어 '미련곰탱이' 같은 비속어만 있을까 돌아볼 일이다.[60]

곰에 대한 부정적 평가는 속담에서도 계속된다. '곰 가재 잡듯'·'곰 창날 받듯'·'재주는 곰이 넘고 돈은 되놈이 받는다'. 아래 드물게 보는 곰 이야기를 둘 소개한다.

곰 이야기 (說熊)

곰은 힘이 세지만 미련해서 호랑이와 싸울 때 나무를 꺾어 호랑이를 치되 두 번 사용하지 않는다. 그러므로 힘이 먼저 빠져 호랑이에게 제압당한다. 산골 사람이 곰을 길들여 비가 내리면 비 말리는 돗자리를 걷게 하였다. 밤에 비가 내리자 곰이 울타리를 모조리 걷어서 처마 밑에 쌓아 두었다.

북관사람들은 눈이 내리면 곰을 잡는데, 도끼 한 자루와 새끼줄 두 개를 갖고 산에 들어간다. 곰은 흔히 속이 빈 큰 나무 안에 살기에 도끼로 나무를 울린다, 곰이 화가 났대도 성이 났는지 나지 않았는지는 사람으로선 실로 알 수 없다. 하지만 곰이 성이 났다면 도끼로 그 나무에 구멍을 냈을 때 한쪽 팔을 내밀어 도끼를 뺏으려 든다. 이때 새끼줄로 곰의 팔을 다른 나무에 잡아 묶는다. 또 구멍을 내면 다른 한쪽 팔을 또 내민다. 그러면 또 다른 나무에 잡아 묶는다. 이렇게 하면 사로잡게 된다.

(경기도) 지평砥平의 나무꾼들이 산에 들어가 곰이 벌집을 쳐다보는 것을 발견하고 달려가 염탐하였다. 곰이 바위 사이에 앉아 꿀이 저장된 벌집을 찾아 손가락으로 더듬어 맛을 보다가 주위를 둘러보며 달렸다. 나무꾼은 곰이 새끼를 데리러 가는 것이라고 생각하고, 먼저 그 꿀을 다 비우고 벌집에 오물을 뿌려 가득 채운 다음 나무에 올라가 다시 살펴보았다.

곰이 과연 새끼 세 마리를 데리고 벌집 앞에 와 나란히 앉더니 나뭇가지로 휘저어서 새끼의 입에 넣어 주었다. 새끼가 머리를 내저으며 싫어하자, 곰이 성이 나서 발바닥으로 새끼의 뺨을 때렸다. 차례로 다른 새끼에게 먹였으나 싫다고 하지 않는 놈이 없으니 그때마다 뺨을 때렸다. 마침내 크게 휘저어서 스스로 먹어 보더니 얼른 그 나뭇가지를 던져 버리고 다시 주저앉아 성을 내었다.

나무꾼이 킥킥 웃자 곰이 크게 울부짖더니 나무 아래로 달려와 나무를 흔들기도 하고 밑동을 파기도 하다가 타고 올라오려고 하였다. 나무꾼이 "사람 살려"하고 크게 외치자, 같이 갔던 사람들이 다 몰려와 쫓고서야 겨우 화를 면하였다.

이무관(이덕무)이 사근도 찰방이 되어 가끔 지리산의 절을 찾았는데 절의 승려가 다음과 같이 말했다고 한다.

"곰이 장醬을 잘 훔쳐 먹어서 스님들에게 미움을 받았습니다. 누가 계책을 내어 곰이 장독대로 다가가는 것을 보고도 짐짓 모른 체 하고선 도끼로 큰 나무를 쪼개 윗부분 절반을 벌려 나무토막을 꽂고는, 승려들이 차례대로 그 나무에 걸터앉아 나무토막을 잡아당기면서 견고해서 뽑을 수 없는 양하며 왁자하니 떠들고 웃고 하였답니다. 곰은 간장은 잊어버린 채 뚫어져라 바라보았지요. 승려들은 하나씩 흩어져 숨어서 엿보았답니다. 곰이 천천히 걸어가서 나무에 걸터앉으니, 그 모습이 흡사 갈라진 틈에 끼인 것 같았습니다. 곰이 단번에 나무토막을 뽑아 버리자 나무가 도로 딱 붙어 자물쇠로 잠근 꼴이 되었고, 곰은 눈만 멀뚱멀뚱할 뿐 움직이지를 못하였습니다. 그러자 스님들이 나가서 결박하였답니다."

임자년(1792, 정조 16) 11월 19일 조정에서 퇴근해 조금 한가한 여가에 손님과 함께 곰 이야기를 하고, 아이들에게 일러 기록하게 하였다.

[유득공(김윤조 외 옮김), 『古芸堂筆記』238~240쪽, 한국고전번역원, 2021]

팔공산 곰 이야기

언제나처럼 농부는 고목나무 구멍에 들어 있는 꿀을 따다가 맛있게 먹고는 하였다. 한데 하루는 가보니까 그 꿀이 다 없어진 게 아닌가. 해서 풀숲에 숨어 자세히 보니까 웬 곰 한 마리가 와서 꿀을 파먹고 가는 것이었다. 옳지 됐구나, 하면서 농부는 곰이 돌아가고 난 뒤에 나뭇가지에다 긴 돌을 줄에 매어 달아놓고는 이내 예의 꿀벌이 있는 나무 구멍을 막아놓았다. 아니나 다를까, 얼마 뒤에 가 보니 머리가 깨어진 채로 곰은 나무 옆에 발버둥을 치고 꿀은 그대로 있었다. 생각대로였다. 꿀을 파먹으러 온 곰이 긴 돌을 머리로 치우니까 이 돌이 다시 그넷줄을 타고 제 머리로 돌아와 박히는 고로 계속하여 머리로 돌을 박았던 것이다. 마침내 농부는 꿀도 따고 곰도 얻게 된 것이다.

위 인용문은 정호완의 <곰의 사회언어학적 고찰>[61]이라는 논문에 소개된 곰 얘기다. 이어서 다음과 같은 해설을 하고 있다.

여기서 곰을 숭배하는 토템의 상징성을 찾아내기란 어렵다. 하지만 오랜 세월을 지나면서 삶의 양식이 바뀌고, 살아가는 공간이 변동되면서 곰 숭배 신앙은 차츰 땅과 水神을 섬기는 신앙으로, 아예 그러한 자취도 없어지는 과정에서 변모된 이야기들이 널리 분포된 게 아닌가 한다. 특히 팔공산의 본 이름이 공산 곧 곰산이었음을 떠올리면 큰 무리는 없다고 본다.(보기 18 참조)

'보기 18'은 아래 글을 말한다.

공산 높은 봉우리 층층이 서 있네 / 눈은 내려 쌓여 맑은 듯 희노매라

예부터 일러 산신의 신사가 있었는데 / 언제나처럼 신령이 내려온 듯 하여

일년 세 번 눈이 흠뻑 내리면 / 바라던 풍년이 든다는데 (大邱 10詠)

논자는 곰산>공산>팔공산이라는 이름이 비롯된 지점에서 곰 숭배나 곰 토템을 상정하고 있다.[62] 하지만 팔공산에서 모시는 산신은 천신이므로 '천왕봉'에다 '천왕당'을 두어 '공산대왕'을 모신다.[63] 이곳 (팔)공산의 신령을 지명에서 풀어나가 곰 숭배/토템을 지적하려 하지만 '곰/공산'의 '곰'은 어떤 짐승을 말한다기보다는 산신·천신이 본래의 뜻이고 거기에서 멀리 나가지 않는다고 보는 것이 순리다. 한자로 문자 생활을 하던 시절에 '熊'은 두 가지 뜻을 가진 多義語(polysemy)였다. 당연히 땅이름이나 표현에서 곰의 뜻으로 쓰인 예가 더 있었겠지만, 신령의 뜻에 비하면 역시 소수이거나 예외적인 경우였음을 보았다.

지금까지 논한 단군 탄생의 논리와 논의를 그림으로 표시해본다.

桓 因		
↓	↓	↓
桓雄	桓熊 = 白虎	桓雄 = 熊女
↓	↓	↓
檀 君		
創造說	生殖說 (묘향산지)	生殖說 (삼국유사)
→	→	

【단군 탄생의 논리와 유형】

동물 가운데서도 곰이 인간의 조상이라든가 곰과 사람 사이의 짝짓기 이야기가 나오는 데는 짐승의 모양새라든가 습성 같은 생물학적 요인이 크다. 곰은 두 발로 설 수 있으며, 암컷 성기는 사람과 비슷하며, 짝짓기 때는 인간처럼 마주 보고 사랑을 한다는 믿음이 그러하다. 유럽과 아프리카에서도 곰과 사자가 '동물의 왕'으로서 위계를 다투지만, 근대로 오면서 그 지위는 곰에서 사자로 넘어왔다. 여기에는 곰을 악마라고 보는 기독교적 믿음도 한 요인이 되었다고 한다.[64]

3. 熊·龍·神

일찍이 한자 熊·虎가 둘 다 神의 뜻이었음에도 세월이 지나는 동안 虎는 여전히 그 지위를 유지하며 산에 좌정하여 위함[恭敬]을 받고 있는데 반해 熊은 오히려 산 아래로 내려와 水神으로 인식되었다. 둘 사이 영역과 신앙에 차이가 벌어지기 전의 사료가 있다. 신라 밀교 승려 혜통이 당나라에 있을 때 그 나라 공주의 병을 고쳐주었다. 병을 옮긴 毒龍은 스님의 고국 신라 文仍林에 와서도 자못 害毒이 심했다.

> 龍은 이미 鄭恭에게 원수를 갚자 機張山에 가서 熊神이 되어 해독을 끼침이 더욱 심하여 사람들이 많이 괴로워하였다. 혜통은 그 산으로 가서 龍을 달래어 불살계를 주었더니 神의 害가 그제야 그쳤다.(《삼국유사》, 신주, 혜통항룡)

처음에 용은 蛟龍·독룡으로 쓰였는데, 위 인용문에서는 龍→熊神→龍
→神 차례로 쓰였다. '熊神'을 글자대로 보아 곰 신앙의 증거로 보기도 하
고[65], 용을 熊神이라 하였으니[66] 무슨 착오나 아닌지 하고 의심할 만하다.
이러한 의문과 혼동은 이들 한자를 본래 뜻대로 읽을 때 나올 수밖에 없
지만, 사료에 보이는 등식은 龍=熊=神이다. 그것은 용이 신이 되었다는
말을,[67] 중간에 친절히 '熊神'이라고 써준 것이다. '熊神'의 '熊'字에 달리
뜻이 있는 것이 아니라 바로 뒤에 나오는 '神'과 같은 뜻을 이름이다. '熊'
은 그 본래의 뜻(原意) 짐승 곰을 취한 것이 아니라 뜻[訓] 곰(곰·고마)만
취하니[訓音借] '神'의 뜻으로 읽으라고 명토 박은 것이다.

이러한 한자 쓰임은 조선시대 지명에서도 볼 수 있다. 《세종실록》 11년
11월 계축[11일]조 및 같은 책 19년 3월 계묘[13일]조의[68] 제사터와 그 의
례를 뽑아본 뒤 《세종실록지리지》 및 《신증동국여지승람》에 보이는 관련
사료를 표로 정리해본다.

[熊·龍 이름 붙은 제사터]

출전	년/월/일	기록	비고
세종실록	11/11/11	舒川熊津溟所	山川壇廟巡審別監
〃	19/03/13	(舒川郡)龍潭縣熊津噴所壇	位版
세종실록 지리지		舒川郡熊津溟所	春秋令所在官行祭
		馬山潭 在縣東 卽熊津滇所 有龍王神	남원도호부 용담현[69]
신증동국여지승람		龍堂津祠 … 高麗時爲熊津溟所降 香祝 今則本邑致祭	서천군 사묘

웅진명소에서는 봄·가을로 지역 관원이 제단에서 '熊/곰 神'을 모셨다. 그런데 《신증동국여지승람》권19, 서천군, 사묘조를 보면 이곳에 '龍堂津祠'가 있을 뿐이다. 같은 책 서천군 산천조를 보면 '용당진은 郡의 남쪽 24리에 있으며, 전라도 沃溝縣과의 경계'라고 한다. 서천 웅진명소는 금강을 사이에 두고 옥구와 마주 보는 위치에(익산시 웅포면 곰개나루) 있다. 이곳은 고려시대 이래 적어도 세종대까지 熊津이었다가 그 뒤 어느 시기부터인가 龍津으로 변하였고, 사당이 있어서 생긴 지명이 龍堂津이다. 熊津의 '熊'이 '龍'字로 별다른 설명 없이 고쳐진 것을 보면 熊字에 동물 '곰'의 뜻은 없다. 그리고 웅진분소에서는 용왕신을 모신다.

熊=神의 예를 여타 지명에서 찾아보겠다. 신라 義安郡 熊神縣(지금의 진해시)은 본시 熊只縣이었는데 경덕왕 때 고쳤다.[70] 이후 조선 문종 때 熊川으로 다시 개명하였다. 《신증동국여지승람》권32, 웅천현, 산천·사묘조를 보면 그 鎭山이 熊山이고 그 꼭대기에는 熊山神堂이 있다. 縣의 남쪽 2리에는 熊浦(곰개)가 있다. 《삼국사기》권32, 제사지에 신라 小祀의 하나로 熊只(屈自郡 熊只縣 - 原註)가 보이니, 이곳 신에 대한 제사는 오래전부터 이어져 온 것을 알게 된다. 이렇게 신성한 지역을 일러 '熊山'·'熊浦'라 불렀다. 아마도 縣名 '熊神'도 '신'의 뜻이 중복된 것으로 보아야 할 듯하다.[71] 이를 두고 "그러므로 熊은 곧 신이며 熊의 명칭 ko:m은 신이란 고어일 가능성이 짙다."는 박은용의 논평이 있다.[72] 《삼국유사》, 기이제일, 고구려조에는 고구려 시조 주몽을 낳은 유화부인이 熊神山[73] 아래에서 임신하였다고 하는데, 비슷한 경우라 생각된다.

지금까지 '熊'의 용례를 살피면서 땅이름이나 절이름 등 관련 자료를 열거해보았다. 정리해둔다. '熊'이 '龍'으로 바꾸어진 경우, 그것은 곧 '신'

의 뜻으로 쓰였다. '신'의 訓이 금·가마·곰이듯이 熊·龍도 고유어로는 그렇게 불리었고, 이것을 소리에 따라 적은[音借] 형태로는 甘(勿·岳)·加馬·感(恩) 등이 있으며,[74] 뜻으로 적어[訓借]하여 釜·溟으로도 썼다. 그런데 이들 지명유래를 보면 각기 그 표기에 따라 적절한 설명을 하였는데, 장소에 따라 나누면 산신과 수신으로 나누어진다.[75] 단군신화에 나오는 '熊'도 신화 전개의 완성형이 어떤 모습이든 간에 그 원형은 위에서 살펴본 熊·龍·神의 범주에서 벗어나지 않는다. 그것은 熊(女)의 아들 단군이 산신이 되었다는 이야기의 결말을 보면 자명해진다.

4. 곰나루 전설과 비교

단군신화에서는 곰이 시험에 들 뿐 더 이상 어떤 갈등/서사도 보이지 않음에 비해, 곰이 등장하는 水神 이야기는 신화 얼개를 잘 갖추었다는 점에서 애초 비교 대상이 되지 않는다 그렇지만 산신과 수신이라는 신령 차원에서는 어떤 방식으로든 논의가 가능하다.

'사람·동물 짝짓기[人獸交婚]' 전설, 그중에서도 곰이 인간을 낳았다는 형식의 대표적 이야기가 곰나루 전설이다. 일찍이 채록된 곰나루 전설은 다음과 같다.

㉮ 어떤 남자가 나무하러 갔다가 암곰에게 잡혀 굴속에서 살았다.

㉯ 몇 해 지내는 동안 남자와 관계해 곰은 새끼 두 마리를 낳았다.

㉰ 자식을 낳은 후 곰이 안심하고 나간 사이 도망쳐 배를 타고 강을 건

넌다.

㉣ 늦게 사실을 안 곰이 따라와 자식을 죽이겠다고 위협하지만 남자는 가버린다.

㉤ 곰은 두 자식을 물에 빠뜨려 죽이고 자신도 빠져 죽는다.

㉥ 곰이 죽은 후부터 배가 뒤집어지는 일이 자주 일어났다.

㉦ 사당을 짓고 곰을 위해 주자 배가 뒤집히지 않았다.[76]

이 밖에도 비슷한 이야기는 많은데, 곰나루 전설의 여러 버전에 나타난 공통적 서사 단락은 다음과 같다.[77]

ⓐ 옛날 금강 가에 있는 산 아래에 암곰이 살고 있었다.

ⓑ 곰은 금강 가에 쓰러진 어부를 데려다 돌보아주었다.

ⓒ 곰은 사냥할 때면 입구를 막았으므로 어부가 달아날 수 없었다.

ⓓ 어부와 함께 산 곰은 잉태하여 새끼를 낳았다.

ⓔ 사람이 그리웠던 어부는 동굴 문이 열린 틈을 이용해서 달아났다.

ⓕ 어부가 달아난 것을 안 곰이 어부에게 돌아오라고 했으나 어부는 그냥 달아났다.

ⓖ 새끼를 가지고 위협해도 어부가 돌아오지 않자 새끼를 강에 던지고 자신도 투신했다.

모두 곰나루와 곰굴[78]·사당 따위 '증거'가 있어서 나온 설화다. 증거가 있는 (만들어진)이상 여전히 구전되는 진행형이다. 그런데 위의 ⓖ 화소 - 아기 강에 던짐-를 김균태는 이렇게도 소개하고 있다.

부여군 홍산면 버전은 이런 공통 서사 단락 외에 강가에 쓰러진 어부를 구해 준 곰이 뒷산 나무 아래 나아가 기도하여 곰녀로 변신한 뒤에 어부와 함께 살았다고 하고, 또 곰이 죽은 뒤에 금강은 풍랑이 심하고 나룻배가 뒤집히는 일이 많았는데 주민들이 가까이에 곰 제단을 쌓고 위령제를 지내니 사고가 없어졌다고 했다.[79]

아마도 熊神壇이 지어진 이래 생성된 듯 하다. 한편 만주의 소수민족 신화 중에도 곰나루 전설과 흡사한 것이 있는데 결말이 약간 다르다.

* 성이 난 곰은 새끼를 두 쪽으로 찢어 한쪽은 사냥꾼에게 던지고 한쪽은 자기가 가진다.
* 남은 쪽은 곰으로, 던져진 쪽은 어윈커 사람으로 자랐다.[80]

화가 난 곰은 새끼의 절반을 찢어서 사냥꾼에게 던지고, 절반은 자기가 가졌다.
곰과 생활한 절반은 자라서 곰이 되고, 사냥꾼과 생활한 절반은 악륜춘족이 되었다.[81]

이처럼 자기 종족의 기원 신화로서 끝을 맺는다. 만주족 신화를 소개한 이들은 단군신화나 곰나루 전설과 비교하면서, 단군신화를 통치자의 역사성을 강조한 것이라고 해석하는가 하면[82], 주인공 암곰의 이야기가 끝에 가서 보이지 않는다 하여 '웅녀의 비극'이라고도[83] 평하였다.

이들 논자가 공통적으로 주목하는 화소는 사당으로서, 곰나루 전설은

'곰사당의 유래를 전해주는 전설' 즉 '당신이 자리 잡은 이야기(堂神 坐定 譚)'라고 하였다. 그러면서도 곰사당 유래담은 후대에 사당과 관련하여 새로이 생성되었을 것이라는[84] 유보적 태도를 취한다.

곰나루 전설이 지명유래담이냐 사당유래담이냐의 문제는, 곰 숭배가 본래 있었느냐 아니면 다른 신을 모셨느냐의 문제이다. 곰이 과연 제사의 대상이거나 신격으로서의 위상을 가진 것인지 어떤지는, 신라 때 中祀 가운데 四瀆의[85] 하나로 제사 지낸 바 있는 熊川河를 보면 알 수 있다. 다른 세 곳과 마찬가지로 熊川河는 그곳이 하천이기 때문에 중사에 들어간 것이지, 곰 숭배와 관련지을 수는 없다. 당연히 거기에는 제단이 있었을 것이고, 나아가서는 사당도 지었을 법하다. 우리가 곰나루 전설에서 먼저 보아야 할 것은 이 '물 신(水神)' 모티프다.[86] '물 신'은 때로 풍랑을 일으켜 배를 뒤집어놓는다. 선·악의 양면성을 가진 신에게 언제나 善神으로 좌정해 있기를 비는 염원과 의식이 곰나루 물가제사다. 그 의식이란 원시의 소박한 푸닥거리로부터 점차 신상이나 위패가 모셔졌을 것이고, 어느 때 가서는 그것을 건물 속에 안치했을 것이다. 이 단계에서 나타나는 것이 '사당 유래담' 즉 '당 신이 자리 잡은 이야기'다. 이 수신도 신의 일반적인 이름 '굼/검/곰'으로 불리었겠지만, 그것이 한자 '熊'으로 정착된 뒤 '곰나루 전설'이라는 지명유래로 발전하였다고 본다.[87] 비로소 수신이 될 수밖에 없는 곰의 이야기가 생겨났을 것이다. 이것은 같은 수신제사로서 신라시대 四瀆의 하나인 黃山河를 보아도 자명하다. 이곳은 조선시대의 梁山 黃山江으로서 고려시대 이래 伽倻津衍所를 두었다.[88] '俗稱 赤石龍堂'이라 하였으니, 민간에서는 용신을 모시는 사당으로 인식되었고, 세종 때에는 실제 용이 나타났다고도 한다.[89] 현재의 지명은 경남 양산시 원동

면 용당리이다.[90)] 이곳에는 1644년 개조, 1708년에 중수한 '伽倻津祠'가 있다.[91)]

곰나루 전설에서 곰의 말로에 초점을 맞추는 것도 하나의 이해 방식이다. 그렇지만 애초에 곰나루 전설은 '물 신' 유래담 즉 '본풀이'로서 민담에서 흔히 볼 수 있는 원혼 이야기다. 동북아의 곰 신화 서사와 흡사한 점이 특이한데 이런 종류의 전설이 한반도의 다른 지방에 보이지 않는 점에서 일반화하기는 주저된다.

곰나루 전설이 원래의 수신과 간격이 벌어질 정도로 발전했듯이, 단군신화에서도 산신 이야기는 그 개막과 폐막 때 잠깐 등장하고 오히려 곰 이야기가 비중을 차지한다. 이 역시 신화의 진원지에서 神=熊이라는 표기로 기울어진 다음 문자에 맞추어간 이야기로 보인다.

곰나루 전설은 웅신 전설 중에서도 '물 신(Water spirit)' 타입(type) 본풀이다. 곰과 물의 관계, 이것은 생태학적으로 불안정하여 용으로 쉽게 변질되어 갔다고 본다.[92)] 곰나루 전설이 용 전설보다 드물게 남아 있는 까닭이다. '熊'字를 앞에 둔 지명 가운데 곰개〔熊浦〕[93)]·'곰소'[94)]·熊神山[95)]같이 곰 전설과 무관한 채 이름만 남아 있는 경우가 오히려 많다. 이러한 현상은 '熊'자가 든 일본 지명도 마찬가지다.[96)] 이에 비하여 山地形 웅신 본풀이를 가정한다면, 훨씬 그럴싸한 이야기가 될 것이다. 단군신화가 바로 그러한 예이다. 고대 일본의 경우, 곰이 결코 특별한 동물이 아닌 현상은 한국과 다른 점이라고 한다.[97)] 이 분석은 단군신화만 읽고 나온 결론인데 단군신화를 제외하면 곰에 대한 관념은 한국도 일본과 다를 바 없다.

곰 설화 생성에 대한 지금까지의 논의를 그림으로 풀이해 보면 다음과 같다.

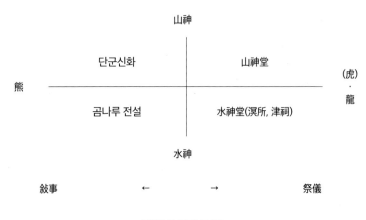

          山神

    단군신화   山神堂

熊 ————————————————————————   (虎)
                                   ·
    곰나루 전설   水神堂(溟所, 津祠)   龍

          水神

    敍事   ←   →   祭儀

【熊神의 여러 모습】

5. 단군신화를 보는 현대 작가의 눈매

근래 태 켈러의 소설 《호랑이를 덫에 가두면》이 번역·출간되었다.[98] 죽음을 앞둔 외할머니를 살리려 모험에 뛰어드는 한국계 미국 소녀가 주인공이다. 작품의 정신세계는 할머니가 들려주신 이야기 마당 그대로다. 불길하면 소금 뿌리고, 힘들 때 빌거나 고사 지내는데 호랑이와의 거래 속에서 줄거리가 펼쳐진다.

작가는 물론 독자(서평)도 소설에 깔려 있는 단군신화(+ 해님·달님 이야기)에 왜 곰이 등장하지 않는지 해명하거나 문제를 제기하지 않는다. 곰 위주의 단군신화가 우리의 신화세계에서 예외적임을 태생적으로 알아서 그런가? 소설에서도 단군의 탄생 모티프를 구체적으로 적고는 있다.

호랑이 소녀는 생각했어. 그래도 그렇게 자신의 비밀을 꽁꽁 감춘 채로 자라서 호랑이 여인이 되었지. 그런데 언제부터인가 전에 없던 방식으로 몸이 변했어. 바로 배 속에 아이가 생긴 거지. (177쪽)

이것이 전부다. 이 문제가 걸리기는 했던 모양이다. <작가의 말>에서 새삼 언급한다.

하늘 왕자는 곰과 호랑이에게 말했다. 100일간 쑥과 마늘만 먹으면서 동굴에서 살면 인간 여자가 되게 해 주겠다고 말이다.

곰은 성공해 신에게서 인간의 몸을 받았다. 곰 여인과 하늘 왕자는 함께 한민족을 창조했다.

하지만 호랑이는 인내하지 못했다. 호랑이는 동굴에서 달아났고, 그래서 들짐승으로 숲속을 혼자 돌아다니며 사는 처지가 되었다.

이 곰 여인에 관해서는 전부터 알고 있었지만, 그 호랑이 부분은 이 조사를 하기 전까지는 들은 적이 없었다. 그런데도 나는 이 소설의 초기 원고에 자신을 사람으로 바꾸어 달라고 하늘 신에게 간청하는 호랑이 소녀의 이야기를 썼다. 스스로도 뚜렷하게 이유를 알 수 없었지만, 그저 맞게 느껴져 그렇게 썼던 것이다.

이것은 우연 이상의 무엇이 아닌가, 하고 느꼈다. (329쪽)

작가든 독자든 소설의 배역에 굳이 의심하지 않음은 겨레 모두에게 체득된 자연스러움일 터이다. 이역만리, 이민 몇 세대를 지나서도 우리에게 호랑이에 대한 신비·친근함은 유전자(meme)로 남아 있다. 작가가 말하는 '뚜렷하게 이유를 알 수 없는'·'우연 이상의 무엇'이 문학 세계에서는 그대로 신비하고 아름답다. 그러나 단군신화를 연구한다는 학자는 이 '알 수 없는 무엇'에 대해 어떤 식으로든 답을 내놓아야 한다.

6. 마무리

단군신화는 곰이 여인이 되어 단군을 낳은 이야기다. 이를 두고 우리 민족이 가졌던 곰 신앙을 말하지만, 예부터 동물숭배를 들자면 산신인 범을 제외하고는 이렇다 할 대상이 없었다. 단군도 나중에 산신이 되었다. 단군신화를 통해 우리 민족의 곰 숭배를 말할 때는 적어도 거기에 등장하는 범에 관하여 해명하고 넘어가야 한다. 단군신화를 읽는 법은 이 곰과 범의 경쟁·엇갈림을 어떻게 보는가에 있다.

<고기>라 하여 실린 단군신화는 단군 탄생 서사의 버전 하나에 불과하다. 하지만 가장 발전된 형태로서 지금까지 단군신화를 보는 시각은 거의 『삼국유사』의 시각에서 맴돌았다. 그렇지만 桓熊이 白虎와 짝지어 단군을 낳았다는 《묘향산지》의 기록을 보면, 곰과 범 가운데 어느 쪽이 桓雄의 배우자인가에 대한 물음은 정당성을 잃게 되, '熊'과 '虎'를 글자 대로 동물로 보아야 할지도 의문이다.

사료에 나오는 '熊'이 곰이 아니라 신을 뜻함은 《삼국유사》 혜통항룡조를 통해서도 알 수 있다. 또한, '熊津'이라 하던 물가 제사터가 자연스럽게 '龍津'으로 바뀔 수 있었던 것은 '熊'이 곰의 뜻이 아니기에 가능한 일이다. 신의 고유어 '곰(굠·감)'과 '熊'의 뜻 '곰'이 같은 까닭에 한자를 빌려

썼을 뿐이다.

《계림유사》에 '(고려 사람들은) 호랑이를 감(금/검)이라 한다(虎曰監)'라 하였으니, '虎'도 神·長·王의 뜻으로 쓰였다. 환인의 아들 환웅도 신이기에 '神雄'이라 하였다. 神도 배우자가 있어야 자식을 낳는다는 인간 세상의 고정관념에 따라 환웅의 상대로 곰이 점지되었다. <고기>에서 호랑이가 실격되고 곰이 환웅과 맺어졌다는 것은 당시 이미 신을 뜻하는 한자가 '熊'으로 기울어졌기 때문이다.

그 뒤 - 묘향산이든 어느 산이든간에 - <고기>식 단군신화는 산신에 대한 본풀이로 구술되어왔다. 단군은 그곳 산신으로 좌정하여 주민들의 제사를 받고 있는 살아있는 신이 되었다. 우리나라 산신당/산신각의 主神이 산신이자 인물신이듯이, 단군신화도 처음에는 지역의 堂神 이야기였다.[99] 이 신의 출현/출생에 대하여 나름대로 등장시킨 熊女나 손녀, '흰 호랑이'는 곰나루 전설과 마찬가지로 이차적/부수적 화소다.

단군은 신의 아들/손자이자 자신도 신령으로서 그 신은 곧 산신이다. 한자 熊·虎는 神이라는 뜻으로도 쓰이는 말[多義語]이기에 이 본풀이의 짐승이 자신들의 시조라는 신화적 인식은 화석같이 남아 있다.

(덧붙임 1)

『萬葉集』(7세기 후반~8세기 후반에 일본에서 편찬된 歌集)에는 "韓國 乃 虎神乎 生取尓(한국의 虎라는 神을 生擒하여 사로잡아 …)"라는 노래가 있어 주목된다.

(덧붙임 2)

神과 王의 對比/等値는 유물에서도 확인된다. 경기도 수원시 華城의 터줏대감(地神)을 모시는 사당은 '城神祠'다. 없어진 성신사를 2009년에 복원하였는데 공사 때 '王'자가 새겨진 기와조각 몇 점을 땅속에서 거두었다. 위패도 옛 기록대로 '華城城神 之主'로 새겨 넣었다. (≪도시전문가 김충영의 수원과 세계유산 화성이야기≫ 278~282, 글을읽다, 2024) '城神'을 그대로 쓰지 않고 님(主)을 붙였다. 터주에 존칭을 붙여 '터줏대감'이라고 하듯이, 화성의 지신을 높이 불러 위패에서는 님(主)이라 썼지만 기와에는 '왕'이라는 존칭으로 표기했다. 인간세상의 왕이 아니니 한자대로 '왕'이라 읽지는 않았을 터이고 '(대)감'에서 보듯이 '감/검'에 비견되는 토박이말로 읽었다고 추측된다. 이 '왕' 가운데서도 더 중요하거나 강조를 하면 '대왕'이 될 터이니 모두 神을 공경하는 높힘말이다. 고승탑비 귀갑무늬에도 '王'자가 새겨진 예는 원주 법천사 지광국사현묘탑비를 비롯하여 강원도 경기도에서 더러 볼 수 있다. 이를 두고 "귀면에 '왕'자가 새겨진 것은 잡귀와 사귀를 막는 벽사의 으뜸과 최고 지위를 나타낸 것"(김성구, <한국사원의 귀면장식과 김제 금산사 출토 「王」자명 귀면기와> ≪불교 사상과 문화≫8, 226쪽, 2016)이라는 해석도 결국은 神·王의 뜻에서 벗어나지 않는다. 다음 글에서 다시 강조하였다. 김성구, <한국 귀면의 유형분류와 그 정체성>≪한국기와학보≫9, 21쪽, 2024.

(덧붙임 3)

<단군의 자손에 대하여> : ≪고려사≫ 권56, 지리지1, 강화현 전등사조에 "이 산을 三郞城이라고 한다."라고 쓴 다음 끼움주를 달았다. "세상에 전하는 말이다. 단군이 세 아들을 시켜 성을 쌓았다 하여 이름이 그렇

게 되었다."세 아들의 이름은 물론 다음 세대(후손)에 대한 언급조차 없으므로 후대에 지어낸 지명유래로 보인다.

부록.

《○ 세종 086 21/07/02(무신) / 함길도 도절제사가 우지개 내의 소문을 전하다》

함길도 도절제사가 회령 절제사(會寧節制使)의 정문(呈文)에 의거해서 병조(兵曹)에 이첩(移牒)하기를, "오도리(吾都里) 지휘(指揮) 마가탕(馬加湯)이 와서 말하기를, '구주(具州)의 우지개(亐知介) 등이 떠들어 대어 전(傳)하기를, 「어느 사람이 강에서 큰 고기를 잡았는데 배를 갈라보니 두 아이를 배었다 하기에, 그 사람이 동네 사람과 함께 가 보니 아이는 모두 이미 죽었다.」하고 또 말하기를, '우지개(亐知介)의 풍속이 여자는 모두 방울을 차는데, 무오년 5월에 여자 세 사람이 벗나무 껍질을 벗기기 위하여 산에 들어갔다가, 한 여자는 집으로 돌아오고 두 여자는 돌아오지 않았는데, 그해 11월에 사냥하는 사람이 산에 들어가서 곰 사냥을 하다가, 나무의 빈 구멍 속에서 방울 소리가 나는 것을 듣고, 나무를 베어 내고 보니, 두 여자가 모두 아이를 데리고 있었으므로, 그 연유를 물으니 대답하기를, 「지난 5월에 벗나무 껍질을 벗기려고 산속에 들어왔다가 길을 잃어 집에 돌아가지 못하였는데, 수곰의 협박을 당하여 함께 자서 각각 아이를 낳았다.」고 하였는데, 그 아이의 얼굴이 반은 곰의 모양과 같았다. 그 사람이 그 아이를 죽이고 두 여자를 거느리고 돌아왔다.'고 하였습니다." 하였다.

호식총(虎食塚) 이야기

이 호식총 이야기는 지금으로부터 99년 전(1921년) 경주 대덕산에서 일본인에 의해 우리나라의 마지막 호랑이가 사살된 지 17년 전인 갑진년, 동짓달 스무이렛날(1904년, 음력 11월 27일) 초저녁, 울진군 북면 두천리 사기잠골 대나무 숲에서 큰 송아지만한 호랑이가 느닷없이 나타났다. 초가삼간 외딴집 방문을 앞발로 차고 들어와 삼을 삼고 있던 삼월이를 한 입에 물고 어디론가 사라졌다. 순식간에 일어난 일이었다. 한방에서 같이 길쌈을 하고 있던 아낙네 중에는 오금이 저려 일어서지도 못하는 사람도 있었고 너무 두려운 나머지 단속곳 바지에 오줌을 싼 사람도 있었다. 삼월이와 함께 있었던 아낙네들은 삼월이가 그날, 달거리를 시작했고 피 냄새를 맡고 온 호랑이가 삼월이를 물고 갔을 것이라고 숙덕거렸다. 칠흑같이 캄캄한 밤 삼월이 아버지는 실성한 사람처럼 동네방네 고샅으로 헤매고 다니며 큰 소리로 외쳤다. "동네 사람들은 내 말 좀 들어보소. 내 딸 삼월이를 애밀왕산 대호가 물고갔으니 창이 있는 사람은 창을 들고 나오고 시시랑(쇠스랑의 방언)이 있는 사람은 시시랑을 들고 나오소. 창도 시시랑도 없는 사람은 홍두깨 몽둥이라도 들고 나오소."하면서 미친 듯이 외치고 다녔다. 이 소리를 들은 동네 사람들은 누가 먼저라 할 것도 없이 무기가 될 만한 농기구를 들고 동사 앞마당으로 모여들었다. 마을 동사에는 이미 누군가가 모닥불을 환하게 지펴놓았다. 동네에서 힘깨나 쓰는 장정이 횃불을 들고 호기롭게 외쳤다. "자! 우리 모두 삼월이를 찾으러 갑시다." 이때 동네 노장 어른이 장정을 달래듯이 점잖게 타일렀다. "옛말에 갈 길이 바쁠수록 돌아서 가라 했네. 일이 바쁘다고 바늘허리에 실 매어 쓸 수 없는 일. 이왕 일이 이렇게 되었으니 내일 아침 동이 트는 대로 범 발자국을 찾아가 보도록 하세." 마을 사람들은 노장 어른의 뜻을 따르기로 하고 집으로 돌아갔다. 동사 마당에는 삼월이 친척들만 남아서 모닥불을 가운데 두고 밤을 꼬박 새우고 있었다. 이튿날 새벽 동이 트자 동네 사람들은 가루눈이 하얗게 내린 길을 따라 호랑이 발자국을 찾아 나섰다. 몇몇 장정들이 아침 허기를 면하기 위해 대추나 곶감도 미리 준비하였다. 호랑이 발자국은 남대천 개울을 따라 내려가다가 상당고개를 넘어 원장 골(덕구 온천 계곡)로 들어서고 있었다. 얼마를 왔을까? 얼추 이십여 리는 뛰며 걸으며 달려왔으리라. 물미 봉에 해가 치미는 것을 보고는 지금이 몇 시쯤인지 대강 짐작할 수도 있었다. 용소를 지나 이제 조금만 더 가면 효자샘에 다다른다. '목이라도 축이고 가야지.' 장정들은 아침 공복에 허기진 배를 달래며 호랑이 발자국을 따라서 부지런히 걸었다. 모두 말을 잊은 채 걷고 있을 때 앞서가던 장정이 놀란 소리로 외쳤다. "여기 있다. 삼월이 머리가 여기에 있다." 장정들이 겁을 먹고 한발 물러났다가 다시 모였다. 누군가 선혈이 낭자한 삼월이 옷가지를 작대기로 들어 보이자 동네 사람들이 치를 떨었다. "세상에…! 살은 몽땅 뜯어 먹고 뼈만 남겨 놓았네. 그래도 머리는 건드리지 않고 발톱으로 고이 빗어 바위에 얹어 놓았네." 넋을 놓고 있던 동네 사람들이 정신을 차리자 노장 어른이 말했다. "자! 이러고만 있을 때가 아니다. 전례에 따라 호식총을 만들고 장사를 지냅시다. 모두들 돌을 날라 오시오." 사람들은 삼월이의 유골과 뼈를 한군데 모아놓고 돌무덤을 쌓기 시작했다. 돌을 쌓아 놓고 보니 그 높이가 다섯 자나 되어 보였다. 노장 어른이 말했다. "돌로 무덤을 쌓은 이유는 잡초가 자라지 못하도록 하여 다시는 가족이 무서운 곳에 와서 벌초를 하지 않도록 함이요." 돌을 쌓아 올린 무덤이 있는 곳은 신성한 지역임을 알리고 사람들이나 산짐승들의 접근을 막도록 한다는 것이었다. 중화참(?)이 되어 마을 아낙네들이 술과 밥을 이고 먼 길을 찾아왔다. 마을에서 가지고 온 음식을 차려놓고 노장이 헌관을 맡아 제사를 지내고 망자의 한과 넋을 달래주었다. 호식을 당한 처녀 삼월이의 원혼을 달래고 잡귀가 범접하지 못하도록 돌무덤 위에는 흙 시루를 뒤집어 엎어 놓았다. 시루구멍에 삼 꾸리를 감는 가락꼬지(삼젓대 쇠가락의 방언)를 꽂아두고 호식을 당한 원혼이 빠져나오지 못하도록 부적으로 액막이를 해두고는 겁에 질린 마을 사람들은 뒤도 돌아다보지 않고 마을로 돌아왔다.

남만희 호식총(虎食塚) 이야기, 《울진을 이야기하다》, 울진문화원, 2020.

<곰과 결혼한 여자 이야기>

옛날 옛적 어느 여름날, 한 소녀가 산딸기를 따러 갔다. 처음에는 가족과 함께였다. 숲길에 곰 똥이 흩어져 있었다. 소녀는 이런 때 특히 조심해야 한다고 단단히 주의를 받아온 터였다. 어른들은 절대로 곰 똥을 넘어가서는 안 된다고 강조하였다. 하지만 소녀는 어릴 적부터 곰 똥이 있어도 아무렇지도 않게 발로 차기도 하고 넘어가기도 했다. 그건 성장한 지금도 마찬가지였다. 산딸기가 바구니에 가득 찼기 때문에 모두는 집으로 돌아가기로 했다. 그러나 소녀는 멋진 산딸기를 발견했기 때문에 모두에게 먼저 돌아가라고 하고 혼자 남아 산딸기를 가득 땄다. 산딸기가 바구니에서 넘치기 시작해 소녀는 몸을 숙여 주위 담았다.

그때 소녀 앞에 한 남자가 나타났다. 무척 잘 생긴 남자였다. 한 번도 본 적이 없는 남자였다. 그 얼굴에는 빨간 안료로 어떤 무늬가 칠해져 있었다. 남자가 소녀에게 말을 걸었다. "네가 따고 있는 산딸기는 더럽기도 하고 별로 좋은 것도 아니다. 좀 더 올라가면 훨씬 좋은 산딸기가 있단다. 나중에 집까지 데려다줄 테니까 두려워하지 말고 그곳으로 가 보자."

바구니가 가득 차자 남자는 말했다. "배고프지? 자 뭔가 먹기로 하자."

두 사람은 불을 지피고 여러 마리의 쥐를 조리해서 산딸기와 함께 먹었다. 남자가 말했다. "오늘은 너무 늦었으니까 내일 집으로 돌아가기로 하자. 여름이니까 여기서 자도 괜찮다."

그들은 그곳에서 자기로 했다. 자기 전에 남자가 소녀에게 말했다. "나보다 일찍 일어나더라도 고개를 들어 나를 쳐다보아서는 안 된다."

다음 날 아침, 남자가 말했다. "차가운 쥐고기를 먹자. 불은 지피지 않아도 돼. 그리고 다시 산딸기를 따러 가서 바구니를 가득 채우기로 하자." 소녀는 집으로 몹시 돌아가고 싶었기 때문에 항상 남자에게 자신의 부모 얘기를 했다. 그럴 때마다 남자는 "두려워하지 않아도 돼. 내가 데려다줄 테니까"라고 말했다. 그리고 나서 소녀의 정수리를 탁 치고는 머리 주위에 태양이 도는 방향으로 원을 그렸다. 그렇게 하자 소녀는 집에 대해서도, 부모에 대해서도 까마득히 잊었다. 소녀는 남자와 함께 이동해서 산딸기를 따기도 하고 쥐도 잡았다. 그리고 굴을 파고 생활했다. 한 달 이상을 그렇게 보낸 것 같았지만 사실은 하루밤에 지나지 않았다. 소녀가 사라진 것은 5월의 일이었다.

몇 날 며칠을 그들은 그렇게 지냈다. 그러는 동안에 소녀는 남자가 사실은 곰이라는 걸 알게 되었다. 날씨가 점점 추워졌기 때문에 남자는 깊은 굴을 파기 시작했다. 소녀에게는 덤불로 가서 나뭇가지를 모아오라고 했다. 소녀가 최대한 높은 곳까지 팔을 뻗어서 나뭇가지를 꺾어왔더니, 남자는 "그 나뭇가지는 안 돼. 표시가 남게 되면 인간에게 발각되니까" 하고 충고했다.

어느 날 골짜기의 외딴곳으로 나갔을 때였다. 소녀는 그곳에 와 본 적이 있는 것 같은 느낌이 들었다. 소녀의 형제들은 그곳에서 종종 곰 사냥을 해서 곰을 잡아먹곤 했다. 형제들은 4월의 따스한 봄날에 그곳으로 개를 데려가서 곰 사냥을 했다. 곰이 사는 굴로 개를 들여보내서 곰을 쫓아내는 것이다.

"여기에 캠프를 치기로 하지"라고 말하고 남자는 굴을 팠다. 소녀는 여느 때처럼 바닥에 깔 나뭇가지를 모으러 갔다. 하지만 이번에는 일부러 높은 곳에 있는 나뭇가지를 꺾었다. 그녀의 형제들이 와서 보고 그녀가 이 근처에 있다는 걸 알아주기를 바라는 마음에서였다. 개가 그녀의 냄새를 맡을 수 있도록 하기 위해서 주변의 땅바닥에 몸을 문질러댔다.

굴을 파고 있을 때의 남자는 영락없는 곰이었다. 그러나 다른 때는 소녀에게 더없이 따뜻하고 친절했다. 남자는 자신이 큰곰이라는 것을 소녀에게 보이고 싶어 하지 않았다. 거처할 굴을 철저하게 준비한 후에 그들은 쥐를 잡고 산딸기를 따는 데 온 힘을 쏟았다. 주위에는 벌써 눈이 내리기 시작했다.

10월이 되자 그들은 굴에 들어가 꼼짝도 하지 않았다. 먹을 것은 충분히 있었다. 그들은 1월에 한번 일어나서 식사를 했고, 그리고는 푹 잤다. 그러다가 소녀는 자신이 아기를 안고 있다는 걸 발견했다. 여자아이와 남자아이였다. 2월이었다. 이달에 곰은 새끼를 낳는다.

곰은 밤이 되면 노래를 불렀다. 그러면 소녀는 일어나서 그 노래를 들었다. 곰은 소녀와 함께 지내게 된 이후로 만사에 샤먼처럼 행동했다.

곰 남자는 말했다. "너는 내 아내다. 나는 이제부터 외출했다가 돌아오려고 한다. 네 형제들이 눈이 녹기 전에 이 근처로 오려고 한다는 걸 알고 있다. 나는 나쁜 짓을 하러 간다. 그들과 싸우러 가려는 것이다."

남자의 말을 듣고 소녀는 소리쳤다. "그러지 마세요. 그들은 내 형제예요. 죽이지 마세요. 차라리 당신이 제 형제에게 살해되는 편이 낫겠어요. 저를 사랑한다면, 싸우지 마세요. 당신은 저에게 좋은 사람이에요. 당신이 제 형제를 죽이고 나면 제가 어떻게 당신과 살 수 있겠어요?"

"알았다. 나도 싸우지 싫지 않으니까."

어느 날 밤, 곰은 일어나서 노래를 불렀다. 그리고 말했다. "그들이 다가오고 있다. 잘 들어라. 혹시라도 내가 살해되면 그들에게 부탁해서 내 머리와 꼬리를 받아두도록 해라. 알겠지? 나를 죽인 장소에서 커다란 불을 지펴서 머리와 꼬리를 태워라. 그리고 다 탈 때까지 이 노래를 계속 불러야 한다."

그들은 또다시 잠을 잤다. 곰이 일어나더니 말했다. "땅이 드러나기 시작하고 있다. 밖으로 나가서 살펴보고 와라." 소녀는 밖으로 나가 온몸에 진흙을 발랐다. 주위에 소녀의 냄새가 배었다. 곰이 말했다. "왜? 왜 이런 짓을 하는 거지? 금방 발각되잖아?" 그러고 나서 그들은 다시 잠들었다.

다음 날 아침, 곰이 말했다. "드디어 왔다. 일어나라. 개가 짖고 있다. 내 칼은 어디 있지?"

소녀가 말했다. "부탁이에요. 싸우지 말아요. 제 형제들이 당신을 잡으려고 하거든 그냥 가만히 있으세요." 곰이 밖으로 나가면서 말했다. "너는 이제 두 번 다시 나를 보지 못할 거다."

한참 동안 무슨 소리가 났다. 소녀는 굴속에서 바깥의 동정을 살폈다. 그녀의 형제들이 이미 곰을 죽였다는 걸 알았다. 소녀는 한참 후에야 형제에게 발견되었다. 소녀는 형제들에게 말했다. "오빠들은 처남을 죽인 거야. 나는 이 사람하고 5월부터 계속 함께 지냈어. 그런데 오빠들이 그를 죽였어. 나에게 그의 머리와 꼬리를 줘. 그리고 집으로 돌아가서 어머니에게 부탁해서 나와 내 아이들을 위해 옷을 준비해서 갖다 줘."

어머니는 옷을 지어서 가져왔다. 소녀는 그걸 입고 곰이 살해된 장소에 가서 커다란 불을 지폈다. 시뻘겋게 타오르는 불에 곰의 머리와 꼬리를 태웠다. 소녀는 불타는 동안 내내 곰에게 배운 노래를 불렀다.

소녀와 두 아이는 외딴곳에 오두막을 지어서 살았다. 1년이 흘러서 또다시 봄이 왔다. 형제들은 소녀를 곰처럼 꾸며서 놀리려고 했다. 형제들은 수컷과 암컷 두 마리를 밴 암곰을 죽여서 가죽을 벗기고 그것을 소녀와 아이들에게 뒤집어씌우려 했다. 소녀는 무척 싫어했다.

소녀는 어머니에게 호소했다. "못하게 하세요. 단 한 번이라도 가죽을 뒤집어쓰면 나는 곰이 되고 말아요. 지금도 반은 곰이 된 걸요. 손에도 발에도 긴 털이 나 있잖아요."

그러나 형제들은 재미있어하며 소녀와 아이에게 곰의 털가죽을 뒤집어씌웠다. 갑자기 소녀는 네 다리로 걷기 시작하더니 급기야 곰처럼 일어서서 울부짖었다. 소녀는 큰 곰이 되고 말았다. 이제 어쩔 도리가 없었다. 곰이 된 소녀는 형제들을 죽였다. 어머니마저도 죽였다. 그러나 소녀에게 잘해준 막냇동생만은 죽이지 않았다. 소녀의 얼굴에 눈물이 흘러내렸다.

소녀는 두 마리의 새끼를 데리고 모습을 감춰버렸다.

그 후로 사람들은 큰 곰을 반은 인간으로 취급한다. 사람들이 큰 곰의 고기를 먹지 않는 것도 이런 일이 있었기 때문이다. (McClellan, The Girl Who Married the Bear, 1970)[100]

나무꾼과 호랑이

어느 나무꾼이 산에 나무를 하러 갔습니다. 칡넝쿨을 거두려고 붙들었는데 그것이 하필 그늘에서 자고 있던 호랑이 꼬리였습니다. 잠자는 호랑이를 건드린 나무꾼은 깜짝 놀라 나무 위로 올라갔습니다. 화가 난 호랑이는 나무를 마구 흔들었습니다. 나무꾼은 놀라서 그만 손을 놓아 나무에서 추락했는데 떨어진 곳이 하필 호랑이등이었습니다. 이번에는 호랑이가 놀라 몸을 흔들었고, 나무꾼은 호랑이 등에서 떨어지지 않으려고 안간힘을 썼습니다. 호랑이는 나무꾼을 떨어뜨리기 위해 달리기 시작했습니다. 나무꾼은 살기 위해서 사력을 다해 호랑이 등을 더 꽉 껴안고 있었습니다. 그런데 한 농부가 무더운 여름에 밭에서 일하다가 이 광경을 보고는 불평을 합니다. "나는 평생 땀 흘려 일하면서 사는데, 어떤 놈은 팔자가 좋아서 빈둥빈둥 놀면서 호랑이등만 타고 다니는가?" 농부는 죽기 아니면 살기로 호랑이 호랑이등을 붙들고 있는 나무꾼을 부러워했습니다. 때때로 남들을 보면 다 행복해보이고 나만 고생하는 것 같습니다. 나는 뜨거운 뙤약볕에서 일을 하고, 남들은 호랑이등을 타고 신선놀음을 하는 듯합니다. 그러나 실상을 알고 보면 사람 사는 것이 거의 비슷합니다. 나와 똑같은 고민을 하고, 나와 똑같은 외로움 속에서 몸부림을 칩니다. 남과 비교하면 다 내 것이 적어 보입니다. 나에게만 아픔이 있는 것이 아니라 실상을 들어가 보면 누구에게나 아픔이 있습니다. 비교해서 불행하지 말고 내게 있는 것으로 기뻐하고, 감사하는 하루가 되었으면 좋겠습니다. 인생은 희극처럼 살아도 짧은 시간입니다.

- 인터넷에서 -

곰에 대한 서사와 생태에 대한 교양서로는 베른트 브루너(김보경 옮김), 《세상에서 가장 오래된 애증관계, 곰과 인간의 역사》, 생각의나무, 2010 가 있다. 우리의 논의에 도움이 되는 구절을 인용해둔다.

곰에 관해 오늘날까지 전해 내려오는 많은 전설들 … 한 흐름은 곰이 인간과 밀접하게 연관되어 있다는 가설이다. … 대부분의 북반구 사람들 이 원숭이(영장류. 찰스 다윈 – 책쓴이 부연)라는 존재를 알게 된 것이 불과 몇 세기 전이라는 사실을 깨닫게 된다면 많은 전설과 신화가 곰과 인간의 상호관계에 대해 깊이 성찰하고 있다(28~29쪽).

사냥한 곰의 가죽을 벗겨보면 털로 가려진 몸이 얼마나 가냘프고 하얀 살갗을 하고 있으며, 곰이 얼마나 자신과 닮았는지 사냥꾼은 깨달았을 것 이다. … 시간이 흐르면서 선조들은 곰을 자신들의 가까운 친척인 동시에 결코 방심해서는 안 되는 경쟁다로 보는 이중의 잣대로 인식하기 시작했 다(프롤로그).

서시베리아 소수민족 케트족 이야기에 숲에서 곰을 만나면 이렇게 설 득한다고 한다. "여보시게, 저리 가게. 난 아무 짓도 안 했다네." 특히 아 이가 없는 부부들은 한 천막 속에서 자신들이 자는 침대까지 내주고 수 양 '자식'과 함께 살면서 곰 새끼를 키우는 경우가 많았다고 주장했다 (133~134쪽).

새끼 곰에게 젖을 먹였다고 알려진 부족이 아이누족만 있었던 것은 아 니다. 1769~72년 허드슨만에서 미국 북서부를 거쳐 북극해를 여행한 새 뮤얼 헌은 "남부인디언들에게 새끼 곰을 길들이고 집 안에서 키우는 건 흔한 일이었는데, 곰이 너무 어린 경우 젖이 나오는 자신 아내의 젖을 빨리었다"라고 보고했다(136~137쪽).

III. 환웅천왕의 위상

《삼국유사》 고조선조 <고기>가 '口演'하는 단군신화에서는 환웅의 활약상이 단연 빼어나다. 그는 하늘에서 내려왔지만 그 존재감은 (태백)산에서 드러난다. 그럼에도 존칭은 '환웅천왕'이다. 아버지 환인과 아들 단군 셋 가운데 가장 영광스러운 부름말(호칭)이다. 실제 백두산에는 '국수(국사)천왕(당)'이라는 당집(신전)이나 위패만 있지 환인·환웅 단군도 보이지 않는다. 신들의 세계는 하느(하늘)님이 처음이자 마지막으로서 그가 役使하는 장소에 따라 산신도 되고, 조상신 단군도 된다. 상식적으로 아는 3대 계보나 이름이 기록에 따라 차이가 있다.

1. 환웅의 집안 계통[家系]

단군신화에 나오는 세 주역/神人 가운데 환인만 존칭 없이 이름뿐이다. 거기에 비해 환웅은 천왕이고, 단군은 왕검이다. 하늘에서 신터[神市]로 내려오기는 했지만, 환웅은 태생이 하늘이므로 하늘 天에다 존호 王을 붙여 천왕이 되었다. 天王은 '하늘님'으로서 '환웅천왕'은 '환웅+하늘님'이다.[101] '환웅'은 소리(音)로 적었고, '천왕'은 뜻으로 적었을 뿐 겹말[同語反覆]이다. 한자로 '桓雄'은 무의미한 이름이다. 환웅을 이렇게 이해할 수 있게 된 데는 뒤에 나오는 천왕에서 힌트를 얻었기 때문이다.

환웅의 아버지 桓因도 글자상으로는 달리 해석이 되지 않으므로[102] 역

시 하늘·하느님을 소리적기[音寫, 音借]한 것이라고 앞에서 말하였다.[103]
환인·환웅의 앞 글자 桓에 달리 의미가 담겨 있지 않음은 이를 '개선'한
표현 ≪제왕운기≫의 '檀雄'을 보아도 알 수 있다. 이렇게 쓰면 '단웅은
나무 신[檀樹神]'으로 당당히 존재할 수 있고, '檀'이라는 글자를 통해 한
자상으로도 父子 관계를 맺어 檀君의 아버지라는 집안 계통이 선다. 다만
천지를 정돈하고, 아들을 낳은 환웅에 비해 환인은 '해놓은 일(役事)' 없
이 존재할 뿐이므로 오히려 '하늘'과 같은 존재다. '환웅천왕'이라는 익은
말[熟語]이나 천왕당 같은 신당의 존재에 비해 '환인천왕'이라는 신격이
라든가 환인을 모시는 당집이 드묾을 볼 때 환인은 환웅에 딸려서 등장한
부수적 존재로 보인다. 하늘 神 환웅과 그 아들 단군이라는 하늘·땅/아
버지·아들 두 세대만으로는 단군 탄생의 내력과 권위를 말하기에 부족하
였던지 할아버지·아버지·아들이라는 3대가 설정되었다. 환인은 창조주
이자 日常에서 물러난 신이며, 자신의 신전이나 조각상이 없는 점 따위를
꼽아 그를 至高神[supreme god]이라고 부른다.[104]

아버지 환웅천왕에 비해 아들 단군왕검의 '王儉'은 어떻게 이해해야 할
까? 앞선 학자들이 논파했듯이 王儉 또한 한자대로는 뜻이 통하지 않는
다. 그리하여 '王(님)+儉(검)' 즉 앞 글자는 뜻으로, 뒷글자는 소리로 읽어
(譯上不譯下) 님금/임금으로 읽는다.[105] 이들 신인의 집안 계통과 역할/속
성을 도식화해보면 (아래) 천지를 다스리는 신화 상의 주인공[主宰之天]은
우리가 알고 있던 3세대에서 아래쪽 두 세대(아들과 손자)로 좁혀진다.

	이름	존칭			실체	역할
하늘	환인				天	
	환웅	천왕			天神	천지 질서 잡음
땅	단군			왕검	人君	나라 세움

환웅천왕은 소원대로 땅에 내려와 천지 질서를 잡고 인간을 점지하였다. 환웅의 말뜻이 무엇이든 간에 그러한 큰일(天地大事)을 이루어낸 신격은 천왕이다. 세월이 흐른 뒤 그 아들이 나라를 세웠다는 알림(布告)이 바로 단군신화다. 이 점에서 단군신화를 '환웅신화'라[106] 함은 일리가 있다. 하지만 나라를 세워 왕조를 이어갔다는 선언적 의미에서 <고조선>조의 보충 제목(副題)이 '왕검조선'이다. 그것은 《삼국유사》 기이편이 '하늘의 주재자' - 천왕 - 의 신이함에 방점을 두는 것이 아니라 '땅의 통치자' - 왕검/임금 - 의 神異를 기록해둔 역사책임[史書]을 환기하고 싶다. '무대 연기'의 비중에 얽매이면 책쓴이 일연의 의도를 놓치고 만다. 《제왕운기》에서 환웅까지도 단군 이름 檀字에서 따와 檀雄이라 한 데서도 자명하듯이 예전부터 내려오는 단군신화의 관점과 용어를 바꿀 것까지는 없다.[107]

자연을 공경하면서 두려워하는 인간은 특정 공간을 마련하여 건물도 세운 뒤, 그들이 보고 들은 인문 지식을 동원하여 제사터나 당집[神堂]에 이름을 붙인다. 그러한 공간이 늘다 보면 그들 사이에 질서와 서열이 생기게 되니 판테온 즉 '萬神 터'다. 다행히 백두산 지역에서 천왕이라는 신격을 만나볼 수 있다. 높은 山地라 발걸음이 드물고, 근대까지도 외부의 영향이 거의 없었던 탓에 오래전부터 내려오는 신격과 그 주변을 보게 된다. 삼국유사 <고기>는 암수/남녀 교접으로 단군의 탄생을 '이야기'하였다. 그러다 보니 '천왕 아들'다운 면모는 온데간데없다. 천왕 아들의 모습을 찾아주는 것이 역사학자의 책무일 터이며, 소기의 목적이 이루어진다면 단군신화를 굳이 환웅신화로 불러야 한다는 문제도 그만큼 사라지게 된다.

2. 백두산 천왕당

최남선은 백두산을 등정하여 ≪白頭山觀參記≫를[108] 썼다. '虛項嶺 복판 祠堂 집 있는 곳'에 다달아 '정면에 뫼신 木主의 天王之位라고 큰 글씨로 깊게 새긴' 것을 본 뒤, 다시 이 위패의 '前身인 듯한 國師大天王之位란 것을 보고' 더욱 감격하여 절하였다. 이 신위가 단군신화의 역사성을 증명하는 자료라고 여겼기 때문이다.[109] 그는 천왕의 터전에 산신이나 조상 제사가 없음이 의아했던지 산신·천왕·조상신이 다 같은 것이라고 '直觀'했다.

> 白頭山神이 '天王'이시겠지, 그래 '國師大天王'이시겠지, 그가 國土神이자, 山神이자, 祖神이자, 天神이신바에 그 號는 마땅히 '天王'이실밖에 없으며, 壇君의 原義인 '天王'일밖에 없으며, 한우님의 轉譯인 '天王'일밖에 없으며, 桓雄天王의 '天王'일밖에 없으며, 山天祖三位一體의 인격적 표현인 '天王'일밖에 없을 것. (아래 생략. ≪백두산금찬기≫ 83쪽)

산신에 대해서는 이 신당이 백두산에 있다는 것 말고는 달리 존재를 증명하기 어렵다. 위패로 보아 오래된 국사대천왕이 천왕인 것은 수긍이 간다. 그렇다면 '국사'와 '천왕'은 같은 신격이다. 나아가 천왕이 조상신일 가능성도 열어놓고 있지만 더 이상 설명이 없다. 세 신격은 단군 하나로 귀결되니 삼위일체라고 했다. 하지만 백두산에서 조상신 단군 위패는 물론 산신 위패도 보지 못한 상태다. 아마도 후대의 구월산 삼성당 같은 데서 신격 셋을 보고 연상한 듯하다. 뒤에 언급하겠지만, 삼성당의 세 신위는 모두 인격신/神人이다. 식민지 시대의 박학다식한 학자로서 계몽적 저술이기는 하지만 받아들이기에 부담스럽다. 다만 후대의 인문 환경에 물들지 않은 국사 신앙의 원래 모습을 보았던 점이 높이 살만하다. 육당은 나무 기둥이나 현판의 국사·대왕이라는 글귀에 취한 나머지 건물 이름에 대해서는 언급하지 않았다. 아마도 국사당이나 천왕당 또는 국사천왕당 정도가 될 터이다. 실제 강원도 태백산의 太白山祠는 '(속칭) 천왕당'이라고 불렀다[110]. 나중에 소개할 서울 목멱산의 국사당 또한 '사사로이' 칭한 이름이다.

천왕이 天神임은 말할 나위 없지만 한편 산신이기도 하다는 해설이 시선을 끈다. 대자연에서 막상 하늘과 산의 구별은 보기 나름이다. 적당히 위치에 따라 구별 짓고 이름을 붙인다. 한반도 중부지방의 신당을 보고 얻은 김태곤의 아래 결론은[111] 백두산이라고 하여 별반 다르지 않다.

上位 …… 국수당

中位 …… 산신당 기타 神堂

下位 …… 서낭당

국수당은 우리말로 국시·국사라고도 부르며, 한자로는 여러 가지로 쓰는데 백두산의 경우는 '國師'라고 썼다. 神格 또한 중부지방과 마찬가지로 "국사당 신앙은 신당신앙의 계열상으로 보아 천왕당 신앙과 같은 계통으로서 (건너뜀) 높은 山頂의 신당 祠宇 형태다."[112] 산에 모셨던 제당이 허물어지거나 흔적이 없어진 뒤에도 여전히 그 산을 일러 구수봉·국시봉·국사봉이라 하는데 '神山 마루'라는 뜻으로 "단군신화에서 천상신이 하강한 태백산정 등과 맥을 같이 하는 천상신의 강림을 의미하는"[113] 신성 구역이다. 국수·국시·국사가 산의 가장 높은 곳에 자리한 신령이자 천신임은 1933년에 설악산을 등정한 이은상의 기록에도 나온다.

> 이 上峰 최고 정상에 돌담으로 두르고 기와로 덮은 조그마한 제단이 있거니와, 단상에 세워놓은 位牌에는 한가운데 '雪嶽山峰 國司天王佛神之位'라 썼고, 좌에는 小字로 '八道山神中道神靈'이라 썼으며, 우에서 역시 소자로 '雪嶽山神靈'이라 썼다.(노산 이은상, <설악행각, 묘고봉두에 서서>)[114]

이렇게 보면 국수·국사는 곧 천왕이 되므로 '국사천왕'은 겹말로서 국사를 번역하여 한문으로 써준 데 지나지 않는다. 이 한자 번역 계열의 선구 형태로 '구지'(龜旨峯·龜旨歌)를 꼽는데 우리말 계열의 다른 하나로 '굿'도 무관하지 않다.[115] 국수터에서 크게 기도판을 벌이면 굿이 될 터이고, 작은 경우는 치성이 된다. 국사당을 조사하던 1970년대 당시에도 국사당은 명맥이 거의 끊어지거나 산신이나 서낭신과 섞여 있다고 했다. 아래의 경우를 보면 의미를 모르는 신격은 이름까지도 남기 어려웠는지 산봉우리 이름 자체가 바뀌기도 했다. 1910년대 전국 지명 조사 책자《조선 지지자료》강원도편을 보면 杆城郡 土城面 산 이름에 '국슈봉산 / 國祠峰 山'이 있다. 그것이 1967년의《한국지명총람2》에는 아래와 같이 나온다.

강원도 - 고성군 - 산천 -

국사-봉(國師峰) [국수봉, 문필봉] 토성면 용촌리와 장천리 경계에 있
는 산.

높이 84m. 봉우리가 붓끝같이 수려함

국슈봉산 → 국사/국수봉 → 문필봉 순서로 이름이 바뀌어 갔다. 시방
은 고성군과의 경계에 있는 속초시 청해학교 뒷산이며 100x40cm 정도
크기의 시멘트 제단이 놓여 있다.

일제강점기 조선인의 백두산 등산은 등산이 전부가 아니었다. 그들은
겨레의 선각자라는 사명감이 있었다. 아래에 보듯이 몇 년 뒤 민세 안재
홍도 백두산을 오르며 민족정신과 긍지를 일깨우는 데 골몰하였다. 이때
의 등산 기록을 일간지에 연재하였는데 나중에《백두산 등척기》라는[116]
제목으로 출간되었다.

통학을 하려고 우루루 뛰어 내려가는 학동들은 부스스한 복색에 영
양조차 좋지가 않다. 다음 시대에 닥쳐올 못다 치운 무거운 짐을 어떻게
그들에게 지게 할는지 까닭 없이 긴 시름을 자아낸다.(20쪽)

특히 그는 백두산에 제사 지냄으로써 "나라의 朝宗을 세우려는 의식이

되살아나고 국토를 사랑하고 國祖를 존숭하는 마음을" 불러일으키고자 했다.[117] 이 때문인지 백두산을 오르며 神堂이나 제사터를 유심히 보고 다녔다.

茂山 지나 '國師天王之位' 주련은 일찍이 조령관에서 본 鳥嶺天王之神位처럼 아주 오래된 천왕 신앙의 민속과 뿌리 깊은 분포를 수긍할 만하다(41쪽). … 홍단산 한마루에 이러한 廟宇가 있는 것은 희한하다. 꼭대기에는 '天王堂' 3字의 黑板白字의 현판이 뚜렷하고 그 아래에 따로 尊敬堂 3字의 편액이 걸렸고 … '白頭鍾氣 紅湍靈祠'라고 쓴 주련에 위패 뚜껑을 열어보니 '大天王靈神之位'라는 일곱 글자다. (51쪽)

홍단영사는 천왕당이다. 백두산정계비를 세울 때 조선국 大臣 이중하는 송아지를 잡고 곡식을 데쳐서 '홍단사 천왕당'에서, 시찰의 평안을 위해 "여러 산들의 祖山이며 여러 강물의 宗主입니다. 왕업의 발자취가 시작되었으니 … "라는 서두를 읊어 제사를 올렸다.[118] 《백두산 등척기》의 후반에서는 위의 두 천왕당을 비교하여 말한다.

(허항령) 산마루 등허리 복판에는 수백 평의 초원이 있다. 둘레의 수목을 솎아내서 시원스런 기운이 감돈다. 한 채의 당집[祠宇]이 키 큰 숲을 등지고 자리 잡았다. 이것이 바로 허항령의 천왕당이다. 나무로 간소하게 지은 사당 안에는 북쪽 벽 바로 아래 천왕의 위패를 봉안하였다. 그 신위를 모신 탁자 뒤편의 정면 벽 위에는 신의 모습을 그린 탱화를 걸었다. 모자를 쓰고 띠를 두른 인물 곁에 시녀가 파초 부채를 들었는

데 모자와 허리띠는 희미해져서 마치 장삼을 입은 승려와 비슷하다. 다만 시녀만이 본래 모습을 지녔을 뿐이다. 옆에는 '國師大天王'이라는 글씨가 있다. 홍단영사에 견주면 그 사당의 모습과 내용이 적지 않게 다르다. 이 또한 퇴락해가는 중이다. (148~149쪽)

　　紅湍靈祠가 관에서 폐백을 올리는 큰 사당이라면 이곳은 민간에서 조성한 聖祠요 神宮이다. 전자가 北本願宮이면 이것은 南本願宮에 해당한다. (건너뜀) 영조 41년(1765) 을유년에 구월산의 삼성사를 수선하고 동명왕묘를 단군에게 함께 제사 지내게 했다. 영조 43년 정해년에 비로소 백두산을 향하여 제사를 올리게 되었다. 나라의 朝宗을 세우려는 의식이 되살아나고 국토를 사랑하고 國祖를 존숭하는 마음이 덩달아 발흥하던 무렵의 일이다. 50여 년을 지나 순조 11년(1821) 신사년에 부령군수 高升益을 시켜 홍단영사에 제사를 받들게 하여 만고 명산, 일국 조종으로 높이고 '대천왕영신지위'를 새롭게 모시던 것에 견주면 이 허항령의 천왕당은 다만 그저 민간신앙의 전당으로만 있었던 것을 짐작하겠다. (149~150쪽)

　민세 안재홍이 茂山을 지나 '國師天王之位' 주련을 만난 곳은 <조선팔도지도>에[119] '國祀坡'로 적어놓았다. 白頭山 무리[群]의 허항령 언덕배기 산길이다. '국사'의 '祀'자가 서로 다른 것을 보면 한자에 뜻이 있지 않고 소리적음에[120] 지나지 않는다.
　민세가 본 백두산신은 중국으로부터 보고 배운 爵號나 도교 취향의 산신과는 완연히 다르다. 그는 이웃 종교시설에 대해서도 빠짐없이 기록했다.

(백두산) 달문의 물 떨어지는 어귀 가까운 곳에 순전히 목재로 된 도교 취향의 宗德寺가 있다. 내당으로부터 8, 16, 32칸으로 두 배씩 늘여나간 3겹의 八角殿이다. 남쪽과 서쪽 정면에는 모두 '백두산 종덕사'라고 쓴 편액이 있고, 동쪽에는 昊天金闕上帝殿'과 따로 '大元堂'의 편액이 있다. 복쪽에는 '白頭山大澤水宗德寺'의 편액이 있으며, 내당의 남쪽에는 '玉皇上帝天佛位'의 편액이 있다. 조선인 태극교도들이 창건하여 수도하던 터다. (≪백두산등척기≫)[121]

인용문을 통해 우리는 두 가지 사실을 알게 된다. 첫째, 백두산 숭배는 이미 고려시대에도 있어 왔지만[122] 그것이 나라의 제사나 제도로 정착된 것은 조선시대다. 둘째, 민세가 구월산 삼성사를 거론한 까닭은 천왕 신앙의 朝宗 백두산 사당이 우리 역사와 어떻게 맺어/이어지는가에 대한 관심이다. 그는 구월산 삼성당에서 창세의 단초를 찾았다. 천왕/천신은 하늘의 자연신으로만 존재하지 않고 그 자손이 바로 단군이니까 민족의 아득한 조상으로서 군림한다고 하여 '신화에서 역사로'[123] 시선을 옮긴다.

육당·민세 모두 단군을 섬기고 이해하는 당위로서 천신/천왕을 찾아서 받들어 절한다. 그렇게 함으로써 우리 겨레가 천신의 자손 즉 천손임을 신들의 거처로써 증명한다. 천왕당이라는 당집은 천신의 본고장이자 출발점이다. 거기에서 후대의 자손까지를 연결/설명하자면 천왕과 함께 하는, 아니면 천왕 다음 단계의 존재/신격이 필요하고 상정된다. 비로소 천신이 내려와서 거처하는 산(신)도 조명될 터이고, 그 첫 인물 단군이 역시 천신/천왕의 後續 모습으로 등장하게 된다.

3. 천왕, 하나에서 셋으로

三聖堂의 구조는 어떻게 되어 있는가? ≪성종실록≫ 15권, 성종 3년 (1472) 2월 6일 계유 7번째 기사, 황해도 관찰사 李芮가 기록한 삼성당 사적을 보겠다.[124] 이 사묘는 황해도 은율군과 신천군에 걸친 구월산(954m)에 있는데 백두대간의 곁가지 두류산에서 갈라져 나와 해서정맥이 서해로 흘러 들어가는 끝자락에 자리한다.

1. 삼성당에 환인천왕은 남향하고, 단웅천왕은[125] 서향하고, 단군천왕은 동향하여 다 위패가 있습니다. 속설에 전하기를, 옛날에는 모두 나무상(木像)이 있었는데, 태종임금 때 河崙이 여러 사당의 나무상을 혁파할 것을 건의하여 三聖 나무상도 또한 사례에 따라 파기하였다 하며, 기물의 설치 여부는 알 수 없습니다.

1. 삼성당의 서쪽 곁방(夾室)에는 구월산대왕이 가운데 있고, 왼쪽에 土地精神이, 오른쪽에 네 直使者가 있는데, 그 위판은 모두 남향하여 있습니다.

천왕들의 위패는 아래와 같은 배치로 되어 있다.

환인천왕

단군천왕　　　단웅천왕

(남쪽)

사당의 세 천왕은 원래 '미신[淫祀]'이라 하여 나무조각상이던 것을 유교식 위패로 바꾸어 모셨다. 이들 나라 세우기 무대의 신들과는 별도로 '지역 신'이 좌정한 곳은 삼성당에 딸린 서쪽 곁방으로서 역시 세 신위를 모셨다.

삼성당 곁방의 위판 배치

(오른쪽) 4직사자　(가운데) 구월산대왕　(왼쪽) 토지신

(남쪽)

배치로 보더라도 할아버지 환인이 윗자리에 계시고, 아들과 손자가 좌우에서 모신다. 이러한 자리매김이 반드시 모범/定形은 아니다. 시대를 거슬러 세종 때의 배치는 놀랍게도 '북벽 단웅천왕, 동벽 단인천왕, 서벽 단군천왕'[126]으로 되어 있다. 단군을 중심으로 위로 아버지·할아버지의 이름 또한 일정하지 않다. 일반적으로 알고 있는 바는 할아버지·아버지가 '桓'으로 시작되는 이름인데 손자 이름은 '壇/檀'이 첫 글자다. '환'이나 '단'이 성씨일 리도 없는데 손자 이름 첫 글자에 맞추어 단웅·단인이라는 '단씨 족보'를 꾸미기도 했다.[127] 이로써 보면 나라를 연 중심/시작이 단군에게 있고, 단군으로부터 그 父·祖의 이름이 파생/유추되었다.

삼성당 신격의 호칭이 모두 '천왕'인데 비해 지역의 (구월)산신은 '대왕'이라는[128] 차등이 있다. 앞에서 '조령천왕지신위'를 읽은 바 있는데 그것이 위패 그대로인지 아니면 '조령의(에 있는) 천왕지신위'인지는 확실하지 않다.[129] 《삼국유사》, 피은, 포산이성조에 가섭불 시절의 산신으로 비슬산

의 '靜聖天王'이 나오지만, 불경에 보이지 않는 천왕이다. 《신증동국여지
승람》권27, 현풍현 사묘조를 보면 '정성대왕'이 나오므로 이것이 불교의
영향을 받아 神衆을 일컫는 천왕으로 와전된 듯하다. 대구광역시 지역의
팔공산(1192.3m)은 이규보(1168~1241)의 《동국이상국집》에 '公山大王'이
라고 나오지만, 그 최고봉은 '천왕봉'이며 제천단 사진이 남아 있고,[130] 천
왕당이 있었다.[131] 어느 지역 산 이름을 붙여 대왕이라고 부르는 경우는
있지만, 그 산 범위를 넘어서는 광대무변한 하늘/천신은 딱히 어디 하늘
이라고 이름 붙이는 게 이상하다. 천왕은 홀로 군림하며(獨尊), 누구를 막
론하고 다가갈 수 있지 특정 지명에 의존하지 않는다. 다른 예를 들어보
자.

목멱산은 서울의 남산이다. 그 꼭대기에서 모신 조선시대 제사는 이러
하다. 태조 4년(1395) 12월 29일에 남산을 목멱대왕으로 삼아 일반인의
제사를 금하였고,[132] 태종 8년(1408) 5월 22일에는 목멱산신에게 기우제
를 지냈으며,[133] 태종 9년 7월 5일에는 비가 그치기를 빌었다.[134] 태종 12
년 2월 6일에는 《홍무예제》에 따라 목멱산 신주를 만들었다.[135] 나라에서
편찬한 지리지를 보면 이곳 제사 건물은 '木覓神祠'로서 별을 향하여 올
리는 醮祭를 지낸다고 되어 있는데[136] 神祠의 규모나 형식은 다행히 이규
경의 《오주연문장전산고》에 비교적 자세히 나온다.

<京城 목멱산 蠶頭峯의 國師堂 淫祠> 목멱산신에게 제향할 때 典祀
廳이 사사로이 '국사당'이라 부른다. (건너뜀) 산신 앞 제물이 극히 번잡
하고, 祈禱 또한 대단히 성하지만, 관청에서 막지 못한다. (권 43)[137]

목멱산 꼭대기의 신당은 나라로부터 '神祠'라 불리었고, '목멱대왕' 爵號까지 받았지만, 그 본질은 '무허가 제사[淫祀]'로서 神堂 이름은 '국사당'이다. 하지만 궁중 기록에는 국사당이 여러 번 보인다고 한다. 눈여겨볼 점은 '국사당' 이름 앞에 어떤 산 이름도 붙지 않았고, 이 신당마저 '낮은 데'로 옮겨야 하는 조처를 받았다. 한두 가지 사실을 확인하게 되었다. 첫째, 하나밖에 없는 국사=천왕에 달리 지역 이름을 붙이지 않는다. 둘째, 위치나 중요성으로 보아 목멱산 권역의 모든 신당 위에 있다는 이유로, 일본인들이 남산에 朝鮮神宮을 지으면서 그보다 낮은 위치로 국사당을 옮기게 하였다. 지금의 인왕산 국사당이 그것이다.

지리산의 경우 ≪제왕운기≫를 보면 이곳 신은 '聖母'인데 끼움주[夾註]에서는 '智異山天王'이라고 했다.[138] 이 또한 성모상의 존재나 당집이 있는 지역을 지칭하는 표현으로 보아 무방하다. 규모상으로 말하자면 대왕이 일개 산신이라면 천왕은 거대한 산무리(山群)에 붙는 경향을 볼 수 있다. 하지만 인간이 붙인 이름 (산신)대왕과 (하늘신)천왕은 관념상의 차이일 뿐이므로 마을 제사에서도 천신을 모시거나 천신과 산신을 둘다 제사 지내는 경우가 있는데 제사제도[禮制]나 나라의 규정과는 별도의 세계다. 신을 모시는 祭官이나 有司가 구별하여 부름으로써 별개의 神/王을 모시게 되니 명분이 실질을 규정한다.

고구려의 천왕지신무덤에서 보듯이 '천왕'과 '지신' 먹 글자는 서로 떨어져 있지만 대비되는 신이므로 천왕이 곧 천신이다.[139] 이규보의 <동명왕편>에서는 '천왕의 아들'을 天王郎이라 부르는데 ≪삼국사기≫ 고구려본기1에서는 '天帝子'라고 했다. 천왕·천제는 같은 것으로서 '땅'에 대비되는 '하늘'이지 하늘에 특정 산 이름을 붙여 영역을 한정시킴은 불합리하고 이기적이다. 민세 안재홍은 '단군'이 '천왕'의 뜻이라 했는데[140] 그렇다면 '단군천왕'은 같은 말을 반복한 것이 된다. 환인천왕이나 환웅천왕도 앞에서 살폈듯이 환인·환웅이 '하늘'을 뜻한다면 그 본질에서 단군과 차이 나지 않는다. 이를 두고 나는 조선시대 著作에서 하늘=천왕을 인간 세대에 빗대어 나누었다고 본다.

4. 마무리

『삼국유사』고조선조 <고기>는 단군왕검이 나라를 열어 오래 살다가 산신이 되었다는 구절 말고는 거의 환웅천왕 신화다. 민세는 백두산을 등정하면서 <고기>와는 별도로 천왕 사당을 유심히 살폈다. 과연 20세기 초반 조선 최북단에서 중요한 신당이라면 천왕당을 빼고는 없다. 내가 삼성사 곁방의 본존 구월산대왕을 소개한 까닭은 곁방이 삼성사 本殿에 비해 단군신화의 실상을 여실히 보여주기 때문이다.

천왕과 대왕은 스스로 구별된다. 그 하나, '대왕'은 산신이므로 구월산 대왕이 곧 단군왕검이다. 그 둘, 산신이 된 단군은 천왕이 아니다. 단군의 일상은 어디까지나 산/땅의 영역이므로 단군을 보좌하는 신 역시 토지신과 네 분(位)의 영토 관련 '담당 사령'(直使)이다. 이러한 이해 방식은 두 가지 관점에서 유효하다. 첫째, 우리나라에는 자신들의 조상이 산신이라고 믿고 경배하는 산멕이[141] 전통이 있는데 일찍이 단군신화에서 그 전형을 보게 된다. 이러한 성격의 단군에 이름을 붙인다면 곧 '인문 단군'이다. 둘째, 生殖으로 점지된 단군이 마뜩지 않자(不滿) 그 또한 '(단군)천왕'이라고 불러서 환인·환웅과 같은 하늘 영역(天界)의 신격으로 모신다. 이를 일러 '천문 단군'이라 하겠다. 조선시대는 물론 현대에도 단군에 대한 이중적 인식은 남아 있다. <고기>가 지닌 ≪삼국유사≫의 사료 가치를 높이 사는가 하면, 별천지의 천왕/천신 세계를 두고 종교·신앙 차원에서 단군을 모시는 두 흐름이다. 이들 두 사조 사이에 ≪제왕운기≫ 같은 중간 지대가 없는 것은 아니다.

IV. 단군신화에 보이는 나무 신앙

  단군신화를 읽는 우리의 태도는 경직되어 있다. 단군신화는 겨레 최초의 건국 이야기이므로 이야기 규모가 거국적이지만 한편 창세 이야기이기도 하여 신비감이 돈다. 태고의 광막한 지역을 뒤덮고 있는 것은 거대한 원시림일 터이고, 이런 환경에서 나무와 숲에 대한 의존과 믿음은 거의 인류 공통이었던 듯 싶다.[142] 시간대가 까마득하고 광대무변한 배경을 전달하는 방식은 '이야기'로서 나중에 문자로 기록되었다. 단군신화가 전하고자 하는 궁극적 메시지는 신성한 개국 장면이겠지만, 신화의 무대나 배경은 신단수를 중심으로 하는 공간이다. 조상의 발상지 그 가운데서도 건국 신화는 구체적으로 그리는 법이다.

  단군신화를 전하는 두 역사책《삼국유사》와《제왕운기》사이에는 약간의 차이가 있다.《삼국유사》고조선조 <고기>에는 곰·호랑이가 등장하는데,《제왕운기》하권, <본기>(아래 <본기>로 줄임)에는 손녀와 檀樹神이 나온다. 이러한 차이가 있음에도 우리는 곰·웅녀 이야기에 길든 탓인지 곰 없이도 단군 탄생을 말할 수 있는지 생각조차 해보지 않은 듯 하다. 과연 곰 대신 나무가 우리의 '조상'이 될 수 있으며, 그렇다면 환인에서 단군에 이르는 계보는 어떻게 헤아리고 이해하여야 하는가? 이 절에서 다루려는 나무 신앙은 단군신화가 그리는 장소성과 그 당초의 모습을 알아보려는 것이다.

1. 단군신화에 보이는 나무 신[樹神]

단군신화는 원래 구월산이나 묘향산 같은 곳[143]의 산신 내력을 전하는 이야기 곧 본풀이였다.[144] 산신을 제사 지내거나 모시기 위해서는 일정한 장소에 신이 내려와 좌정해야 할 것이고, 그렇다면 그 흔적이나 상징이 있을 터이다. 비록 당시의 위치나 구체적 모습에 접근할 길은 없다 하더라도 개략 정도는 상상할 수 있다. 우리가 신화의 현장성에 대하여 좀 더 관심을 기울인다면 의외로 중요한 문제가 풀릴 수 있다.

논의를 진행하기에 앞서, 가장 널리 알려져 있고, 단군신화 연구의 기본 버전[version]이라 해도 좋을 古記<고기>를[145] 뒤돌아보자.[146]

신화가 전하는 무대장치는 神市·神壇과 神壇樹로 되어 있다. 적어도 제사음식을 진설하기 위해서는 자리를 정비/구획해 놓아야 한다. 이를 두고 '신단'이라 했던 것은 '신단수'라는 글자를 통해 알 수 있고, 신단이 될 수 있음은 신령한 나무가 있어서이다. 이곳에는 후대에 사당이 들어섰다.[147] 신령한 나무는 신수로서 神木이라 해도 마찬가지다.

《삼국유사》와 비슷한 시기에(1287) 이승휴가 지은 <본기>의 단군 기사를 보자.

> 처음에 어느 누가 나라를 열었던고.
>
> **釋帝** 손자 이름은 **檀君**일세.
>
> (본기에 적혀 있다. 上帝桓因에게 庶子가 있는데 雄이라고 한다. 云云. "아래 三危太白에 내려가 널리 인간 을 이롭게 할 수 있겠는가?"라고 여쭈었으므로, 雄은 天符印 세 개를 받고 귀신 3千을 거느리고 太白山 꼭

대기에 있는 神檀樹 아래로 내려왔다. 이 분을 檀雄天王이라고 한다. 云云. 손녀로 하여금 약을 먹고 사람이 되게 하여 檀樹神과 혼인시켜 아들을 낳았다. 이름은 단군이라 하고, 조선의 땅을 차지하여 왕이 되었다. 이런 까닭에 尸羅·高禮·南北沃沮·東北扶餘·穢와 貊은 모두 단군의 자손이다.[148] 1038년을 다스리다가 아사달에 들어가서 신이 되었으니, 죽지 아니한 까닭이다 - 원주 -)

… (건너뜀) …

아사달에 들어가시어 산신이 되었으니

(지금의 九月山. 다른 이름은 弓忽 또는 三危. 사당이 지금도 있다-원주-)[149]

본문[韻紀]에는 분명히 단군이 석제(제석)의 손자라고 하였다. 여기에 비하여 끼움주의 世系는 단수신·손녀 등이 새로이 등장하여 조금 모호하다. 이 문제를 푸는 하나의 기준이 《삼국유사》〈고기〉로서, 단군은 환인의 손자로 되어 있다. 무엇보다 이승휴가 본문과 다른 내용으로 끼움주를 달았다고 볼 수는 없다. 이 문제에 대해서는 뒤에서 자세히 논하겠다.

'檀君'을 비롯하여 '단'字는 모두 나무木 변의 '檀'으로 씌어 있고, 환인의 아들도 '檀雄'이라 하였다. 神檀樹의 '檀'은 '樹'의 뜻에 내포되므로(檀⊂樹) '신단수'는 곧 '神檀'으로서 '신성한 檀나무'다. 그렇지만 모든 檀木이 신성한 것이 아니라, 환웅이 내려온 곳으로 한정해놓았다. 즉 神樹가 신성한 나무가 되려면 그곳이 신성한 장소여야 한다. 〈고기〉가 神市(신불)의 제단이라는 제사터를 강조하였다면 〈본기〉는 제사터가 태백산 꼭대기라 하였으니 거기에 신성한 나무나 숲이 우거져있는 모습은 상상하기 어

렵지 않다.[150)]

2. 神市, 神壇, 神樹

桓(檀)雄은 太白山 산마루에 내려왔는데 정확히는 신단수를 통해서 왔다. 이곳이 그의 터전이니만큼 그는 산신이자 나무 신이다. 그런데 사료에는 나무 신이 내려온 터를 가리키는 말이 딱히 없었는지 궁금하며, 있다면 뭐라고 불렀는지 궁금하다.

일반적으로 〈고기〉는 처음 연 도읍이나 나라까지[151)] 명시한 듯 확대 해석해 왔다. 해당 원문을 보겠다. "降於太伯山頂神壇樹下 謂之神市"에서 '謂之'의 '之'는 대명사로서 '신단수 아래'를 가리키는 것이 분명하며, 〈고기〉에서 '神'은 '神壇樹'·'神(桓)雄'에서 보는 것처럼 글자 뜻에 충실히 따르고 있다.[152)] 그렇다면 '신성·신비한 무엇'이 되어야 하는데, 문장구조로 보면 '壇樹下'와 '市'는(은) 同格이다. 즉 '市' 字는 '壇'이나 '樹'와 관련이 되어야 하는데, 〈본기〉의 나무 木변 檀字를 참고하면 아무래도 '樹'에 비중이 두어진다. 그렇다면 '市'는 '저자(市場) 나 도시(市)'가 아니라 무언가 수풀과 관련된 말이어야 한다. 이렇게 문제의 글자를 '잘못된 상식'에서 벗어나 읽으려고 궁리하면 '市'는/은 '시'가 아니라 '불'로 읽힌다.[153)]

이 문제에 관해서는 다음과 같은 경청할만한 견해가 제시되었다.

이것을 환웅이 신단수 아래 '神市'를 열었다고 해석한 후 '神市'를 '신시'로 읽고 '신의 도시(city)'로 이해하는 것이 종래의 정설이다. 그러나 우선 문맥상 '神市'는 神壇樹를 가리키는 것도 분명하며, 여기에 '연다(開)'는 의미가 개입될 여지도 없다. 더욱이 한자의 '市'가 도시를 의미한 것은 근대 행정제도가 도입된 이후이며 … 그러나 관견에 한한 문헌상 '시(市)'에서 제의 또는 특수한 종교적 주술적 의식이 거행되는 것은 확인되지만, 성소 자체를 '市'로 표현한 것은 확인되지 않는다. … 그래서 필자는 이것이 '市(불)'(巾部 1획)일 가능성을 타진해 보았는데, 역시 '市(불)'에는 '초목이 무성한 모습'이란 의미가 있고 … 그렇다면 '불'은 叢木 또는 叢林이며, 따라서 '신불'은 수목 신앙과 관련하여 흔히 지적되는 神叢과 동일하다는 결론이 자연스럽게 도출되며, 이 해석만이 단군신화에 포함된 수목신앙을 정확하게 이해할 수 있을 뿐 아니라 문맥상의 어색함도 사라진다.[154]

神樹에 대하여 생각해보면, 그것이 박달나무라는[155] 데 대해서도 수긍이 가지 않는다. 박달나무를 神木으로 섬기는 마을은 예나 지금이나 없기 때문이다.[156] 이런 까닭에 어느 임학 전공자는 "신단수와 단수는 … 글자 그대로 신단 위의 수목으로 해석하는 것이 자연과학도의 입장"이라고 하여[157] 이승휴 〈본기〉의 표기에 손을 들어주고 있다.

박달나무가 神樹가 아니라면, '신단수'는 단순히 '신령스러운 나무'로서 특정 나무 종류를 가리키는 것은 아니다. 자연히 '檀'字는 의미 없는 글자가 된다. 이런 문제점을 간파해서인지, 박달 즉 檀이되 그것은 나무 이름이 아니라 '붉달族=發族'이라고도 한다.[158] 단군의 '壇'이나 '檀'은 똑같이 '仙人'의 '선'에 해당하는 소리[音]일 뿐 아니라, 그대로 '仙人'이란 말에 해당하는 의미라는 견해도 있다.[159] 그렇지만 신화에서는 분명히 태백산 꼭대기에서도 다시 구체적 장소인 '나무 아래'를 가리키고 있지 않은가.

신성한 숲과 祭壇, 여기에 시조신 / 산신을 모시는 구조가 단군신화의 정경이다. 이러한 제사터에 신을 모시는 얼개는 요즈음도 쉽게 볼 수 있는 마을(당산) 민속 모습이다. 이를 두고 조지훈은 "(당산의) 기본형태는 累石과 神樹요, 堂집(神堂)은 좀더 後世에 발달된 형태"라 하고, 〈고기〉의 "神壇은 누석단이요, 神樹는 태백산에 많은 박달나무"라고[160] 하였는데 '박달나무'만 빼면 제대로 보았다. 김열규는 더욱 근접하여 "그 신단수는 바로 훗날 두고두고 온 마을 신의 나무인 서낭나무에 자취를 남기게 된다."고[161] 피력했다. 단군신화를 이해하는 데 곰 이야기에 휘둘리지 않고, 우리 문화의 보편적 신앙 형태나 믿음 대상을 가지고 접근하는 자세는 높이 사주어야 한다. 당집이 후대의 형태라면, 애초의 누석단이 없어졌을 때 '神壇'의 壇字는 의미가 약해진다. 다소 막연한 추측이기는 하지만, 壇樹·壇君의 '壇'이 이러한 祭場의 변화로 말미암아 '檀'으로 바뀌었을 수도 있다. 〈본기〉에서 보았듯이 그 당시 이미 사당이 있었으니, 야외 제단이 남아 있다한들 이전만큼 중요한 장소는 아니다. 다만 神木은 그대로 있었을 터이므로 나무 '木'변으로 바꾸어 '檀樹'와 '檀君'식이 되었다고 생각한다.[162] 그렇지만 두 역사책의 간행 시기가 그다지 차이 나지 않는 상황에서 〈고기〉 시절에는 누석단의 형태였다고 보기는 어렵다. 아마도 〈고기〉는 古來의 표기를 그대로 쓰지 않았나 추측된다.

3. 나무 신앙으로 본 단군의 탄생

神市(신불)에 있는 신령이 곧 나무 신이다. 이를 〈본기〉에서는 '檀樹神' 이라 하였다. 그러면 단수신은 누구인가?

〈본기〉에서 (환인의) 손녀가 사람이 되기 전까지는 아직 이 세상에 인간 은 존재하지 않았다. 인간의 모습으로 태어난 인물로는 단군이 처음이다. 인간 단군의 출생을 설명하기 위하여 〈고기〉에서는 웅녀가, 〈본기〉에서 는 손녀가 단군을 낳았다.

앞에서 '손녀'는 환인의 손녀라고 언급한 바 있다. 단웅은 부림을 받는 피동적 위치에 있지, 조화를 부리는 제석/上帝와 같은 존재는 아니다. 단 웅이 자기 손녀를[163] 제삼의 인물과 혼인[神婚]시켰다고 보기는 어렵다. 하지만 이 앞 문장이 생략되어 있으므로 단웅의 손녀로 보아도 안 될 것 은 없다. 〈고기〉에도 환웅이 곰과 호랑이에게 사람이 되라고 시켰다는 구 절을 떠올리면 더욱 그렇다. 그럴 경우 단군은 환인의 5代孫이 되어[164] 더 욱 본문의 손자설과[165] 멀어지게 된다. 또 인간을 '널리 이롭게' 하기 위 하여 그 단초를 연 단웅(단수신)이 자기의 손녀를 사람으로 변신시켜 스 스로 혼인한 것이 되어 어색하고, 두 세대가 차이 나는 교합에서 그 자식 이 났다는 것도 언뜻 납득하기 어렵다.

환인의 손녀와 단웅 사이의 결혼이라면 아재비·조카 사이의 혼인이 되 는데, 고대사회에서 드문 일은 아니다. 아마도 단웅을 庶子라 한 까닭은, 환인에게 여러 아들이[166] 있어 적어도 '父女間의 혼인'이라는 혐의는 벗 어나기 때문이다.

《〈본기〉의 단군 족보》

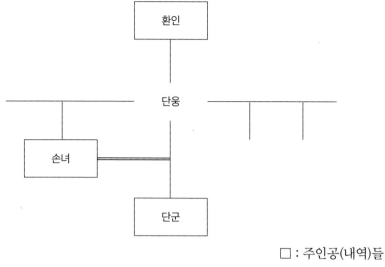

환인

단웅

손녀

단군

□ : 주인공(내역)들

〈본기〉의 단군세계표   ══ : 혼인 관계

(약 먹고 사람 된) 손녀와 단수신이 혼인하여 낳은 자식이 단군이다. 본
문에서 단군이 제석의 손자라 했으니, 항렬상 단수신은 제석의 아들이어
야 맞다. 그런데 지금까지 환인의 아들로서 거명된 이는 檀(桓)雄 뿐이다.
갑작스럽게 나온 檀樹神이 여타의 인물이라면 어떤 식으로든 부연 설명
이 있어야 한다. 단웅이 서자라 했으므로 환인의 다른 아들을 단수신으로
상정할지도 모르나, 그렇게 되면 인간을 널리 이롭게 하기 위하여 내려온
단웅이 존재할 이유가 없다.

다시 계보를 따져보면 男系上으로 환인과 단군을 제외하면 단웅과 단
수신 밖에 없다. 할아버지와 손자, 그 사이에는 (항렬을 누구 중심으로 하느
냐에 따라) 아버지·아들이 있어야 한다. 따라서 檀樹神은 단군의 아버지

役으로서, 단웅은 환인의 아들 役으로 불린 이름이다. 두 캐릭터가 같은 배역이라는 설명 내지는 연결고리는 그 중간의 '云云' 부분에 할당되었을 것이다.[167] 〈본기〉에서 단웅을 단수신이라고 한 것은 그가 (제석)신의 아들이기 때문이며, 신단수라 함은 나무가 곧 신의 몸체[神體]이기 때문이다.[168] 단군신화에 등장하는 신령·인간의 가족 계보를 작성해보면 아래와 같다.

환인 - 단군 사이의 계보

桓因 － 檀雄
檀樹神 － 檀君

이렇게 보면 〈고기〉의 곰·범 대신에 〈본기〉에서는 나무의 역할이 두드러졌다. 〈고기〉의 桓雄에 대비되는 〈본기〉 檀雄의 '檀'은 〈고기〉의 곰·범과 같은 위치에 있는 신성한 나무를 뜻한다. 〈본기〉에 나오는 신들의 계보를 보면 처음에는 '雄'으로만 썼다가 한 줄 건너서는 '檀雄'이라고 표기하였다. 한 글자로 줄임에 지나지 않는다. 이러한 표기법은 〈고기〉에서도 마찬가지다. 할아버지(천신)와 손자(산신)가 神인 마당에 중간 세대의 아들 환웅 또한 당연히 신으로 부를 수 있다. 좀 더 친절을 베푼다면 '神 환웅'인데, 이를 일러 '신웅'이라 하고, 더 줄여서 '神' 또는 '雄'으로만 쓰기도 하였다. 그러니까 환인과 혼동할 가능성이 있는 '桓'字 이외에는 모두 환웅을 가리키는 말로서, 상황이나 강조점에 따라 조금씩 달리 쓰거나 한글자로 줄여 불렀다. 한갓 환인의 아들로서는 '웅'이요, 곰과 범의 기도를 들어주는 권능자로서는 神雄이며, 한 여인의 지아비로서는 그

냥 '웅'이라 불렀다. 만약 환웅과 신웅이 별개의 배역이라면 신웅이 등장
하게 된 사연/사건이 있을 것이나 그렇지 않다. 줄임말이나 배역에 따른
別稱을 별도의 인물이나 세대로 '오해'할 수 있다.[169]

단군신화에서는 등장인물들만 神으로서 신성한 것이 아니라 주변 또한
신성하다. 이 때문에 '壇(檀)樹'에도 수식어를 붙여 '신단수'라고 썼다. 단
군 이야기는 神의 치적과 그 혜택/결과를 말하는 이야기이므로 '神+話'
가 된다. 환웅과 신웅을 갈라놓았을 때 그 주변은 어떻게 달리 설명할 것
인가? 환웅의 나라는 신단수가 되고, 신웅의 나라는 '壇樹'가 되며,[170] "환
웅의 나라 신단수는 태백산정에 있었지만, 신웅의 나라 웅녀의 壇樹는 강
물이 돌아 흐르는 물가 언덕에 자리 잡고 있었을 것이다."라고[171] 상상을
펼 수밖에 없다.

산신·나무-신이 곧 시조·조상이라는 믿음은 우리 민족문화의 오랜 전
통이다. 신라 시조 혁거세는 陽山 기슭의 숲에서 나왔으며, 김씨 시조 閼
智가 始林[鷄林]에서[172] 탄생한 것이 그 좋은 예다.[173] 사료에는 '故事' 즉
'일어난 이야기'밖에 나오지 않지만, 그 겉모습은 대체로 아래 스케치와
크게 다르지 않을 것이다.

古木 한 그루를 神體로 신앙하여 그 앞에 제단을 쌓고 … 이 神堂을
'골목이' 또는 '골목님'이라 부르는데 여기서 봉안되는 神格은 부락을
창설한 祖上神으로서 個個의 '골목이' 神이 各己 다른 姓氏를 가지고 있
다.[174](김태곤, <무속상으로 본 단군신화>)

이러한 맥락에서 보면 단군신화는 조상의 내력을 구술하는 골맥이/산

멕이 신앙의 가장 오래된 사료가 된다. 골맥이란 영남지방에서 쓰는 말인데, 마을의 수호신이며 고을을 개척한 사람 곧 入鄉始祖神을 일컫는다. 산이 많은 우리나라 지형에서는 대개 마을 뒷산에 신을 모시는데, 그 위치가 산에 있음을 강조하여 산멕이라고[175) 한다. 이러한 곳을 堂山이라고 하며, 거기에는 대개 당(산)나무인 고목이 있다.[176) 예를 들면 신라 6촌 가운데 茂山大樹村 즉 6부의 하나인 모량부 마을 '冬老樹'가 바로 이에 해당한다.[177) 이러한 나무 자체가 '당산'이기도 하다. 나무를 신몸으로 모시는 것은 백제시대의 제사유적 부안 죽막동에서도 마찬가지 현상이었다.[178) 나무의 정령이 여인과 관계하여 인간을 낳았고, 그래서 나무가 인간들의 조상 즉 아버지라는 믿음은 설화에서도 종종 발견된다.[179) 단군신화에서 말하는 신단수와 그 주변에 대한 마음가짐이 실은 이 골맥이 신앙과 통한다고 여러 차례 지적된 바 있다.[180) 지금까지 논한 바는 고구려 고분벽화에서도 실증된다.

　　5세기 중엽에 조영된 것으로 알려져 있는 장천1호분의 - (건너뜀) - 이 벽화에서 중심이 되는 제재는 오른쪽 상단의 여러 사람들이 나무를 모시고 있는 모습이다. 나무를 향해 무릎을 꿇거나 서서 무언가를 비는 모습에서《삼국유사》나《제왕운기》의 신단수를 연상할 수 있다. 고조선 건국신화의 다른 갈래를 전하고 있는《제왕운기》에서 단군의 '아버지 쪽 혈연'[父系]이 나무 신인 단수신으로 기록되어 있음은 고조선에서 수목신앙이 성행했음을 짐작할 수 있는 근거로 활용할 수 있다.[181) (김성환, <고구려 건국신화에서 보이는 고조선의 인식의 검토>)

4. 불교 경전 속의 나무 신

단군신화에서 불교적으로 윤색된 요소를 지적하는 데 가장 많이 입에 오르는 것이 '檀'字이다. 불교의식 때 긴히 쓰이는 향나무의 일종인 檀木에서 檀君이 유래했다고 한다. 시라토리 구라키치의 주장을 요약하면 다음과 같다.

> 태백산을 妙香山이라 칭하는 것은 이곳에서 향나무가 나기[182] 때문인데, 그 향나무를 인도의 牛頭栴(旃)檀에 비기어, 이 나무에 내려온 것을 구실로 檀君이라는 상상의 인물을 만들어냈다. 이 전설이 만들어진 시기는 고구려에 불교가 들어온 이후(372)로부터 魏書가 편찬된 시기(551) 사이인데, 대개 고구려 불교가 가장 성했던 장수왕 때이다.[183]

시라토리[白鳥庫吉]는 전적으로 〈고기〉에 따라 단군신화를 논하고 있다. 그런데 〈고기〉에는 木偏의 檀君이 아니라 '壇君'으로 되어 있다. 木偏으로 고쳐 쓴 이유에 대해서는 입을 다문 채 자신의 논리를 전개하였다. 아마도 원문의 '신단수'보다 끼움주의 산 이름 '묘향산'에 더 무게를 두고 논리를 펴나갔기 때문으로 보인다.[184] 이것뿐 아니라 태백산=구월산 설을 취할 경우 묘향산 설에 입각해서 香木 → 檀木으로부터 檀君이 나왔다는 주장은 설 자리가 없다.

이마니시 류의 주장은 다음과 같다.[185]

> 첫째, 태백산은 묘향산의 별명으로서 이 산의 靈木 旃檀의 德을 취하

여 승려나 巫覡들이 仙人王儉에다 붙인 것이다. 그렇지만 묘향산은 고려시대에 들어와 비로소 고려의 영토가 되었다. 둘째, 구월산=아사달 說은 조선 태종~세종조에 창출된 것이다. 셋째, 神人에 '君'호를 붙이는 것은 道敎를 모방한 것이다.

이 논리에 따르면 묘향산이 없었다면 '檀君'도 생기지 않았을 것이다. 그는 〈고기〉의 '壇'은 '檀'을 교정한 것이라 하여 '壇君' 이름은 일축해버렸다. 그러나 후대에 비정된 묘향산·구월산 등의 산 이름보다는 태백산이나 아사달 같은 옛 이름에서 단군신화의 배경을 찾는 것이 순서일 것이다.

단군의 '檀'字에서 불교적 요소를 지적하는 것은 최초의 개국 신화를 후대의 지식으로 무리하게 풀어나간 결과다. 정작 단군신화에 불교 요소는 어디, 무엇인가? 桓因의 원래 뜻이 무엇이든 간에[186] '帝釋'이라는 말이 불교 용어임은 분명하다. 제석이 사는 세계가 도솔천이라면, 수미산은 (四)天王이 사는 곳이다. 이 구조는 그대로 단군신화에 대응되어 환웅 '天王'이 태백산으로 내려왔다.

불교 전래 이래 적어도 단군의 탄생을 불교 설화나 용어를 빌어 설명하면 훨씬 구체적이고 권위가 붙게 된다. 그렇지만 그것이 신화의 내용이나 구조와는 별로 관계가 없다. 이점에 관해서는 다음과 같은 지적이 있다.

미상불 불교도 손에 거두어진 분수로는 이상하다고 할 만큼 불교적 영향을 아니 받았다 할 것이 《삼국유사》에 전하는 壇君古傳이다. 이렇건마는 잘 맞지 아니하는 몇 개 名句를 억지로 佛典에 附會하여 가지고,

佛教徒에 歸하려 함 같음은 참으로 글을 볼 줄 아는지부터가 의심스럽다 할 것이다.(최남선, <단군론>)[187]

　그렇다 하더라도 불경에 귀인의 탄생 장소로서 나무가 등장하며, 나무 神이 사람이 되었다는 따위 모티프는 불경이 단군의 신성한 탄생을 설명하는 데 적지 않은 도움을 주었을 것이다. 또한, 석가모니가 탄생하는 것을 가장 먼저 알고 이 아이가 장차 불도를 이룩할 것이라고 말한 도사 阿夷가 사는 곳이 香山이며, 향산은 제석이 마음대로 드나드는 곳이다. 태백산을 일명 묘향산이라고 이름 붙인 저변에는 단군의 탄생에 대하여 불교의 권위를 빌리고자 한 흔적을 지울 수 없다. 아래 관련 경전을 보도록 하겠다.

　《수행본기경》은[188] 2세기 말 서역 승려 축대력과 후한의 강맹상이 번역한 부처님 전기로서, 과거 인연으로부터 불도를 깨치기까지를 설하고 있다. 전생에 무구광 보살은 도솔천에 태어나서(제1 현변품), 인간세상에 내려와 마야부인의 뱃속에 들었다가, 유민나무(流民樹)에 올라가 부인의 오른쪽 옆구리로 태어났다. 이어지는 내용이다.

　이에 궁중으로 돌아왔는데, 하늘에서 서른두 가지 상서로운 응보를 내렸느니라. … 서른 둘째, 나무 신(樹神)이 사람으로 나타나서 머리 숙여 예배하고 모신 것이었느니라. … 이에 香山에 있던 道士 아시타[阿夷]는 한밤중에 깨어났더니 하늘과 땅이 크게 진동하므로 … (제2 보살 강신품)

그 뒤 불도를 깨닫기까지 과정은 일반적으로 알고 있는 이야기다.

〈과거현재인과경〉[189]은 5세기 중엽 인도 출신의 학승 구나발타라가 번역한 것이다. 부처가 전생에 신선으로서 보광보살의 예언을 받은 때로부터 인간 세상에 내려와 도를 닦아 깨달음을 이룩한 뒤 1,250명의 비구를 거느리는 대목까지 설하고 있는데, 품은 나누지 않았다. 필요한 부분만 소개하면, 마야부인이 태자를 낳자 34가지의 상서로움이 나타났는데, 그 32번째는 이러하다.

일체의 나무 신이 사람으로 태어나 모두 공경하여 모셨다.[190]

이밖에도 香山과 나무 신은 적지 않게 나오는데, 아래에서 보듯이 나무 신은 부처를 보필하는 친숙한 존재다.

세존이 거름통에 빠진 비단을 끄집어내어 씻으려고 빨랫돌이 있으면 좋겠다 하였다. 석제환인은 부처의 뜻을 알고 팔을 구부릴 정도의 짧은 시간에 향산에 가서 네모난 돌을 나무 사이에 놓아주었다. 이제는 물이 있어야 씻을 텐데 하고 걱정하였다. 석제환인은 다시 향산에 가서 돌대야를 찾아 깨끗한 물을 담아주었다. 하루는 목욕을 다하고 못에서 나오려 하였으나 잡고 나올 나뭇가지가 없었다. 그런데 못 위에는 '가루가'라는 나뭇가지가 울창하게 뻗어 있었다. 나무 신이 이것을 알고 가지를 굽혀주어 부처는 나왔고, 또 그늘까지 만들어주었다.[191]

그렇지만 단군신화는 단군의 탄생을 生殖 원리로 설명함으로써, 사람

몸으로 태어난[incarnated] 단군이 설정되어 엄격히 말하면 불교 교리나 용어를 빌려올 필요가 없다.

5. 마무리

일반적으로 알고 있는 단군신화는 《삼국유사》의 그것뿐이었다. 그렇지만 거의 같은 시대에 나온 《제왕운기》에도 단군신화는 실려 있어 어느 한 쪽의 사료에만 의존함은 바람직하지 않다.

《삼국유사》 고조선조 <고기>의 '神壇樹'라는 표기에서 환웅이 내려온 곳은 다름 아닌 祭壇과 神樹가 있는 곳임이 연상된다. 《제왕운기》의 '본기'를 보면 신수를 '檀樹-神'이라고도 하여 나무신앙의 모습을 더욱 여실히 보여준다. 이와 같은 신성한 숲을 일러 '市(불)'이라고 한다. 《삼국유사》의 '神市'은(는) 도시나 국가를 가리키는 것이 아니라 '신성한 숲' 즉 '신불'이라고 읽어야 옳다.

太白山頂의 神林에서 모시는 신은 단군이며, 더 연원을 올라가면 환웅·환인에 이른다. 단군신화는 山神>樹神>祖上神의 내력을 이야기한 것이다. 이러한 구도나 형태는 민속에서 흔히 볼 수 있는 산맥이 신앙 그것임을 알 때, 단군신화는 비로소 우리의 역사와 문화 속에 자리 잡게 된다.

불경에서 단군신화의 요소를 찾는다면, 나무-신이 사람으로 태어나고, '香山' 이름이 등장하는 『수행본기경』 따위를 지적해야 할 것이다. 불경에서도 이러한 형태의 탄생담이 있으므로 단군신화를 더욱 쉽게 설명할 수 있고, 단군신화가 사찰에서 전승·보존될 수 있었던 것도 부인할 수 없다. 하지만 그것은 우리의 환경과 역사 속에서 나온 토착문화임을 우선 지적하지 않을 수 없다.

부록

큰 홍수와 인류 (1)

옛날 어느 곳에 큰 계수나무가 한 그루 서 있었다. 그 아래에는 언제나 하늘의 선녀 한 사람이 내려와 쉬고 있었다. 선녀는 나무 정령(樹精)에게 씌어(感) 예쁜 동자 하나를 낳았다. 이 아이가 일곱, 여덟 살 되었을 무렵 선녀는 아이를 나무 밑에 홀로 두고 하늘로 올라가 버렸다.

어느 날 폭풍우가 갑자기 일었다. 비가 몇 달 동안이나 계속해서 내리자 지상의 모든 것이 휩쓸려 바다가 되고 말았으며, 빗물은 드디어 거대한 계수나무까지 올라 찼다. 그때 계수나무는 아이에게 "너는 내 아이다. 나도 지금 폭풍우 때문에 넘어지지 않을 수 없게 되었으니, 만약 내가 넘어지면 너는 곧바로 내 등에 올라타라! 그러면 살 수 있을 것이다."라고 말하였다. 이윽고 폭풍과 함께 급물살이 밀려와 큰 나무가 쓰러졌다. 아이는 아버지가 시키는 대로 큰 나무에 올랐다. 쓰러진 나무는 몇 날 며칠 물살이 휘모는 대로 내맡겨져 갔다.

어느 날 수많은 개미가 떠내려오면서 큰 소리로 "살려줘, 살려줘!"라고 소리 지르자 나무도령(木都令)은 가엾은 생각이 들어 아버지인 巨木을 보고 "아버지, 저 개미들을 살려주어도 좋아요?"라고 물었다. 아버지는 "응"하고 대답하니, 나무도령은 "나무에 올라타!"라고 소리 질렀다. 개미들은 좋아서 계수나무의 가지와 잎사귀 위로 기어 올라갔다. 한참 흘러가다 보니까 이번에는 수많은 모기가 날아와서 "살려줘, 살려줘!"하고 아우성이었다. 나무도령은 또 아버지에게 물었다. "아버지, 저 모기들을 살려줘도 좋아요?" 아버지는 또 "응"하고 대답하니, 나무도령은 "나무에 올라!"라고 소리쳤다. 모기들은 기뻐서 계수나무의 가지나 잎에 올라가 머물렀다. 또 한참을 떠내려갔더니 이번에는 아이 하나가 - 마침 나무도령과 같은 또래의 사내아이 - 떠내려와서 "살려줘, 살려줘!"라고 소리쳤다. 나무도령은 또 아버지에게 "저 불쌍한 아이를 살려주세요!"라고 말씀드렸다. 그런데 아버지 계수나무는 뜻밖에도 "안돼"라고 대답했다. 나무는 그대로 흘러갔다. 뒤에서 떠내려오는 아이는 "살려줘!"라고 다시 애원했다. 나무도령은 "아버지, 저 아이를 살려주어요!"라고 재차 애원했다. 그래도 아버지는 역시 안 된다고 답했다. 나무는 또 그대로 흘러가고, 아이도 뒤에서 떠내려왔다. 그러자 또다시 "살려줘!"라고 소리 질렀다. 나무도령은 불쌍한 마음을 어쩌지 못해 세 번째로 아버지에게 "아버지, 저 아이를 살려줘요!"라고 간청했다. 아버지의 세 번째 대답은 "그렇다면 네 마음대로 하렴!"라고 하는 것이었다. 나무도령은 정말 기뻐, "나무 위에 올라타!"라고 떠내려오는 아이를 향해 말했다. 그랬더니 그 아이는 몇 번이나 절을 하면서 나무 위로 기어올랐다.

　두 아이와 개미, 모기를 실은 계수나무는 계속 떠내려가다가 어느 섬에 도착했다. 그곳은 백두산 같은 높은 산의 가장 높은 봉우리였다. 개미와 모기는 나무도령에게 "덕분에 목숨을 건졌습니다. 그럼 안녕히 계세요!"라고 말하고는 어디론가 가버렸다. 두 아이는 배가 고파 참을 수가 없어서 인가를 찾아다니던 중에 어두움 속에서 산 위를 보니, 거기에는 희미한 등불이 비치는 오두막 한 채가 있었다. 아이들이 그 집을 찾아가니, 한 할머니가 나와서 그들을 맞아들였다. 두 아이는 그 할머니 집에서 머슴을 살면서 열심히 일했다. 할머니에게는 두 딸이 있었는데, 하나는 친딸이고 나머지 하나는 얻어온 딸(혹은 婢라고도 한다)이었다.

비가 그치자 홍수도 물러갔는데 세상에 인간이라고는 한 사람도 남지 않았다. 큰 홍수로 모든 것이 쓸어 없어졌기 때문이다. 남은 인간이라고는 두 사내아이와 두 계집아이, 그리고 할머니뿐이었다. 그들은 밭농사를 지으며 살아갔다.

아이들이 나이가 찼을 때 할머니는 그들을 두 쌍의 부부로 맺어주려 하였다. 그리고 현명한 자에게는 친딸을, 남은 총각에게는 얻어온 딸을 주려 하였다. 그것을 안 나무도령이 아닌 쪽 청년은 할머니를 향해서 "저 나무도령에게는 이상한 재능이 있습니다. 한 섬의 좁쌀을 모랫바닥에 흩어놓아도 반나절이 안 되어 조를 원래의 섬으로 만들 수 있답니다. 그래도 모래는 하나도 섞이지 않고 본래의 섬가마니에 주워 담을 수 있답니다. 그렇지만 그는 좀처럼 그 기술을 쓰지 않는답니다. 그것을 한 번 시켜보세요!"라고 거짓말을 했다. 할머니는 그 일을 나무도령에게 시켰다. 한 번도 해본 적이 없는 일이라 재차, 삼차 사양하였더니 할머니는 크게 노하여 "너는 나를 모욕하고 있어. 내가 말하는 것을 듣지 않으면 내 친딸을 줄 수가 없어!"라고 말하였다. 나무도령은 어쩔 수 없이 할머니가 뿌린 모랫바닥 위의 좁쌀을 내려다보고만 있을 뿐이었다. 한 톨, 한 톨 줍기 시작해 보았지만, 반나절은커녕 반년이 지나도 원래의 섬에 가득 찰 것 같지 않아서, 나무도령은 다만 머리를 숙인 채 생각에 잠겼다. 그러자 그때

나무도령의 복사뼈를 따끔하게 쏘는 것이 있었다. 내려다보았더니 그것은 한 마리의 커다란 개미였다. "뭐 걱정거리라도 있습니까? 저는 일전에 당신에게 도움을 받은 개미올시다. 저희들이 할 수 있는 일이라면 뭐든지 할테니 제발 말씀해주세요!"라고 개미가 말했다. 청년은 고민하던 것에 대해 개미에게 말했다. "그런 것쯤이야 문제없습니다."라는 말을 남기고 개미는 어디론가 가버렸다. 이윽고 숫자를 헤아릴 수 없을 만큼 많은 개미가 왔는가 했더니, 한 마리마다 한 톨씩의 좁쌀을 물고 와서 섬가마니에 채우니 금방 처음대로 좁쌀 한 섬이 되었다. "안녕히 계세요!"라고 말하면서 개미들은 어디론가 가버렸다. 이윽고 나와 본 할머니는 기뻤지만, 다른 청년은 놀라 있었다. 그는 나무도령을 골탕 먹이고, 할머니와의 관계를 나쁘게 만들어 할머니의 친딸을 자기 부인으로 맞아들일 속셈이었는데 일이 이렇게 되어버렸다. 그는 그래도 더욱 (할머니의) 친딸을 갖고 싶다고 말하면서 어떤 말도 듣지 않았다. 그러자 할머니가 말했다. "그대들 누구라도 나에게는 사랑스럽다네. 그러니 누구에게 친딸을 주고 누구에게는 얻어온 딸을 줄 수는 없어. 여기에 좋은 방법이 있네. 오늘은 마침 달이 뜨지 않는 그믐이야. 오늘 밤 내가 두 딸을 동쪽 방과 서쪽 방에 각각 넣어둘 것이야. 어느 방에 어느 딸을 넣을지는 내 마음이야. 그 사이 그대들은 밖에 나가 있게! 그런 다음 내가 좋다고 말할 때 와서 각자 들어가고 싶은 방에 들어가면 되네. 그래서 맺어지는 것은 運이야. 불평은 있을 수가 없지." 두 청년은 저녁을 먹은 뒤 제각기 밖에 나와 있었다. 때는 마침 여름이었다. 나무도령은 "자 어느 방에 들어가면 좋을까?"라고 생각하고 있는데, 커다란 모기 한 마리가 나무도령의 귓가를 지나가면서 "나무도령, 동쪽 방이에요. 부웅붕"하고 말했다. 그것을 듣고 나무도령은 동쪽 방에 들어가서 어여쁜 딸을 얻게 되었다.

그들 두 쌍의 부부로부터 인간의 종자가 드디어 이어져갔다. 그들이 오
늘날 인류의 조상이라고 하는 이야기이다.

1923년 11월 8일 釜山府 佐川洞 金升泰君談.

출전 : 손진태, 1930,《조선민담집》, 東京; 鄕土硏究社, 1981;《손진태전
집》3, 24~29쪽.

Ⅴ. 단군신화에 보이는 역사 인식

이 땅에 인간을 점지하고, '조선'이라는 나라를 세웠단다. 단군은 누구에게 왕위를 물려주었으며, 이후 세대는 어떤 식으로 왕국을 이어갔는지? 이 물음에 쉽게 답할 수 없음이 신화와 역사 사이의 거리이고 단절이다. 이 물음은 통일신라를 이은 고려 사람들에게 더욱 절실하였다. 자신들의 선대/선조는 어디까지 올라가서 마지막으로 누구에게 닿는지? 고조선 이래 열국은 그 정통성을 어떤 식으로 증명하거나 설명하는지? 이러한 문제에 대해 고려시대 사람들은 어떤 기억을 간직하고 있으며, 무엇을 남겨놓고자 하는지?

1. '단군본기'에 보이는 단군의 후예

단군신화가 고대 한국의 여타 건국 신화와 크게 다른 점은 알에서 났다거나 '버려진 아기' 같은 모티프가 보이지 않는다. 일반적으로 건국 신화에서는 나라 시조를 모실 때 토박이 주민이 있어서 창업주를 환영했지만,[192] 단군신화에는 나라 터를 잡은 뒤 처음 인간이 탄생하는 천지창조 유형이 남아 있다. 비록, 여기에 쓰인 용어는 고려시대 문화의 모습을 반영한다 치더라도 곰·호랑이라든가 壇樹神 따위 신화 요소는 오랜 전승의 산물이다.

《제왕운기》는 한사군에 이어 삼한 따위 여러 나라를 노래한다. 그 가운데 부여를 등장시키면서 〈단군본기〉를 주석으로 넣었다(a). 비슷한 내용이 《삼국유사》 고구려조에도 <단군기>라 하여 끼움주로 나오는데(b), 대조해보면 동일한 기록을 가리키는 것 같다.

  a. '단군본기'에는 비서압 하백의 딸과 결혼하여 아들을 낳았는데 이름은 부루다.(《제왕운기》 삼한 및 열국)[193]
  b. '단군기'에 (단)군이 서하 하백의 딸과 관계하여[194] 아들을 낳았는데 이름을 부루라 불렀다고 한다.(《삼국유사》 고구려)[195]

'단군본기'에는 비록 결혼한 주체가 누구인지는 나와 있지 않으나 '단군본기'에 실린 내용이므로 주인공은 단군이 당연하다. 이러한 판단은 '단군기'를 보아도 자명하다. 따라서 '단군기'와 '단군본기'는 대동소이한 기록이다.[196] 그 내용은 단군이 夫婁를 낳았다는 것인데 이에 대해서는 나중에 언급하기로 하고, 우선 '단군본기'가 어떤 형식의 사료인지 살펴보겠다.

  제왕운기의 '東明本紀'가 《구삼국사》의[197] 동명왕본기라고 함은 이미 지적된 바 있다.[198] 이뿐 아니라 같은 책에 나오는 '단군본기'도 《구삼국사》의 일부라고 한다.[199] 이에 대하여, 신이한 것을 즐겨하여 '동명왕편'을 지은 이규보가 단군에 대한 언급을 전혀 하지 않았다는 점, 제왕운기에서 인용한 '本紀'에는 고려 태조 관련 사적도 있다는 점 등을 들어 '단군본기'가 《구삼국사》의 일부일 리 없다는 반론도 있다.[200] 이 문제를 해결하려면 '단군본기'와 단군신화를 적은 '본기'의[201] 同異與否가 선행되어야 한다.

《삼국유사》고구려조의 '단군기'(위에 인용한 b)가 이보다 앞에 나오는
본문 '國史高麗本記'의 《국사》라는 책 내용의 일부로 보려는 견해가 있
다.[202] 각각 본문과 끼움주의 형태로 단절된 것이어서 '단군기'를 《국사》
의 일부로 보아도 좋을지 주저된다. 그런데 '고려본기'의 내용이 《삼국사
기》고구려본기와 거의 같은 점으로 보아 《국사》는 《삼국사기》로 보아도
좋다.[203] 분명한 것은 《삼국사기》에는 '단군(본)기' 같은 것은 실려 있지
않으므로, '단군(본)기'는 제3의 역사책에 실린 것으로 보인다. 그것이 어
떤 책인지는 알 수 없으나 'ㅇㅇ본기'라는 표현으로 보아 기전체 역사책일
가능성은 있다.

이처럼 현재로서는 어느 하나 확실한 것이 없는 상황에서, 시각을 달리
하여 <단군본기>를 굳이 기전체 사서로 보아야 하는지 생각해보자. 적어
도 <단군본기>라 하면 비록 기전체 사서의 일부가 아니라 하더라도 격식
을 갖춘 기사일 터이므로 <본기>라는 고상한 이름이 붙었다고 생각된다.
《삼국유사》 탑상, 금관성파사석탑조를 보면 <본기>·<본국본기>가 나오
는데, 그것은 기전체 역사책의 어느 부분을 가리키는 것이 아니라 이 책
의 앞에 나오는 '가락국기'를 지칭하였다.[204] 이러한 예로 미루어 '단군본
기'도 오히려 하나의 독립 기록으로 볼 수 있다. 중국과 우리나라의 역사
를 체계적으로 노래한 《제왕운기》에서 적어도 단편적인 <고기>(《삼국유
사》고조선조)보다는 '본기'라는 名目을 갖춘 데 실린 단군의 역사를 실어
주었을 것이기 때문이다.

'단군본기'와 《제왕운기》下의 단군 기사 <본기>가 같은 것인지 어떤지
는 얼른 판단하기 어렵다. 이들 내용을 보면 '본기'는 '朝鮮之域'을 설정하
여 尸羅를 비롯 高禮·沃沮·扶餘·穢貊 등 후대에 세워진 한반도 및 만주

지역의 모든 나라를 단군의 후예라 하고 있다. '단군본기'는 위의 여러 나라 중에서도 단군이 부여·고구려 왕실의 선조임을 계보적으로 밝히는 글이므로 적어도 <본기>의 역사 인식과 어긋나지 않는다. 만약 이들이 다른 것이라면 달리 언급이 있을 법한데 그렇지 않다. '本紀曰' 바로 앞 본문이 '단군'으로 끝나므로 중복을 피하여 그냥 '본기'만 썼다고 보면 두 기록은 같은 것이다. 그러므로 삼국뿐 아니라 부여·옥저 등 여러 나라의 계보를 밝힌 '본기'='단군(본)기'를 《구삼국사》의 일부라고 보기는 어렵다.

다음은 단군과 하백딸 사이에서 夫婁가 태어났다는 '단군본기'의 내용과, 해모수·하백녀 사이에서 난 사람이 주몽이라는[205] 관계에 대하여 알아보자. 이에 대하여 《삼국유사》 고구려조의 끼움주에서 '부루와 주몽은 배다른-형제'라고 단정하였다. 그렇다면 아버지가 同一人 즉 해모수=단군이 된다. 해모수=단군이라는 인식에 입각하여 실제로 《삼국유사》 왕력편에서는 동명왕(주몽)을 '단군의 아들'이라고[206] 하였다.

《삼국유사》 북·동부여조를 보면 해모수 → 부루 → 金蛙 → 帶素로 이어지는 가계에서 東明(帝)는 局外者[outsider]이며, 동명본기류의 부루 → 金蛙 가계로 보더라도 해모수와 주몽이 국외자이다. 두 계통의 자료를 하나로 뭉뚱그려보아 해모수의 아들에 부루와 주몽이 있으니, 이들은 형제간이라고 말하기 쉽다. 엄격히 말해서 주몽은 부루와 친연관계가 없다. 그럼에도 부루와 주몽이 형제라는 설은 이미 부여 건국 설화에서 어렴풋이 성립되었다. 《삼국유사》 북부여조에서 "동명왕은 북부여를 계승했다."[207]는 기사가 그러하다. 비록 부자 관계를 명시하지는 않았지만, 해부루와 동명은 같은 세대로 보이므로 동명을 해모수의 아들로 볼 수는 있다. 부루와 주몽의 아버지가 모두 해모수라면 '배다른 형제설'이 가능하며, 이 경우 다만 부루의 어머니가 누구인지는 모른다. 그런데 단군본기에서는 단군이 하백의 딸과 혼인하여 부루를 낳았다고 한다.

< 부루·주몽의 집안계통 >

1대			2대	3대	4대	출전
해 모 수	=	?	부루	금와	대소	『삼국유사』 북·동부여조
			부루	금와		동명본기류
	=	하 백 녀	주몽			고구려조 끼움주 今案…
(단군)	=		부루			단군(본)기

위의 배다른 형제설을 받아들인다면《삼국사기》고구려본기나 '동명왕편'에 보면 하백에게는 세 딸이 있고, 주몽은 그 맏딸 柳花夫人의 아들이므로 부루는 유화의 여동생[208] 所生이 된다.[209] 그렇지만 달리 언급이 없는 한, 단군본기의 하백딸도 신화적 인물 유화부인이 아니라고 볼 이유가 없다. 이렇게 보면 부루와 주몽은 異夫同母 형제가 되어야 맞는데,[210] 어색한 점은 신성한 國母 하백딸이 두 지아비를 두었다. 그럼에도 이모형제설이 나온 것은 단군을 고구려 왕실의 조상 즉 해모수로 설정하려는 의도에서 비롯되었다. 그뿐 아니라 고기·본기 어디에 입각하더라도 단군은 천제(환인)의 손자이다. 기실 단군 전승에 입각한다면 단군=주몽이 되어

야 한다는 주장도 가능하며,[211] 《삼국유사》북부여조 같이 해모수가 곧 천제라면[212] 주몽은 천제의 아들이 된다. 이렇게 신화상의 세대수로 보더라도 단군은 해모수가 될 수 없다.[213]

[단군과 해모수 사이의 세대 비교]

대수	2대설		3대설	
1	해모수		천제	환인
2	주몽(부루)	해모수	해모수	환(단)웅
3		주몽(부루)	주몽	단군

이뿐 아니라 천신의 후예이자 仙人인 단군의 체통으로 해모수처럼 私通하여 부루를 낳았다는 내용이야말로 단군신화를 부여·고구려 건국 신화에 인위적으로 연결하였다는 혐의를 벗어나기 어렵다. '단군본기'가 후대의 이차적 기사라는 것은 이렇게 밝혀졌다. 그렇지만 비로소 단군본기 단계에 이르러서 단군의 탄생은 물론 그 이후의 세계나 열국의 법통까지 기술하게 되었다.

<고기>는 단군의 1천여 생애를 언급하면서 정작 단군 자신의 결혼 관계나 後嗣에 대한 언급 없이 대단원을 맺고 있다. 이에 비하여 '단군본기'는 단군사적만을 기술한 <고기>보다 그 서술범위를 확장하였다. 그러므로 본래 《삼국유사》 고조선조의 <고기>가 있고, 이와는 별도의 '동명본기'가[214] 있으며, 이들을 아울러 하나의 계통으로 세워본 것이 '단군본기'라 하겠다.[215]

2. 단군조선, 민족사의 첫 장

엄격히 말하면 단군조선 이후의 역대 왕조가 단군의 후예라고 명시된 자료는 현재까지 '단군본기'가 처음이다. 비록 부연 설명은 없지만 《삼국유사》는 이 역사관에 따라 '고조선'조를 맨앞에 실어놓았다. 그런 다음 '고구려'조의 나눔주에서 이러한 역사 인식을 조심스럽게 비쳤으며, 실은 이미 왕력편에서 동명왕을 '단군의 아들'이라 하였다.

후대의 지명유래에 나오는데, 단군의 세 아들이 강화도에 성을 쌓아서 '三郎城'이라 불렀다는 데서 단군 자손에 대한 언급이 있다.(덧붙임3)

'단군본기'란 단군신화에다 고구려·부여계 시조 신화를 이어 붙인 것일진대, 이것이 순수한 단군신화보다 나중에 나온 것임은 말할 나위도 없다. 대수롭지 않게 여길지도 모르지만 종래 이 시간적·내용적 차이를 간과하고 단군신화의 성립 시기를 논하곤 하였다. 단군 자체만을 이야기한 '고기'류를 두고 '민족 공동의 國祖神' 어쩌고 하는 것은 사료가 말하는 내용에서 벗어난다. 이제 단군이 역대 왕조의 선조라는 역사 인식을 논할 때, '고기'류의 단군 전설은 기존에 독립적으로 형성·전승되어온 것이므로 논의의 대상에서 제외하는 편이 옳다.

단군신화의 대두 시기에 대한 지금까지의 논의는 주로 대외관계나, 그 신화가 하나의 항목으로 나타나는 역사책의 출현을 기점으로 하여 이루어졌다. 이러한 연구는 얼핏 객관적·실증적인 것처럼 보인다. 그렇지만 우리는 그 전후의 역사 인식 및 그 시대를 산 사람들의 문제의식을 등한히 해서는 안 된다.

대외관계를 중시한 연구 결과는 대체로 다음과 같다. 평양 서쪽이 몽고의 東寧府(1269 - 1290)에 속해 있던 사이, 또는 그로부터 얼마 지나지 않은 시기에 이 지역은 중국의 堯 임금과 같은 시대에 도읍을 정하고 나라를 연 곳이므로 오랑캐가 차지할 수는 없다는 자주 의식을 기르기 위해서였다고[216] 한다(小田省吾). 대몽항쟁기에 민중들이 호국의 구심점이자 지도이념으로 단군신화를 만들었다는 것이다(문경현).[217] 그렇지만 그에 앞서 왕조가 바뀌자 고려시대 사람들 자신의 역사 계승의식이 새롭게 요구되었을터이다.

《구삼국사》는 삼국 나라마다의 역사를 모아 편찬한 저술일 것이므로, 이 책에 그보다 이른 고조선 역사가 기술되어 있을 것이라는 기대 자체가 무리이다. 왜냐하면 고구려·백제·신라는 별개의 나라로서 각각 자신들의 건국 시조가 있기[218] 때문이다. 같은 사정에서 《삼국사기》에 단군 이야기가 나오지 않는다 하여, 단군신화가 고려 후기에 생겨난 이야기라고 할 수는 없다.

그러면 단군신화는 언제 어떠한 배경에서 민족사의 첫장으로 자리 잡게 되었을까?

첫째는 역사 인식의 성장이다. 삼국이 통일되기 전에 세 나라를 아우르는 '민족'이란 개념은 희박했다. 이들이 통일된 뒤에도 신라 왕조는 그대로 존속되었으므로, 통일신라의 國祖 계보나 신화도 기존의 것이 그대로 통용되었을 것이다.[219] 통일신라의 京軍인 9서당의 조직을 보더라도 고구려·백제·말갈 사람으로 구분되어 있었다.

그렇지만 후삼국을 통일한 고려조에 이르면 사정은 다르다. 예를 들면 김부식의 〈삼국사기를 올리는 글(進三國史表)〉에는, 삼국의 역사를 '우리나라 일(吾邦之事)'이라 하여 동일 혈통 의식을 보여주고 있다. 이미 삼국은 지나간 역사에 불과하며, 한때 통일신라의 영토였으나 고구려나 백제의 부흥을 표방한 나라, 그중에서도 고려가 천년왕국 신라까지 아울렀을 때 새 왕조 구성원의 화합을 도모하는 첩경은 그들 공통의 선조를 모색하는 일이다. 비로소 한반도 및 만주 지역에서 흥망한 모든 왕조를 어느 한 시조의 후예로 상정하여 새 나라의 발전을 도모하려는 움직임은 일어나게 마련이다. 그것은 역사 서술 과정에서 삼국 중에서도 가장 일찍 나라를 연 고구려를 고조선과 연결하는 작업이었다. 그뿐 아니라 고구려는 고려 왕조가 그 계승을 표방한 나라이며, 고려는 옛 고구려의 수도 평양 지역까지 영토를 확장하게 되어 고조선의 역사는 어떤 식으로든 고구려와 연결될 소지가 많았다. 이를 일러 "설화를 변형시키고 역사를 조작"했다고[220] 말할 수도 있겠지만, 오히려 역사 발전에 부응하여 새로운 상고사 체계를 제시한 것이다. 이 점에서 신화는 역사의 실제와 또 다른 사실을 말해준다.

이러한 인식은 굳이 '단군본기' 따위에만 한정되지 않는다. 보기에 따라서는 《삼국사기》에서도 그러한 문제의식을 확인할 수 있다. 《삼국사기》는 삼국 가운데 신라가 가장 먼저 세워진 나라로 편제되어 있다. 단군본기가 단군과 고구려를 계보적으로 연결하고 있듯이 신라는 고조선과 어떤 형태로든 연결되어 있어야 했다. 과연 《삼국사기》 신라본기는 다음과 같이 시작되고 있다.

일찍이 조선의 유민들이 산과 골짜기에 흩어져 살면서 六村을 이루었다. 첫째는 閼川의 楊山村, 둘째는 ------

'조선유민'이라는 글귀를 어떤 의미로, 얼마나 비중을 둘지는 읽는 이마다 다를 것이다. 강조해 두고 싶은 것은 김부식의 이른바 유교적 합리주의, 신라 중심 사관에서[221] 이 정도의 표현이 함축하고 있는 의미이다. 아울러 단군본기 같은 내용을 기전체 사서에 넣을 때 변형되는 모습을 상상해볼 일이다. 《삼국사기》 지은이가 신라의 '창세기'에서, 그 뒤로는 두 번 다시 거론되지 않는 「조선」을 굳이 언급하고 넘어간 사정은 이런 데 있다.

尸羅·高禮·貊이 단군의 후예라는 말은, 문자 그대로 단군 한 사람을 지칭하는 것은 결코 아니며, 단군의 나라 즉 (고)조선의 후예라는 의미이다. 그러므로 고구려·신라가 조선의 후예라는 인식은 이미 삼국시대부터 각인된 바였다. 고구려나 신라인의 기억 속에 고조선은 분명히 있었지만, 체계화된 기록이 남아 있지는 않았을 것이므로 그들이 간직한 기억의 요체는 단군 그것이다.[222] 제삼자인 중국인이 볼 때는 그것이 곧 왕조의 계승이겠지만, 단군이나 주몽·혁거세를 숭앙하는 삼국 및 고려인들의 이야기 문법으로는 단군이 주몽의 아버지다.

둘째는 말하자면 소박한 자연발생론이다. 삼국의 역사책이 나온 뒤 "그러면 그 이전은 어떤 상태 또는 나라였던가?" 하는 질문은 자연스럽게 나올 터이다. 역사의 연원[genesis]에 있어 피할 수 없는 부분이 고조선이고, 이러한 문제의식이 대두됨은 오히려 체계적인 삼국역사가 편찬되었을 때 새삼 나타나는 현상이었다고 생각한다.

셋째는 고려조에 들어와 평양 지역을 차지하게 되자 그 지역에 남아 있던 고조선 관련 유적과 전승을 어떤 식으로든 재해석하고 거두어들이지 않으면 안 되었던 정황이다.[223] 고구려가 고조선을 이은 나라라는 인식은 그 개국의 무대가 동일하다는 점에서도 드러난다.

하백의 딸 柳花는 太白山 남쪽 優渤水에서 해모수를 만났다. 비록 그곳이 압록강변이라 하더라도 설화상으로는 단군과 마찬가지로 태백산이 그 개국의 무대가 되어 고조선으로부터 고구려로 왕조가 이어진다는 역사관은 자연스럽게 설정된다.[224]

《삼국유사》나 《제왕운기》 이전에도 단군에 관한 자료가 더러 보인다.[225] 《삼국사기》 권17, 고구려 동천왕 21년 2월조의 "평양이란 본시 仙人王儉이 살던 곳"이라든가, 1006년(목종 9) 이전에 이미 구월산에 삼성사가 건립된 점,[226] 1325년에 지은 趙延壽墓誌, 고려 인종 때 妙淸이 林原宮에 세운 八聖堂의 네 번 째 神位 '駒麗平壤仙人'이 곧 단군이라는 점[227] 등이 그것으로써 이들은 모두 단군신화를 염두에 둘 때 비로소 이해가 가는 중요한 자료이다.[228]

3. 마무리

단군 자신이 산신이 되어 현세에서 물러났기 때문인지 관련 사료에는 단군의 왕비가 누구인지 언급조차 없다. 배우자가 있는지 어떤지도 모르며, 보이지 않는 권능과 조화를 부리는 존재는 신이다. 부여·고구려를 비롯하여 모든 상고시대 나라가 단군에 혈연을 대는 까닭은 자신들 또한 신성한 백성이며 천신의 후예임을 과시하려는 속셈이다.

현재 단군신화가 실린 가장 이른 문헌은 13세기 말엽의 《삼국유사》와 《제왕운기》뿐이다. 이들 역사책에 인용된 '단군(본)기'라는 자료를 보면 단군은 부여의 시조 부루를 낳았다고 한다. 단군을 고대 만주 및 한반도 여러 나라의 시조로 자리매김한 것이다. 이러한 역사 인식은 고려시대에 들어와서 민족 공통의 조상을 설정하여 그 화합과 동질성을 도모한 데서 나왔다. 이즈음 삼국시대 역사를 정리하면서 그 이전의 역사에 대한 최소한의 설명이 필요하였을 것이며, 서경 주변에 남아 있는 고조선의 유적과 구비전승에 대해서도 재해석할 필요가 생겼을 것이다. 따라서 적어도 《(구)삼국사》가 편찬되던 시기를 전후한 11세기 이전에는 古來의 단군신화를 고구려의 시조 전설 위에 올려놓는 역사 쓰기 작업이 유행했다고 본다. 이것은 곧 단군신화에 대한 재인식이다.

보론 '웅이산'의 다른 이름 몇 가지

1. 머리말

'웅이산'이라는 이름이 범상치 않다고 여겨 2021년 6월 23일에 나는 추풍령 아래의 경상북도 상주시 공성면 영오리 웅이산을 답사했다. 고개 정상의 산 이름은 뜻밖에 다양하고, 지명이 원래 그렇듯이 하나하나의 산과 마을 이름에는 세월의 켜가 쌓여 있었다. 틈틈이 관련 자료를 찾아보고, 나름대로 탐구를 시도해본 바를 작성해보았다.

2. 푯돌, 안내문 및 관련 기사 (밑줄은 필자)

1) 상주시 안내판

국수봉은 웅산·용문산·웅이산·공산 이름으로 불리고 있다. 정상은 충북과 경북의 경계이고 아울러 낙동·금강의 분수령이므로 국수라고 한 듯 하고 웅신당(일명 웅문당)이라고 하는 곳이 있어 천제와 기우제를 지내기도 하였다.

산이름 '웅이산'은 『대동여지도』(1861) 및 『조선지지자료』(1910년대) 경상북도 상주군 공동면에 보인다(아래 표). 위 안내판의 설명 중에 '분수령

이므로 국수(산)'이라는 설명은 이해가 되지 않는다. '웅문당'이란 이름은
『商山誌』에(뒤에 나옴) 보인다.

지명	언문	비고
熊耳山	곰살메	巨野里

조선지지자료 尙州郡 功東面

2) 〈熊耳山 표석을 세우며〉

　예로부터 우리 민족은 그 고장에 우뚝 솟은 산을 신성하게 여기며 살았다.
우리 고장 역시 이 산을 으뜸으로 여겨 곰살뫼 또는 龍文山(門 아님), 국수봉
(掬水峰, 菊水峰)이라고 부르며 사랑했다. 이 산은 백두에서 지리까지 뻗어가
는 한반도의 중심에 선 산이다. 2012년 5월18일 국가지명위원회에서는 熊耳山
으로 확정하였다. 이에 표석을 세워 길이 남기고자 하는 바이다.

　산이름 용문산도 『대동여지도』와 『조선지지자료』에 보인다. 웅이산과
용문산은 봉우리로만 따지면 지도에서 보듯이 서로 이웃해 있지만 속칭/
언문으로 보면 똑같이 '곰살메'다. 산 아래 마을이 '곰실'이다.

지명	언문	비고
龍門山	곰살메	耳山里

조선지지자료 尙州郡 功西面

地名	諺文	備考
熊谷里	곰실	

곰실 : 새터 북쪽에 있는 골짜기. 전에 마을이 있었음. (한국 땅이름 전자
사전, 상주군 공성면 영오리)

3) 상주시 공성면 국수봉

상주시에서는 공성면 영오리 국수봉의 산이름을 변경하고자 꾸준히 노력해
온 결과 국토지리정보원은 국가지명위원회에서 '웅이산(熊耳山)'으로 최종 확
정하고 지난 5월 18일 고시했다.

상주시 공성면 영오리와 김천시 어모면 웅북리, 충북 영동군 추풍령면 사이
에 소재하는 산으로 「국수봉」이라는 봉우리 지명은 있으나 산에 대해 고시된
지명이 없는 가운데, 김천에서는 「용문산」이라고 부르고 상주에서는 「곰실」이
라 불리는 마을 산으로, 정상에는 웅신당(熊神堂)이라는 대(臺)가 있어서 가뭄
때 기우제를 지냈다고 하여 지역 주민들도 「웅이산」(熊耳山)으로 부르고 있는
등으로 산의 명칭을 정해야 할 필요성이 제기됨에 따라 상주시에서 국토지리
정보원에 신청한 결과 이번에 최종 확정 고시된 것이다.

금회 변경된 지명에 대하여는 앞으로 국가기본도 등 각종 지도에 표기되어
행정업무 추진에 활용될 것이다.

성백영 시장은 "앞으로 지역내 잘못된 지명이나, 이름이 없는 산 등을 발굴

하여 상주시 이미지 제고는 물론 시민들의 자긍심 고취에 최선을 다하겠다"고
밝혔다.

장용복 기자 2012.06.01

4) 국수봉(菊水捧.[229] 해발 795m:도상)의 유래는?

국수봉에 서면 상주의 너른 평야와 백학산·서산·기양산·갑장산·묘함산·황
악산·민주지산 등 주변의 산들이 전개되고 날씨가 좋은 날이면 백두대간 상
주·문경·기천구간과 소백산까지도 조망된다. 국수봉은 웅산·용문산·웅이산
또는 공산 이름으로 불리어지고 있다. 정상은 충북과 경북의 경계이고 아울러
낙동·금강의 분수령이므로 국수라 한 듯 하고 웅신당(일명 웅문당)이라는 곳
이 있어 천제와 기우제를 지내기도 했다.

전해 내려오는 이야기에 의하면 중국의 웅이산과 같이 시조가 난다고 하여
웅이산이라고 하며, 상주의 젖줄인 남천(이천)의 발상지이기도 하다.

상주시

위 안내문에는 틀린 글자나 문제되는 내용(돋음체)이 몇 있다. 捧>峰,
백학산>백화산, 기천>김천이 그러하다. "중국의 웅이산과 같이 시조가
난다고 하여 웅이산이라"는 설명도 말이 안 된다. 중국 송나라의 성리학
자 주희가 거처했던 武夷山의 중국어 발음이 '우이산'이므로 그 이름에서
유래한 듯 설명하고 있다. '시조가 난다'는 설명은 중국 웅(우)이산의 유
래와 어긋나지만 생각해볼 가치는 있다. 웅이산의 '곰 熊'字를 받아들여

우리의 단군신화를 빗댄 점이 그러하다.

5) 『한국지명총람5 - 경북편』(1978. 198~199쪽)

아래 땅이름도 유의해두고자 한다.

영오리[靈梧里] 【리】 본래 상주군 공동면 지역인데 1914년 행정 구역
폐합에 따라 영수리, 웅곡리, 오동을 병합하여 영수(靈水)와 오동(梧洞)
의 이름을 따서 영오동이라 하여 공성면에 편입됨.

웅곡(리)는 위에서 말한 '곰실'의 한자표기(熊谷)다.

6) 학무산

『조선지지자료 - 충청북도편 』黃澗郡 黃金所面 山谷名

地名	諺文	備攷
鶴舞山		杏洞後麓
龍門山		新案後麓

지명상으로는 학무산과 용문산을 따로 적고, <비고>에서 그 위치도 달
리하고 있으나 하나의 산줄기로서 가까운 거리에 있다(그림1). 아래 『한국
지명총람』을 보면, 달리 구분하지 않고 同格으로 괄호쳐놓았다. 다시 말
하면 熊耳山은 龍門山[230]·菊水峰이라고도 하는데 영동군에서는 鶴舞山

이라고 부른다.

　　학무산(鶴舞山) [곰산, 웅이산, 용문산] 【산】
　　충청북도-영동군-산천-
　　황금면(현재는 추풍령면 - 필자) 웅북리, 지봉리, 신안리 경계에 있는
　　산. 높이 684m. ①학이 춤을 추는 풍수 형국이라 함. ②예전에 곰이 살
　　았다 함. ③이 부근에서 가장 높아서 머리처럼 우뚝 솟았다 함.

　하나의 산을 두고 市·郡에 따라 달리 부르고 있다. 위 학무산 유래에서
②번은 곰이 거처했던 곳임을 밝히고 있다. 학무산의 지명유래도 개국신
화와 맞닿는 점이 흥미롭다. 아마 이것이 오래된 지명유래고, '학이 춤추
는 형국'은 풍수지리설이 유행한 뒤의 해설이라고 본다. 과연 마을이름에
서는(한국 땅이름 전자사전) 鶴이나 龍이 보이지 않고 곰(熊)을 중심으로 작
명되었다.

　　웅북리 : (아래 단위) 각곡, 각골, 곰뒤, 곰뒤은행나무, 도적골, 상웅,
　　웅북, 중웅, 중평, 하웅
　　곰뒤 【마을】충청북도 - 영동군 - 황금면 - 웅북리
　　상-웅(上熊) 웅북 위쪽에 있는 마을
　　하-웅(下熊) 중평 【마을】웅북리의 중앙에 있는 마을
　　중-웅(中熊) 【마을】충청북도 - 영동군 - 황금면 - 웅북리 - → 각골

　'熊北'은 곰뒤(곰듸)를 訓借한 것으로서 『조선지지자료』에는 상웅리의

속지명(언문)으로 되어 있다. 재미있는 현상은 『朝鮮地形圖』에서 웅북리를 일본어 읽기로 'コムブクリ (곰북리)라고 적고 있다. 훈음차를 절반씩 하였는데 어떻든 20세기 초반까지만 해도 '곰뒤'라고 읽고 말하였음을 알게 된다.

『한국지명총람』의 웅북리의 유래는 다음과 같다.

> 웅북리(熊北里) [곰뒤, 웅북] 【리】 충청북도-영동군 – 황금면 –
> 본래 경상북도 상주군 공서면의 지역으로서 , 곰산(웅이산) 뒤쪽에 있으므로 곰뒤 또는 웅북이라 하였는데, 1914년 행정 구역 폐합에 따라 상웅리, 중웅리, 하웅리를 병합하여 웅북리라 해서 영동군 황금면에 편입됨.

웅북리로 합치기 전의 마을이름 상웅북리·중웅북리·하웅북리는 『호구총수』(1789)에 보인다.

아래는 <조선지지자료>에 실린 지명이다.

지명	언문	비고
上熊里	곰듸	

尙州郡 功西面

그러니까 곰뒤/熊北은 俗地名인데 조선 후기에 필요에 따라 상·중·하로 나누었고, 1914년에는 이 모두를 법정지명이 되었다.

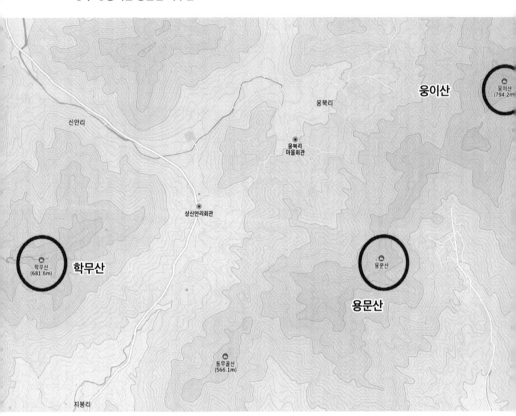

3. 또 하나의 웅이산

‘熊耳’라고 쓰는 산 이름이 尙州市에만 있는 것은 아니다. 『신증동국여
지승람』 제49권 함경도, 甲山, 산천조를 보면 熊耳 고개에서 시작하여 같
은 이름의 냇물이 흐르고, 같은 이름의 역참이 있다.

웅이령: 本府 남쪽 64리에 있다(熊耳嶺. 在府南六十四里).

웅이천: 본부 남쪽 80리에 있다. 그 근원이 향동에서 나와 본부 남쪽 청주갈림[青州岐]을 지나 우음수(于音水)와 합하여 서쪽 허천강으로 들어간다(熊耳川. 在府南八十里。源出香洞 , 經府南青州岐 , 與于音水合 , 西入虛川江).

웅이역: 웅이령(熊耳嶺) 아래에 있다(熊耳驛。在熊耳嶺下).

　북한 지역이라서 더 이상 정보는 얻기 어려운데 경상북도와 충청북도에 걸쳐 있는 웅이산과 한자 쓰기가 같으니 부르는 이름(속지명)도 같을 것으로 본다. 갑산도호부 웅이산 산신은 산삼도 점지하는 영검이 있음을 아래 채제공(1720-1799)의 <熊耳灘歌>를 보아 알 수 있다.

평생토록 무릉도원을 듣기만 하더니(百年耳聞桃花源)

세상 밖에서 진정 웅이촌을 보았어라(世外眞見熊耳村)

- - - - - - - -　　건너뜀　- - - - - - -

한밤중에 머리 감고 산신령께 제사하면(中夜沐髮祭山靈)

집 뒤에서 가끔씩 삼이 땅에서 나니(屋後往往蔘在地)

(『번암집』 제9권, 양기정 역, 2017, 한국고전번역원)

조선지지자료(경북 상주군 공서면),
http://viewer.nl.go.kr:8080/main.wviewer

4. 고찰

1) 熊

웅이산과 관련하여 자료를 제시한 지명해설이 있다.

웅이산(熊耳山, 熊山)【산】공성면 영오리와 신곡리, 김천시 어모면 웅북리, 충북 영동군 추풍령면 사이에 있는데 높이 683.5m이다. 중국의 웅이산과 같이 蓍草가 나서 불리는 이름이라고도 한다.

남천(이천·소리천)의 발원지다. 산꼭대기에 熊神堂(일명 龍門堂)이라는 臺가 있어서 가물 때 기우제를 지냈다. 산의 북쪽에 용문서당이 있었는데 林椿이 쓴 小林寺重修記에 의하면, 이 서당 주변 일대가 소림사 터였음을 알 수 있다. 鄭寒岡 述의 문집에 웅이산에서 蓍草를 얻는다는 말이 있는데, 사실로 百莖의 芝草를 캔 일이 있다고 한다.

'웅산'으로도 불리는 '웅이산'은 본래 이름이 '금뫼'였을 것으로 추정한다.

금뫼→곰이→熊耳

단군의 어머니가 곰이었을 만큼 곰을 신성시하던 때 '거룩한, 성스러

운, 으뜸, 큰' 등의 뜻으로 '금뫼'로 불리던 것이 한자로 쓰이면서 熊山
또는 熊耳山이 되었을 것으로 본다. 이를 뒷받침하듯 『상산지』에 따르
면 이 산에는 熊神堂이 있어서 기우제를 지냈었다 한다. (조희열 편, 『상
주지명총람』, 385쪽, 상주문화원, 2002)

『商山誌』(1617) 기록이란 아래 내용을 말한다.

> 웅산은 州治 남쪽 40리에 있다. … 그 위에는 제단을 쌓은 웅신당이
> 라고 있는데 가물 때는 거기에서 비오기를 빈다. 그 곳은 '용문'이라
> 고도 한다.(熊山在州南南四十里, 雄鎭一面. 山頂常有煙霞濃, 光欲滴埠
> (?). 其上爲壇卽所謂熊神堂, 歲旱則禱雨于其處, 一名龍門. 迤(池?)北有書
> 塾)[231]

웅산 꼭대기의 기도처 웅신당을 다른 말로 龍門이라고 했다. 熊과 龍의
바꿔치기 또는 同行을 눈여겨볼 필요가 있다.

위 해설에서 林椿이 이 지역에서 머문 적이 있다 하였는데, 그의 <소림
사중수기>에는 지명 功成縣을 기록하고 있다. 이 땅이름은 지금 웅이산
이 위치하고 있는 상주시 功成面 그대로다.

『상주지명총람』에서는 웅이산 이름의 형성과정을 '금뫼 → 곰이 → 熊
耳'라고 보았다. 수긍하는 바이나 변화과정이 다소 촉박하다. 산 이름의
형태소(후부요소) 뫼·메는 '미'로 흔히 변하므로 '곰미'를 하나 더 넣어 '금
뫼 → 곰미 → 곰이(熊耳)'로 발전했다고 보면 더 순차적 설명이 된다. 이
경우 한자 '熊耳'는 '곰이'의 訓音借가 된다.

'熊山'이라 쓴『商山誌』와 '熊耳山'이라 쓴『대동여지도』(1861)·『大東地志』[232] 사이의 時差는 250여 년이 된다. 곰뫼(熊耳)에 '山'이 덧붙어(겹말) 형태소를 확인시켜준 셈이다. '뫼'라는 말이 점차 사라지고 대신 '산'이라 부르는 시대 상황도 반영된 것 같다. 이곳 땅이름에는 耳山里/셔당이(언문)가 별도로 있어서 한자 '耳'가 소리 '이'를 빌려 쓴 것인지는 숙제로 남겨둔다.

우리의 한자 지명표기는 중국 지명을 그대로 베껴왔으니 지명유래를 보면 한자와 무관한 사례가 많다. 산 모양이 곰의 귀를 닮았다는 설명이나 중화문명의 발상지로서 중국 熊耳山은 龍門山과 이웃하여 있는 엄연히 다른 산이다.[233] 우리의 경우는 熊이 龍으로 대체되거나 위의《상산지》설명에서 보듯이 웅이산은 곧 용문산이다. 이러한 점은 지명 연구나 지명 유래를 말할 때 마음에 새겨둘 사항이다.

2) 神

웅이산 꼭대기에 있는 '熊神堂'에서는 기우제를 지냈다. 당집 이름 熊神의 '神'은 '熊'이 짐승 곰이 아니라 神의 뜻으로 읽어달라는 일종의 겹말[同語反覆]이다. 뜻을 내세워 쓰면 熊神堂 → 熊=神+堂 → 神堂이 되고, 읽기나 말하기를 내세우면 熊神堂 → 熊=神+堂 → 熊堂 식으로 되어 '웅신당'은 훈음차이고 겹말이다.

땅이름 가운데 '熊+神'의 조합에 대해서는 절 이름 熊神寺를 통해 몇 번 지적된 바 있다[234]. 이 절은 시방 경남 창원시 불모산에 있는 聖住寺의 옛 이름이다.

熊神寺 在佛母山(『여지도서』창원대도호부, 사찰).

웅신사는 '熊寺'라고도 쓰는데 지금도 '곰절'이라 부른다.[235]

3) 龍

熊·神 글자와 다소 이질적으로 보이는 웅이산의 다른 이름 '龍門山'은 어떻게 보아야 할까? '天龍'이라는 말도 있고, 풍수에서 산의 脈을 말할 때 龍이 빠지지 않지만 아무래도 용은 물(水神)과 어울린다. 그런데도 곰산/神山을 용문산이라 한다면 이때의 '龍' 또한 '神'의 뜻/반열에 넣어야 할 것이다. 고구려 고분벽화의 용 또한 四神의 하나이지 않은가. 비로소 산신이 정좌하고 있는 熊(耳)山/神山/龍(門)山의 땅이름 세트(set)가 갖추어진다. 여기에 龍이 곧 熊과 마찬가지로 神이라는 傍證이 있다면 금상첨화다.

아래는 『신증동국여지승람』권19, 서천군 祠廟條, 龍堂津祠의 내용이다.

　용당진사 郡의 남쪽 24리에 있다. 고려시대에는 웅진명소로서 나라

　에서 향을 내려 제사지냈다. 지금은 본읍에서 제사지낸다(龍堂津祠 在

　郡南二十四里 高麗時爲熊津溟所降香祝 今則本邑致祭).

고려시대 이래 적어도 세종대까지 熊津이었다가[236] 그 뒤 어느 때부터 龍津으로 변했고, 이곳에 사당이 있어서 생긴 땅이름이 龍堂津이다.

조선후기를 지나면서 땅이름 '熊'이 '龍'으로 바뀐 사례는 강원도 襄陽에도 있다. 『여지도서』(1757) 양양도호부, 坊里 이름에는 '熊田里'라고

만 적혀 있는데 '곰밭'을[237] 한자로 적은 것이다. 이것이 『조선지지자료』 (1911) 양양군편에 오면 '龍泉里'라 쓰고, 속지명이 '곰밧'임을 밝혀놓았다.

地理誌	地名	諺文	備考
여지도서	熊田里	(곰밭)	
조선지지자료[238]	龍泉里	곰밧	西面 龍泉里

용천리와 곰밭의 지명유래는 아래와 같다.

龍泉里 : 마을 앞 井水에서 龍이 등천했다는 전설에 의하여 龍泉이라고 한다. 1916년 행정구역 폐합에 따라 뒷골 버덩말 웃곰밭을 병합하여 마을 앞에 있는 용소의 이름을 따서 명명하였다.

곰밭(熊田) : 마을 형국이 곰이 누워있는 것 같다고 하여 옛날에 熊田이라고 하였다.[239] (양양문화원, 1995, 『襄陽의 땅이름』)

이렇게 熊·神·龍은 서로 넘나드는데 그러한 예는 훨씬 일찍부터 보인다.

4) 『삼국유사』의 사례

하나의 땅이름을 몇 가지로 쓰는 현상은, 중국으로부터 한자를 받아들인 이래 우리말을 적기 위한 방편이었는데 한글 창제 이후에도 글자 생활에는 거의 변함이 없었다. 일찍이 『삼국유사』 神呪篇, 惠通降龍條에도 熊·龍·神이 섞여 쓰임이 보이는데 이 셋이 같은 뜻임을 모르면 전혀 해석이 되지 않고 문맥 불통의 문장으로 치부된다.[240]

龍은 이미 鄭恭에게 원수를 갚자 機張山에 가서 熊神이 되어 해독을 끼침이 더욱 심하여 백성들이 많이 괴로워하였다. 혜통은 그 산에 가서 용을 달래어 살생하지 말라는 계율을 가르쳤다. 神의 해악이 비로소 그 쳤다(龍既報寃於恭徃機張山爲熊神, 慘毒滋甚民多梗之. 通到山中諭龍授 不殺戒, 神害乃息).

5) 국수산·범박골

웅이산 꼭대기에는 바윗덩어리에 약간의 人工을 가한 제사터(이른바 웅신당)가 있다. 산이름에서 보는 곰이나 龍은 神의 뜻이다.[241]. 웅이산의 다른 이름 '국수'도 한자표기야 어떠하든 神에 견주어 보는 것이 순리다.

서낭당에 모신 神體 말(馬像)을 '국시말'이라고 하는데 국수·국사 계열의 이름으로서 이 巫俗語는 神 자체이거나 神處를 뜻한다.[242] 國師·國士라 쓰는 봉우리나 山에는 지역 출신 인물이 등장하고, 그 배경 시대는 임진왜란이나 韓末로 잡아서 나라사랑·호국의 현장임을 강조하고 있다. 하지만 이것은 산 이름을 한자 '國'의 뜻대로 이해하여 역사를 만들어낸 '스토리텔링'이다.

웅이산을 중심으로 짐승 이름이 붙은 지명이 있다. 하지만 아래 땅이름 설명에서 보는 바와 같이 그것이 산짐승과 관련되었을 어떤 실마리도 보이지 않는다.

곰-실【골】새터 북쪽에 있는 골짜기. 전에 마을이 있었음.

곰실-앞【들】곰실 앞에 있는 들.

범박-골【골】새터 북쪽에 있는 골짜기. 범방우가 있음.

범-방우【바위】범박골 북서쪽에 있는 바위.

범티미-골【골】오동 동쪽에 있는 골짜기. [243]

앞에서 마을이름 '곰실'을 보았는데 '범박골'은 거기에 짝하는 지명이다. 고려시대 언어로 호랑이를 神을 지칭하는 '감'이라 부르고, '범(蒲南切)'이라고도 불렀다. [244] 웅이산이 神山이라면 '범(虎)' 또한 충분히 나올 만한 땅이름이다. 참고로 '범박동' 지명은 경기도 부천시에도 있는데, 호랑이와 연결하기도 하지만 이설도 많다. [245]

5. 남은 문제

학문이란 그렇듯이, 어떤 문제를 해결하고 나면 그만큼 모르는 문제가 새로 생긴다. 웅이산을 다루면서 음운 즉 국어학 분야는 손을 대지 못했다. 이 방면 전문가들의 참여가 요청된다.

안내판을 보고 느낀 점은 검증되지 않은 사실이 적지 않게 기록되어 있고, 문장이나 글자 틀린 곳도 눈에 띈다. 지자체나 산림 관련 기관의 일이기는 하지만 지명학을 하는 이들의 관심과 도움이 필요한 '實學' 분야다.

군더더기. 산이름을 命名할 때 가급적이면 매봉, 수리산, 국사봉 같은 흔한 이름 – 고유성이 떨어지는 – 은 피하는 것이 좋겠다.

앞으로 이 글에 등장하는 마을을 참관하고 주민들과 대담도 해보면 웅이산의 전체 모습과 성격이 더 잘 드러날 터이다.

[지도 및 사진]

웅이산·용문산

대동여지도 제16첩 3면

양양군 서면 곰밭(용천리)마을 푯돌

산밑 제사뱌 (돌로 만듦)

용문산 푯돌

옹이산 천제단

원문과 역주

일러두기

기존의 판본 또는 역주로는 다음 책을 참고하였다. [ ] 속 글자는 略號.
《삼국유사》의 원문 교감은 학계에서 거의 이루어졌으므로 원문에 대한
해당 번역문에서 언급한다.

최남선 편, 1954 『증보 三國遺事』, 민중서관 [六]

이병도 역주, 1956 『國譯 삼국유사』, 동국문화사 [斗]

리상호 옮김, 1960 『國譯 삼국유사』, 신서원 影印 [리]

野村耀昌 譯, 1962 『國譯 一切經』, 所收 [野]

이재호 역주, 1967 『國譯 삼국유사』, 명지대학 [浩]

이동환 역주, 1975, 『삼국유사 』, 삼중당문고 [東]

金思燁, 1976 『完譯 三國遺事』, 朝日新聞社 [思]

권상로 역해 (遺著), 1978 『國譯 삼국유사』, 동서문화사 [退]

三品彰英, 1979 『三國遺事考證, 中 』, 塙書房 [品,中]

강인구 외, 2003 『역주 삼국유사』, 한국정신문화연구원 [精]

최광식·박대재 역주, 2014 『삼국유사』, 고려대학교출판부 [麗]

문경현, 『역주 삼국유사』, 민속원, 2015 [文]

원문

古朝鮮(王儉朝鮮)

魏書云。乃往二千載, 有壇君王儉, 立都阿斯達(經云無葉山, 亦云白岳。 在白州地。 或云在開城東, 今白岳宮是), 開國號朝鮮, 與高同時。

古記云。 昔有桓因(謂帝釋也)庶子桓雄, 數意天下, 貪求人世。 父知子意. 下視三危太伯, 可以弘益人間, 乃授天符印三箇, 遣往理之。 雄率徒三千, 降於太伯山頂(卽太伯今妙香山.)神壇樹下, 謂之神市, 是謂桓雄天王也。 將風伯·雨師·雲師, 而主穀·主命·主病·主刑·主善惡, 凡主人間三百六十餘事, 在世理化.

時有一熊一虎, 同穴而居, 常祈于神雄, 願化爲人。 時神遺靈艾一炷, 蒜二十枚曰。 爾輩食之, 不見日光百日, 便得人形。 熊虎得而食之, 忌三七日, 熊得女身, 虎不能忌, 而不得人身。

熊女者無與爲婚, 故每於壇樹下, 呪願有孕。 雄乃假化而婚之, 孕生子, 號曰壇君王儉。

以唐高卽位五十年庚寅(唐高卽位元年戊辰, 則五十年丁巳, 非庚寅也。 疑其未實), 都平壤城(今西京), 始稱朝鮮。 又移都於白岳山阿斯達, 又名弓(一作方)忽山, 又今彌達。

御國一千五百年. 周虎王卽位己卯, 封箕子於朝鮮, 壇君乃移於藏唐京, 後還隱於阿斯達爲山神, 壽一千九百八歲。

唐裵矩傳云。 高麗本孤竹國(今海州), 周以封箕子爲朝鮮。 漢分置三郡, 謂玄菟· 樂浪·帶方(北帶方)。 通典亦同此說(漢書 則眞臨樂玄四郡, 今云三郡, 名又不同, 何耶?)

번역

고조선[1] (왕검조선)

다음은 《위서》[2]의 내용이다. 지금부터 2천 년 전에 단군[3] 왕검이라는
이가 있어 도읍을 아사달[《경》[4]에서는 무엽산이라 했고 또 백악이라고도
한다. 백주 땅에 있다. 혹은 개성 동쪽에 있다고도 하니 지금의 백악궁[5]이
그것이다]에 정하고 나라를 열어 이름을 조선이라 하니 요 임금[6]과 같은
시대다.

고기는 이렇게 씌어 있다. 옛날에 환인[곧 제석[7]이다]의 서자[8] 환웅이
[9] 있어 자주 천하에 뜻을 두고 인간세상을 욕심내었다. 아버지가 아들의
뜻을 알고 삼위태백[10]을 내려다보니 널리 인간을 이롭게 할만하여, 이에
천부인 3개를 주어 가서 다스리게 하였다. (환)웅은 무리[11] 3천 명을 거느
리고 태백산 꼭대기[태백은 곧 지금의 묘향산이다[12]] 신단수[13] 아래로 내
려왔는데, 여기를 신불이라[14] 부르며, 이 분이 환웅천왕[15]이다. (그는) 풍
백·우사·운사를 거느리고 곡식·목숨·병·형벌·선·악 등 무릇 인간의 360
여 가지 일을 맡아서 세상을 다스리고 가르쳤다. 이때 곰 한 마리와 범 한
마리가[16] 같은 굴에 살면서 사람이 되게해달라고 항상 환웅)[17]에게 빌었
다. 그러자 신(웅)이 신령스러운 쑥 한 줄기와 마늘 20 쪽을[18] 주고 말하
였다. "너희들이 이것을 먹고 100일 동안 햇볕을 보지 않으면 곧 사람의
모습으로 될 것이다." 곰과 범은 이것을 받아먹고 3·7일[19] 동안 금기하는
데, 곰은 여자의 몸이 되었으나 범은 참지를 못하여 사람이 되지 못했다.
웅녀는 혼인할 상대가 없어서 언제나 당나무 아래서 아이를 베게해달라

고 빌었다. 이리하여 환웅은 잠시 (사람으로) 변하여[20] 혼인하니, 아들을 낳아 단군왕검이라[21] 불렀다. (단군은) 요 임금이 즉위한지 50년인 경인년 [요 임금의 즉위 원년은 무진년이므로 그 50년은 정사년이지 경인년이 아니다. 아마 틀린 듯하다]에[22] 평양성[지금의 서경이다]에 도읍하고 비로소 조선이라 불렀다. 또 도읍을 백악산 아사달에 옮겼는데 (이곳을) 또 궁[혹은 방(方)자로도 쓴다[23]]홀산, 또는 금미달이라고도 한다. 나라를 다스린 지 1500년이 되는 때 주나라 무왕[24]이 즉위한 기묘년에[25] 기자를[26] 조선에 봉하니, 단군은 이에 장당경으로[27] 옮겼다가 나중에 돌아와 아사달에 숨어서 산신[28]이 되었으니 나이가 1908살이었다 한다.

당나라의 배구[29]전에는 "고려는 본래 고죽국(지금의 해주)인데 주나라가 기자를 봉해 조선이라고 하였다. 한나라 때 나누어 3군을 두었으니 현도·낙랑·대방[북대방]이다"라고 하였다.

《통전》[30]에도 이 설명과 같다.[《한서》[31]에는 진번·임둔·낙랑·현도 4군으로 되어 있는데, 여기서는 3군이라 하고 이름도 같지 않으니 어찌된 일인가?]

역주

1) 고조선 : 바로 뒤에 나오는 위만조선과 구별하여 '옛 조선'의 뜻으로 썼다.

2) 위서 ; 중국의 역사책으로 보는 데는 거의 일치한다. 다만 단군을 언급한 중국의 역사서가 현재 없는 점으로 미루어 날조라는 주장이 있는 한편, 이미 없어진 같은 이름의 《위서》도 있는 만큼 결코 허구라고 단정할 수는 없다는 긍정론도 있다.

   정중환은 시각을 달리하여 논하였다. 첫째, '2000년 전'이라는 연대의 기준(2333 - 2000 = 333년 전후)으로 보아 《위서》는 기원전 4~2세기의 역사책이다. 둘째, 단군이 등장하는 건국설화를 성립시키고 그것을 계승한 나라가 현실적으로 없는 점 등을 이유로 《위서》는 위만조선 혹은 낙랑 초기에 위만조선의 역사를 담은 기록이다. 셋째, 《삼국유사》에서 '衛滿(朝鮮)'을 '魏滿'으로 바꾸어 쓴 것도 《위서》와 위만조선과의 관계를 암시한다. <삼국유사 기이편 고조선조에 인용된 위서에 대하여> 《대구사학》12·13, 1977.

   《위서》라는 이름의 原典을 검토하여 박대제는 다음과 같이 결론을 내렸다. 《위서》는 北魏 魏收의 《魏書》(後魏書)를 가리키지만 현존하는 校勘本이 아니라 원래 위수가 편찬한대로의 古本《魏書》일 것이다. <삼국유사 고조선조 인용 《위서》론> 《한국사연구》112, 2001.

3) 단군 : 최남선에 따르면 '단군'은 무당을 이르는 '당굴'을 한자로 옮긴 것이며, 몽고말에서 하늘을 뜻하는 Tengri와 통한다고 하였다/불함문화론. 《제왕운기》를 비롯한 후대의 역사책에 거의 '檀君'으로 표기하

고 있다. 檀[박달나무]라는 특정한 나무종류를 두고 하는 말이 아니라면(박봉우, <삼국유사에 나오는 나무 이야기 1 - 신단수와 단수>의2 - 1, 1993) 오히려 제단의 의미를 살린 흙土 偏이 타당하다. 단군신화와 관련하여 박달나무 숲을 언급한 자료는 다음 논문에 보인다. 허홍식, <명산과 대찰과 신당의 의존과 갈등>《불교고고학》창간호, 2002, 126쪽에 보인다. "登天窟은 향로봉 남쪽 기슭에 있고 - 건너뜀 - (바위) 위에는 오래된 박달나무가 무리지어 자라며 세상에서 전하기를 단군이 내려와 탄생한 곳이라 한다. 지금은 등천굴이라 하여 환웅이 이로부터 하늘로 올라갔기 때문에 지어진 이름이다." 보현사사적(寺誌)에 실린 李文圭의 <妙香異蹟>, 1808. 후대의 자료라 하더라도 단군과 환웅, 탄생과 승천 같은 중요 話素가 서로 혼동되어 있어서 믿음이 가지 않는다.

4) 經 : 아사달을 백악이라 한 것을 보면 뒤에 나오는 고기의 내용과 일치한다. 그렇지만 이러한 기록류와 달리 단군을 신으로 모시는 경전인 듯하다. 이재호는 《산해경》이라 하였다.

5) 백악궁 : 이병도는 경기도 長端邑에 있다고 하였다.

6) 요임금 : 원문은 '高'다. 중국 고대 五帝의 하나인 요임금[唐堯]인데 고려 定宗의 이름이 '堯'이므로 이를 피하여 高字를 썼다.

7) 환인(제석) : 오늘날 널리 유통되는 『삼국유사』 중종임신본(1512. 다른 이름은 '정덕본'. 아래 '중종본'으로 줄임) <고조선>조의 환인 표기 및 번역은 다음과 같다. 古記云 昔有桓国(謂帝釋也) [옛 기록에는 이렇게 쓰여 있다. 옛날에 환국(곧 제석이다)이 있었다] '国(국)'이 '國(국)'의 세간글자[俗字]이므로 최남선(1890~1957)도 "환국(桓國)적 천제가 환

웅적 천자를 강세시키는"이라 했다(「단군 신전의 고의(古義)」). 이능화(1868~1943)는 처음에, 환국은 환인의 틀린-글자[誤字]가 확실하다고 『조선불교통사』(1918)에서 말했다. 이후 1922년에 「조선신교원류고(朝鮮神敎源流考)」를 쓸 때 환국설로 돌아서면서 "제대로 보지 않아서 후회 막심하다."고 자백하고 '곧 제석이다.'라는 풀이는 망령된 주석으로서 일연의 실수라 했다. 일본학계를 보면 1904년에 동경제국대학 활자본에서 '昔有桓国)'으로 교감했으나 이후 환국설은 받아들이지 않았다. 1927년 『대정신수대장경』에 실린 『삼국유사』나 이마니시 류[今西龍] 이름으로 나온 조선사학회본이 그러하다(囝). 이들이 환국설을 부정한 까닭은 '곧 제석이다.'라는 끼움주[夾註] 때문이었다. 그런데 중종본보다 앞서 조선초기에 간행된 『삼국유사』에는 '桓囯'으로 적혀 있었던지, 일찍부터 그렇게 베껴 쓴 석남본(石南은 송석하의 아호)이 있다. 2015년, 파른(손보기의 아호)본이 공개되면서 이 글자는 '囯'에서 한 획이 빠진 '囝'자로 확인되었다. 일부 연구자들은 이를 확대해석하여, 단군 이전에 이미 거대한 나라가 있었다고 하여 지금까지도 그 신념은 수그러들지 않고 있다. '시작은 미약했으나 끝은 창대하다'고, 거대한 '환국' 왕조 다음에 환웅이 신단수 아래에서 처음 나라를 열었다고 하면 순서가 바뀐 느낌이다. 거기에 쓰인 '囝'은 '囚'을 달리-쓴-글자[異體字]임이 밝혀졌다. 고려시대에 '囚'자를 '囝'으로도 더러 썼음은 고려대장경 『문수사리보초삼매경』에서도 확인된다(2019, 「이승휴의 제왕운기와 불교 – 불교 관련 용어를 중심으로」『한국고대사 사료로서의 제왕운기』, 세창출판사). 그렇다고, 환인이 제석을 뜻하지는 않는다. 제석은 불교의 호법신으로서 수미산 꼭대기 도리천에 좌정하고 있는데,『묘법연화경』등에 나오는 석제환인(釋帝桓因 < 釋迦帝桓因陀羅)을 달리 일컫는 말이다. 설령 '桓○'의 뒷 글자를 모른다해도 "제석을 말한다."는 주석을 따르면 桓因이 될 것이다. 그러나 '환인' 단독으로 제석을 가리키는 경우는 없으므로, 안정복(1712~1791)이『동사강목』에서 지적했던 바 환인을 제석으로 풀이한 것은 지나치게불교에 기울어진 해석이다. 그러면 무슨 뜻일까? "환인은 하늘 혹은하느님의 근원이 되는 무슨-말[語形]의 소리적음[寫音]"이라는 최남선의 해설(「단군고기전석」,『사상계』 1954년 2월호)이 비로소 설득력이 있다. 불교/한자용어를 빌어 자신들의 토박이말 하느(하늘, 한울)님을 환인이라고 쓰고, 이 생소한 용어를 풀이하는데 '제석' 말고는 달리하늘의 권위와 신령함을 나타내는 '유식한 말'은 없을 터이다.『삼국유사』탑상, <흥륜사벽화보현>조에서는 제석이 곧 천제(天帝. 하느님)라했다. 이승휴의『제왕운기』(1295~1296)에는 환인을 '上帝'라 했다.

　이능화씨가 "제석을 말하는 것이라는 이 주석 부분은『고기』에서는분명히 桓國(천국의 뜻)으로 되어 있는데도, 일연 선사가 자의적으로 주석을 첨가하였으니, 이것은 불경 중에 나오는 제석환인이 도리천의 임금(혹 32천왕)이 되어 있다는 문장에서 근거한 것이다. 그형상이 유사하므로 주석을 단 것인데, 말하자면 화사첨족이요 살을도려내서 흠집을 낸 것이라 하겠다."(이능화 <조선신교원류고> 사림 제7권 제3호)라고 지적한 것은 실로 탁견이라 아니할 수 없다.그리고 환웅도 한울 혹은 한임, 한울림(天神)의 한역이다. 이렇게 관찰해보면 환국, 환웅은 역사적 실제 인물이 아니라 고대 반도 민족의 신앙적 대상인 하날, 한울(모두 天을 말함)의 音譯문자임을 알

수 있다.(張承斗(이복규 옮김) , <檀君傳說의 民俗學的 考察> 『구비

문학연구』3 (『조선』283, 조선총독부, 1938), 1996 638~639쪽)

8) 서자 : 여러 아들 가운데 한 명이라는 뜻.

9) 환웅 : '桓雄'의 고대 소릿값[音價]이 어떤지는 정확히 알 수 없지만,

환웅도 환인 못지 않게 발음이 하늘·한울에 가깝다. 그렇다면 단군의

아버지·할아버지 모두 하늘(님)=천신이 되므로 그들 사이의 아버지·

아들 관계가 미심쩍다. 비로소 발상의 전환이 요구되는데, 탄생의 씨

앗/원인을 제공한 아버지에게 '因(인)'자를 씌운 것은 아닐까. 설암 秋

鵬(1651~1706)의 『妙香山誌』에는 한자를 '桓仁'이라고 쓰고 있으니,

환인은 불교의 제석신과 더욱 멀어지고 있다. 애초 같은 천신이었지만

두 번째 신격에게 수컷 雄자를 붙인 까닭은, 자식을 낳으려면 생식원

리에 따라 수컷/남성이 되어야 하는데 그 배역을 환웅이 맡았다. 단군

은 환인의 손자이기도 하지만 『제왕운기』의 따르면 단군은 '단웅(<고

조선>조의 환웅) 손녀'의 아들이므로 환인의 4, 5대 자손이라는 주장

도 가능하다. 이것은 실재하지 않는 세대를 계산하는 데서 나온 혼란

이므로 별다른 의미는 없다. 설화마당에서 구연자가 세대를 줄이거나

늘이는 현상은 더러 있는 일이다. 아직 문자로 고정되기 이전이므로.

10) 삼위태백 : 三危에 太伯을 붙여 썼으므로 두 지명은 같은 곳을 달리

쓴 것으로 볼 수 있다. 《제왕운기》에 따르더라도 '삼위태백' 표기는

마찬가지며, 삼위는 아사달·구월산의 별명이라고 했다(乙未入阿斯達

山 今九月山也 一名弓忽 又名三危). 태백(산)도 같은 산을 말한다. 여

기에 더하여 아사달은 또 白岳(山)이기도하다(본문 뒷 부분). 이병도

는 "三危는 三高山의 義요, 태백산은 그중의 하나"라고 하였는데, 구

월산과 아사달을 나머지 두 산으로 계산한 듯하다. 지상으로 내려가려 하는데 목표 지점이 세 곳/산이 된다면 어딘지 이상하다. 이재호는 "삼위는 이것이 태백의 대치어인지 수식어인지 잘 알려지지 않는다."고 하면서도 "그러나 삼위·태백은 곧 단군('환웅'의 잘못임)이 처음 내려오신 곳과 마지막 돌아가신 곳을 함께 이른 말이 되겠다."고 하여 삼위와 태백을 각각 다른 곳으로 보고 있다. '삼위'를 중국 고전의 지명으로 보기도 하지만 '궁홀'이나 '아사달'처럼 토박이말을 한자로 옮겨 쓴 것으로 보인다.

11) 徒 : 《제왕운기》에는 '鬼'로 썼다. 최초의 인간 단군이 탄생하기 전이며, 천신을 따라다니는 神衆임을 고려한 표현이겠다.

12) 태백산 : 평안도의 묘향산으로 보고 있는데 황해도 문화현의 구월산으로 비정한 《제왕운기》와 차이가 난다. 한편 백두산으로 비정하는 견해도 있다(이홍직, <단군신화와 민족의 이념>《한국고대사의 연구》, 신구문화사, 1971, 26쪽. 문경현, <단군신화의 신고찰>《교남사학》1, 1985, 43쪽). 한자 지명 '태백(산)'이 여러 곳 있듯이 원래의 산 이름 삼위·아사달도 당연히 여럿 있을 것이다. 예를들어 《고려사》를 보면, 黃州牧에 '阿斯津松串', 구월산 東麓의 安岳에 '阿斯津省草串'·'阿斯津桃串'이 있고(이들 사료는 권58), 楊洲 땅의 左扶蘇山을 '阿思達'이라고한다(권 23, 고종 세가 21년 정월).

13) 신단수를 현대 민속학자는 이렇게 이해했다. "그 신단수는 바로 훗날 두고두고 온 마을의 신의 나무인 서낭나무에 자취를 남기게 된다." 김열규, <아흔 즈음에>, 휴머니스트, 2014, 224쪽.

14) 神市 : 이재호는 "神政 사회 시대의 도시[集會地]의 뜻"이라 하였다.

그렇지만 나무 아래의 일정한 장소를 (都)市라 해석하면 분명히 과장되었다. 대개 시조의 탄생이 숲속의 신성공간에서 이루어지는 예를 참작할 때 '巾' 部의 1획으로 보아 叢木을 뜻하는 '불'로 읽는 편이 옳다. 이성규, <문헌에 보이는 한민족문화의 원류>《한국사》1, 국사편찬위원회, 2002. 신종원, <단군신화에 보이는 수목신앙>《한국사학사학보》8, 2003. '都 o o'는 도읍을 세운 것이므로 책쓴이의 견해가 맞지 않는다고 할지 모르겠으나 '都於白岳山阿斯達'처럼 산 위에 도시·도읍을 둔다고 보기 어려운 용례도 있다. 요컨대 고조선조의 市나 都는 반드시 한 가지 뜻으로만 쓰인 것은 아니다.

15) 환웅천왕 : 환인을 제석천이라고 보는 논의가 무색하게 정작 '천왕' 칭호는 환웅에게만 붙는다. 이에 비해 단군 '왕검'은 1천 5백 년 수명을 누린 다음 아사달에 숨어 산신이 되었다. 그를 '구월산대왕'이라고도 부르는데(『성종실록』3년 2월 임신) 대왕은 산신을 높이 부르는 말이다. '天壤之差'라는 말이 있듯이 환웅과 단군은 거처와 호칭이 하늘과 땅 차이다. 그럼에도 할아버지·아버지·아들의 관계는 끈끈이 이어진다. 이미 『제왕운기』에서 환웅을 단웅檀雄이라 했고, 『고려사』 지리지3, 儒州 三聖祠 조목이나 『세종실록』 10년 6월 기미조와, 앞에서 본 『성종실록』에서는 환인까지도 '檀因'이라 쓴 것을 보면 '단' 씨 성으로써 世譜를 꾸몄다.

16) 곰 vs : 호랑(이)를 한자로 다 채워서 '虎狼(호랑)'이라 표기하는 사례는 《월인석보(1459년)》부터 보이는데 '범+이리(狼)'를 합친 말이니 정확한 한자말이 아니다. '虎'의 중국 상고시대 소릿값에서 발전하여 '호랑'이 되었다고도 설명한다.//논문 검색 안됨// 그렇다면 여타 동·

식물 이름에 붙는 '호랑00'를 설명할 길이 없다. 새 이름 호랑지빠귀나 호랑버들·호랑가시나무·호랑나리 같은 식물 이름, 호랑나비·호랑거미가 그러하다. '호랑'은 노랑 또는 주황색 바탕에 줄이나 점 무늬가 놓인 것을 말한다. 그들 가운데 가장 크고, 잘 생긴 놈 즉 모든 '호랑(이)'의 대표 주자가 산신이자 맹수 '호랑이'다. 권혁량, <범·호랑이·두루바리에 대한 어원 연구>《동양학》33, 2003.

호랑이에게 해를 당하거나 죽는 것을 虎患이라고 한다. 그 반대로 사람과 호랑이가 만나 애틋한 사랑을 나누고 소원을 이루었다는 이야기도 있다(『삼국유사』감통, 김현감호). 산신이자 하늘[천신]인 호랑이가 부르는 것은 운명으로 받아들여 장례도 별도의 형식이 있었다(김강산, 『호식장(虎食葬)』, 태백문화원, 1988). 동북아 동물 생태계의 최상위에는 곰과 호랑이가 있다. '곰'은 짐승 이름일 뿐만 아니라 지명 고마[公州]·감·금이나 神을 뜻하는 일본말의 '가미(かみ)·간(かん)·고오(こう)'에서 보듯이 신령을 뜻한다. 이 점에서는 호랑이도 마찬가지다. 송나라 孫穆이 쓴 고려말사전[高麗方言書] 『鷄林類事』에는 "호랑이를 監(감)이라 쓰고 밤(범)이라 읽는다(虎曰監, 蒲南切)"고 하였다. 『萬葉集』7세기 후반~8세기 후반에 편찬된 일본 노랫말책 『萬葉集』 권16에는 "韓國乃 虎神乎 生取尒(한국의 虎라는 神을 사로잡아 …)"라는 가사가 보인다. <고조선>조의 고기와 같이 곰 위주로 단군신화를 생각하다보니 실제 범이 맡은 역할은 거의 없다. 그런데 『삼국유사』의 단군 탄생 이야기는 여러 버전 가운데 하나에 지나지 않는다. 범은 - 산신도에서 보듯이 - 단지 존재함으로써 신의 위상을 당당히 지키고 있다. 설암 秋鵬(1651~1706)

이 지은 『묘향산지』를 보면 桓熊이 白虎와 교합하여 단군을 낳았다고 한다. 곰과 범 가운데 어느 쪽이 환웅의 배우자인가에 대한 口述은 유동적이며, 熊과 虎를 글자대로 동물로 보아야 할지도 의문이다. 신종원, <단군신화의 여러 문제>《동북아시아 선사 및 고대사 연구의 방향》, 학연문화사, 2004. 일찍이 다음과 같은 지적이 있었다. "단군신화의 '곰'이 상징하는 뜻은 수렵민의 토템이라기보다 단순히 神的 존재인 地母神의 표현으로 보아야 할 것이다"(유동식, 한국 巫敎의 역사와 구조, 33쪽, 연세대학교출판부, 1978 2판). 어떻든 곰 신화는 곰 숭배 신앙을 모태로 하며, 곰에 대한 금기(taboo)가 있는데 우리 민족의 역사와 문화에서 곰 숭배나 곰 토템은 매우 드물며 이질적이다. 곽진석, <시베리아 만주·퉁구스족 곰 신화의 양상과 유형에 대한 연구>《동북아문화연구》26, 2011. 왕리쩐(王立珍) <중국 동북부 지역 인구가 적은 소수민족들이 공유하고 있는 곰 신화 연구>《민족과 이주》(국립민속박물관·비교민속학회 국제학술대회 발표문). 지금까지 한국 학계에서는 곰을 가장 중요한 토템으로 강조하여 왔으나 자료 부족과 해석의 오류라는 반성이 제기되고 있다. 서영대, <단군신화의 의미와 기능>《단군과 고조선사》(노태돈 엮음), 145쪽, 사계절, 2000. 허흥식, <단군신화와 동아시아 민족 토템에서 범의 위상>《동아시아 역사상과 우리문화의 형성 – 고대를 중심으로》(허흥식 외), 한국학중앙연구원 동북아역사총서5, 2005. "설화자료집 『한국구비문학대계』에는 모두 402편이 수록되어 있어서, 어느 유형의 설화보다 호랑이 설화가 풍부하다고 할 수 있다. 반면에 곰 설화는 전혀 나타나지 않는다(임재해, 고조선문화의 지

속성과 성립과정의 상생적 다문화주의『고조선단군학』24, 고조선

단군학회, 2011, 154쪽)"는 주장도 있으나 그렇지 않다. 우리 역사나

문화에서 곰의 역할이 호랑이에 비해 별로 뒤지지 않음을 설화나

지명에서 찾고, 나아가 민족의 기원이나 고대 국가에서 곰의 존재

를 부각시키는 다음과 같은 연구가 있다. 이장웅, <백제 웅진기 곰

신앙의 역사적 전개와 穴寺>《사총》7, 2010. 이장웅, <곰나루 설화

와 백제의 곰 신앙>《유라시아문화》6, 2022. 이시영, <곰 화소의 전

개 양상과 현대적 변용>《동아대학교석사학위논문》, 2003. 그러나

獸神이나 땅이름과 곰을 연결짓는 데는 단계적 층위가 내재해 있

다. 나아가 어느 종족과 토템 동물이 배타적으로 맺어져 있다는 인

식도 사실과 다르다.

17) 원문은 神雄이다. 환웅의 神格을 강조하여 부른 이름이다. 연이어 나

오는 '神'도 마찬가지다. 앞에서 '桓雄'은 두 글자 합쳐서 '하늘'을 이

름이라 했는데, 여기서는 '雄'만으로 같은 뜻을 표현하였으므로 하나

의 略號처럼 쓰였다. 뒤에 나오는 '神'이 곧 환웅이라면 桓/雄은 한자

하나마다 뜻이 있는 것이 아니라 합쳐서 '神'을 뜻하니 곧 天神이다.

전체적으로 환웅을 가리키는 말이 들쑥날쑥하여 혼동하기 쉬운데 당

시 한자를 빌어 쓰는 방식이 일정하지 않음을 보여준다. [리]·[정]은

'신령스러운 환웅'이라 하였다.

18) 《제왕운기》에도 "손녀에게 약을 먹여 사람이 되게 하였다."라고 한

점을 들어 리상호는 쑥과 마늘을 약으로 보았다[<단군고>《고조선에

관한 토론론문집》, 과학원출판사, 1963; 서영대 편《북한학계의 단군

신화 연구》, 백산자료원, 190~191쪽]. 이밖에도 강인숙[<단군신화

의 역사>《력사과학》1988년 3호; 편, 위의 책, 411~413쪽]·임동권[<
단군신화의 민속학적 고찰>《류홍렬박사 회갑기념논문집》1971;《한
국민속학논고》, 집문당, 1971, 356~357쪽] 등 대개가 약으로 보고 있
다. 다만 '약용'이라는 말이 함축적이기는하지만 더 정확히는 샤머니
즘에 있어서의 환각제 같은 것으로 보인다. Weiss, G. Shamanism
and Pristhood in the Light of the Campa Ayahuasca Ceremony,
Hallucinogens and Shamanism, Harner, M.J. ed, 1976.

19) 출생 금기 기간의 최소 단위인 세이레 곧 21일간이다. 앞서 제시한
100 일에 연결되는 것인지 어떤지 해명이 없다.

20) 원문은 '雄'字만이다. '雄이 이에 잠깐 변하여'(斗), '환웅은 잠시 사람
으로 화하여(리)' '환웅은 이에 임시로 변하여'(浩), '이에 환웅이 임시
로 사람으로 변화하여'(曍) 같은 해석이 있다.

21) 왕검 : 정인보는 향찰법으로서 上半만 王에서 취하고 下半은 다시
儉으로써 채운 것"이라 했다(《조선사연구》上, 44~45쪽, 서울신문
사, 1946). 최남선은 왕검'에 대해서는 大人·神聖人의 뜻이라고 보
았다(《육당최남선전집2》, 1973). 이병도는 '왕검'을 존칭·존호로 보
았다(단군신화의 해석과 아사달문제, 《한국고대사연구》 34쪽, 박영
사, 1976. 김정학은 "王은 '임금'의 訓借이고, 儉은 '검'의 音借"라 했
다(<단군신화의 새로운 해석> 《단군신화론집》96쪽, 새문사, 1988).
근래, '王儉'의 앞 글자가 '壬'자를 잘못 쓴 것이라는 견해도 나왔다
(https://livemiri.tistory.com/). 그런데 ≪삼국사기≫ 고구려 동천
왕 21년 기록이나 중국 정사 동이전 같은 데는 '王險(왕험)'이라고도
쓰고 있어서 반드시 '(왕)검(금)'으로 읽히는가 하는 문제가 있다. 더

하여 '임금'은 '이ㅅ금(尼師今)'에서 나온 신라 말인데 고구려, 고조선 언어와 어떻게 연결되는지 하는 국어학 분야의 성과나 해설이 요망된다.

22) 요임금 50년이 경인년이라는 典據는 없다. 방선주, <한·중 고대기년의 제문제>《아시아문화》2, 한림대학교, 1987참조. 요임금이 즉위한 해가 무진년이라는 설은 중국 송·원 시대에 유행한 것으로서, 단군이 요임금과 같은 해에 즉위했다는 앞의 《위서》 및 《제왕운기》 설을 따라 현행의 단기는 기원전 2333년으로 잡고 있다. 한편 요임금 즉위년이 갑진년이라는 설도 있는데, 여기에 따라서 《동국통감》은 무진년 즉 요임금 25년에 단군이 즉위했다고 썼다. 그러나 B.C. 2333년 설의 근거는 《資治通鑑外紀》로서 실은 《제왕운기》 본기는 이 책이 나오기 전에 완성되었다. 그렇다면 '본기'가 근거한 책은 古本《竹書紀年》인데 이 책에 따를 경우 단군 원년은 B.C. 2085년이라는 주장이 있다. 原田一良, <『本紀』檀君卽位年の復元>《朝鮮學報》184, 2002.

23) 《제왕운기》에도 '弓(忽)'이라 하였고, 발음상 '궁홀'은 '구월(산)'의 다른 표기로 보이므로 '궁'이 맞다.

24) 원문은 '虎'. 고려 제2대 임금 惠宗의 이름 '武'를 대신하여 썼다.

25) 기원전 1122년으로 계산하고 있으나[精] 단군조선의 마지막 해에 대해서는 사료마다 차이가 있고, 이즈음의 사적에 대해 정확한 연대를 내세우는 자체가 의미 있는 일은 아니다.

26) 箕子 : 선진시대에 단지 학문과 덕이 뛰어난 사람으로 묘사되었는데, 한나라 이후에는 그가 조선에 나라를 세웠다든가 반대로 기자를 조선왕으로 봉했다는 식으로 행적이 늘어난다. 3세기의 ≪魏略≫이나

이를 바탕으로 쓴 ≪삼국지≫ 동이전에서는 기자 이후 자손이 40여 대에 걸쳐 조선을 다스렸으며, 여러 차례 연나라와 충돌하였다고 썼다. 마침내 衛滿에게 나라를 빼앗기자 마지막왕 準은 바다로 도망가 스스로 韓王이 되었다고 한다.

27) 藏唐京 : 역대 지리지에 文化縣 동쪽의 지명으로 비정하고 '唐莊京'·'庄庄坪'의 표기가 잘못된 것이라 하나 달리 고증 자료는 없다.

28) 산신 : 산신이 마을 또는 어느 씨족의 시조라는 관념은 우리나라 洞神信仰과 일맥상통한다. 신종원, <한국 산악숭배의 역사적 전개>≪숲과 문화≫12-4(통권 70), 2003년 7·8월. 김도현 외, 『산멕이』, 민속원, 2021.

29) 裵矩 :수나라의 공신으로서 그가 고구려에 대해 설명한 구절이다. 그의 전기는 ≪구당서≫권63에 실려 있는데, 3군의 이름은 나오지 않는다.

30) 通典 : 당나라 杜佑(735~812)가 지은 중국 고대의 문물·제도·지리에 관한 책.

31) 漢書 : 班固가 지은 前漢의 역사책.

꼬리주

1) 최남선, 〈단군 신전의 古義〉(1922년 발표). 《육당최남선전집2 – 단군·고조선 기타》191쪽, 현암사, 1973, .

2) 1922년에서 1923년에 걸쳐 《史林》(京都帝國大學)에 연재됨.

3) 조경철, <단군신화의 환인·환국 논쟁에 대한 판본 검토>, 《한국고대사탐구》23, 2016.

4) 최남선, 〈단군고기전석〉, 《사상계》, 1954년 2월호.

5) 서영대는 "환인이란 한국 고유의 神名을 한자로 표현한 것으로 보는 것이 옳다."고 했다.(노태돈 편, <단군신화의 의미와 기능>, 《단군과 고조선사》, 사계절, 2000, 123쪽.) 비슷한 주장은 다음 글에서도 보인다. 조경철, 〈이승휴의 제왕운기와 불교 – 불교 관련 용어를 중심으로〉, 《한국고대사 사료로서의 제왕운기》238~239쪽, 세창출판사, 2019.

6) 김성환, <고려시대 氈城과 마리산 塹城의 제천단> ≪한국사학사학보≫30, 2014.

7) 김성환, ≪강화 참성단 A to Z≫, 글누림, 2022.

8) 최원석도 환인·환웅 둘다 '하늘'로 봤다. 《사람의 산, 우리 산의 인문학》56쪽, 한길사, 2014.

9) 전진국은 '환웅의 명칭은 환인과 연결선상에 있고, 추론적으로 풀이하면 하늘(桓)의 아들(雄)이라는 의미로 볼 수 있다.'라고 했다.(〈고조선 건국 신화의 환인과 환웅- 부정론에 대한 비판과 실체에 관한 탐구〉, 《한일관계사연구》60쪽, 세창출판사, 2022.

10) 허홍식은 '제대조기'를 '조대기'라 추정했다.(<묘향산지의 단군탄생

과 범토템>, 《한국 신령의 고향을 찾아서》 322쪽, 집문당, 2006)

11) 雪巖 秋鵬, <妙香山誌>, 《韓國佛敎全書-조선시대편 3》 261쪽, 동국대, 1988.

12) 단군과 고조선에 관한 연구사적 정리로는 다음과 같은 것이 있다. 이필영, 〈檀君 硏究史〉, 《증보판 단군 - 그 이해와 자료(윤이흠 외)》, 서울대출판부(초판 1994), 2001: 조법종, <고조선 관련 연구의 현황과 과제>, 《단군학연구》 창간호, 1999: 김두진, <단군에 대한 연구의 역사>《한국사시민강좌》27, 일조각, 2000; 이기백 편, 《단군신화론집》, 새문사, 1988: 노태돈 편, 《단군과 고조선사》, 사계절, 2000.

13) 토테미즘의 존재를 적극적으로 인정하는 글로는 다음과 같은 논문이 있다. 이만렬, <한국고대에 있어서의 토테미즘적 요소>, 《이해남박사 화갑기념사학논총》, 1970. 한편 서영대는 한 사회에 속하는 서로 다른 집단들이 동일한 자연의 종과 제의적 관계를 가지지 않는다는 근래의 토테미즘 이론에 따라 동예의 호랑이 숭배도 토템으로 간주하기는 어렵다고 보고 있다.(서영대, <동예사회의 虎神崇拜에 대하여> 《역사민속학》2, 1997.)

14) 약간의 견해 차이는 있으나 선행 연구를 발전시킨 것으로서 최남선·이병도·김정학의 글이 있다. 그 가운데 이병도는 웅녀를 곰=고마족으로 보아 熊과 神의 語가 일치한 것으로 해석하였다(<단군설화의 해석과 아사달 문제>, 《한국고대사연구》, 박영사, 1976, 30쪽.] 김정배는 단군신화를, 곰을 숭상하는 신석기시대 고아시아족의 문화라고 보았다.(《한국민족문화의 기원》, 고려대학교출판부, 1973.) 그러나 이러한 주장은, 나라의 성립은 청동기시대에 들어와서야 가능하다는

학계의 통설과 배치된다. 더하여 다음 글에 따르면, 곰이 인간의 조상
이란 관념은 아무르강 유역의 퉁구스 신화에 더 가깝다고 한다. 大林
太朗 <朝鮮の檀君神話とツングス族の熊祖神話>, <<東アジアの王
權神話≫, 弘文堂, 1984.

15) 왕리쩐(汪立珍), 황금희 역, <중국 동북부 지역 인구가 적은 소수민족
들이 공유하고 있는 곰 신화 연구>,《국제학술대회 - 민족와 이주》발
표문, 56~57쪽(2022.11.18.~11.19), 국립민속박물관 • 비교민속학회.

16) 호랑(이)를 한자로 다 채워서 '虎狼(호랑)'이라 표기하는 사례도 일찍
부터 보인다. 하지만 그것은 '범(虎)+이리(狼)'를 합친 말이니 정확한
한자어가 아니다. 어떤 이는 '虎'의 중국 상고시대 소릿값에서 발전하
여 호랑이가 되었다고 설명한다. 하지만 맹수 '虎'를 가리키는 중국어
에서 '호랑이'의 어원을 찾으면 여타 동·식물 또는 곤충 이름에 붙는
'호랑00'를 설명할 길이 없다. 호랑지빠귀나 호랑나비가 그러하며,
호랑버들·호랑가시나무·호랑나리 및 호랑거미가 그 사례다. 결국 '호
랑'은 노랑색이나 얼룩무늬를 가리키는 토박이말이다. 그러한 놈들
가운데 가장 크고, 무섭고, 잘 생긴 놈 즉 모든 '호랑(이)'의 대표 주
자/선수가 산신이자 맹수인 '호랑이'다. 권혁량, <범·호랑이·두루바
리에 대한 어원 연구> 동양학 33, 2003 참조. 이 글에서는 범과 호랑
이를 같은 의미로 둘 다 쓴다.

17) 백남운,《조선사회경제사》, 東京, 1933, 16~18쪽; 천관우, <고조선에
관한 몇 가지 문제>,《고조선사·삼한사연구》3쪽, 일조각, 1989 ; 이종
욱, <고조선 건국신화로서의 단군신화>,《고조선사연구》45~49쪽,
일조각, 1993.

18) 김두진,《한국고대의 건국신화와 제의》32쪽, 일조각, 1999.

19) 조현설, <웅녀·유화 신화의 행방과 사회적 차별의 세계>,《구비문학
연구》9, 한국구비문학회, 1999; 김균태, <곰나루 전설의 변이와 의
미>,《耳勤崔來沃教授華甲紀念論文集 說話와 歷史》, 집문당, 2000;
이종주, <시조신화 話素 구성원리와 제 양상>,《동북아 샤머니즘 문
화》, 전북대, 2000.

20) 다음과 같은 지적을 새겨들을만 하다. "전통적 가설 가운데 하나
인, 호랑이와 곰의 등장이 각각의 토템 부족과 환웅 사이의 갈등 또
는 협력으로 해석할 여지를 부인하지는 않는다. 그러나 이러한 가설
은 텍스트 문면에서 도출되지 않았다는 제약이 있음을 짚고 넘어갈
필요가 있다." 서철원《삼국유사 속 시공과 세상》25쪽, 지식과교양,
2022.

21) 《삼국유사》, 避隱, 包山二聖條를 보면, 包山[玄風의 비슬산]의 산신을
'靜聖天王'이라 하듯이, '天王' 또한 산신을 일컫는 말로 쓰였다. 智異
山神은 '正見天王'이다.(《신증동국여지승람》권30, 협천군, 사묘) 이
것을 일러 '天神으로서의 山神'이라 하였다.(이동환, <韓國美學思想
의 탐구 (1)>,《민족문화연구》30, 33쪽, 고려대학교, 1997) 산신의 여
러 모습에 대해서는 다음의 글이 있다. 신종원, <한국 산악숭배의 역
사적 전개>,《숲과 문화》12-4(통권 70), 숲과문화연구회, 2003.

22) 단군신화를 산신 코드(code)로 읽은 글이 있다. 임재해, <한국인의
산 숭배 전통과 산신신앙의 전승>《산과 우리문화》, 숲과 문화 총서
10, 수문출판사, 2022.

23) 조현설의 지적을 들어보자. "단군을 낳은 후 웅녀는 단군신화에서 사

라진다. 물론 환웅이 신단수에 하강할 때에도 웅녀는 거기 없었다. 웅녀는 자기의 이야기를 잃어버린 존재, 환웅이나 단군과의 관계 속에서만 의미를 부여받는 존재인 것이다. 이런 웅녀의 위상은 웅녀가 단군신화에서 소외된 존재, 즉 타자화된 존재라는 사실을 시사한다."(조현설, <웅녀·유화 신화의 행방과 사회적 차별의 세계>, 《구비문학연구》9, 한국구비문학회, 1999.) 소외로 말하자면 범의 경우가 더하다. 그렇지만 범은 변신의 과정을 거치지 않았으므로 오히려 원래의 모습으로 남아 있다.

24) 서영대, <동예사회의 虎神 숭배에 대하여>, 《역사민속학》2, 이론과 실천, 1992.

25) 호랑이에 대한 외경, 신격에 대하여는 다음 글이 참고가 된다. 김강산, 《虎食葬》, 태백문화원, 1988; 김호연, <민화에 보이는 호랑이>, 《한국 민속문화의 탐구》, 국립민속박물관, 1996: 최인학, <설화 속의 호랑이>, 같은 책, 1966; 이가원, 《조선 호랑이 이야기》, 학민사, 1993. 한편 드문 예이긴 하지만 "산신령님인 곰"도 보이기는 한다.(손진태, 《우리의 민속과 역사, 남창 손진태선생 유고집2》, 92쪽, 고려대학교박물관, 2002.)

26) 임재해, <단군신화에 던지는 몇 가지 질문>, 《문화재》21, 1988.

27) 박은용, <계림유사의 '虎曰監'에 대하여>, 《자유》, 1980년 8월호. 한편 양주동은 단군 신화의 '熊'에 대하여 "단군의 웅녀탄생설은 '금·곰'의 類音에서 생긴 전설"이라 하였다.(《증정 고가연구》, 일조각, 1965, 8쪽.) 양주동의 책 422쪽에는 다음과 같은 문장이 쓰여 있다. "神의 義의 '금'은 혹 '곰·고마'로도 轉하였다. 檀君熊女誕生說은 그

때문이오". 한편 辛兌鉉은 '熊'을 큼(大)·검(陰)으로 보았고(《三國史記地理志의 研究》, 宇鍾社, 1958, 73쪽.) 도수희는 큰(大)와 긴(長)의 뜻으로 보았다.(<百濟語의 白·熊·泗沘·伎伐에 대하여>,《백제연구》14, 1983.) 김정학은 "북방아시아계의 민족에 공통으로 쓴 神이란 말에 검·감이 있다. 아이누語에서 Kamui, 일본어에서 가미라고 하는 것과 같은 語源에서 나온 말이다. 우리 말에서는 神을 검·감·금이라고 하는데 곰으로도 음운변화된다. 일본어에서도 熊을 구마라고 하여 가미(神)와 같은 語族을 가지고 있음이 주목된다. 이것은 즉 이들 북방아시아계 민족이 곰을 神으로 신앙한 증거이며, 곰(熊)이 즉 검·가미와 같은 말이기 때문이다."라고 말하였다.(김정학, <단군신화의 새로운 해석>,《단군신화논집》, 새문사, 91~92쪽). 기와의 귀면이나 빗돌받침인 거북돌(龜趺)에 '王'이란 글자가 새겨진 예가 있다. 이 경우도 사악한 기운이나 잡귀를 물리치는 뜻으로 넣는다고 한다. 김성구, < 한국사원의 귀면장식과 김제 금산사 출토「王」자명 귀면기와>,《불교 사상과 문화》8, 226쪽, 중앙승가대학.

28) '蒲南'의 反切은 우리말의 '범'이다.

29) 이종주에 의하면 대개의 시조신화는 창조설과 생식설이 있다고 한다.(〈시조신화 話素 구성원리와 제 양상〉,《동북아 샤머니즘 문화》, 전북대, 2000.)

30) 충분한 논거는 제시하지 않았지만, 필자와 같은 견해는 그전부터 있어 왔다. "곰도 호랑이처럼 고대에는 숭경의 대상이었다. 곰은 곰(Gom) 혹은 검(Gum)이라고 불려지는데, 이 Gum은 조선에서는 '神'을 의미하는 말이다. 조선에서는 祭式의 제단 주위에 혹은 어린

아이가 태어날 때 문에다가 일본의 '注連줄'과 같은 것을 쳐서 검줄(Geum-jul), 인줄(In-jul)이라고 하는데, 이것은 신의 줄을 의미한다." (張承斗, < 檀君傳說の民俗學的考察>《朝鮮》283, 朝鮮總督府, 1936; 이복규 옮김, <단군전설의 민속학적 고찰>, 《구비문학연구》3, 한국구비문학회, 1996, 640쪽.) "결론적으로 말해서 곰과 범은 곧 신의 이름이다. 그러므로 우선 곰과 범을 인간화시킨다는 문장은 곧 신이 인간으로 바뀌는 것, 신분상의 轉換劇을 말해주는 것이다."(박용숙,《신화체계로 본 한국미술론》54쪽, 일지사, 1975) 유동식은 "우리말에 신령이나 높은 어른을 부를 때 이를 '곰' 또는 '검'이라고 한다. … 그러므로 단군신화의 곰이 상징하는 뜻은 수렵민의 토템이라기보다 단순히 신적 존재인 地母神의 표현"이라 하였다.(《한국 巫敎의 역사와 구조》33쪽, 연세대학교 출판부, 1978)

31) M. 엘리아데(정진홍 역),《우주와 역사 – 영원회귀의 신화》75쪽, 현대사상사, 1976.

32) 산신도 가운데는 인물 없이 호랑이만 단독으로 그려진 것도 있는데(윤열수,《산신도》, 대원사, 1999, 107쪽.) 이것이 더 옛 모습이다.(David A . Mason, Spirit of the mountains : Korea's San-Shin and traditions of mountain-worship, 한림대학교, 2001.)

33) 윤열수는 여성 산신도를 6, 7 가지 소개한 뒤 근래에 들어와서 여산신 제작의 명맥이 끊어졌다고 하였다.(〈산신도의 유형과 여성산신도〉,《古文化》53, 1999.) 이밖에도 김태곤,《한국무신도》, 열화당, 1989, 88쪽에 1800년대의 여자 산신도가 실려 있다. 호랑이를 '山 각씨'라는 높힘말로 부르는 사례에서도(김태곤,《한국무신도》286쪽, 집

문당, 1983) 산신이 여성임을 알 수 있다. 공주민속극박물관에도 여성 산신도가 전시되어 있으며(2002년 5월 4일 확인), 2002년 '계룡산 산신제' 팜플렛 등을 보면 계룡산 中嶽壇의 산신 그림도 원래는 여성이었다고 한다. 경기도 의정부시 쌍암사에는 여산신 바위조각이 있다.

34) 《삼국유사》 감통, 선도성모수희불사

35) 《삼국유사》 기이제1, 제이남해왕

36) 산신에 대하여는 다음 글이 참고된다. 손진태, <조선 고대 산신의 性에 대하여>, 《진단학보》1, 1934; 《조선민족문화의 연구》, 을유문화사, 1948; 김영수, <지리산 聖母祠에 대하여>, 《진단학보》11, 1939; 《포광김영수박사전집 한국불교사상논고》, 원광대 출판국, 1984; 김갑동, <고려시대의 산악신앙>, 《한국종교사상의 재조명》상, 원광대 출판국, 1993.

37) '白衣'산신이라 함은 어우 유봉인이 답사기에서 언급한 말이다. 이 여신을 두고 이승휴는 《제왕운기》에서 고려 태조의 어머니라 했다. 이 여산신은 팔도 무당의 시조이기도 하다.(신익철, 《옛 선비의 풍류놀이와 유산문학》243~247쪽, 민속원, 2022.) 지금은 경남 산청군 천왕사에 성모상이 모셔져 있다.

38) 경기도 의정부시 쌍암사에 있다.

39) 이를 두고 김종대는 "산신이 여성에서 남성으로 전환되는 초기 기록"이라고 했다. <한국 민간신앙에 나타난 虎의 존재와 그 상징>《어문논집》47, 80쪽, 중앙어문학회, 2011.

40) 고조선조 <고기>에서 桓雄을 '神雄'이라 한 예를 견주어본 것이다.

환웅과 신웅을 별개의 인물로 보는 이도 있다.(윤철중,《한국도래신화연구》, 백산자료원, 1997.)

41) 손진태,《조선민담집》, 東京, 鄕土硏究社, 1930;《손진태전집》3, 29~30쪽, 태학사, 1981.

42) 임동권, <달래 고개>,《한국의 민담》34~36쪽, 서문문고 031, 1972. 드물기는 하지만 아버지와 딸의 관계도 있다. 손진태, <柶考>,《조선민족문화의 연구》260~261쪽, 을유문화사, 1948.

43) 時有一熊 常祝于神 願作人身 神遺靈藥使食 熊食之 化爲女神 因假化爲婚 而生子是爲檀君

44) 박은용, 앞 논문, 58~59쪽.

45) 이종주, 앞 논문, 145쪽.

46) 소개한 글쓴이(나카자와 신이치)는 시베리아에서 아메리카로 건너간 이야기로 본다.

47) 이정재,《동북아의 곰문화와 곰신화》, 민속원, 1997.

48) 김헌선, <동북아시아 곰신화 비교연구>,《아시아문화》14, 1998.

49) 임재해, <고조선시대 곰과 범의 역사적 실체와 토템문화의 재인식>,《유라시아문화》6, 2022.

50) 이장웅, <곰나루설화와 백제의 곰신앙>,《유라시아문화》6, 2022.

51) 염원희, <한국 곰 신화에 나타난 자연과 인간의 문제>《민속학연구》29, 2011.

52) 다음 글이 참고가 된다. "그중에서도 길랴크족이 가장 곰을 중요시한다. 곰은 아무르 계곡의 광대한 지역에 두루 서식하며, 굶주리면 매우 사납고 또 신출귀몰하므로 그 지방에서는 가장 두려운 짐승으로

여겼다. 때문에 곰에 대한 길랴크족의 상상력이 매우 풍부했고, 또한 곰이 삶과 죽음 모두에 걸쳐 일종의 신앙적 공포의 후광으로 길랴크족을 감싸고 있다고 한들 전혀 이상할 것이 없었다." 제임스 J 프레이저 《황금가지》 제2권(박규태 옮김) 333쪽, 을유사상고전, 2021. 나카자와 신이치(김옥희 옮김), 《곰에서 왕으로 - 국가, 그리고 야만의 탄생》, 동아시아, 2003.

53) 조선 중종(1488~1544)의 계비 장경왕후 능 앞 돌호랑이(현재 단국대학교 박물관 앞에 있음)가 우람하며, 임실군 호암리의 웃는 호랑이, 남원시 수지면의 裨補 호랑이가 유명하다.

54) 유현주, <울산 대곡리 반구대암각화 호랑이 도상에 대한 受胎動物로서의 신화의례적 독법>《한국암각화연구》22, 2018.

55) 곽진석, 〈시베리아 만주-퉁구스족 곰 신화의 양상과 유형에 대한 연구〉,《동북아문화연구》26, 2011, 301쪽.

56) 곽진석, 위의 글, 307쪽.

57) 자료 번호는 원래 논문 그대로임.

58) 유동식,《한국 巫教의 역사와 구조》33쪽 , 연세대학교출판부, 1978.

59) 도수희, <지명 연구의 새로운 인식>《한국지명 연구》, 1999, 29쪽. 글쓴이는 의문을 제기하는 데 그쳤다. 설화의 생성·분포·전파에 대한 문제인데 학계가 지속적으로 천착해야 할 과제다.

60) 곰 화소[모티프]의 전설·민담과 속담까지 많이 소개한 논문이 있다. 이시영, <곰 화소의 전개양상과 변용>, 동아대학교 석사학위논문, 2003.

61) 정호완, <곰의 사회언어학적 고찰>,《한글》231, 175쪽, 1996.

62) 논자는 관련 논문을 몇 편 더 썼는데 하나만 소개해둔다. 정호완, <곰신앙의 언어표상>, 《어문연구》26, 1995.

63) 조명래·서태숙, 《팔공산 지명유래》, 다산미디어, 2021.

64) 미셸 파스투로(주나미 옮김), 《곰, 몰락한 왕의 역사》, 오롯, 2014.

65) 村上四男, 《三國遺事考證》下之三, 27쪽, 塙書房, 1995.

66) 이병도는 괄호를 넣어 "(熊의) 神害가 그제야 그치었다."라고 번역하였다.(《譯註幷原文 三國遺事》427쪽, 광조출판사, 1975.)

67) 다음 지명으로 볼 때, 실은 '龍' 또한 '고마' 즉 神의 뜻으로 사용되었다고 볼 수 있다.(《삼국사기》권37, 지리지4, 都督府一十三縣, "龍山縣本古麻山") (龍)神이 '가마'인 것은 金堤郡 母岳山 金山寺의 創寺緣起에서도 잘 드러난다. 즉, 《삼국유사》(의해, 관동풍악발연수석기)에 의하면, 眞表 스님이 邊山 不思議房에서 득도한 후 大淵津에 이르렀을 때 용왕이 8만 권속을 거느리고 玉袈裟를 바쳤다고 한다. 이것은 龍神의 聖所에 佛寺가 들어선 것을 불교쪽에서 해설한 것으로서, 이러한 사정을 상징적으로 보여주는 것이 금산사 미륵상 대좌 아래에 있는 가마솥이다.(《金山寺誌》, 아세아문화사, 1982, 157쪽) 곧 불상이 가마=龍을 누르고 섰다. 그렇다면 금산사의 '金'字도 '금·가마·고마'에서 유래했을 법한데, 《金山寺誌》(101쪽)에서는 '큰' 뜻으로 설명하고 있다.

68) 두 자료에 대해서는 다음 글에서 몇 차례 소개하였다. 허흥식, 〈朝鮮初 山川壇廟의 制定과 位相〉, 《단군학연구》4, 2001: 〈世宗朝 山川壇廟의 分布와 祭儀의 變化〉, 《청계사학》16·17합집, 청계사학회, 2002: 〈고려사 지리지에 실린 名所와 山川壇廟와의 관계〉, 《한국사연구》

117, 2002.

69) 오늘날의 鎭安郡 龍潭面이다.

70) 《三國史記》卷34, 地理志1

71) 경상남도 창원시의 佛母山(일명 神母山)에는 절 지을 때 곰이 목재를
날라주었다 하여 '곰절'이라 불리게 되었다는 熊神寺가 있다. 신모산
이라는 이름에서 보듯이 이 또한 神을 곰이라 부른 데서 비롯된 전설
일 것이다. 왜란 이후 중창된 절이기는 하지만 호랑이를 안고 있는 나
한 나무상[木像]이 일종의 산신 그림 같은 역할을 한다. 근래 그려진
절 벽화에 곰 그림이 그려져 있는데 '곰절'이 동물 이름에서 나왔다고
보아 佛事를 한 듯하다.

72) 박은용, 앞 논문, 59쪽.

73) 이규보의 <동명왕편>에서는 熊心山·熊心淵 등으로 나온다. 이를 두
고 '熊'이 水神을 의미한다고 본 다음 글이 있다. 大林太郎, <檀君神
話における三機能體系>, 《東アジアの王權神話》, 東京, 弘文堂, 1984.

74) 진안군 용담면에 있는 다음 지명도 熊·龍과 무관해 보이지 않는다.
(월계리) 가매바우 : 부암 북쪽에 있는 바위. 모양이 가마처럼 생겼음.
《한국지명총람》12, <전북편>하, 510쪽, 한글학회, 1981. 감동(甘洞) :
농실 동쪽에 있는 마을. 예전부터 감나무가 많았음.(위 책, 508쪽.)

75) 미시나 아키히데(三品彰英)는 熊=水神 사례에 대하여 동서고금의 방
대한 자료를 동원하여 논증하였다. 이 경우의 熊(곰)은 실재의 동물
이 아니라 龍蛇에 가까운 것으로서, 원래 수렵시대의 祖靈的 守護神
이 농경시대에 들어와 水精·河神으로 발전하였다고 한다.(《クマナリ
考》, 《建國神話の諸問題-三品彰英論文集》2, 1971, 428쪽.) 그런데 단

군신화의 무대는 강가나 하천·못 등의 물가가 아니라 산으로서 熊
(女)를 수신으로 볼 소지가 없다. 단군신화는 바람·비·구름 神이 등장
하여 곡식을 주관하는 농경사회의 모습을 전하고 있으므로 미시나가
말하는 인류사회의 보편적 신화현상과 부합되지 않고 있다. 단군신화
에 水(神) 모티프가 보이지 않는 점 때문에 三品彰英은 자기 이론의
결함에 대처하기 위하여 주몽전설을 好例로 삼고 있다. 즉 단군신화
는 주몽전설의 한 변형으로서, 그 모체가 되는 주몽전설에는 熊心淵
·熊神山이 등장하는데, 아마도 단군전설이 의거했던 주몽전설의 異
傳에는 熊形의 여신이 나타나 있을 것이라고 하였다(위의 책, 429쪽).
그러면서도 "단군전설과 같이 상당히 후대의 모습을 갖춘 전설 가운
데 어떻게 웅녀와 같은 오래된 신화적 요소가 남아 있게 되었는지 이
상하다."고 토로하고 있다. 필자의 소견에서 보면 '熊神山'이야말로
熊山이기도하고 神山이기도한 熊=神임을 말해주는 또 하나의 증거
가 된다.

76) 任晳宰,《한국구전설화》6,〈충청남도편〉, 평민사, 1947. 212쪽. 위의
    단락은 조현설(<웅녀·유화 신화의 행방과 사회적 차별의 세계>)의
    요약을 그대로 옮긴 것이다.

77) 김균태,〈곰나루 전설의 변이와 의미〉,《耳勤崔來沃教授華甲紀念論
    文集 說話와 歷史》, 2000, 172~173쪽.

78) 강헌규, <곰나루 전설의 變異型 考察>,《熊津文化》2(1990)에 곰굴과
    그 입구를 막았다는 돌의 사진이 실려 있다. 책쓴이가 본(22.11.24) 바
    로는 생각보다 적어서 곰이나 사람이 깃들기에는 적합하지 않다. 전
    설에 맞춰서 나중에 증거물이 되었을지도 모른다.

79) 김균태, 앞 논문, 173쪽.

80) 조현설, 앞 논문, 3쪽.

81) 김균태, 앞 논문, 170쪽. 이밖에도 퉁구스족의 다양한 熊祖神話를 다음 글에서 소개하고 있다. 大林太郞, <朝鮮の檀君神話とツングースの熊祖神話>, 《敎養學科紀要》7, 동경대학교 교양학부, 1974; 앞 책 (1984)에 재수록.

82) 김균태, 앞 논문, 172쪽.

83) 조현설, 앞 논문, 7쪽.

84) 조현설, 앞 논문, 4쪽.

85) 《三國史記》卷32, 祭祀志, 四瀆 東吐只河(一云槧浦 退火郡) 南黃山河(歃良州) 西熊川河(熊川州) 北漢山河(漢山州 - 괄호 속은 原註)

86) 물을 건너는 도구(배)의 사용 여부가 자연(곰)과 인간을 구분하는 결정적 요소라 하여, 김헌선도 곰나루전설에서 물의 중요성을 강조하였다. 아울러 그는 곰族의 南下가 백제에까지 이르렀고, 곰나루 전설의 비극적 결말은 백제의 멸망과 관련되는 것으로 보았다.(김헌선, <동북아시아 곰신화 비교연구>, 《아시아문화》14, 한림대학교, 1999.) 그렇지만, 암곰과 자식을 낳고 살다가 굴을 도망쳐 나와 슬픈 종말을 맞이하는 설화는 경북 高靈(유증선, 《영남의 전설》, 1971, 451~452쪽.)과 강원도 麟蹄(依田千百子, 《朝鮮民俗文化の硏究》, 東京, 瑠璃書房, 1985, 378~379쪽.) 등에서도 채록된다. 이밖에도 世宗代에 咸吉道에서 다음과 같은 이야기가 보고 되었다. 벗나무 껍질을 벗기러 산에 갔다가 길을 잃은 두 여인이 수곰을 만나 자식을 낳았고, 나중에 곰 사냥꾼에게 발견되어 그 아이를 죽이고 데려왔다.(《세종실록》21

년 7월 2일조.) 全文은 부록에 실어둔다.

87) 선사시대부터 곰 신앙은 공주 지역에서 면면히 이어져 온 것으로 서, 백제 초기의 왕성한 곰 신앙이 시간이 지나면서 점차 약화되어갔고, 그 증거가 熊津 → 公州로의 지명 변화 즉 '熊'字의 소멸이라고 한다.(윤용혁, 〈公州地方 곰信仰 資料의 一整理 - 백제시대의 熊神崇拜 -〉, 《호서사학》7, 1979.) 이 글에서는 宋山里 古墳群 입구에서 발견된 곰 石像을 소개하고 있다. 그러나 공주 以外의 지역에서도 곰나루 전설이 존재하고, 熊津/熊川이라는 지명도 여럿 있어서 '熊津'은 오히려 보통명사처럼 쓰였다.

88) 《세종실록지리지》"伽倻津衍所 在郡南二十二里 俗稱赤石龍堂 春秋 令所在官行祭"; 《신증동국여지승람》22, 梁山郡, 祠廟, "伽倻津祠 祀 典與公州熊津俱爲南瀆載中祀 每歲降香祝以祭"; 赤石龍堂 在郡南 二十二里 高麗稱伽倻津衍所 本邑致祭 [위 책].

89) 《여지도서》梁山郡, 壇廟, "伽倻津祭壇 … 我世宗朝黃龍見於江中 …"

90) 《여지도서》에 처음 '龍堂里' 가 보인다. 관련 연구로는 이용범 외, 《가 야진 용신제》(민속원, 2018.)가 있다.

91) 경상남도 민속자료 제7호.

92) 金文泰는 《春秋左氏傳》昭公 7년조의 '其神化爲黃熊以入于羽淵'을 예로 들면서 "또한 堯에 의해 羽山에서 처형당한 鯀이 黃熊으로 化해 羽淵에 들어가 水神이 되었다는 기록에서도 용과 熊의 밀접한 관계 가 암시되고 있다."고 하였다.(《삼국유사 所載 '龍'전승 연구 - 서사구 조와 변모 양상을 중심으로 - 》, 성균관대학교 박사논문, 1990, 129 쪽.)

93) 익산군 웅포면 공개(←곰개. 熊浦)이다. 이곳 咸悅의 백제 때 이름은 '甘勿阿'縣인데 신라 때 '咸悅'로 바꾸었다.

94) 전라북도 부안의 '곰소'이다. 다음에서 보듯이 이곳의 한자 지명은 音借와 訓借를 모두 한 것으로 보인다.(《세종실록지리지》, "黔毛浦 在扶安縣南熊淵") 한편 전라남도 구례의 곰소에는 곰나루형 전설이 전해 온다.(김균태, 앞 논문, 177~178쪽.)

95) 경북 상주시에 있는 산으로서 달리 부르는 이름은 龍門山·국수봉이 있는데 용문·국수가 곰과 무관하듯 웅신산도 神의 뜻으로 거듭 불리는 산 이름이다. 이에 관해서는 이 책 補論 <웅이산과 그 다른 이름 몇 가지>가 자세하다.

96) 瀧音能之, <일본과 한국의 신화·전설에 보이는 곰>, 《고마나루의 역사문화적 성격과 현대적 활용》, 제8회 충남역사문화연구원심포지엄, 2007.

97) 瀧音能之, <神話·傳說における熊の役割>, 《出雲古代史論攷》, 岩田書院, 2014.

98) 태 켈러(강나은 옮김), 《호랑이를 덫에 가두면》, 돌베개. 2021.

99) 이를 두고 선배 학자는 말했다. "그 신단수는 바로 훗날 두고두고 온 마을의 신의 나무인 서낭나무에 자취를 남기게 된다."(김열규, <아흔 즈음에>, 휴머니스트, 2014, 224쪽.) 단군신화는 조선시대에 단종이 돌아가시자 민간에서는 그가 산신이 되었다 하여 강원도 태백산 주위 및 영월 일대에서 堂神으로 모시고, 관련 설화가 생성되는 과정과 흡사하다.(신종원, <대왕신으로 모셔지는 임금들 - 단종대왕>, 《한국 대왕신앙의 역사와 현장》, 257~290쪽, 일지사, 2008) 다만 단군신

화는 수천 년을 내려오면서 그 현장이라는 곳이 전국에 여럿 있으나, 단종 설화는 애초의 역사 부분이 잘 기록되어 있어 단지 민속신앙 차원에서 거론될 뿐 설화가 아직 사료화되지 않았다는 차이를 지적할 수 있겠다.

100) 나카자와 신이치(김옥희 옮김),《곰에서 왕으로 - 국가, 그리고 야만의 탄생》83~89쪽, 동아시아, 2003. 같은 내용이 다음 책에도 실려 있다. 브라이언 스완 엮음, 신문수 외 옮김, <곰과 결혼한 소녀> ≪빛을 보다≫, 문학과지성사, 2012.

101) 전진국은 "환웅의 명칭은 환인과 연결선상에 있고, 추론적으로 풀이하면 하늘(桓)의 아들(雄)이라는 의미로 볼 수 있다."고 했다. <고조선 건국 신화의 환인과 환웅- 부정론에 대한 비판과 실체에 관한 탐구>《한일관계사연구》, 60쪽, 세창출판사, 2022.

102) '환하게 밝은 씨앗이라는 뜻'이며 환웅은 '환한 수컷'이라고 보기도 한다. 윤구병,《내 생애 첫 우리말》25·30쪽, 천년의 상상, 2016. 앞글자(桓)는 소리로 읽고 뒷글자(因)는 뜻으로 읽고 있는데 그렇게 푼 까닭/원리는 말하지 않았다.

103) 조경철, <이승휴의 제왕운기와 불교 - 불교 관련 용어를 중심으로>《한국고대사 사료로서의 제왕운기》, 세창출판사, 2019.

104) 서영대, <단군신화의 의미와 기능>《단군과 고조선》(노태돈 엮음), 사계절, 2000.

105) 김양진, <고조선어와 만주어(여진어)의 상관관계 연구>《고조선의 언어계통 연구》, 243쪽, 동북아역사재단, 2018. <고조선>조 주석에서 다시 언급하였다.

106) 최광식, <환웅천왕과 단군왕검에 대한 역사민속학적 고찰> ≪한국사학보≫60, 고려사학회, 2015. 김도현, <제왕운기에 수록된 천왕의 성격 」≪한국고대사 사료로서의 제왕운기≫, 세창출판사, 2019.

107) ≪세종실록≫에서는 환인도 '檀因'이라 썼다. 뒤에 나옴.

108) 최남선, ≪白頭山覲參記≫ 한성도서주식회사, 1927.

109) 서영채, <기원의 신화를 향해 가는 길: 최남선의 「백두산 근참기 」> ≪한국근대문학연구≫6-2, 2005.

110) 太白山祠 在山頂 俗稱天王堂.≪신증동국여지승람≫ 권 44, 삼척도호부 사묘.

111) 김태곤, <국사당 신앙 연구> ≪백산학보≫8, 82쪽, 1970.

112) 위 논문, 93~94쪽.

113) 김태곤,≪동신당』, 94~95쪽, 대원사(빛깔있는 책들). 1992.

114) 이은상, <설악 행각> ≪노산문선≫, 265쪽, 1958. 박정원 연재, <유산록을 따라가는 산행 5> ≪월간 산≫, 2017.

115) 계룡산의 '국사봉'도 땅이름 풀이로는 "조선 개국시 신도안을 도읍지로 삼기 위해서 여기에 올라 국사를 논의했다."는 안내판이 세워져 있다. 설명이 와닿지 않기 때문인지 지금은 '향적봉'이 대세이며 '국사봉'은 적은 글씨로 괄호 안에 넣어놓았다. 그 땅이름 풀이는 이러하다. "향적산은 신도안 시절 도민들의 땀의 향기와 계룡산의 향기를 가장 잘 맡아볼 수 있는 산이라는 데서 유래되었다". 이곳에는 시방도 유명 굿당이 많다. 충남 공주군 반탄면 '國師堂'(조선 太祖妃 康氏 遺址라고 기록됨)이 있는 지명은 '菊洞'이라는 아름다운 이름으로 정착되었다(≪조선지지자료 충남편≫ 1910년대). 이러한 菊洞의

예는 경북 경주시 강동면, 전남 여수시에도 있다.

116) 안재홍 지음(1931, 流星社) ; 정민 교수가 풀어 읽은 <백두산 등척
기>, 해냄, 2010,

117) 위 책, 149쪽.

118) 이중하(이상태외 역), <백두산일기> ≪(조선시대 선비들의) 백두산
답사기≫ 307쪽, 1998. 이왕무 외, 『역주 감계사등록』, 227쪽, 동북
아역사재단, 2008.

119) 규장각 한국학연구원 갈무리.

120) 경북 상주시의 熊耳山은 '곰뫼'을 한자로 옮긴 표현이다. 이 산은 菊
水峰·龍門山이라고도 하는 神(聖)山이다. 신종원, 2021, <熊耳山과
그 異稱 몇 가지> ≪지명학≫35. 이 책 보론으로 실음.

121) 위의 ≪풀어 읽은, 백두산 등척기≫ 114쪽.

122) 고려 중기의 학자 김관의가 ≪편년통록≫에 태조 왕건의 선조 虎景
에 대해 쓴 내용을 이승휴 ≪제왕운기≫에서 인용한 문장은 다음
과 같다. "처음 백두산으로부터 아홉 사람을 거느리고 사냥놀이를
왔다가 마치고는 산굴 속에서 자는데 호랑이가 와서 울부짖으며 떠
나지 않았다."

123) 이러한 문제의식을 가졌던 고려후기 이후 先人들의 노력과 성과를
훑어본 연구가 있다. 김성환, <단군, 신화에서 역사로> ≪동북아역
사논총≫76, 동북아역사재단, 2022.

124) <삼성당사적>에 대한 자세한 소개와 분석으로는 다음 논문이 있다.
허흥식, <구월산 삼성당 사적의 제의와 그 변화> ≪단군학연구≫
창간호, 1999.

125) 3聖의 이름이 환인·단웅·단군으로 되어 있는 사료는 ≪제왕운기≫가 앞선다. ≪제왕운기≫ 원문의 처음에는 '曰雄云云'이라 하여 앞에 나온 환인을 따라 환웅으로 읽어야 될 터이나 곧 이어 "이 분을 일러 '단웅천왕'이라 한다."라고 썼다. 그냥 넘어갈 문제가 아니므로 번역(한국사데이터베이스)과 원문을 함께 실어둔다. "본기에 이르기를, '상제 환인에게 서자가 있는데 환웅이라 하였다. … 이 분을 일러 단웅천왕이라 하였다(上帝桓因, 有庶子, 曰雄云云. … 是謂檀雄天王也.)

126) "北壁檀雄天王 東壁檀因天王 西壁檀君天王"(≪세종실록≫, 10년 6월 기미).

127) 서거정(박홍갑 옮김), ≪필원잡기≫20쪽, 지만지고전천줄, 2008에도 단씨를 말하고 있다, "檀氏가 줄곧 대를 이어 나라를 유지한 햇수가 1048년인 것은 의심이 없다."

128) 대왕신(앙)에 대한 일반론 및 산신대왕에 대해서는 신종원, ≪한국대왕신앙의 역사와 현장≫, 일지사, 2008에 자세하다.

129) 대관령 국사성황당도 실제 간판과는 다르게 문화재 안내판에 '대관령 국사성황당'이라는 제목으로 되어 있다. 어디에나 있는 신당 이름이므로 위치(고유지명)를 밝혀줄 필요에 따라 생겨난 마음씀이고 친절한 표현이다.

130) 조명래·서태숙, 2021, ≪팔공산 지명유래≫, 다산미디어.

131) 육당의 『백두산 근참기』에 '대구 達城의 天王堂 같이'(85쪽)라고 적었다. ≪제왕운기≫의 '智異山天王'도 참고가 된다.

132) 태조실록 8권, 해당 기사.

133) 태종실록 15권, 해당 기사.

134) 태종실록 18권, 해당 기사.

135) 태종실록 23권, 해당 기사.

136) 木覓山 卽都城南山 一名引慶山(≪신증동국여지승람≫ 권3, 한성부, 산천). 木覓神祠 在木覓山頂. (같은 책, 사묘).

137) 조선총독부 중추원. ≪李朝各種文獻 풍속관계자료촬요 Ⅲ≫ 1063 쪽, 1944에도 실림.

138) ≪제왕운기≫ 권하.

139) 이태호, <고구려벽화고분23:인물풍속도, 사신도-천왕지신총> ≪북 한≫ 1981년 4월호(통권 112), 북한연구소, 1981. 전호태 <고구려 천 왕지신총 연구> ≪선사와 고대≫ 67, 10쪽, 2021

140) 안재홍, ≪조선상고사감≫하, 21쪽, 민우사, 1948.

141) 강원도 양양군 현남면 웃달래마을의 단오날 제사가 전형적이다. 신 종원, ≪대왕신앙의 역사와 현장≫, 일지사, 2008. 강원도 삼척시의 산멕이에 대한 조사, 연구로는 다음 책이 있다. 김도현 외, ≪산멕이 ≫, 민속원, 2021.

142) 제임스 J 프레이저가 엮은 ≪황금가지≫(박규태 옮김, 을유사상고전, 2021.) 제1권에는 <나무 숭배> · <근대 유럽과 나무 숭배> · <떡갈 나무 숭배>라는 항목을 두어 자세히 소개하고 있다.

143) 신화에 나오는 태백산이 백두산이라는 주장도 있다. 문경현, <단군 신화의 신고찰>, ≪교남사학≫ 1, 41~46쪽. 영남대학교, 1985,

144) 신종원, <단군신화에 보이는 곰(熊)의 실체>, ≪한국사연구≫118, 30 쪽, 2002.

145) 최남선은 다음과 같이 말한 바 있다. "이 고기의 내용을 검토함이 단군학의 거의 전체요, 단군의 殺活이 또한 이 一劍의 작용에 달렸거니와 …". 〈단군 及 其研究 〉,《월간 별건곤》1928년 5월;《육당 최남선전집 》2, 고려대학교 민족문화연구소, 1974, 243쪽. 홍기문도 "단군신화에 대해서는 삼국유사의 류형만을 너무 중시하는 대신에 제왕운기의 류형을 거의 무시하는 경향도 있다"고 하였다. 〈단군신화〉,《조선신화연구》(사회과학원출판사), 1964; 서영대 편,《북한학계의 단군신화 연구》281쪽, 백산자료원, 1995.

146) 번역문은 이 章 처음에 실려 있고 역주는 책 끝에 있다.

147) '祠堂猶在'. 아래 인용한《제왕운기》의 원문이다. 이 사당은 곧 조선시대 기록에 보이는 '三聖祠'다.

148) 원문 壽는 裔의 잘못이다. 문경현도 그렇게 고쳐 실었다.(〈단군신화의 신고찰〉,《교남사학》1, 15쪽, 영남대학교, 1985) 世宗實錄地理志에서는 '理'로 고쳤다.

149) 初誰開國啓風雲 帝釋之孫名檀君 (本紀曰 上帝桓因有庶子曰雄 云云謂曰 下至三危太白 弘益人間歟 故雄受天符印三箇 率鬼三千而降太白山頂神檀樹下 是謂檀雄天王也 云云 令孫女飮藥成人身 与檀樹神婚而生男 名檀君 據朝鮮之域爲王 故尸羅·高禮·南北沃沮·東北扶餘·穢與貊 皆檀君之壽也 理一千三十八年 入阿斯達山 爲神 不死故也) … 入阿斯達山爲神 (今九月山也 一名弓忽 又名三危 祠堂猶在)

150) 고대의 나무 신앙에 대하여는 三品彰英, 〈古代祭政と樹林〉,《建國神話の諸問題 - 三品彰英論文集2》(平凡社, 1971)이 참고 된다.

151) 최남선은 "神市란 것은 要하건대 神政的 국가를 의미함일 것이니

… ”라 하였다.(〈壇君神典의 古意〉, 동아일보 1928년 1월 1일~2월 28일 ; 앞 책, 216쪽.)

152) 神市를 삼국지 한전에 나오는 '臣智'의 다른 표기로 보는 견해도 있다. 리상호, 〈단군 설화의 역사성(1)〉《력사과학 》1962년 3호; 서영대 편, 앞 책, 34쪽. 아울러 '謂之'의 '之'가 장소대명사로부터 인칭대명사로 변할 뿐이라 하였다. 강인숙은 '신지'를 '큰 사람'이란 뜻을 가진 말이라고 하였다.(〈단군신화〉《고대 건국신화와 전설》, 교육도서출판사, 1987.); 서영대 편, 앞 책, 538쪽.

153) 이종익도 '신불'로 읽었지만, '불'은 '밝'의 뜻이라 하였다.(〈한·밝 思想考〉,《동방사상논총》, 보련각, 1975, 443~444쪽.) 문학작품이나 유적에서 市(불)의 예를 찾아보면 박인로(1561~1642)의 歌辭〈船上嘆〉에도 "徐市(서불)等이 已甚ㅎ다"라고 나오며, 경남 남해군 尙州里石刻(기념물 제6호)의 '徐市'도 '서시석각'이라고 잘못 부르는 이가 적지 않다.

154) 이성규, 〈문헌에 보이는 한민족문화의 원류〉,《한국사》1, 157~158쪽, 국사편찬위원회, 2002.

155) 대개는 암묵적으로 박달나무를 상정하고 있는데, 그것을 명시한 것으로는 다음과 같은 것이 있다. 백남운은《조선사회경제사》(개조사, 1933, 18쪽.)에서 생태학적으로 神樹가 곧 檀木임을 이렇게 주장하였다. "왜 그러냐하면 '壇'은 물론 祭壇의 壇이고, '檀'은 檀木의 檀이기 때문이다. 원래 檀木林은 조선에 있어서 林相의 寒帶林를 특징지워 주는 것으로서 백두산의 단목림은 조선의 한대림으로서 가장 현저한 것임은 조선 임상학이 보여주는 바이다. 이와 같은 원시

림으로서의 단목림은 당연히 原始朝鮮族의 祭林이 되지 않을 수 없는 것으로서 흉노족의 蹛林과 비교할만한 것이다. 즉 원시인의 제사는 山頂·河邊·森林·巨木 등의 特定物을 제단으로 하여 행해지는 것과 같이 단목림이 있는 장소에 제단이 설치되고, 제단이 있는 곳이 즉 단목림이라는 식으로 제단과 단목림은 일치하는 것이기 때문에, '단군'의 표기는 어느 것이나 동등한 권리를 주장할 수 있을 것이다." 그러나 이러한 단언은 樹種을 잘 모르는 데서 나온 소치라고 한다.(박봉우, 〈삼국유사에 나오는 나무 이야기 1 - 신단수와 단수〉,《숲과 문화》2-1, 1998.) 박봉우는 백남운이 혹시 자작나무를 박달나무로 보았다면, 이들은 같은 科이므로 대략 받아들일 수도 있다고하는 유보적 태도를 취하기도 하였다. 그러나 祭壇과 洞民이라는 相補的 요소를 고려하면 역시 무리가 따른다. 홍기문은 "《제왕운기》적 류형에선 '웅'의 손녀가 박달나무의 신과 혼인하여 낳은 것이 단군이라고 한다."고 하였다.(홍기문, 〈단군신화〉,《조선신화연구》, 1964; 서영대 편,《북한학계의 단군신화 연구》, 307~308쪽.) 김태곤은 "神樹의 명칭이 구체적으로 나타난 예로서 박달나무를 神樹로 하는 神堂"이라 하였다.(김태곤, 〈무속상으로 본 단군신화〉,《사학연구》20, 186쪽, 1968)

156) 최남선은 〈壇君神典의 古意〉, 동아일보 1928년 1월~2월 ;《육당최남선전집》2, 210~211쪽에서 각종 堂(山)木의 수종을 마을별로 소개하고 있다. 다음 책도 참고가 된다. 김학범·장동수,《마을숲》, 열화당, 1994.

157) 박봉우, 〈삼국유사에 나오는 나무 이야기 1 ― 신단수와 단수〉,《숲

과 문화》2-1, 1993.

158) 리상호, 〈단군 설화의 역사성(2)〉, 《력사과학 》1962년 4호; 서영대 편, 앞 책, 60~76쪽.

159) 홍기문, 앞 책, 300~303쪽.

160) 조지훈, 〈累石壇·神樹·堂집 信仰研究 ― 서낭考〉, 《문리논집》7, 2~4쪽, 고려대학교, 1963.

161) 김열규, 《아흔 즈음에》224쪽, 휴머니스트, 2014.

162) 다음 논문에서도 '壇君'에서 '檀君'으로 바뀌어 갔다고 보았다. 그 계기는 고대 漢語 '壇君'에서 박달나무를 의식한 韓民族 언어로 假借/훈독한 데서 찾았다. 김양진, 〈고조선어와 만주어(여진어)의 상관관계 연구〉, 《고조선의 언어계통 연구》240·244쪽, 동북아역사재단, 2018.

163) 이병도도 환웅 = 단웅의 손녀로 보았다. 아울러 동물의 熊字를 피하기 위하여 '孫女'로 고친 것이라 하였다.(〈단군설화의 해석과 아사달 문제〉, 《한국고대사연구》, 박영사, 1976, 30쪽.) 곰(熊)에 절대적 비중을 두지 않는 나로서는 손녀 모티프 또한 충분히 있을 수 있다고 본다. 최초 인류의 탄생에 있어 孫女說은 단웅이 아버지·딸 또는 오누이 사이의 결합을 비켜나갈 수 있는 하나의 방도이다. 이 글에 소개하는 여러 버전을 보면 충분히 이해가 갈 것이다.

164) 5代로 보는 이로는 먼저 今西龍을 들 수 있다.(〈檀君考〉, 《靑丘學叢》1, 1929; 《朝鮮古史の研究》1937, 21쪽.): 김성환은 〈본기〉를 〈고기〉와 별개의 전승으로 보아 5대설을 지지하였다.(《고려시대의 檀君傳承과 인식》, 경인문화사, 2002, 58쪽.) 原田도 바로 앞에 단웅천왕이

나오므로 단웅천왕의 손녀라고 보았다.(原田一良, 《〈本紀〉檀君卽位年の復元》, 《朝鮮學報》 184, 2002, 7쪽.) 그렇지만 두 자료는 줄거리나 용어에 있어 별로 차이가 없으며, 두 책의 출간 시기도 같은 시대이므로 代數가 다를 정도로 별개의 전승이라 하기는 어렵다.

165) 한편 3대로 보는 설도 있다. 문경현, 〈단군신화의 신고찰〉《교남사학》 1, 1985, 15쪽.

166) 庶子를 次衆子로 해석한 글로는 다음 글이 있다. 이홍직, 〈단군신화와 민족의 이념〉, 《국사상의 제문제》 1, 1959;《한국고대사의 연구》, 신구문화사, 1971, 23쪽. 의미는 같으나 홍기문은 '지차 아들'이라 하였다.(앞 책, 275쪽.)

167) 이 구절에 대하여 박두포는 "《삼국유사》 등의 기록과 다르고, 또 문맥이 잘 안 통하나 글자대로 번역했음."이라 하였다.《동명왕편·제왕운기》 을유문고 160, 163쪽, 1974. 한편 주승택은 檀雄=檀樹神으로 보았으나, '孫女'는 '熊女'의 誤記나 誤刻으로 보았다(.〈북방계 건국신화의 문헌적 재고찰 ─ 해부루신화의 再構를 중심으로〉, 《한국학보》 70, 1993). 三品彰英도 '孫'을 '熊'의 誤刊이라 하였다.(앞 책, 429쪽.) 최병헌도 이에 찬동하였다. 〈단군인식의 역사적 변천〉, 《단군 그 이해와 자료》 151쪽, 2001.

168) 임재해도 다음과 같이 말하였다. "이때 신단수는 환웅의 신체이자 태백산 산신의 신체이다."(〈한국인의 산 숭배 전통과 산신신앙의 전승〉, 《산과 우리문화》(숲과 문화 총서 10) 37쪽, 수문출판사, 2002).

169) "곰과 범에게 쑥과 마늘을 주어 의식을 집행한 神은 곰과 범이 사람이 되게 해달라고 빈 대상 神雄의 略記이고, 웅녀와 혼인을 한 雄은

桓雄의 略記"라고 한다. 윤철중, 〈단군신화의 환웅과 신웅의 변별〉《한국도래신화연구》301쪽, 백산자료원, 1997.

170) 위 책, 258쪽.

171) 위 책, 259쪽.

172) 《삼국사기》1, 신라본기 1, 탈해이사금 9년조;《삼국유사》기이제1, 김알지·탈해왕대조. 이 條에는 '一作 鳩林'이라 하였다. 한편 《삼국유사》기이 2, 후백제견훤조에는 시림을 鷄林이라고 註釋하였다.

173) 이를 두고 김병모는 "한국 고대국가의 중요한 인물들의 출현에는 나무나 숲이 관련이 있는 것으로 한국 고대인들의 사유세계 속에 神樹 사상이 있어왔음을 알 수 있다."고 하였다.(〈신라금관을 통해 본 神鳥思想과 신수사상〉,《한국민속학보》4, 216쪽 1994.)

174) 김태곤, 〈무속상으로 본 단군신화〉,《사학연구》20, 189쪽, 1968.

175) 주로 강원도 지역에서 쓰이는 말이다. 장정룡은 산맥이도 기본적으로 골맥이와 다를 바 없다고 본다.(〈강원지역 산맥이 신앙 고찰〉,《한국민속학》25, 1993.) 장주근은 산신을 위시하여 여러 신을 먹인다는 뜻으로 '산멕이'라 부른다고 보았다.(〈화전민의 산멕이기〉,《한국의 향토신앙》190쪽, 을유문고, 1979.); 한국정신문화연구원,《한국민족문화대백과사전》28, 〈산멕이기〉, 1995.

176) 이것을 '당수나무'라고도 하는데(이필영,《마을신앙의 사회사》270~287쪽, 웅진출판사, 1994) 檀(壇·堂)樹와 관련이 있어 보인다. 강원도 양양군 현남면 웃달래 마을에서는 단옷날에 성씨마다 마을 뒷산에 자신들의 소나무(황장목)에다 치성을 드리는데 조상의 연원을 올라가면 산신과 맞닿는다는 믿음을 보여준다.(신종원,《한국 대왕

신앙의 역사와 현장》50~67쪽, 일지사, 2008.) 산신 제사의 전통이
잘 남아 있는 강원도 삼척시 상두산 산멕이를 예를 들어본다. 일제
강점기까지만 해도 문중별로 모셨다 하는데 지금도 참여자들은 "조
상 모시고 화전놀이 간다."고 인식한다. 제사 차례를 보면 '하늘맞이
굿' 다음에 '먼산맞이' 거리를 하는 것으로 보아 위에서 아래로 천신
→ 산신 → 조상신으로 이어지는 관념이 보인다.(김도현, 〈삼척 상두
산 산멕이와 모시는 신령들〉,《산멕이》, 민속원, 2021.)

177) 신종원, 〈단석산신선사 조상명기에 보이는 미륵신앙집단에 대하여
- 신라 중고기의 왕비족 잠탁부〉,《역사학보》143, 15쪽, 1994.

178) 표인주, 〈부안 죽막동유적의 민속학적 고찰〉,《부안 죽막동 제사유
적 연구》269쪽, 국립전주박물관, 1998.

179) 부산지역 설화에 다음과 같이 나온다. "선녀는 나무 정령에게 씌어
(感) 예쁜 동자 하나를 낳았다.". 全文 번역은 부록으로 실어두었다.
김재용은 "나무 신에 감응하여"라고 번역하였다.(〈동북아 홍수신화
에서 신과 인간의 문제〉,《동북아 샤머니즘 문화》100~110쪽, 전북
대학교, 2000)

180) 최남선, 〈壇君神典의 古意〉, 앞 책, 208~212쪽. 김태곤, 〈巫俗上으
로 본 단군신앙〉,《사학연구》20, 1968: 임동권, 〈단군신화의 민속
학적 고찰 〉,《류홍렬박사회갑기념논문집》, 1971;《한국민속학논
고》, 집문당, 1982: 서영대, 〈단군 관계 문헌자료 연구〉,《(증보판) 단
군 그 이해와 자료》, 2001, 62쪽. 이홍직도 神市를 '나무가 있는 神
壇'으로 보았다.(〈단군신화와 민족의 이념〉,《국사상의 제문제》1 ,
1959;《한국고대사의 연구》27쪽 , 신구문화사, 1971)

181) 김성환, 〈고구려 건국신화에서 보이는 고조선 인식의 검토〉, 《한국 고대사탐구》13, 82~83쪽, 2013 .

182) 李穡의 香山潤筆菴記({牧隱文藁}2)에 "地多香木冬靑"이라고 나온 다.

183) 白鳥庫吉, 〈檀君考〉《史學雜誌》5-12, 1894 ; 《白鳥庫吉全集 3 - 朝鮮史硏究》, 岩波書店, 1970.

184) 최남선도 같은 논평을 한 적이 있고, 덧붙여 香木과 檀木은 전혀 別種임을 밝혔다.(〈壇君論〉, 앞 책, 100쪽.)

185) 今西龍, 《靑丘學叢》1, 1929; 《朝鮮古史の硏究》, 1970.

186) 최남선은 '한울'(앞 책, 97~98쪽, 191~192쪽.), 리상호는 '하느님'의 譯語로(〈단군고 - 고조선 문제 연구를 위한 서론〉, 《고조선에 관한 토론론문집》; 《북한학계의 단군신화 연구》, 153~160쪽.), 김정학은 '한님'·'하늘님'(《역사학보》, 281쪽)으로 보았다. 책쓴이는 앞 절 〈환인의 실체〉에서 우리말 '하늘'을 소리적기[音借]한 것이라고 보았다.

187) 최남선, 〈단군론〉, 앞 책, 94쪽.

188) 고려대장경 No. 765 : 대정신수대장경 No. 184. 대략의 내용은 《팔만대장경 해제》8, 30~37쪽, 사회과학출판사, 1992 : 《고려대장경 해제 》3, 1382~1384쪽, 고려대장경연구소, 1998 등을 볼 것.

189) 《고려대장경》 No. 777: 《대정신수대장경》 No. 189. 해제로는 《고려대장경 해제》1, 28~31쪽. 《팔만대장경 해제》8, 64~71쪽을 볼 것.

190) "一切樹神 化作人形 悉來禮侍" 《대정신수대장경》제3책, 권1. 625쪽. 《佛說太子瑞應本起經』(大正藏, No 185. 제3책, 474쪽.)에도 "三十二

樹神人現低首禮侍 當此之時 壇場左右 莫不雅奇 歎未曾有"라는 표현이 보인다.

191)《대정신수대장경》제3책,《과거현재인과경》권4, 648쪽.

192) 井上秀雄은 이것을 '迎神의 행위' 또는 '迎神의 祭儀'라 하였다. <朝鮮の建國神話>《新羅史基礎研究》, 488~489쪽, 1974.

193) 檀君本紀曰 與非西岬河伯之女婚而生男 名夫婁.

194) '要親'를 人名으로 보는 이도 있다. 三品彰英, 1971,<クマナリ考>《建國神話の諸問題 - 三品彰英論文集2》428쪽 ; <三國遺事考證 上>, 388쪽, 1975.

195) 壇君記云 君與西河河伯之女要親 有産子 名曰夫婁.

196) 다음 글에서도 지적한 바 있다. 정구복, 1993,<고려 초기의 三國史 편찬에 대한 一考>《국사관논총》45, 184쪽 : <한국중세사학사(I)>(집문당) 재수록 : 최병헌, 앞 글, 143쪽, 1999.

197) 고려시대의 문헌에 일부 인용되어 있으나 지금은 없어진《(三)國史》를 김부식의《삼국사기》다 오래된 것이므로 구별하여《구삼국사》라고 일반적으로 부른다.

198) 田中俊明,<檀君神話の歷史性をめぐって ― 史料批判の再檢討 >《한국문화》33, 8쪽, 198.

199) 위의 글

200) 서영대, <단군관계 문헌연구>《증보판 단군 - 그 이해와 자료 》65~66쪽, 서울대학교. 2001,

201)《제왕운기》의 '釋帝之孫名檀君'의 註를 말한다. 아래 달리 언급이 없는 한 「본기」는 지금까지와 마찬가지로 이 부분을 가리킨다.

202) 정구복, 앞글, 184쪽.

203) 三品彰英, 〈三國遺事考證 上〉385쪽 : 강인구 외,《역주 삼국유사 1》 202쪽(한국정신문화연구원), 2002.

204) 이강래,《三國史記典據論》247쪽, 민족사, 1996.

205) 이규보의 <동명왕편>,《삼국사기》고구려본기,《삼국유사》고구려조.

206) 名朱蒙 一作鄒蒙 檀君之子.

207) 東明帝繼北扶餘而興.

208) 「동명왕편」의 萱花나 葦花이며,《삼국유사》고구려조나《삼국사기》 고구려본기에는 '諸弟'라고 썼다.

209) 비슷한 논리로서 부루의 母后가 西河河伯女임에 반하여 주몽의 母 后는 단순히 河伯女 (柳花)라는 이유를 들어 이모형제설을 받아들이 는 이도 있다. 양주동,《增訂 古歌研究》698쪽, (일조각). 1965,

210) 김상기, 〈국사상에 나타난 건국설화의 검토〉《동방사논총》9쪽, 1974 : 三品彰英, 앞 책, 388쪽 : 이강래,《삼국사기 典據論》189쪽, (민족사), 1996.

211) 高橋亨도 지적한 바 있다. 〈三國遺事の註及檀君傳說の發展 〉《朝鮮 學報》7, 75쪽, 1955.

212) "天帝 - - - 自稱名解慕漱"

213) 김현숙도 단군=해모수로 보았다. <삼국유사 내 주몽의 출자기사를 통해 본 국가계승의식><<삼국유사 연구>>창간호, 일연학연구원, 63쪽, 2005.

214) 이규보가 지은《동명왕편》에서 끼움주로 인용한 '本記',《삼국유사》 고구려조의 '國史高麗本記'와《제왕운기》下의 주에 보이는 '동명본

기'는《삼국사기》고구려본기의 東明王紀와 대동소이하다. 이들은 그 底本이 되었을《구삼국사》의 동명왕본기를 옮겼을 터이므로 그럴 수 밖에 없다. 이 동명왕본기를 지칭하는 위의 여러 용어 중에서 '동명본기'가 가장 그 내용에 근접해 있으므로 '동명본기'라 通稱한다.

215) 신종원, <단군신화 연구의 여러 문제> ≪동북아시아 선사 및 고대사 연구의 방향≫ 60~65쪽, 학연문화사, 2004.

216) 小田省吾, 〈朝鮮上世史〉《朝鮮史講座》, 10쪽, 1924.

217) 문경현, 〈단군신화의 신고찰 〉《교남사학》1, 34쪽, 1985.

218) 고구려 당대의 금석문 광개토왕비문(414)을 보면 시조 鄒牟는 북부여에서 왔는데 그는 天帝의 아들이고, 그 어머니는 河伯女郎이라고 하였다.

219) 문무왕릉비문에 의하면 시조는 '星漢'인데, 이보다 앞선 왕조의 관련 사항으로는 주몽이 보인다. 따라서 미약하나마 당시에도 고구려와 신라는 同系 의식을 가졌으며, 고구려가 삼국 가운데서도 가장 이른 시기에 건국된 나라라는 인식은 있었다.

220) 문경현, 〈단군신화의 신고찰〉《교남사학》1, 25쪽, 1985.

221) 이기백, 〈三國史記論〉《문학과 지성》1976년 겨울호 ;《한국사학의 방향》, 일조각, 1978.

222) 이홍직은《唐書》高麗傳의 '高(句)麗秘記'를 예로 들어, 주몽과 결부된 별개의 단군신화 즉 단군본기류가 고구려 말기에 남아 있었을 가능성을 피력하였다. 이홍직,〈단군신화와 민족의 이념〉《국사상의 제문제》1, 1959 ;《한국고대사의 연구》, 47쪽, 신구문화사, 1971.

集安의 씨름무덤 동쪽 벽의 씨름그림 장면 옆 새가 앉아 있는 나무 밑의 두 마리 짐승을 종래개가 웅크리고 있는 것으로 보았다. 東湖, <集安の壁畵古墳の精髓>《躍動する高句麗文化- 好太王碑と集安の壁畵古墳》(読売テレビ放送編)101쪽, 1988. 그런데 1986년 이를 자세히 관찰할 기회를 가졌던 齋藤忠는 그것이 곰과 범이라고 판정하였다. 따라서 齋藤忠는 이 그림은 곧 단군신화의 모티프로서 적어도 5세기 전반에는 이미 단군신화가 고구려 사람들 사이에 분명히 자리 잡고 있다고 하였다. 齋藤忠, <集安 角抵塚壁畵の熊と虎の圖>《東アジア葬・墓制の研究》, 第一書房(東京), 1987. 이 그림을 포함하여 고구려 벽화고분에 그려진 나무무늬는 漢代 화상석에 그 연원이 있는데, 이것은 《산해경》이나 《楚辭》등이 在地的 변용을 한 것이라는 주장이 있다. 田中誠一, <高句麗の初期佛教における經典と信仰の實態 - 古墳壁畵と墨書の分析>,《朝鮮史研究會論文集》 39, 2001. 한편 조법종은 씨름무덤의 곰·범 그림을 증거로 한국고대의 동물숭배 전통으로 볼 때 책쓴이의 곰=곰說은 다시 생각해보아야 한다고 하였다(<고구려 벽화고분에 나타난 단군 인식 검토 - 한국고대 동물숭배전통과의 관련성을 중심으로>,《단군학연구》12, 2005, 369쪽). 한반도와 그 주변의 동물숭배를 가장 잘 보여주며 또한 이른 시기의 유적으로는 아마도 울주의 반구대암각화가 될 것이다. 하지만 거기에는 범·멧돼지·고래 등이 등장하고 곰은 보이지 않는다는 점을 기억해야 한다.

223) 小田省吾, 앞글, 12쪽 : 이홍직, 앞글, 42~43쪽 : 서영대, 앞글, 61쪽
224) 김현숙이 자세히 논하였다. 앞 글.

225) 위의 두 글에서 살펴본 바 있다.

226) 강만길, 〈이조시대의 단군숭배 - 실록기록을 중심으로 〉《이홍직박
사회갑기념 한국사학논총》신구문화사, 1969 : 서영대, 앞글, 63쪽.
최병헌, 앞글, 154쪽. 정구복은 1006년 구월산 삼성사의 단군 致祭
는 사료를 잘못 본 것이라고 하였다. 앞글, 184쪽

227) 홍기문, 앞글, 340쪽 : 김성환, 2002,《고려시대의 檀君傳承과 인식》
240쪽 (경인문화사) : 허홍식, 〈開京 山川壇廟의 神靈과 팔선궁〉《민
족문화논총》27, 170쪽 (영남대학교), 2003.

228) 단군신화와는 별개로 고조선을 계승했다는 고구려를 비롯한 왕조는
12세기 이래 민간과 도가 서책에서 20세기까지 꾸준히 확대·발전되
어 왔음을 논한 다음 글이 있다. 오강원, <고려-조선시대 단군 전승
의 확대, 그리고 역사화 과정>《한국사학보》56, 2014.

229) 조선지형도 도엽번호 193 <玉山洞> 1914(大正3)에는 '搰水峰'으로
씌어 있다.

230) <조선지형도>에는 '龍文山'으로 나온다.

231) 원문의 두어 군데 이상한 부분은 번역을 건너뛰었다.

232) 1860년대에 김정호가 쓴 지리지로서 권9 尙州 편에는 이렇게 쓰고
있다. "熊耳山 西南五十里, 龍門山 在中牟古縣"

233) 曲辰, <熊耳, 龍門, 空桑及軒轅之丘考證> ≪張家口職業技術學院學
報≫ 第12卷第4期, 1999年 11月.

234) 신종원(2002), <단군신화에 보이는 곰(熊)의 실체> ≪한국사연구≫
118. 이정룡(2021), <지명의 차자표기법으로서 확인첨가법 고찰> ≪
지명학≫34.

235) 이진두, ≪불모산 성주사≫, 대한불교진흥원, 2010

236) 『세종실록』 11년 11월 계축(11)일의 山川壇廟巡審別監이 올린 보고
    서 및 ≪세종실록지리지≫ 舒川郡 熊津溟所 참조. 신종원, "단군신
    화에 보이는 곰(熊)의 실체" ≪한국사연구≫118, 2002 ; 신종원, ≪
    삼국유사 깊이 읽기≫32쪽, 주류성, 2019.

237) 근래 도로명주소로 바뀔 때 되살아난 공식 땅이름이다. 강원도 양양
    군 서면 곰밭길 00-0. 우편번호 25030. 이 지역은 밭이 아니라 사
    람이 사는 곳이므로 '곰마을'로 써놓기도 한다(사진).

238) 신종원 엮음, ≪강원도 땅이름의 참모습 - 조선지지자료 강원도편
    ≫, 831쪽, 2007.

239) ≪조선지지자료≫는 1911년에 작성되었으므로 지명유래가 말하는
    연도는 정확하지 않다.

240) 신종원, 앞 논문, 2002. 일찍이 박은용이 <혜통항룡>조를 언급하면
    서 'ko:m은 熊이자 神'이라고 했다. 박은용, <계림유사의 '虎日監'
    에 대하여>, ≪국문학연구≫5, 효성여자대학교, 1976.

241) 박은용, <계림유사의 '虎日監'에 대하여" ≪자유≫ 1980년 8월호
    참조.

242) 김태곤, <국사당 신앙 연구> ≪백산학보≫8, 1970.

243) ≪한국지명총람5(경북편)≫ 199쪽. 1978.

244) 박은용, 앞 논문.

245) 범박동(範朴洞)은 1957년 신앙촌이 형성되기 전까지는 범박골로 알
    려진 한적한 시골 마을이었다. 범씨(範氏)와 죽산 박씨(竹山朴氏)가
    정착하여 범박동이란 이름이 붙여졌다고도 하고, 할미산에서 마을

을 내려다보면 마치 호랑이 앞 발자국과 모양이 같아 붙여진 이름이라고도 전한다(디지털부천문화대전). 한편 ≪부천문화향토자료집 마을지≫의 설명은 다음과 같다. "1789년(정조 13년) 凡朴洞里, 1895년(고종 32년) 範朴洞. 1957년 신앙촌이 형성되기 전까지는 배모탱이(岩隅)가 주축마을이었음. 범(虎), 범배산(帆, 舶?)". '범'이 호랑이가 아니라 돛대를 뜻한다는 주장은 설악산 바위 '범봉' 지명유래와 흡사하다.

진천 영수사 괘불에 그려진 젓대 부는 천녀

신라의
왕권신화

I. 선덕여왕에 얽힌 소문의 진실

신라 제27대 선덕(여)왕 시대(632~647)는 중고기(성골왕 시대)를[1] 거의 마감하는 시기이다. 선덕여왕이 즉위하면서 왕위 계승자의 성골 신분에 대한 논의가 크게 대두되었고, 그것은 中古와 下古 또는 上代·中代라는 신라사 시대구분의 기준이 되었다. 고구려·백제·신라 세 나라는 이 시기에 최후로 힘을 겨루어, 얼마 뒤 통일시대를 맞이하게 된다. 이러한 안팎의 상황 속에서 신라는 당나라나 일본에 외교 공세를 펴기 시작하며,[2] 황룡사구층탑과 영묘사 건립 등 대규모 불사를 일으킨다. 당시 왕이 여자라는 성별 문제는 위에서 언급한 여러 사안의 뒷면에 깔려 있어 직·간접적으로 거론되고 있었다.

선덕여왕 시대를 연구하고자 할 때, 우선 기대해야 하는 《삼국사기》 자료는 얼마 되지 않아 여러 가지 추측을 불러일으키고 있다. 특히 정치사의 경우 재위 말년(16년, 647)에 일어난 비담(毗曇)의 난에 논의가 집중되고 있는 실정이다.[3] 이 난은 신라 자체의 문제를 비롯하여 對唐 외교 문제가 얽혀 있는 등 한 시대를 긋는 중요한 사건이다. 그렇지만 선덕여왕 즉위 과정을 위시하여 재위 기간 전반에 걸친 연구는 소홀히 하여온 편이다. 오히려 비담의 난 이전 연구를 착실히 함으로써 비담 난에 대한 선입견 없는 연구가 이루어질 수도 있다. 다행히 《삼국유사》 기이편에는 <선덕여왕이 세 가지 일을 알아차리다[善德王知幾三事]>라는 조목이 있어서 부족한 사료를 어느 정도 보완해주리라고 기대할만 하다. 그렇지만 그것이 설화 형태를 띠었다는 점 때문인지 그다지 활용되지 않고 있다. 혹시 사료로 활용되는 경우에도 논자의 주장에 부합되는 부분만 단편적으로 인용되는 실정이다. 설화 사료는 황당무계하다고 하여 배척할 것이 아니라, 그 나름의 논리와 구조를 파악하여 사실을 변별하면 정사체 역사책 못지않은 구실을 할 수 있다.

<선덕왕지기삼사>조는 다음 몇 가지 사실을 밝힐 수 있어 중요하다. 첫째. 여자로서 왕위에 오르게 된 배경과 즉위 뒤에도 이에 대한 논란이 계속되었던가? 둘째. 선덕여왕 시대에 백제와의 전투 상황은 어떠하였던가? 셋째. 성골 신분의 '聖'은 어떤 의미를 지니며, 당대에 통용된 개념인가? 넷째. 성골 관념과 관련하여 낭산(狼山)이 지니는 의미는 무엇인가? 위의 몇 가지 문제에 대하여 <선덕왕지기삼사>조를 읽어가면서 논의를 전개하고자 한다.

1. 첫 번째 이야기

A. 제27대 덕만(德曼) - 曼은 万으로도 쓴다 - 의 시호는 선덕여대왕이니 성은 김씨요, 아버지는 진평왕이다. 정관 6년 임진년에 즉위하여 16년 동안 나라를 다스렸는데 미리 알아낸 일이 세 가지 있다. 첫째(初). 당나라 태종이 붉은 색, 자주 색, 흰 색의 세 가지로 그린 모란과 그 씨 세 되를 보내왔다. 왕은 그림 속의 꽃을 보고 '이 꽃은 반드시 향기가 없을 것이다.' 라고 말하였다. 그러고는 정원에 씨를 심게 하여 꽃이 피고 질 때까지 기다려 보았는데, 과연 그가 한 말과 같았다. - (건너뜀) - 당시 신하들이 왕에게 여쭈었다. '모란꽃과 개구리, 두 가지 일이 그렇게

되리라는 것을 어떻게 아셨습니까?'. '그림에 꽃은 있으나 나비가 없으니 향기가 없다는 것을 알았는데, 이것은 당나라 황제가 과인(寡人)이 짝이 없음을 빗댄 것이다.'(《삼국유사》기이제1, 선덕왕지기 삼사)

여왕이 즉위한 해와 재위 기간을 말한 뒤 '세 가지 일'이 있었다고 하였으니, 이들 일은 모두 재위 기간 중의 일이라 하겠다. 더욱이 스스로를 '과인'라 했으니, 재위 때의 일임은 의심의 여지가 없다. 그런데 《삼국사기》를 보면 내용이 상당히 다르다.

> B. 선덕왕이 즉위하였다. 이름은 덕만이오, 진평왕의 맏딸이다. 어머니는 김씨 마(야)부인이다. 덕만은 도량이 넓고 어질었으며, 총명하고 민첩하였다. 진평왕이 돌아가시고 아들이 없어, 나라 사람들이 덕만을 왕으로 세워 '성조황고(聖祖皇姑)'라는 칭호를 올렸다. 앞 왕 때에 당나라로부터 얻어온 모란꽃 그림과 꽃씨를 덕만에게 보였더니 말하였다. '이 꽃은 반드시 향기가 없을 것입니다'. 왕은 웃으면서, '그대가 어떻게 아느냐?'고 물었다. '이 꽃은 아름답기는 하나 그림에 벌과 나비가 없으니 반드시 향기가 없는 꽃입니다'. 씨를 심었더니 과연 말한 대로였다. 왕의 선견지명이 이와 같았다. (《삼국유사》신라본기 5, 선덕왕 즉위년)

위 기사를 보면 모란 그림 일화는 여왕 즉위 전의 일이었고, 그 그림은 특정인 당 태종이 신라의 특정인에게 준 것이 아니었다. 그렇지만 덕만공주가 지혜로운 사람이라는 것을 말해주는 일화라는 점에서는 사료 A와 다를 바 없다. 사료B의 왕이 될 자격을 가늠하는 모란 그림 일화가 '첫 번째 이야기' 즉 A에서는 신라와 당나라 제왕 사이에 '마음 떠보는 이야기[意中去來]'로 확대되어 선덕여왕의 신이한 일로서 인식되었다. 즉 A에서는 선덕여왕의 신이한 점을 일러주는 세 가지 일화 중 하나로 소개되었던 데 비하여, B에서는 덕만공주가 이와 같이 '총명'하여 왕으로 추대될 자격이 있으며, 나아가 성조황고로서 존경 받을만한 인물이라는 평가를 뒷받침해주는 중요한 기사로 기재되었다. 이러한 성격의 기사는, 마찬가지로 '나라사람들이[4] 왕으로 세웠다'는 벌휴이사금의 인물평에도 보인다. '왕은 바람과 구름을 점쳐 미리 홍수와 가뭄 그리고 한 해의 풍·흉년 듦을 알았고, 사람 됨됨이의 사악여부를 알았으므로 모두가 그를 성인이라고 불렀다.'라고 하였다.[5] 이밖에 지증왕이나[6] 문무왕의[7] 신체에 대해서도 비슷한 기사가 보인다.

모란 그림에 대한 선덕여왕의 해석이란 것도 사실, 그림에 대한 무지의 소치이다. 모란꽃에는 향기가 있지만, 꽃이 피는 5월 초에는 벌과 나비가 많지 않은 때라 모란꽃에 나비가 앉은 모습을 보기 어려울 뿐이다.[8] 그리고 당시에 이미 중국에는 모란꽃 그림에 나비를 곁들이지 않는 법식이 있었다. 나비는 '질수(耋壽)' 즉 80살을 의미하므로 장수를 기원하는 뜻이 되어 의미가 제한되기 때문이다.[9]

중국에서 모란을 즐겨 구경한 것은 당나라 때부터다.[10] 정확히는 '성당(盛唐)' 즉 8세기 무렵부터이며, 그것도 북중국에서의 일이다. 촉(蜀) 땅 같은 강남은 5代까지도 모란을 몰랐다고 한다. 모란꽃의 절정기는 장안에서 (음력) 3월 보름 앞뒤의 20일간이다. 모란꽃 중에서 빨강·자색 두 종류를 높이 쳤고, 흰 꽃은 냉담한 색이라 하여 배척당했다.[11] 모란꽃 중에서도 붉은색이 가장 아름답다 하여 '붉을 丹(단)' 글자를 썼다. '단'이 '란'으로 변한 것은 우리말의 俗音化 현상이다. 모란은 뿌리로 번식하기 때문에 '수컷 牡(모)'를 취했다 한다. 이 표기가 <선덕여왕지기삼사>조에 와서 '가축기를 牧(목)+丹'으로 잘못 쓰였다. 그렇다면 모란 그림 이야기는 첫째, 그 시기가 의심스럽고 둘째, 흰색 모란까지 끼어 있는 것을 보면 사실로 보기는 어렵다.[12]

'첫 번째 이야기'는 그림을 소재로 지능을 시험한 이야기로서 문학적으로 잘 형상화한 것이라는 적절한 지적도 있다.[13] 그렇다면 모란 그림 일화는 전혀 관련 사실 없이 나온 이야기인가? 역사책을 보면 진평왕대에 당나라에서 그림을 보내온 사실이 있다. 왕 43년(621)에 신라가 물품을 바치자[14] 당나라 고조는 그 답례로 외교문서·그림·병풍 및 비단 3백 필을 보내었다.[15] 이때의 그림 중에 모란꽃이 있었는지는 알 수 없지만, 아무튼 앞 왕 때에 중국에서 보냈다는 그림 이야기는 이 사실에서 비롯되었을 터이다.

이제, 하나의 단순 사단이 '첫 번째 이야기'로 발전하게 되는 과정과 그 배경을 살펴보는 차례다. 《삼국유사》 기이편은 신이한 일을 적어놓은 편목이다. 그러면서도 나라와 왕들의 체계를 일정하게 세워놓고 있다.[16] 선덕여왕 이야기도 곡절의 폭이 클수록 선호했을 것이다.

모란 그림에 대한 제3의 자료가 《삼국사절요》에 실려 있다.

C. 수이전. 당 태종이 모란 씨와 그림을 보냈다. 왕이 꽃을 보고 웃으며 좌우에게 말하였다. '이 꽃은 요염·부귀하여 비록 '꽃중의 왕[花王]'이라고 부르지만, 그림에 벌과 나비가 없으니 반드시 향기가 없을 것이다. 황제가 이것을 보낸 것은 여자가 왕이 되었다고 해서 그렇게 한

것이며, 또한 숨긴 뜻이 있을 것이다'. 씨를 뿌려 꽃이 피기를 기다렸더니 과연 향기가 없었다. (권 8, 정관 6년조 끼움주)

일연이 모란 그림 일화를 적으면서 《삼국사기》 기사보다 수이전 쪽을 취했음을 알게 되었다. 그것이 《삼국유사》 기이편의 성격에 더 잘 부합된다. '첫 번째 이야기'에서는 '숨겨진 뜻'을 '배우자가 없는 것'이라 하여 더욱 명료하게 풀어놓았다.[17] 설화의 변이 양상을 염두에 둔다면 모란 그림 일화를 '첫 번째 이야기'대로 이해할 것인지, 아니면 선덕여왕 즉위 전의 일로 볼 것인지에 대해 고심할 필요가 없다. 이에 대한 분명한 표현이 사료 B의 '앞 왕 때', 사료 A의 '初'라는 표현이다. 어떤 이는 모란 그림 일화는 선덕왕 즉위 전의 일이므로 사료 A의 '初'는 '先是'의 뜻으로 해석해야 하는데, 모든 번역이 이것을 '一'로 해석한 것은 잘못이라고 한다.[18] 그렇지만 뒤의 '二(事)'·'三(事)'을 아울러 볼 때 '初'는 '一'의 뜻으로 보아도 좋으며, 다만 '二'·'三'과 대비해볼 때 '初'가 어색하기는 하다. 그러나 그것은 오히려 모란 그림 일화가 즉위 전의 일이었다고 판단할 수 있는 하나의 단서가 되며, 모란 그림 이야기를 옮겨 적는 과정에서 애초의 흔적을 제거하지 않았다.

지금까지의 분석을 통해 '첫 번째 이야기'의 형성과정을 그려보면 다음과 같다.

사 단		당나라 고조가 문서 · 그림 · 병풍 따위 보냄(진평왕 43년)		
출 전		신 라 본 기	수 이 전	첫 번째 이야기
왕 대		앞 왕(진평왕)	선덕여왕	선덕여왕
보낸사람		(당나라 고조)	당 태종	당 태종
화 소	無香	○	○	○
	意中		「숨긴 뜻」	미 혼
사 료		B	C	A
이야기 발전		→	→	

선덕여왕의 즉위 과정을 살펴보겠다. 진평왕 54년(정관 6년, 632) 정월에 왕이 돌아가셨다. 이해 2월에 대신[19] 乙祭가 나라정치를 도맡았고[20], 10월에 신하를 국내에 보내어 구호하였으며, 12월에는 당나라에 조공을 바쳤다. 신라 중고기 상대등 가운데 새 왕이 즉위한 해에 임명된 인물로는 진지왕 때 거칠부가 있다. 진지왕은 4년 만에 쫓겨난 임금인 점을 상기할 때, 즉위년에 임명된 상대등은 어떤 면에서 왕권을 행사했다고도 보인다. 이 점을 염두에 두고 다시 거칠부 사료를 보면 '나랏일을 맡기었다'거나,[21] '군국사무를 스스로 맡았다'는[22] 표현은 선덕여왕때 을제의 역할에 대해 시사해주는 바가 있다. 선덕여왕이 왕위 계승권자로 결정된 것은 진평왕대 말기일 것이며[23] 따라서 여왕의 약점을 보완해주는 후견인으로 을제가 내정되었다는 주장이 있다.[24] 그렇지만 선덕여왕이 '나라사람[國人]'에 의하여 왕위에 올랐으므로 을제의 정국 운영은 귀족 세력과의 타협이라고 보기도 한다.[25]

구호/진휼과 조공을 선덕여왕의 직접정치[親政]로 보면, 을제는 2월부터 10월까지 '나라정치를 도맡은[摠持國政]' 것이 된다. 진평왕 말년에 후사 문제가 결정되었다면 진평왕이 사망한 뒤 선덕여왕이 바로 집정하였을 것이므로 을제가 국정을 맡았다고 한 것은 어딘지 이상하다. 혹시 왕자가 없는 진평왕의 경우 그가 돌아간 해까지 왕위 계승에 관한 결정이 나지 않았고, 신라 역사상 처음으로 여자가 왕위에 오르는 문제에 대한 결정은 선덕여왕 원년까지도 논란이 있었던 것이 아닌지 모르겠다.[26] 말하자면 을제의 집정은 선덕여왕이 옹립되기 전까지의 과도정권이며, 이것을 좀더 분명히 기술해놓은 것이 《신당서》의 '나라정치를 잡다[柄國]'는 표현일 것이다. 종친인 을제의 집안계통[家系]에 대해서는 나타난 바 없다. 어떻든 그의 집정이 선덕여왕 즉위한 그해에 그쳤기 때문에 紀年上 진평왕 薨年은 선덕여왕 元年이 되었을 뿐, 실질적으로는 진평왕이 돌아가신 그해에 한하여 을제가 정치를 도맡은 것으로 보인다. 선덕여왕은 재위 2년 정월에 神宮에 제사지냈고, 4년에는 당나라로부터 책봉을 받음으로써 대내·외적으로 왕권이 안정되었다.

진평왕의 돌아가심[薨去]에 대하여 중국 측 史書에서는 모두 정관 5년이라고 나와 있어 한국 쪽 사료보다[27] 1년이 빠르다. 이 점에 대하여, 진평왕이 정월의 아주 이른 날 사망하였기 때문에 그런 착오가 생긴 것이라는 추측이 있는데[28] 설명이 궁색해 보인다.[29] 《삼국유사》 왕력편에는 '仁平甲午立'이라 하여 정관 6년보다 2년이나 늦으며, 따라서 재위 기간은 14년으로 되어 있다. 이에 대해서, '仁平'은 선덕여왕의 연호인데 연호바꿈과 즉위 연도를 혼동한 것이라고 설명하기도 한다.[30] 그러나 이러한 차이는 진평왕이 돌아간 뒤부터 선덕여왕 즉위 때까지 생긴 공백 때문에 생겨났을 가능성이 크다. 정관 5년(진평왕 53년) 사망설을 받아들일 때, 국내에서는 왕위 계승의 문제로 훙거 사실을 이듬해에 공표했을지도 모른다.[31] 결국, 앞 왕의 돌아간 해는 새 왕의 즉위년이라는 등식으로 볼 때 정관 5년이 선덕여왕의 즉위년이 되겠지만, 1년 동안의 공백기를 채우기 위해 진평왕이 돌아간 해를 1년 늦게 편년한 것이라는 가능성을 남겨두자는 말이다.

사료 B에서는 선덕여왕에게 '聖祖皇姑'라는 칭호를 즉위년에 올린 듯 기술하고 있지만, 이들 기사는 선덕여왕의 인물됨에 대한 총평이므로 연도 기사로 받아들일 수 없다.[32] 다행히 《신당서》 신라전에는 그것이 정관 9년(선덕왕 4년)의 사실로 기록되어, 당나라로부터 책봉을 받은 뒤 '나라 사람'들이 왕을 그렇게 높여 불렀다고 나와 있다.[33] 이보다 먼저 '나라사람'들은 선덕여왕을 옹립하였지만, 당나라로부터 책봉을 받자 그들은 선덕여왕이 이어받은 왕위 계승의 당위성을 천명하기 위하여 尊號를 올렸던 것으로 보인다. 이러한 사실의 뒷면에는 선덕여왕 4년까지도 왕권에 대한 불안감이 어느 정도 있었다. 다시 사료 B를 보자. 여기에서 모란 그림 일화는 존호 기사 다음에 쓰여 있다. 그것은 '성조황고'라 높여 부를 수 있는 하나의 근거로서 모란 그림 일화가 제시되었다. 따라서 선덕여왕 당대에도 왕의 신성함과 예지에 대하여 여러 각도에서 강조하고 있었음을 알게 되었다.

모란 그림 일화의 생성 배경을 종합 고찰해보면 다음과 같다. 여자라는 약점이 있음에도 선덕여왕이 왕위에 오를 수 있었던 것은 그가 미래의 일까지도 알아 맞추는 신이한 인물이었기 때문이다. 이렇게 보면, 모란 그림 일화가 생성·유포된 시기는 당나라에서 그림병풍이 온 시기로부터 존호를 받은 시기까지가 된다.[34] 이것은 그가 왕위 계승권자로 거론되자 반발이 만만치 않았다는 사실을 반증한다. 선덕여왕 말년(647) 비담의 난이 일어났을 때 구실이 되었던 '여자는 나라를 잘 다스리지 못한다'는 주장은, 그보다 4년 전 당 태종이 제시한 女王廢位論을 받아들인 것이라는 설이 있다.[35] 이에 반해 그러한 주장은 신라의 敵性 세력 또는 불평분자가 만들어낸 말이 당나라에 전해진 것,[36] 또는 이미 선덕여왕 즉위 전부터 여왕의 즉위를 반대하는 파가 있었다는 주장이 있다.[37] '첫 번째 이야기' 및 위에 든 선덕여왕 초기의 몇 가지 기사를 통해 볼 때, 여왕의 문제가 재위 말기에 제기되었다는 주장은 설득력이 없다.

선덕여왕이 왕위를 이을만한 비범한 인물임을 설화적으로 강변한 것이 모란그림 이야기라면, 그는 혈통상으로도 왕위에 오를만한 사람임을 천명한 것이 '성조황고'라는 칭호다. 이를 '성조의 황고'로 나누어 '강력한 통치력을 구사했던 위대한 진평왕의 딸 선덕'으로[38] 보기도 한다. 선덕여왕이 누구의 딸인지 다 아는 마당에 굳이 아버지를 들먹였다고 보기는 어렵다. 오히려 '신성한 祖先의 皇統을 이은 여인' 정도의 뜻으로 보면 어떨까 한다. 혈통에 대한 글귀를 간과한 채 이 존호를 이해하면, 신성함은 곧 종교적 의미로 풀이되고, 따라서 선덕여왕의 巫女같은 성격을 말하게 된다.[39] 이러한 평가는 당시의 왕권에 원시적 요소가 남아 있다는 선입견과 아울러, <선덕왕지기삼사>조의 예언을 그대로 받아들여 그러한 豫知的 능력에 비중을 두었기 때문이다. 그렇지만 당시 지배계층에서 말하는 신성함이란 무속 차원을 넘어선 단계이다. 선덕여왕의 혈통에 대한 주의 환기, 그리고 그것을 거듭 강조할 수밖에 없는 절박한 상황에서 왕실 주변의 스님들은 이러한 과제를 불교교리로 후원하게 된다. 이에 대해서는 마디[節]를 달리하여 언급하기로 한다.

　'皇姑'의 辭典的 의미는 왕실의 '先姑' 즉 '돌아가신 시어머니'이다. 선덕여왕 재위 때에 '황고'라고 부른 것은 물론 이 뜻은 아니나, 적어도 '姑'字를 쓴 것은 나이가 많은 여자인 동시에 결혼한 여자를 의미한다. 이것은 당 태종이 선덕여왕을 가리켜 '부인'이라고[40] 한 것을 보아도 알 만하다. '첫 번째 이야기'를 보면 선덕여왕은 미혼이었다. 성골남자가 없으니 신분상 결혼 상대가 없다고 이해하거나,[41] 혹은 신라 왕위계승에서 왕의 사위가 왕위를 잇는 경우도 있음을 참작해서인지 흔히 그렇게 알고 있다. 모란꽃 그림을 생각하면 선덕여왕은 미모의 젊은 여왕이었던 듯 싶다.[42] 그러나 선덕여왕은 이미 결혼하였고, 그가 왕위에 있을 때는 결코 젊은 나이가 아니었다. 선덕여왕의 혼인 관계를 말해주는 사료로는《삼국유사》왕력편의 '왕의 남편은 음 갈문왕이다(王之匹飮葛文王)'이라고 한 기사가 있다.[43] 이에 대하여 '匹'이라는 표현을 보나, '첫 번째 이야기'로 보아 '飮 갈문왕'은 '정식의 夫君이 아니라 한 私夫이었던 듯하다'는 견해가 있다.[44] 한편, 개연성으로 보아 선덕여왕 즉위 당시 이미 그의 남편은 사망하였을 것이라 추정하기도 한다.[45] 어떻든, 진평왕의 재위기간이 53년간이나 되었으므로 왕의 맏딸인 선덕여왕도 즉위할 즈음에는 이미 中年은 훨씬 넘긴 나이로 봐야 한다.[46] 선덕여왕의 결혼 여부나 재위 때의 나이에 대한 추정을 가로막는 또 하나의 자료에 志鬼 이야기가 있다.[47] '신라 활리역 사람[新羅活里驛人]' 지귀라는 청년이 '아름답고 젊은' 선덕여왕을 사모하여 그 사랑의 불길이 영묘사를 태우고 자신은 불귀신이 되었다는 내용이다. 이것은 불교경전에 실린 인도의 설화가 한자로 번역된 뒤 신라에 전해져 나름대로 변용을 거쳤는데,[48] 선덕여왕에 대한 전통적 인식을 보여주는 좋은 예다. 그러나 달리 사료가 없는 한, 그는 이미 즉위 전에 혼인을 했다고 보아야 옳다. 요컨대 선덕여왕은 정상적인 혼인관계를 유지한 인물이며, 그녀의 예지에 대한 일화는 왕 자신이 명민하기 때문이기도 하지만, 오히려 지금까지 살펴본 정치적 배경에서 이해하여야 한다.

한 가지 더 언급하고 싶은 것은, '성조황고'라는 칭호는 당시 신라인들의 성골 관념을 보여주는 표현이라는 점이다. '성골'이 실제 사료상에 나타나는 것은 무염화상비문(897~898)이[49] 처음이므로, 성골이란 후대에 追尊된 것이라는 이른바 聖骨非實在說은[50] 재고되어야 한다.

2. 두 번째 이야기

<선덕왕지기삼사>조의 두 번째 이야기는 백제군의 공격을 미리 알고 이를 쳐부수었다는 내용이다.

> D. 영묘사의 옥문지에 겨울인데도 뭇 개구리가 모여 3,4일간 울었다. 나라사람들이 괴이하게 여겨 왕에게 물었다. 왕은 급히 각간 알천·필탄 등에게 명령하여, 정병 2천 명을 뽑아 빨리 西郊에 가서 여근곡을 물어보면 반드시 적병이 있을 것이니 잡아 죽이라고 하였다. 두 각간은 명령을 받아 각각 천 명을 거느리고 서교에 가서 물으니 富山 아래에 과연 여근곡이 있었다. 백제 병사 500명이 와서 숨어 있으므로 모두 잡아 죽였다. 백제 장군 亐[51]검라는 이가 남산령 돌 위에 숨어 있으므로 포위하

여 쏘아 죽였다. 또 후원병 1,200명이 왔으나 역시 공격하여 죽이고 한 사람도 남겨놓지 않았다. - (건너뜀) - '개구리가 성난 모습은 병사의 像이다. 옥문이란 여근이요, 여자는 陰이오 그 색은 흰 색이니, 흰 색은 西方이라. 그래서 병사가 서방에 있는 것을 알았다. 男根이 여근에 들어가면 반드시 죽으니, 이 때문에 쉽게 잡을 것을 알았다.' 《삼국유사》 기이 제1, 선덕왕지기삼사)

D를 설화언어로 말하자면 개구리=병사가[52] 되며, 선덕여왕도 그렇게 풀이하였다. 덧붙여, 신라군이 이길 수밖에 없는 논리도 펴고 있다. 위 이야기는 선덕여왕 5년의 사건을 말하는 것으로서, 《삼국사기》에는 다음과 같이 전한다.

E. 5월에 두꺼비가 궁전 서쪽의 옥문지에 많이 모였다. 왕이 듣고 좌우에게 말하였다. '두꺼비는 성난 눈(目)이니 병사의 相이다. 내가 일찍이 들으니 서남쪽 변방에도 옥문곡이라는 지명이 있다고 하는데 - 글자 빠짐 - 그 안에 숨어 있을지 모르겠다.' 이에 장군 알천에게 명령하니 - 글자 빠짐 - 과연 백제 장군 于김가 독산성을 치려고 500명을 이끌고 거기에 잠복해 있었다. 알천이 쳐서 모두 죽였다. 《삼국사기》 권5, 신라본기 제5)

같은 해의 백제본기 기사를 보자.

F. 5월에 왕은 장군 우소에게 군사 500명을 거느리고 가서 신라의 독

산성을 습격하게 하였다. 우소가 옥문곡에 이르자 해가 저물었으므로 말안장을 풀고 병사들을 쉬게 하였다. 신라 장군 알천이 병사를 거느리고 엄습해와서 아군을 무찔렀다. 우소는 큰 돌 위에 올라가서 활을 쏘며 대항하였으나, 화살이 다 떨어져 붙잡혔다. (《삼국사기》권 27, 백제본기 5, 무왕 37년조)

위 기사는 객관적 사실만 기술하였다. '두 번째 이야기'의 이해를 위해서 사료 F부터 검토한 뒤, 사건에 대한 추측·풀이가 많은 쪽으로 옮겨가기로 한다. 사료 F를 보면 우소는[53) 신라의 독산성을 치러 가다가 옥문곡에서 패전하였다. 그러니까 옥문곡은 독산성과 백제 사이의 어느 지명이 된다. 10여 년 뒤(648) 신라와 백제 사이에 다시 옥문곡에서 전투가 있었다. 이 전투가 있기 바로 전 해에 백제 장군 義直이 신라의 茂山城下에 진격하여 甘物·桐岑의 두 성을 친 일이 있었다.[54) 그러면 옥문곡 전투를 보도록 하자.

G. 3월에 의직이 신라의 서쪽 변방 腰車 등 10여 성을 쳐서 빼앗았다. 4월에 옥문곡으로 진격하니 신라 장군 김유신이 이를 막아 두 번 싸워 (백제를) 크게 격파하였다. (《삼국사기》권 28, 백제본기 6, 義慈王 8년조)

요차성은 尙州 부근,[55) 또는 합천 부근으로[56) 비정되고 있다. 바로 전해 기사를 신라본기에서 보면, 진덕왕 원년(647) 10월에 백제가 무산성·감물성·동잠성을[57) 포위하였으므로 김유신이 군사 1만명을 거느리고 나가 싸웠다고 한다. 그리고 《삼국사기》진덕왕 2년 3월조에도 G의 내용이 실려 있다. 무산성은 오늘날의 무주군 무풍면, 감물성은 김천시 개령면으로 비정되고 있다[58].《삼국사기》김유신전 (上)에도 진덕왕 원년 10월 전투를 기술한 뒤, 이어서 大梁城(합천)에서 백제군을 유인하여 옥문곡에서 격파한 뒤 品釋 부부의 유골을 찾아왔다는 기사가 있다. 이러한 전투 상황을 참작할 때 옥문곡은 신라의 서(남)쪽 변경인 것 같다.[59]

사료 E·F에 나오는 독산성을 경북 성주군 禿用山城으로 비정한 견해가[60] 있는가 하면, 대개는 未詳으로 처리하고 있다. 한편 백제 성왕 26년(548)에 고구려와의 전투에서도 獨山城이 나오는데[61] 이때의 독산성은 長湍으로 비정되기도[62] 하고, 禮山[63] 더 정확히는 예산군 예산읍으로[64] 비정하기도 한다. 또 하나의 독산성으로는 신라 초기 倭兵의 침입을 자주 받은 迎日郡 新光面의 그것이 있다.[65]

그러면 옥문곡은 어디인가? '두 번째 이야기'에 근거하여 '경북 성주와 경남 합천 사이',[66] 경남 합천군 가야면이라고[67] 하는 이가 있는가 하면, '선덕왕지기삼사조에는 富山下의 여근곡이라고 하였는데 너무도 믿기 어려운 이야기로 덮여 있다'고[68] 하여 D의 사료 가치에 회의를 표명하기도 한다. 이름이 같은 지명은 여럿 있을 수 있으므로 지명 비정은 먼저 원문 내용에 부합되어야 한다. 옥문곡의 위치에 대해서는 사료 E의 '西南邊', 사료 G의 '西鄙'라는 기준이 있다. 비록 선덕여왕 때에 신라는 백제의 공격을 받아 많은 영토를 잃었다고는 하지만, 어디에서도 그것이 수도 경주의 郊外일 가능성은 찾아볼 수 없다.

사료 E(신라본기)에서 비로소 설화적 요소가 나타난다. 신라 서남쪽 변방의 옥문곡 피습을 미리 알게 된 것은, 궁전 서쪽에 있는 옥문지에 두꺼비가 모인 것을 보고 짐작했다고 한다. 동물을 통해 인간상을 본 것이며,

이름이 같은 데서 나온 해석의 확대다. 그렇지만 여기서의 옥문곡은 엄연히 신라 서남 변방이고 가까이에 독산성이 있다.

사료 D에서는 '영묘사의 옥문지'로 바뀌며, 계절도 겨울이었다. 다시 언급하겠지만, 영묘사는 선덕여왕 때 국력을 기울여 창건한 절로서 여왕 자신이 자주 행차하던 곳이다. 그러므로 '두 번째 이야기'(사료 D)는 더욱 선덕여왕 중심으로 전개한 것이다. 아울러 겨울 개구리를 내세움으로써 신이함을 극적으로 나타내고 있다. 그리고 '부산 아래의 여근곡'에서 백제군을 섬멸하고 있다. 사실에서 점차 멀어져 경주 지방의 전설로 정착하고 있다. 이 여근곡이 등장하게 된 논리는, 옥문이 곧 여근이기 때문이라고 말한다. 이미 西郊의 여근곡이라고 알아낸 이상, 뒤에 나오는 연결 논리는 蛇足(뱀발)이며 사후약방문 격이다. 즉 여근곡이 어디에 있는지를 새삼스럽게 풀이하고 있으며, 전투 결과 이길 수밖에 없는 이유를 끼워 맞추는 식이다. 그러다 보니 억지 논리가 개입되나, <두 번째 이야기>가 지식인들을 상대로 한 설화라는 점을 염두에 두면 매우 그럴 듯하다.

전황을 보도록 하자. 백제 장군 우소가 독산성을 치기 위해 군사 500명을 이끌고 진격한 것은 사료 E·F가 동일하며, 이 둘 중에서도 F(백제본기)가 좀 더 자세하다. 대부분의 군사는 옥문곡에 갇힌 채 죽음을 당하고, 우소는 '큰 돌' 위에 올라 힘껏 싸웠지만 잡히고 말았다. 백제군 500명이 와서 잠복한 사실은 세 자료가 동일한데, '두 번째 이야기'에서는 우소가 '남산 고개의 바위'에 숨었다고 한다. '남산 고개'는 '두 번째 이야기'에서 처음 나온 지명으로서, 이야기 속의 장소가 이미 옥문곡을 벗어난 이상, 경주 일대에서 내용 전개에 유리한 곳이면 더욱 바람직하였을 것이다. 이러한 변화는 사실의 전개로부터 설화의 논리로 발전하였다고 하겠다. '두

번째 이야기'에서는 1,200인의 2차 공격이 있었다고 하여 더욱 극적으로 전황이 끝난다.[69]

여근곡은 지금의 경주시 서면 신평 2리에 있다. '두 번째 이야기'에 대한《신증동국여지승람》의 기사를 보도록 하자.

> H. 여근곡. 경주부 서쪽 41리에 있다. '전하는 이야기[世傳]는 다음과 같다. 백제 장군 우소가 여기에 군사를 숨겼는데, 신라 선덕(여)왕이 각간 알천을 시켜 습격하여 한 명도 남김없이 죽였다. 이것은 임금께서 알아낸 세 가지 사건 가운데 하나이다.(권 21, 경주부 산천)

'전하는 이야기'는 두 번째 이야기'와 같은 부류이며, 늦어도 고려시대 이래 성립된 것이다. 설화 속성으로 보면 사건의 장소가 바뀌는 것은 크게 문제되지 않는다. 그리하여 '두 번째 이야기'에서 부산·여근곡·남산령 따위 일상 접하는 지명이 등장함으로써 역사의 실상보다 더 사실적이 되었다. 그럴듯한 증거물이나 지명이 있는 한, 설화는 그 나름의 생명력을 가지고 살이 붙게 마련이다. 마치 김유신이 도 닦은 장소 中岳 石窟의 실제 장소는 잊혀진 채, 경주시 서쪽 교외의 '단석산'이나 부산성의 '마당바위[持麥石]'가 김유신의 활약상을 생생히 보여주는 것과 같다.[70]

실제 여근곡은 어떤 곳인가? 여근곡은 부산성 아래가 아니라 약 7 km 북쪽이므로 '두 번째 이야기'의 기술은 틀린 것 같다는 지적이 있다.[71] 뿐만 아니라 조선시대에 김종직은 이곳을 답사하고 나서 '얕은 골에 어찌 적병이 매복할 수가 있으랴. 옥문곡이 천 년 동안 이름만 속였구나'라고[72] 하여, 이 지방 전설이 거짓임을 한탄했다. 더욱 재미있는 것은, 김종직 자신도 부지불식간에 여근곡을 옥문곡으로 적고 있으며, 이러한 실수는 누구라도 범하기 쉽다.[73] 경주 여근곡은 오늘날까지 '옥문곡'으로 불린 적은 없다.[74]

'두 번째 이야기'의 발단은 사료 E에서부터 비롯된다. 선덕여왕이 옥문지의 두꺼비를 보고 옥문곡에 적병이 있을 것이라고 예언했다. 아마도 전투가 끝난 뒤, 승리한 까닭을 왕의 은덕으로 돌리고, 나아가 그것은 선덕여왕이 비범한 능력의 소유자로서 마땅히 왕이 될 자격을 갖춘 인물임을 강조하는 데서 나왔다고 생각된다. 이러한 주장을 뒤집어 보면, 왕의 재위 기간 중에도 여왕의 자격 여부에 논란이 있었다고 풀이된다. 자신이 성골 신분이며, 아버지가 진평왕인 선덕여왕에게 이전 왕들에게는 대두되지 않았던 문제가 끊이지 않는 것은 오직 왕이 여자라는 점 때문이다.

'두 번째 이야기'의 형성 과정을 그림으로 표시해보면 다음과 같다.

['두 번째 이야기'의 형성 과정]

出 典	백 제 본 기	신 라 본 기	<두 번째 이야기>
계절	5월	5월	겨울
옥문지 위치		궁전 서쪽	영묘사
백제군사의 규모	500명	500명	500명(1차)
			1,200명(2차)
인근 지명	독산성	독산성	부산
전투 장소	옥문곡	옥문곡	여근곡
옥문곡 위치		신라 서남변경	여근곡
우소의 전투장소	大石上		남산고개
사 료	F	F	D
설화적 발전	⇒	⇒	

설화에서 시간은 앞뒤가 바뀔 수 있고, 장소는 이야기꾼의 관심과 이해에 따라 변한다. 후대의 기사 가운데 <두 번째 이야기>의 팩트로 다음 사건을 지목한다. 신라 세 번째 여왕인 진성여왕 때 '백제 도적[橫賊]'이 모량리에 침범하였고[75], 그 10년(896)에는 '적고적(赤袴賊)'이 '서부 모량리'에서 분탕질을 했다. 이들 사실이 <두 번째 이야기>로 발전했다는 추정이[76] 그것이다. 신라 선덕여왕 본기, 백제 의자왕 본기에서 상대방 나라와 싸운 사료가 의연히 있는데도 먼 훗날의 사건이 앞선 시대의 이야기 자료가 되었다고 보기에는 무리가 있다.

3. 세 번째 이야기

I. 왕이 아직 건강할 때 여러 신하에게 말하였다. '내가 어느 해, 어느 달, 어느 날에 죽을 것이니 나를 도리천에 장사지내 주시오'. 신하들은 그 곳이 어디인지 몰라 '어디를 말씀하십니까?'라고 여쭈었다. 왕은 '狼山 남쪽이다.'라고 하였다. 예언한 그 달 그 날에 왕이 과연 돌아가셨으므로, 신하들은 낭산의 남쪽에 장사지냈다. 그 후 10 여년 있다가 문무대왕이 왕의 무덤 아래에 사천왕사를 지었다. 불경에 사천왕천 위에 도리천이 있다고 하는데, 이에 대왕이 신통한 성인이었음을 알았다.(《삼국유사》, 기이제1 선덕왕지기삼사)

선덕여왕은 비담의 난 때 의문의 죽음을 당하였다. 이때 왕이 비담 등에 의해 시해되었다고도 하고[77] 혹은 자연사로 보기도 한다.[78] 설혹 자연사했다 하더라도 죽는 날짜를 예언했다는 것은 사실로 받아들이기 어렵다. 왕을 낭산에 장사지내고 나서 나중에 사천왕사가 들어서자, 그 절 위에 위치한 선덕여왕 능이 교리적으로 도리천임이 입증되었다. 선덕여왕에 대한 세 가지 이야기 중 가장 예언다운 구조를 갖추고 있으며, 사천왕사 창건 뒤 어느 시점에서 나온 이야기다.

사천왕사 창건 사정은 다음과 같다.

> 백제와 고구려가 멸망한 뒤, 당나라 고종은 다시 신라를 침공하려고 계획하였다(669). 당시 당나라에 가 있던 김인문이 이 사실을 의상스님에게 알리자, 의상은 귀국하여 문무왕에게 보고하였다. 왕이 신하들에게 당나라 군사를 물리칠 계략을 물으니, 각간 김천존은 근래 용궁에서 비법을 배워왔다는 명랑스님을 소개하였다. 명랑은 신유림 숲에 사천왕사를 세우고 도량을 열면 좋겠다고 하였으나, 이미 당군이 도착하여 해변을 순회하는 사태에 이르렀다. 할 수 없이 비단으로 절을 얽어놓고, 풀로 오방신상을 만들어 유가명승 12명에다 명랑이 上首가 되어 문두루비밀치법을 행하니 당나라 배가 모두 침몰되었다.[79] (《삼국유사》 기이제2, 문무왕법민조 요약)

위 기사에 따르면 명랑은 의상이 귀국한 문무왕 10년(670) 또는 11년 직전에 신라로 돌아왔다. 그런데 《삼국유사》 명랑신인 조목에는 명랑이 선덕여왕 원년(632)에 당나라에 건너가 정관 9년(선덕왕 4년. 635)에 귀국하였다고 되어 있다. 명랑은 선덕왕 7년에 당나라로 유학 간 자장스님의[80] 누이동생 남간부인의 아들이다. 이러한 관계를 고려하면 역시 문무왕

대 귀국설이 타당하다.[81]

신라사에서 중요한 비중을 차지하는 명랑의 귀국 연대에 대한 다른 설이 단순 착오에 의해서 생겨났다고 보기는 어렵다. 무언가 이 해(선덕왕 4년)에 기억할만한 일이 있었고, 그것이 명랑과 어떤 관련이 있을 것이라는 심증이 든다. 여기에서 '세 번째 이야기'의 순서를 그대로 받아들여, 낭산=도리천 설이 먼저 형성되고 이 '신성한 산' 관념에 따라 사천왕사를 짓게 되었을지도 모른다는 추정도 해볼 수 있다. 낭산 중심의 불교적 우주관을 완성하고, 이에 입각하여 가람을 조성한 이가 명랑임을 아는 당대의 신라인들은 일찍이 성립된 이 우주관 자체도 명랑이 발설한 것으로 알기 쉽다. 그렇다면 명랑의 귀국과 관계없는 선덕여왕 4년이란 연대는 바로 낭산=도리천 설이 나온 시점이 아닌가 한다.

선덕여왕은 즉위 전부터 돌아가신 해에 이르기까지 왕으로서의 자격 문제로 시달림을 받아야 했다. 이와 같은 약점을 극복하는 길은 자신이 사천왕·龍 등 신장의 보살핌을 받는 - 부처님과 인연 있는 - 왕이므로 누구보다도 나라를 잘 다스릴 수 있다는 점을 강조해야 한다. 이러한 요구에 가장 적합한 교리는 밀교의 그것이다. 잘 알다시피 황룡사에 구층탑을 세워 외적을 물리치고자 한 것도《금광명경》·《관정경》따위 밀교적 호국사상에 뿌리를 둔 것이다. 대표적인 호국경전 가운데 하나인《십륜경》에는, 범천·제석천 등이 10선을 행하는 진실하고 착한 찰제리(Ksatriya) 왕을 원수나 외적 등의 두려움으로부터 수호할 것을 다짐하는 내용이 있다.[82] 자장이 중국 오대산에서 문수보살로부터, '너희 나라 왕은 천축의 찰리종왕으로서 일찍이 약속(佛記)을 받았다'고[83] 한 것도 이러한 사상에서 나왔다.

선덕여왕 4년은 '성조황고' 칭호가 대두된 시기이다. '신성한 선조의 皇統을 이은 여인'이라고 풀이되는 이 존호 '聖'字의 의미는 다름 아닌 찰리종이다. 앞에서도 언급한 바 있지만, '성조황고'는 당시의 성골 관념을 명확히 보여주는 칭호다.[84] 성골의 '聖'이 불교적 신성 개념이라는 주장은 일찍부터 대두되었지만,[85] 대개는 역사책에서 글자 '聖'이 쓰인 예를 찾거나 신라의 '세 보물(三寶)' 또는 불교식 왕명을 거론하는 데 그쳤다. 이 때문에, 왕의 신성 개념은 인류 보편적인 현상이라는 비판을 받았다.[86] 그러나 특정한 왕이 특정한 신성의식을 표명했다는 점에 유의할 때, 지금까지 '성조황고' 칭호에 대해서 너무 소홀히 취급했던 것 같다. 나는 골품제도에 대하여 자세히 알지 못하지만, 성골 연구와 관련하여 몇 가지 소견을 피력해보고자 한다.

찰리종 또는 '도리천 딸'인 선덕여왕이 다른 이름으로 성조황고라고 불렸을 때, 그의 선조는 당연히 찰리종이며 도리천 출신이 된다. 선덕여왕의 아버지 진평왕을 보면, 그는 '하늘 청지기[天使]'로부터 '上皇'이 내려준 옥허리띠를 받았다.[87] 진평왕 스스로가 내제석궁(천주사)을 창건한 왕이니, 옥대를 전해준 천사는 도리천의 청지기다. 불교 우주관으로 볼 때, 제석은 도리천 아래에 살고 있기 때문이다. 그렇다면 신라 중고기 왕이 스스로 도리천 족속임을 내세운 것은 적어도 진평왕 시대까지 확인된다. 나아가, '上皇' 즉 진평왕의 윗대 왕은 (도리)천에서 옥대를 내려준 것이므로 진평왕의 윗대 또한 도리천에 왕생하였다는 관념을 진평왕 즉위 무렵부터 엿볼 수 있다.

진평왕과 선덕여왕이 불교식 신성족이라는 관념은 당대의 국력을 기울인 불교공사[佛事]에서도 드러난다. 황룡사 장육존상과 황룡사 구층탑의 조성 배경이 그러하며, 이 둘은 천사옥대와 함께 신라의 세 보물(三寶)이다. 이들 가운데 문제가 되는 것은 진흥왕(540~576) 때 만들어졌다고 하는 황룡사 장육존상이다. 그러나 이 불상을 주조한 시기는 진흥왕 때가 아니라 진평왕 때라는 사실이 문헌 및 건축사·미술사애서 밝혀졌다.[88] 종교적 신성 개념으로써 성골 형성에 접근하면서도 그 시기를 불교가 널리 퍼지는 법흥왕대까지 소급시키거나,[89] 진평왕대에 성골이 형성되었다고 하면서도 황룡사 장육존상에 대한 언급을 하지 않은[90] 까닭은 황룡사 장육존상에 대한 이해가 부족했기 때문이다.

성골 의식은 진평왕 때 비로소 표명되었지만, 진평왕이나 선덕여왕이 자신들의 윗대 어디까지를 성골이라 인식하였는지는 모른다. 여기에서 친족집단이나 혼인관계에 대한 접근이 필요할 것이며, 이미 많은 연구가 이루어졌다.[91] 성골의 소급 범위에 대한 연구는 결과적으로 신라 중고시기 왕실의 집안계통[家系] 문제에 귀착된다. 그렇지만 가계 관념은 부차적인 것이고, 성골 형성의 직접적 원인은 왕위계승 문제나 왕권의 정당성 등 정치적 이유에 있고,[92] 그것을 합리화시켜준 사상 배경은 불교였다.[93]

찰(제)리 즉 크샤트리아는 원래 인도의 왕 및 무사 계급이자, 불교의 신성종족 관념이다. 찰리종 왕이 다스리는 나라는 또 하나의 天竺이다. 인도의 우주관을 그대로 신라에 설정하게 된 신라인들은 자신들의 서울, 경주 낭산을 수미산으로 비정하였다. 이곳은 '신유림'이 있는 곳으로서 불교 전래 이전부터 신성시되던 산이었고,[94] 경주의 鎭山이기도 하다.[95] 재래의 신들이 노닐던 낭산이[96] 불교 천신들이 항시 머무는 산으로 변하였다. 이제 찰리종 왕이 죽은 뒤 돌아갈 곳은 낭산 위의 하늘, 도리천일 수밖에 없다. 선덕여왕 자신이 이곳에 장사지내달라고 분부를 남겼는지는 알 수 없지만, 그러한 무덤터의 선택은 이미 당대에 예정되어 있었다. 이렇게 정밀한 불교식 우주관을 신라에 펼쳐놓은 사람은 누구일까?

신라불국토설의 완성자이자 이 신념에 따라 정책을 시행한 고승은 자장이다. 그는 선덕여왕 12년(643)에 귀국하여 황룡사구층탑을 세울 것을 건의하였다. 신라의 왕권이 존립 위기에 처했을 때 당나라에서 귀국한 자장이 불교의 言說을 원용하고 황룡사구층탑을 세움으로써 신라 고유의 정신세계를 구축했다고[97] 볼 수도 있다. 그렇지만 실은 황룡사구층탑 발상은 안홍스님으로부터 나왔고, 자장은 이것을 계승하여 실천에 옮긴 사람이다.[98] 황룡사구층탑 조성의 이론적 배경이 신라불국토설이고, 그 설의 핵심은 선덕여왕이 여타 동이족과 다르다는 別種說이다. 그러므로 구층탑 건립 주장과 선덕여왕 별종설은 따로 생각할 수 없다. 나는 선덕여왕 별종설 또한 구층탑 건립과 마찬가지로 안홍으로부터 비롯되었다고 본다. 다만 안홍이 '도리천 딸'이라는 말을 쓴 데 비해 자장은 '찰리종'이라는 용어를 즐겨 썼다.

자장은 선덕여왕 7년에 당나라로 유학가서 5년 만에 귀국하였다. 자장이 문수보살로부터 황룡사 호국 용 이야기라든가 선덕여왕의 찰리종설을 들은 것은 중국 유학 시절의 일이었다고 사료에 나오지만 실은 귀국 뒤 이러한 주장을 하였다고 이해된다. 안홍은 진평왕 27년(605)에 귀국하여 선덕여왕 9년에 입적하였으니, 선덕여왕 즉위로부터 그 4년에 '성조황고' 칭호를 올리던 시절에 국내에 거주한 인물이다. 따라서 선덕여왕 재위 초기 왕위 계승에 대한 논란이 있을 즈음, 왕을 교리적으로 후원한 이론가는 수나라 문제 시절의 욕계육천 신장들이 부처님 나라를 보호한다는 설을 견문하고 돌아온 안홍일[99] 가능성이 크다. 사천왕사 건립을 아뢰어 청한 명랑의 귀국 연대를 선덕왕 4년이라고 한 것은, 실은 이때 안홍이 신라불국토설 즉 낭산 중심의 우주관을 수립하여 불교나라의 청사진을 제시했던 시기로 보인다. 안홍이 밀교적 성향의 승려라는 지적과 함께, 그의 '예언서[讖書] 또한 명랑의 문두루 법회와 사천왕사 건립에 교시적 성격을 띠고 있다'라고[100] 한 주장이 있다. 비록 논거를 자세히 든 것은 아니지만 명랑의 사상 맥락을 정확히 짚었고, 사천왕사 창건의 이론적 배경이 명랑 당대에 형성된 것이 아님을 밝힌 중요한 치적이다. 황룡사구층탑 건립의 공이 자장에게로 돌아갔듯이, 사천왕사를 건립하게 된 칭송도 명랑에게로 돌아가고 말았다. 거기에는 안홍의 전기가 불분명하고, 그의 성품이나 국내 영향력이 자장이나 명랑에 못 미치는데 이유가 있다고 본다. 안홍에게 비중을 두지 않는 경향은 오늘날에 와서도 쉽게 가시지 않는 것 같다. 그 원인은 ①안홍의 생존 연대[101] ②安弘·安含의 같고 다름 ③안홍의 저서《동도성립기》가 가짜 책[僞書]이라는 주장 등의 문제가 간단히 처리되지 않기 때문에 정면 서술을 회피하는 것 같다. 그러나《삼국사기》진흥왕 37년 귀국 기사는 착오임이 분명하고,[102] 안홍과 안함이 별도의 인물이라는 설은 철회되었으며,[103]《동도성립기》가 위서라는 주장에 경청할만한 근거는 없다.[104] 무엇보다도 다음 사항은 안홍 및《동도성립기》를 보는 하나의 기준이 된다. 첫째. 단속사신행선사비문에[105] '신행은 안홍의 형의 증손'이라고 나와 있다. 둘째.《동도성립기》의 소위 도참 문장을 당대의 것으로 받아들이기는 어렵지만 安弘碑文의 내용과 별로 다르지 않으며, 안홍 비문을 쓴 '薛 아무개'는 원효의 손자 설중업임이 확실하다.

과연 안홍의 청사진은 어떠한 것인가? 다행히 그의 저서《동도성립기》

의 극히 일부가 《해동고승전》에 남아 있으므로 살펴보고자 한다. 《해동
고승전》에는 안홍의 예언서라 하여 '첫 여왕을 도리천에 장사지내고[第一
女主葬忉利天] -건너뜀- 사천왕사를 지어[四天王寺成] -아래 줄임-'을 인용
하고 있고, 안홍 碑文이라 하여 '後葬忉利天 建天王寺 … '가 실려 있다.
첫째 여왕이라든가 사천왕사 건립을 말하는 것으로 보아 이 예언은 적
어도 '둘째 여왕' 진덕여왕대로부터 사천왕사가 완성된 문무왕대 이후의
문장이다. 안홍 자신의 예언에 더 가까운 것이 안홍 비문이다. 예언 문장
을 이렇게 이해할 때, 이 두 가지 일은 안홍이 제안했다고 하겠다. 아니면
'(예언대로) 나중에 도리천에 장사지냈고, 사천왕사가 세워졌다'고 융통성
있게 해석해보자. 그렇더라도 이 안홍 비문의 내용은 '세 번째 이야기'와
동일한 것이니, '세 번째 이야기'의 입론은 안홍 예언이라고 볼 수밖에 없
다.

<선덕왕지기삼사>조는 '別記에 이르되, 이 왕 시절에 돌을 다듬어 첨성
대를 쌓았다고 한다'는 구절로 끝을 맺고 있다.[106] 세 가지 '이야기'와 무
관하게 돌출한 이 기사는 다소 엉뚱한 느낌을 주지만, 이 條가 선덕여왕
의 治世 기록도 겸한다는 책쓴이의 의도를 감안하면 반드시 그렇지도 않
다. 오히려 첨성대 축조 사실은 선덕여왕의 통치에서 빼놓을 수 없는 치
적이다. 첨성대가 과학 차원이든, 占星 차원이든 간에 하늘에 대한 관심
이 새로이 표명된 곳임은 의심의 여지가 없으나[107] 그것이 다름 아닌 선
덕여왕 때 축조된 배경에 대해서는 지금까지 별로 주의를 기울이지 않았
다. 여기에서 우리는 첨성대가 수미산을 본딴 것으로서 하늘에 제사지내
는 곳이라는 이용범 선생의 주장을 돌이켜볼 필요가 있다.[108] 낭산 위에
있는 곧 하늘이 도리천, 낭(수미)산-도리천이라는 우주관을 내세워 자신

의 지위를 확고부동하게 할 필요가 있는 사람은 '도리천의 딸' 선덕여왕 자신이다. 그러므로 첨성대를 통하여 하늘에 제사지냈다거나 하늘을 오르내렸다는 '天'은 바로 도리천이다. <선덕왕지기삼사>조 마지막의 첨성대에 대한 '별기' 기사는 거두절미하여 그 전후 내용을 알 수 없다. 아마도 그 축조 인연에 대한 언급이 생략되었을 것이고, 그것은 '세 번째 이야기'나 안홍의 신라불국토설과 같은 불교우주관이었을 것이다. 이렇게 볼 때 첨성대를 쌓은 기사는 선덕여왕 쪽으로서는 가장 내세울 만한 치적이다. 그렇지만 이 기사는 보는 관점에 따라 중요하지 않을 수도 있다. 《삼국사기》에 기록되지 않은 이 기사가 불교 역사책 《삼국유사》에 기록된 사실에 대해서는 지은이 일연이 선덕여왕 시절의 불교적 우주관을 숙지하고 있다는 점을 염두에 두면 자연스럽게 이해가 갈 것이다.[109] 낭산을 중심으로 한 불교적 우주관이 선덕왕 사후의 가짜 책 또는 예언서의 내용이라거나, 또는 후대의 사실을 소급하여 해석한 것이라는 주장은 적어도 첨성대의 축조 사실만 보더라도 괜한 염려에 지나지 않는다.

근래 나온 주장으로서, 첨성대는 우물 모양인데 우물은 출산과 탄생을 뜻한다고 한다(정연식). 이 경우의 탄생은 신라시조 박혁거세와 성골의 시조 석가모니를 말한다. 부푼 아랫부분은 마야부인의 엉덩이고, 중간의 작은 구멍은 싯다르타 태자가 태어난 마야부인의 옆구리라고. 결국 첨성대는 선덕여왕의 성스러운 두 조상 박혁거세, 석가모니의 탄생과 아울러 성조황고 선덕여왕의 탄생을 상징하는 '삼위일체 聖誕臺'라고 한다.[110] 신라 성골은 자신들이 신화적으로 인도의 왕족임을 표방하여 수미산을 자신들의 뒷산으로 '토착화'했다. 그런 마당에 박혁거세도 선덕여왕도 아닌 마야부인의 출산 모습을 굳이 형상화했다는 데에는 선뜻 수긍하기 어렵다. 신라 중고시대의 김씨 (선덕여)왕과 상고시대의 박씨 왕(혁거세), 그리고 석가모니가 '삼위일체'의 일원이라는 혈연의식과 논리도 난해하다. 무엇보다 선덕여왕을 우러러 받드는 칭호 가운데 '성조(황고)'는 왕이란 신분에서는 같다 하더라도 진평왕 이전의 왕들과는 현격한 차등을 두는 우월의식 아닌가.

<세 번째 이야기>에서 말한 선덕여왕의 유언을 그대로 믿으려는 순진함도 문제지만, 고품격 불교 신화에서 나온 불교치국책을 선덕여왕이 그다지 필요로 하지 않았다는 주장도 시대 상황과 배치된다. 선덕여왕이 즉위한 지 얼마 안 되어 첨성대·분황사를 창건한 것이나, '성조황고' 칭호의 대두는 여성으로서 처음 왕위에 오른 불안감·절박감에서 나온 대응이자 응전(應戰)이다. 통치 후반의 황룡사 건립 때 '찰리종' 운운하면서 공사의 당위성을 거론한 까닭도 나라 안팎에서 여성임을 문제 삼았기 때문이 아닌가. 이러한 논리개발과 국책사업은 안홍이나 자장과 같은 고승보다도 선덕여왕 자신이 먼저 요구했을 사안이다. 이백몇십 년이 지나 세 번째로 (진성)여왕이 즉위할 즈음에도 여성에 대한 원론적 거부감은 예상되고도 남는다. 이 과정에서도 <선덕여왕 이야기>는 호재(好材) 중의 호재였으리라. 그렇다고 <선덕여왕 이야기>는 선덕여왕을 대상으로 한 것이 아니라 진성여왕이 즉위할 즈음에 만들어졌다는 주장은[111] 본말이 바뀐 것이라고 생각된다.

<선덕여왕 이야기>가 재평가 되어 그 징험과 권위가 여과 없이 받아들여졌던 시기는 진성여왕 시절보다 먼저 문무왕 때 사천왕사를 세울 무렵이었을 것이다.

선덕여왕 시절 불교 기사를《삼국사기》신라본기에서 보겠다.

J. 정월에 연호를 仁平이라 고치고, 분황사를 창건하였다.(선덕여왕 3
년)

선덕여왕이 연호를 자신의 것으로 고친 사실은 즉위한 뒤 왕권이 그만
큼 안정되었음을 의미한다. 신라가 스스로 연호를 사용함은 독존적 국가
의식을 대내·외로 과시함이다. 연이어 나오는 절 지은 기사는 改元과 어
떤 관련이 있어 보이는데, '芬皇寺'라는 절 이름을 보면 더욱 그러하다.
여자로서 왕위에 올랐으니, 향기 '芬'字는 여성에게 어울리는 말로서, '芬
皇'이라 함은 곧 女王(皇)을 의미한다. 분황사는 여왕이 다스리는 세상을
기념하는 절이다. 이 皇字는 이듬해에 올려진 '聖祖皇姑'라는 칭호 '皇'과
내포된 의미가 같다.[112)

K. 당나라가 사신에게 符節을 주어 보내서 왕을 주국낙랑군공신라왕
으로 책봉하여 아버지의 봉작을 잇게 하였다. 靈妙寺가 완성되었다. (선
덕여왕 4년)

선덕여왕 4년 기사는 당나라로부터 책봉을 받은 다음, 영묘사를 창건
하였다고 적고 있다.[113)] 역시 전후 기사가 어떤 연관성을 가진 것으로 보
인다. 특히, 선덕여왕이 받은 책봉 호는 아버지왕의 그것을 이어받았다
하였다. 여기에서 절 이름을 눈여겨볼 필요가 있다. 영묘사는 '조상의 영
혼을 모신 사당'으로서 願堂의 기능을 수행하였다는 이영호의 견해는 경
청할만하다.[114)] 한편 이 절은 별신(星神)을 모시기 위한 사원이라는 주장
도[115)] 있으나 설득력이 약하다. 영묘사는 '靈妙寺'·'슈妙寺'라 쓰기도 하

는데,[116] 쓰는 사람의 편의에 따른 것이다. 先代 왕의 책봉을 이어받은 선덕여왕은 위로 선왕들의 영령을 친히 모시는 한편, 아래로는 자신이 그러한 혈통을 이어 즉위한 왕임을 내세워 왕위 계승의 정통성과 정당성을 다져나갔다. 선덕여왕 4년에 영묘사를 창건하고, 성조황고 칭호를 유포시킨 것은 모두 정략적 의도가 깔려 있다고 본다.

4. 마무리

선덕여왕대는 신라 중고시대의 종말을 예고하는 전환기다.《삼국유사》<선덕왕지기삼사>조는 선덕여왕의 선견지명과 예지를 말해주는 세 가지 이야기를 싣고 있지만, 이들 자료를 통하여 이 시기의 정치·사회 및 불교의 모습을 엿볼 수 있다.

'첫 번째 이야기'는 당 태종이 선덕여왕에게 보낸 모란 그림에 나비가 없는 것을 보고 한 말이다. 꽃에는 향기가 없을 것이며 또한 자신이 미혼임을 빗댄 당 태종의 속마음을 알아 맞췄다고 한다. 한편《삼국사절요》에 인용된 수이전에는 미혼 이야기 부분을 '숨긴 뜻이 있을 것이다'라고 하였다. 그렇지만《삼국사기》신라본기 선덕여왕 즉위년조에는 이것이 '前王'때의 일이라 하고, 향기가 없을 것이라는 이야기만 있다. 설화의 형성 과정에서 볼 때 이야기의 발전 순서는 거꾸로다. 이 이야기가 나오게 된 배경은 선덕여왕이 여자이지만 빼어난 판단력을 갖춘 인물로서 왕이 될 자격이 충분함을 강조하려한 것이었다. 그만큼 선덕여왕의 즉위과정에 논란이 있었고, 따라서 선덕여왕을 옹립한 '나라사람들' 쪽이 즉위의 정당성을 내세우기 위한 방편이었다. 실제 선덕여왕의 즉위 연도는 사료에 따라 2,3년의 차이가 있다. 아마도 진평왕이 돌아가신 뒤 얼마 동안의 과도기가 있었고, 대신 乙祭가 '국정을 도맡았다' 또는 '나라를 거머쥐었다'는 역사책의 표현은 이러한 사정을 말해주는 것이라고 추측하였다.

선덕여왕이 갖춘 왕위계승 자격의 더 근본적인 요건은 그녀가 성골이며, 즉위 당시 이미 성골 신분의 남자는 없다는 사정이다. 성골 신분과 관련하여, 선덕여왕이 재위 4년에 당나라로부터 책봉을 받자 나라사람들이 올렸다는 '신성한 선조들의 황통을 이은 여인[聖祖皇姑]' 칭호를 예의주시할 필요가 있다. 그것은 여왕이 혈통상으로 왕위 계승권자이며 아울러 그 혈통은 신성하다는 뜻을 내포하고 있다. '성골'의 의미가 왕위 계승 자격을 가진 신성한 혈통이라고 할 때, 성조황고 칭호야말로 여왕이 그러한 사람임을 강조하는 당대의 표현이다.

'두 번째 이야기'는 영묘사 옥문지의 개구리가 우는 것을 보고 경주 서쪽 교외 여근곡에 백제 병사가 숨어 있다는 것을 알아차려 백제군을 격파했다는 내용이다. 《삼국사기》신라본기 선덕왕 5년조에도 같은 이야기가 나오나, 전투 장소는 신라 서남쪽 변경의 옥문곡이었다. 한편 《삼국사기》백제본기 무왕 37년조에도 같은 전황을 적고 있는데, 물론 개구리 이야기는 없다. '두 번째 이야기'의 사실 추적도 역시 역순으로서 점차 허구가 늘어나 여왕의 명민함을 강조한다. '옥문'과 '여근'은 뜻이 같아서 전투 장소가 여근곡으로 바뀌어졌고 결국 경주의 지역 전설로 정착되었다. '두 번째 이야기'에서 선덕여왕이 원용했다는 음양오행 사상도 이 이야기가 지식인들 사이에서 口演되었다는 설화의 현장성을 말해주는 것일 뿐, 사건 당시로부터 먼 뒷날의 '이야기'다.

'세 번째 이야기'는 선덕여왕이 자신이 죽는 해와 날짜를 예언하고 도리천 즉 낭산에 장사지내달라고 하였는데, 나중에 왕릉 아래 四天王寺가 들어서자 낭산의 정상이 도리천임을 징험하게 되었다는 내용이다. 불교의 우주관을 말한 것으로서, 세계의 중심에 須彌山이 있고, 그 위에 사천왕천, 또 그 위에 도리천이 있음으로 해서 나온 말이다. 이 이야기는 사천왕사가 창건된 문무왕대 이후에 생겨난 것으로 보아야 하겠지만, 그렇다고 낭산이 곧 도리천이라는 신라 중심의 불교적 우주관 자체까지 선덕여왕대 이후에 성립되었는가 하는 것은 별개의 문제다.

낭산을 굴대[軸]로 한 우주관 곧 신라불국토설은 고승 안홍의 《동도성립기》에 보인다. 문무왕대의 고승 명랑이 낭산에 사천왕사를 세우라고 한 것도 실은 이 논리에 입각한 것이다. 명랑은 선덕여왕 4년에 귀국했다고 한다. 명랑의 밀교사상은 안홍의 그것을 계승했다는 점을 염두에 두면 선덕여왕 4년은 안홍이 낭산 중심의 불국토설을 처음 내놓은 시점이라고 판단된다. 이 해는 여왕에게 '성조황고'의 칭호를 올린 해이며, 여왕의 선조를 위하여 영묘사를 세운 해이기도 하다. 이뿐 아니라 한 해 앞서서는 여왕이 다스리는 세상을 상징하여 분황사를 세웠다. 선덕여왕대 초기에 보이는 이들 일련의 사건은 치밀한 정략에서 나온 것이며, 각각 신라불국토설의 일면을 말해준다.

이른바 성골이라는 '聖'의 의미를 구체적으로 나타낸 사료는 '선덕여왕이 곧 도리천의 딸'이라는 말이다. 이것을 달리 표현하여 '찰(제)리종'이라고도 하였는데, 이 말을 즐겨 쓴 고승 자장은 선덕여왕 12년에 귀국하였다. 그러므로 선덕여왕 재위 초기의 불교정책을 입안하고 이를 사상적으로 뒷받침해준 고승은 안홍이었다. 신라 중고의 성골 신분이 진평왕대로부터 그 위 몇 세대까지 소급된다는 연구 결과는 진평왕대부터 나타나는 신라 삼보 및 선덕여왕의 신성한 왕족설 등 불교사의 연구 결과와도 일치하며, 그 이론적 무장은 선덕여왕 4년에 일단락을 짓는다.

Ⅱ. 신라 세 보물과 거문고·만파식적

머리말

'신라 세 보물(三寶)'이란 진평왕의 '하늘이 내린 옥허리띠(天賜玉帶)', 황룡사장육존상, 황룡사구층탑을 이른다. 이들 보물은 왕권, 나아가 나라의 상징으로서 그 권위와 '우러러 받듦(尊崇)'은 다른 어느 것과도 비견될 수 없다. 이들 삼보와는 시대를 달리하여 거문고(玄琴)·'파도를 재우는 젓대(萬波息笛)' - 둘을 합하여 '거문고와 젓대(琴·笛)'라고 부른다 - 가 있는데 여기에 천사옥대를 더하여 역시 신라 사직의 상징으로 쓰이므로 앞 시대의 삼보와 혼동할 정도다.

만파식적에 대한 연구는 몇 있는데 대부분이 설화적 접근이며, 일부 역사 상징성을 천착한 글도 있다. 역사설화 즉 史話는 일정한 시대를 배경으로 이야기되는 것으로서 실존 인물이 등장한다. 여기에서 역사설화의 무대와 스토리를 그대로 믿어도 좋은지를 돌이켜보면 새로운 문제에 부닥치게 된다. 역사설화 역시 사료이기는하지만 그에 대한 배경 검토가 충분히 되었을때 비로소 사료가 된다.

신라의 세 보물과 거문고·젓대의 관계를 풀어나가는 작업은 삼보를 하나씩 음미해본 뒤《삼국유사》만파식적조를 신라사에서 조명해봄으로써 가능하리라 생각된다. 최 근래의 연구에 따르면 만파식적조의 열쇠말 [key word]이라 할 수 있는 문무왕릉 대왕암이 사실과 부합되지 않는다고 한다.[117] 문무왕은 왜병이 침략해 올까 노심초사하지 않았으며, 대왕암 또한 문무왕의 무덤으로 보기 어렵다. 이러한 주장은 실증 연구에서 나온 것이지만 역설적이게도 만파식적의 설화다움을 잘 보여준 셈이다.

만파식적조에서 첫 번째 열쇠말을 들라면 바로 만파식적이 될 것이다. 이 글은 만파식적조에 나오는 젓대의[118] 정체는 무엇이며, 언제 등장하였으며, 모양과 재료는 어떤 것이며, 앞 시대의 삼보와는 어떤 관계에 있는지를 알아보려 한다.

먼저 두 시대에 공통으로 보이는 허리띠부터 알아보자.

1. 옥허리띠와 검정허리띠

진평왕이 하늘로부터 받은 허리띠는 나라의 큰 제사 때만 띠었다.

> 제26대 白淨王의 시호는 진평대왕이니 김씨다. … 즉위한 해에 天使가 궁전 뜰에 내려와 왕에게 "上皇이 저에게 명령하여 옥대를 전하라 하니, 마마께서는 친히 받으시옵소서!"하고 하늘로 올라갔다. 郊廟와 大祀 제사 때는 항상 이 띠를 착용했다. 그 뒤 고구려왕이 신라를 치려고 도모하다가 말하였다. "신라에 세 보배가 있으니 범해서는 안된다. 무엇이냐 하면 황룡사의 장륙존상이 그 첫째요, 그 절의 구층탑이 둘째요, 진평왕의 천사옥대가 셋째다."라고 말하고 그 계책을 그만두었다. (《삼국유사》 기이, 천사옥대)

세 보물을 나열한 사료는 이밖에도 ①《삼국유사》탑상, 황룡사구층탑

② 《삼국사기》 권12, 경명왕 5년, 춘정월조 ③ 《고려사》세가2, 태조20년
조에도 나온다. 옥허리띠를 보관한 장소와 기이한 행적은 아래와 같다.

"… 신라에는 세 가지 보배가 있는데 보물 허리띠는 진평대왕이 띠었
던 것으로서 대대로 전해져 南庫에 갈무리되어 있습니다." 왕은 드디어
창고를 열어보게 했으나 보이지 않았다. 이에 따로 날을 잡아 재계하고
제사를 올린 뒤에야 보게 되었다. (《삼국사기》 신라본기12, 경명왕 5년
조)

이밖에도 신라의 보물창고로는 天尊庫가 있는데, 만파식적을 만들어
이곳에 보관하였다. 신문왕이 흑옥대와 만파식적을 얻은 경위를 보도록
하겠다.

제31대 신문대왕 … (즉위) 이듬해 임오년(682) 5월 초하루(어떤 책
에는 천수 원년[119]이라 하였으나 잘못이다 - 원주)에 … 일관이 아뢰었
다. "대왕의 아버님께서 지금 바다의 용이 되어 삼한을 지키고 계시고,
또 김유신 공은 33天의 아들로서 지금 인간 세상에 내려와서 대신이 되
었습니다. 두 성인이 덕을 함께하여 나라를 지킬 보물을 내주시려 하니,
만약 폐하께서 바닷가로 행차하시면 값을 헤아릴 수 없는 큰 보물을 얻
을 것입니다." …
같은 달 16일에 이르러서야 바람이 그치고 물결이 평온해졌다. 왕은
배를 타고 그 산에 들어가니, 용이 검정옥허리띠를 받들고 와서 왕에게
바치었다. … 왕은 놀라고 기뻐하여 오색 비단과 금·옥을 하사하고, 사

람을 시켜 대나무를 베어 가지고 바다에서 나왔다. 그때 산과 용은 문득 사라지고 보이지 않았다.

왕은 감은사에서 묵고 17일에 기림사 서쪽에 있는 시냇가에 이르러 가마를 멈추고 점심을 드시었다. 태자 理恭(孝昭大王)이 대궐을 지키고 있다가 이 소식을 듣고 말을 달려와서 축하하고, 천천히 살펴보면서 아뢰었다. "이 옥대의 모든 장식은 모두 진짜 용입니다." "그대가 어찌 아는가?" 하고 왕이 물었다. "장식 하나를 떼어 물에 넣어 보여드리겠습니다". 왼쪽 둘째 장식을 떼어 시냇물에 넣으니 곧 용이 되어 하늘로 올라가고, 그 땅은 금방 못으로 변하였다. 이런 연고로 그 못을 '용못(龍淵)이라 한다.

왕은 돌아와서 대나무로 젓대를 만들어 월성의 천존고에 간직해 두었다. 이 젓대를 불면 적병은 물러나고 질병도 낫고, 가물 때는 비가 오고 장마 때는 개이며, 바람이 가라앉고 물결은 평온해졌으므로 이름을 만파식적이라 부르고 국보로 삼았다. (《삼국유사》기이, 만파식적)

위 기사를 보면 이때 천존고를 새로이 만든 것 같지는 않다. 기존의 천존고에 모셔둘 만한 보물로는 어떤 것을 꼽을 수 있을까? 하늘과 관계되는 귀한 보관실 - 여기에 걸맞은 것으로는 천사옥대가 제격이다, 이렇게 생각하면 남고는 천존고를 방위에 따라 달리 부른 이름이다.[120] 또 다른 이름은 '內庫'다.[121] 이것을 다시 內黃殿으로[122] 옮겼다(뒤에 나옴).[123]

한편 흑옥대는 어디에 두었는지 더 이상 언급이 없고 이후의 행방도 모른다. 그뿐 아니라 뒤에서 논하겠지만 만파식적과 짝하는 보물은 흑옥대가 아니라 거문고[玄琴]다. 이 때문에 흑옥대는 동해 용으로부터 받은 보물인데도 '부수적으로 끼어든 느낌'[124] 또는 '젓대의 신이성을 더해주는 보조물'에 지나지 않는다는[125] 지적이 있다.

흑옥대에 대해서는, 같은 용도와 비슷한 이름의 천사옥대와 비교해 볼 필요가 있다. 첫째, 하늘이 내려주었다는 수식어 '天賜'와 색깔을 말하는 '黑'과는 상충되지 않는다. 아울러 천사옥대는 '天賜帶'[126]·'聖帝帶'[127]·'聖帶'[128]·'寶帶'[129]라고도 불리었다. 따라서 '天賜'가 (玉)帶 앞에 붙는 고유한 수식어는 아니다. 마찬가지로 흑옥대도 그 유래를 보면 '寶帶'·'聖帶'의 반열에서 결코 뒤지지 않는다. 그럼에도 후대에 이 둘을 비교한다거나 두 허리띠를 동시에 거론한 사례가 없다. 둘째, 재료는 모두 玉이다. 셋째, 태자 理恭이 흑옥대를 가지고 온 부왕을 맞이하여 흑옥대의 (眞價)를 알아보았다고 하는데, 당시 태자는 태어나지도 않았다.[130] 자연히 두 허리띠 가운데 하나는 그 존재가 의심스러우며, 애초에 같은 허리띠를 가지고 표현만 달리했을 가능성이 있다.

중고시대에 천사옥대가 있는데 다시 흑옥대가 등장하는 것은 중대 무열왕권의 정당성을 주장하고 왕권강화를 도모하기 위해 천사옥대 설화를 재편성하였다고 한다.(김상현)[131] 나아가 신문왕 이후 진골왕들도 흑옥대를 착용함으로써 비로소 나라 第一의 사당 神宮에 제사지낼 수 있었다고 한다.(채미하)[132] 이 단계에서 비록 후대의 자료이기는 하지만 《신증동국여지승람》을 볼 필요가 있다. 이 책 경주 고적조에는 다만 '옥대'만 나올 뿐 그것은 '흑옥대'도 '천사옥대'도 '聖(帝)帶'도 아니다. 그 내용을 보면 천사옥대를 받은 緣起 및 후대의 관련 기사를 옮겨놓았을 뿐이므로[133] 흑옥대는 자연히 설 자리를 잃어버리게 된다.

천사옥대의 모습은 다음과 같이 자세히 적혀 있다.

청태 4년 정유(937) 5월 정승 김부가 금으로 새기고 옥으로 반듯하게 장식한 허리띠 하나를 바쳤다. 길이가 10 뼘으로서 새겨 붙인 장식이 62개였는데 이것을 진평왕의 천사옥대라 했다. 고려 태조가 이것을 받아 궁중 창고에 보관했다. (<천사옥대>조 원주)

이것이 나라의 세 가지 보물 즉 사직의 상징이라고 함은 몇 군데 언급되었다.

신라삼보 중에서 구층탑과 장육상은 누구에게 전해주거나 창고에 보관할 수 있는 성질이 아니다. 옥허리띠는 달라서 그것을 가진 사람은 王者로서 정당성과 권위를 부여받는다. 중고시대 성골 왕실의 옥대에 견주어 중대 진골 왕실은 새로이 琴·笛을 얻었다. 여기에 기존의 옥허리띠를 더하면 세 가지 보물이 되어 중고시대의 왕실 삼보와 맞먹는다.

[신라 왕조의 세 보물]

중고시대	(하늘이 내린) 옥대	황룡사장육존상	황룡사구층탑
중대	(흑)옥대	거문고	만파식적

2. 만파식적의 대두 시기

만파식적 설화의 사실성에 대한 의문은 나만 가진 것이 아니다. 《삼국사기》 악지에는 신라 음악으로 三竹·三絃을 시작으로 여타 음악·무용과 옷가지(복식)를 적은 다음, 삼현의 종류를 적고, '三竹, 一大笒 二中笒 三小笒'이라 하여 역시 삼죽의 종류만 적었다. 이어서 현금·가야금·비파에 대하여 본격적으로 서술하고 다시 삼죽에 대하여 설명한다. 그 가운데 아래 기사가 나온다.

'鄕三竹'도 역시 신라에서 기원하였으나 누가 만들었는지 알 수 없다. '옛 기록'은 말한다. 신문왕 때 동해에 홀연히 작은 산이 나타났는데 모습이 거북머리와 같고, 그 위에 한 줄기 대나무가 있어, 낮에는 갈라져 둘이 되고 밤에는 합하여 하나가 되었다. 왕이 사람을 시켜 베어다가 젓대를 만들고, 이름을 만파식(적)이라 하였다. 이런 이야기가 있으나 괴이하여 믿을 수 없다. 《삼국사기》32, 악지)

다시 삼죽 기사가 이어지는데 그 곡조와 가짓수를 수록하였다. 그러고 보면 향삼죽 및 만파식적 기사는 여벌로 끼워둔 느낌이다. 그럼에도 만파식적이 향삼죽의 하나이기에 이곳에 등장하였다. 만파식적이 삼죽에 들어가지 않음은 『삼국사절요』 신문왕 2년조를 보아도 알 수 있다. 이 책에서도 《삼국사기》 악지와 마찬가지로 만파식적의 에피소드를 간단히 적은 다음 "또한 삼죽이 있는데 모두 唐笛을 모방하여 만들었다."고 썼다. 우리는 무엇이 향삼죽인지, 향삼죽의 曲·調는 어떤 것이 있는지 궁금하나 어느 하나 알려진 것이 없다. 과연 만파식적이 실용 악기로 쓸 수 있는지, 그것이 과연 문무왕·김유신이 합심하여 점지하신 신비한 악기라면 굳이 세 젓대 가운데 하나로 만족해야 하는지 의아한 점은 더 늘어난다.

이 사건은 <만파식적>조 끼움주에도 천수 원년[신문왕 10년]의 일이라고 하는 다른 설이 있다.[134] 나는 일찍이 효소왕의 왕위계승을 정당화하려고 지어낸 이야기로 본[135] 바 있다.

아래 사료는 만파식적이 신문왕대에 생겼다는 설을 더욱 의심케 한다.

왕의 아버지는 대각간 효양이 선대로부터 지녀온 만파식적을 왕에게 전하였다. 왕은 이것을 얻게 되었으므로 하늘의 은혜를 두텁게 입어 그 덕이 멀리 빛났다. 정원 2년 병인(786) 10월 11일에 일본왕 文慶이 군사를 일으켜 신라를 치려다가 신라에 만파식적이 있다는 말을 듣고 군사를 물리고, 사신을 보내 금 50냥으로 젓대를 [보자고] 청하였다. 왕이 이르기를, "내가 듣기에는 상대 진평왕 때에 그것이 있었다고 하는데 지금은 어디에 있는지 알 수가 없다."고 하였다. 이듬해 7월 7일에 다시 사신을 보내 금 1천 냥으로 청하기를, "과인이 그 신비로운 물건을 보기만 하고 그대로 돌려보내겠습니다."라고 하였다. 왕은 전과 같은 대답으로써 거절하고 은 3천 냥을 사신에게 주었는데 금은 돌려주고 받지 않았다. 그 젓대는 내황전에 간직하였다. 《삼국유사》기이제2, 원성대왕)

이러한 이설에 대해 "만파식적조 기록이 옳다."고[136] 단언한 해설이 있지만 달리 그 근거를 밝히지는 않았다. 아마도 원성왕이 중대 무열왕계 왕실을 극복하려고 지어낸 이야기일 수도 있다.[137] 아래 기사를 보더라도 만파식적은 신라 왕조의 상징으로서 천사옥대와 비견된다.

국선 부례랑이 실종되고, 內庫/天尊庫에 있던 현금(거문고)과 만파식적이 없어졌다. 부례랑 부모는 백률사 관세음보살상 앞에 기도하였더니, 부례랑이 돌아오고 악기도 되찾았다. 이 공로로 부례랑의 아버지 大玄 아찬은 태대각간에 봉해지고, 어머니 용보부인은 사량부 鏡井宮主가 되었다. 이러한 일로 인하여 이름을 '만만파파식적'이라고 높여주었다.

《삼국유사》, 탑상, 백률사 요약)

없어졌던 보물이 기도와 제사를 지내자 다시 나타났다는 모티프는 경명왕 5년조에서 말한 바 이 해에 다시 찾았다는 옥허리띠를 연상시킨다. 琴·笛 즉 거문고와 만파식적에 대해서는 한국음악사에서 익히 거론되었다. 거문고는 고구려로부터 배운 악기이며, 만파식적 또한 고구려에서 온 것으로서 뒷날 향악 三竹 (大·中·小笒)의 모체가 되었을 것이라고 한다.[138] 그리고 고구려에서 유래한 橫笛은 이미 신문왕 2년(682)의 감은사 청동사리그릇의 인물상에 보이므로 적어도 그 이전에 수용되었을 것이라 한다.[139] 이러한 방증사료 역시 만파식적이 신문왕대에 등장했다는 사료를 의심하게 만든다.

만파식적에 대한 후대의 기록을 보기로 하자. 《신증동국여지승람》 만파식적조는 《삼국유사》 <만파식적> 및 <백률사>조 내용을 요약해서 실었다. 그 마지막에 '지금은 없다'고 하여 실재여부를 가리기 어렵게 써놓았다. 이어지는 항목이 주목된다.

옥젓대[玉笛]: 길이는 한 자 아홉 치인데 그 소리가 맑다. 속설에 동해의 용이 바친 것이라 한다. 역대 임금이 보배로 전하였다. (《신증동국여지승람》21, 경주부 고적)

해룡이 바쳤다는 것을 보면 만파식적과 진배없으며 더구나 왕들이 대물림한 것이다. 경주에는 20세기 초에 조사된 경주부 창고에 옥적이 둘

있었는데 그 가운데 하나가 바로 위의 옥적이라고 한다.[140] 우리의 주의
를 끄는 것은, 옥적의 재질은 돌이지만 그 겉모습은 대나무 마디를 조각
했다는 견문기이다.[141] 여기에서 우리는 베일에 싸인 만파식적보다는 옥
적에 더 믿음이 간다. 더군다나 동해용이 바친 것이라면 바다로 쳐들어오
는 왜적 퇴치에도 효험이 적지 않을 터이다. 이렇게 보면 일본이 신라를
치려다 만파식적이 있다는 말을 듣고 물러났다는 《삼국유사》 원성대왕조
이야기도 만파식적을 옥적으로 보았을 때 논리적으로 더욱 맞아떨어진
다.

　만파식적과 옥적 사이의 관계가 심상치 않다. 바다로 대나무가 떠 내려
왔을 때 사람들은 그것을 베어 왔을 터이다. 그 가운데 굵고 잘 생긴 밑둥
을 神體로 하여 바다에서 멀지 않은 神堂에 모심이 제격이다. 이러한 착
상은, 근래까지 존속한 서해안 백령도 '당개 서낭당'을 보고 연상된 모습
이다.[142] 신체에는 옷을 입히든가 치장했을 터이고, 그중에서 굵기가 적
당한 것은 젓대로 만들어 굿이나 제사 때 불었다고 추정해본다. 중대 진
골 왕족의 신성함을 알리는 데 이보다 효과적인 것은 없을 터이다. 이러
한 관악기가 고급화되고 형식화되면 옥젓대가 되는 것 아닌가. 비슷한 과
정은, 관음보살이 의상스님에게 神託하여, 산꼭대기에 대나무가 솟아난
곳에 佛殿을 지은 데서도 볼 수 있다. 나는 이것을 불교 수용 이전, 대나
무를 모시던 서낭당 遺習으로 이해하고자 한다. 사료를 읽으면서 깨달았
을 터이지만 대나무를 보는 민속·신앙의 관점은 이러하다.

　　대는 번식력이 강하고 늘푸른나무로서 소나무와 비견되며 영생과 불
　　변을 상징한다. 대는 신을 부르거나 내리게 하는 신대로 사용되는 점에

서 신화적 상징성을 유추하게 된다. 즉 대는 신령의 집, 신령의 통로 등을 상징한다. 솟대와 별신대는 神竿으로서 신과 交感하기를 바라는 심리가 반영된 하나의 형태다. (두산백과)

대풍류

3. 신라의 '세 보물'

비록 황룡사의 규모나 국가와의 관계를 고려한다 하더라도, 한 나라의 왕권을 상징하는 세 보물 가운데 일개 사찰이 둘이나 소유하고 있다고 하면 지나친 감이 있다. 아마도 황룡사구층탑 건립을 주장한 안홍이나[143] 이 절의 寺主이자[144] 그 역시 구층탑 건립을 건의·지휘한 자장[145] 등 황룡사 쪽의 주장이나 요구가 반영된 듯하다. 옥허리띠가 신라 하대까지 '세 보물' 가운데 하나로 자리매김하고 있음은 고려 태조가 이것을 넘겨받은 것만 보아도 분명하다.

황룡사에 있는 나머지 두 보물은 어떤 역할 또는 기능을 하였을까? 장육존상에 대해서는 다음과 같은 타당한 지적이 있다.

> (황룡사장육존상이) 국보로서 기여한 구체적인 사료는 찾을 수가 없다. 뿐만아니라 선덕(여)왕이 영묘사에 장육상을 새로 조성해 모심으로써 이후 황룡사장육상은 신라 유일의 장육상은 아니었다."[146]

황룡사구층탑에 대해서는 몇 차례의 보수 기록만 있을 뿐이다. 신라 중고기의 塔·像 두 보물은 거대한 건축과 조각이므로 중대의 보물 관용구 '琴·笛'과는 차원이 다르다. 통일신라시대의 삼보는 이러한 부조화(unbalance)를 일치시키는 - 역시 보물상자에 넣을 수 있는 - 보물을 새로 둘 모시어 기존의 옥허리띠와 함께 세트가 되었다. 성골을 대신하여 왕위에 오른 중대 왕실로는 무언가 중고시대보다 나은 시대의 상징으로서 보물이 요구되었다.

만파식적이 진평왕대부터 있었다는 <원성대왕>기사는 착오로 보이지만 그 나름의 진실이 있다. 중고시대 보물을 이어받은 것으로 보이는 옥허리띠를 제외하면 중대 3보의 나머지 두 보물도 이어받든지 새로이 창출하지 않으면 안 된다. 사료상으로 옥적이 신문왕 이전부터 존재한 것으로 보이므로 신문왕대의 만파식적 스토리는 옥젓대에 대한 새로운 해석 또는 의미부여를 한 것으로 보인다. 신라 중대 삼보 가운데 나머지 하나인 현금은 고구려로부터 얻은 것이라 한다.[147]

중대 왕권이 중고시대의 삼보를 부정하고 자신들의 삼보를 별도로 지정했다고 보는 근거는 만파식적조에 있다.[148] 하지만 만파식적 이야기가 사실과 거리가 있다고 하여 중대 왕권의 삼보설까지 문제 삼는 태도는[149] 지나치다. 중대 왕실은 중고의 그것을 계승함으로써 입지가 더 굳어질 수 있다. 즉 '祖宗에 전해오는' 보물을 자신들이 이의 없이 이어받았다고 함이 무열왕계가 왕위 계승 자격자임을 안팎으로 보여주는 일이다. 그 연결고리가 옥허리띠다.

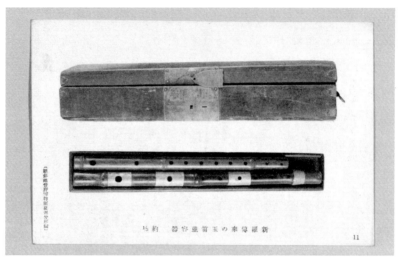

옥적_ 조선총독부박물관 경주분관

4. 마무리

신라삼보란 진평왕의 천사옥대·황룡사장육존상·황룡사구층탑이다. 이
들은 모두 신라 중고기에 만들어졌거나 얻은 것으로서 왕권의 상징이다.
이와는 별도로 흑옥대와 거문고 만파식적은 신문왕 행차 때 얻었거나 만
들어졌다. 이후 흑옥대는 사료상에 보이지 않는다. 만파식적은 거문고와
함께 '琴笛二寶'라 불리었는데 사직을 상징하는 사건이 두엇 있었다. 이
때문에 만파식적과 거문고는 기존의 삼보를 대신해 중대 왕권이 만든 호
국의 보물로 이해해 왔다.

만파식적 설화는 《신증동국여지승람》 등에 소개되지만 그 존재 여부에
대해서는 막연하게 처리하였다. 이와는 별도로 '玉笛'에 대해서는 기록은

물론 현물이 전해 왔다. 옥적은 동해 용이 바친 것이며 역대 임금들이 대대로 전한 것이라 하였다. 그 생김새를 보면 대나무 조각을 해놓았다. 나는 만파식적이 실제 있었던 것이 아니라 옥적의 생김새에서 파생된 설화라 하였다. 아울러 만파식적을 얻은 연대도 신문왕대가 아니라 진평왕대부터 있었다는 일설도 있는만큼 기존의 옥젓대에다 중대 왕실이 새로이 의미부여한 것으로 보았다.

흑옥대는 천사옥대의 별명이라고 보았다. 왕의 허리띠와 관련해서《신증동국여지승람》등에 다만 '玉帶'만 나올 뿐이므로 '天賜'나 '黑' 등은 그 강조하는 기준에 따라 적당히 붙여진 수식어라고 하였다. 그리고 만파식적을 둔 곳이 天尊庫인데 이 건물이 이전부터 있었다면 천사옥대도 이곳에 보관했을 것이라고 추측해 보았다.

이렇게 만파식적과 흑옥대를 부정적으로 보게 된 배경은 만파식적조 자체를 지어낸 이야기로 보기 때문이다.

Ⅲ. 문무왕과 대왕암

- 숨은 바위 '여'에 대한 서사(narrative) -

1. 무엇이 문제인가?

일찍이 고유섭 선생이 '나의 잊히지 못하는 바다'[150] 및 '경주기행의 一節'[151]이라는 글을 발표하여, "무엇보다도 경주에 가거든 동해의 대왕암을 찾으라"는 말씀은, 일제강점기라는 암울한 시기에 겨레의 정기를 일깨워준 큰 가르침이었다. 그 후 1960년에 나온《감은사》발굴보고서에는

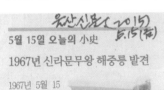

5월 15일 오늘의 小史

1967년 신라문무왕 해중릉 발견

1967년 5월 15일 경북 경주시 월성군 양북면 봉길리 약 200m 앞바다에 있는 대왕바위에서 바닷물 속에 지어진 문무대왕릉이 발견됐다. 둘레 약 200m의 대왕바위에 정확한 동서와 남북으로 십자수로를 깎아내고 그 중앙에 패진 4평 가량의 해중릉에 해중릉이 조영돼 있다. 유골은 그 못안 석함속에 안치된 것으로 보이며, 그 위에 길이 3.59m, 두께 0.9m의 큰거북 모양의 화강암 개석이 덮여있다.

문무왕 해중릉 신문기사

'해중릉' 및 왜병을 진압하기 위해 절을 세웠다는 기록이 거의 사실로 받아들여졌다.[152] 1964년 신라오악학술조사단이 발족되자 대왕암에 대한 학술 논의는 활기를 띠었는데, 주된 쟁점은 경주시 양북면 봉길리 앞바다의 대왕암이 신라 문무왕의 죽음과 어떤 관계가 있느냐 는 것이었다.

먼저 '물속 왕릉[藏骨處]'설을 소개하겠다. 첫째, 문무대왕 해중릉의 구조는 암초 중앙부를 파내고 육지에서 운반하여 온 한 장의 큰 돌을 안치하여

경주시 감포 대왕암(주수완ⓒ)

그 밑바닥에 유골을 봉안한 것으로 보인다. 둘째, 이 중앙부에 물을 모아두려고 사람이 동서로 긴 물길을 마련하였는데, 밀·썰물에 따라 바닷물이 동쪽에서 들어와 중앙부에 모여서 다시 서쪽으로 빠져나가게 높낮이를 잡았다. 셋째, 가운데 놓인 거대 암석은 정확하게 남북 방위에 따라 안치된 사실로 미루어 세심한 배려가 따랐다. 넷째, 암초의 둘레에는 크고 작은 열둘의 암석이 돌출하고 있어서 자연의 배치이기는 하나, 혹시 열두 신장상의 호위 같은 의미를 부여할 수도 있다.(황수영)[153]

　이에 대한 반박도 적지 않다. 원문 해석과 관련하여, '藏骨處'를 '葬骨處'로 해석하여, 단순히 장사지내고 뼈를 뿌렸다면 대왕암에 어떠한 장치도 필요하지 않은데 과연 어떤 인공 흔적도 발견할 수 없다.(이병도)[154] 구체적으로는 첫째, 구조면에서 石函을 덮고 있다고 믿어온 뚜껑돌 밑에는 공간이 있고, 뚜껑돌의 일부만 바닥에 붙어 있어서 뚜껑돌이라고 보기는 어렵다. 둘째, 왕릉의 뚜껑이라면 적어도 다듬어져 있어야 할 텐데 그러한 흔적이 없는 자연석이다. 셋째, 이 뚜껑돌도 실은 주위에 병풍처럼 둘러싸인 돌에서 떨어져 나온 것이다.(남천우)[155] 그밖에 배수로를 두었다는 데 대하여, "그 용의 출입구는 서쪽, 즉 육지 쪽을 향하고 있으며, 일본 쪽을 향하고 있지 않다. 그는 도리어 일본 쪽에는 등을 보이고 있는 것이다"(김원룡)라는[156] 비판이 있다.

　두 진영은 상반된 고고학적 관찰에 따라 관련 문헌을 끌어다 쓰면서 각각 자신의 주장을 보강하고 있다.

　내가 보기에 수중왕릉설에는[157] 사료 취급상 문제가 있다. 첫째, 《삼국사기》와 《삼국유사》는 별개의 역사책일 뿐 아니라 문무왕(661~681) 장례에 대한 기술도 서로 다른데 이를 무시하였다. 둘째, 《삼국사기》 신라본기7, 문무왕 말년 기사(이하 '문무왕본기'로 줄임)를 자의적으로 해석할 뿐 아니라, 성격을 달리하는 본문과 끼움주를 구분하지 않았다. 셋째, 《세종실록지리지》 이후의 각종 지리지나 문집 등 후대 자료를 가지고 고려시대 역사책을 해석하는 방법상의 오류가 있다.

　수중왕릉설 즉 해중릉설을 비판한 이들은 다비[화장]한 뒤 뼛가루를 뿌렸다는 이른바 산골처설을 주장하는데, 여기에도 문제가 없는 것은 아니다.[158] 적어도 산골한 장소가 대왕암이라는 구절은 어디에도 없다. 설사 산골 장소가 대왕암이라 하더라도 "전설로 대왕암이라고 불린 바위가 과연 어느 바위인지도 의문"이라는 지적은(김정학) 옳다.[159] 이는 문무왕본기의 '東海口 大石上'을 곧 대왕암으로 보기(이병도)[160] 때문인 듯한데, 역시 바로 뒤에 나오는 '俗傳'을 간과하거나 무시하였다.

한편 물속장례[水葬]는 시신을 그대로 물에 넣는 것이므로 '鳥葬'이라 하자는 제안도 있었다.(김원룡)[161] 근래 감은사 동삼층석탑의 사리가 문무왕과 관련된다는 견해도 조심스럽게 나왔다.[162] 그렇지만 문헌에 없는 내용이라 찬동하기 어려우며, '부처님 사리탑[佛塔]'을 세우면서 왕의 사리를 넣는다는 것도 이치에 맞지 않는다.

문무왕 장례 기사는 장례 방식 및 장소를 말해주고는 있지만, 처음부터 大王石(岩)이 불거져 나와 이것을 문무왕의 제반 장례 문제와 어떻게 연결할 것인지를 고심한 흔적이 역력하다. 이 점은 현대 역사학자들에게서도 마찬가지이다. 장례 문제는 원점에서 선입견 없이 풀어나가지 않으면 안되며,[163] 그와 동등한 비중으로 대왕암이 그토록 강하게 각인될 수밖에 없었던 까닭 또한 밝혀야 한다. 물론 대왕암에 대한 과학적 조사를 하면 이 물속 바위의 정체는 밝힐 수 있다. 그간에 몇 건의 실측도도 나온 바 있다. 최후, 최대의 조사/보고는 현대식 장비를 동원하여 대왕암에 갇힌 물을 퍼낸 뒤 '최초 발굴'하여 2001년 4월 28일에 보도된 영상이다.[164] 당시 참여한 학예연구사는 다음과 같이 결론을 내렸다. "20톤 정도로 추정되는 이 바위가 바닥에 박힌 사실을 제외하더라도 육상 어딘가에서 이곳으로 옮기는 것은 불가능에 가깝고, 또한 파도가 일면 물을 막을 방법이 없기 때문에 대왕암 내부에 무슨 인위적인 시설을 하는 일도 불가능하다."[165]

대왕암에 대한 구조가 과학적으로 밝혀졌다 하더라도, 산골처 또는 해중릉 여부에 대한 문헌해석상의 타당성이 뒷받침되지 않으면 대왕암에 대한 기대는 여전히 남게 된다. 나 또한 문무왕의 화장터나 매장지 – 뼈를 갈무리했든 뿌렸든 간에 – 를 밝힐만한 새로운 자료를 가지고 있지는 않으며, 그 추정이나 분석을 할 만한 고고학·역사지리학 소양도 없다. 다만 문헌사료 중심으로 읽고, 관련 전설·민속 자료를 참고하여 문무왕 장례 및 대왕암에 대한 사실을 추구해보려고 한다.

2. 문무왕의 장례

1)《삼국사기》와《삼국유사》기사

《삼국사기》문무왕본기는 이러하다.

> 7월 1일에 왕이 돌아가시자 시호를 '문무(왕)'라 하였다. 뭇 신하들은 (왕의) 유언에 따라 '동해 들머리[東海口]'의 큰 돌 위에 장사지냈다. 전해오는 말[俗傳]에, 왕은 돌아가시어 용이 되었으므로 그 돌을 가리켜 대왕돌[大王石]이라 한다. 유언하시기를 …秋七月一日 王薨 謚曰文武 群臣以遺言葬東海口大石上 俗傳 王化爲龍仍指其石大王石 遺詔曰 …"
> (《삼국사기》卷7, 신라본기7, 문무왕 21년).

장례가 치러진 큰 돌을 항간에서는 대왕돌이라 불렀다고 이해하기 쉬우나 자세히 보면 '俗傳'은《삼국사기》편찬 당시의 전승이므로, '其石'이 반드시 앞 문장의 '大石'을 가리킨다는 보장은 없다. 문장상으로 '其石'은 오히려 용이 되었다는 돌을 가리킨다. 이 속전의 옳고그름에 대해서는 더 이상 언급하지 않고, 이어서 유언의 내용을 소상히 기록하고 있다. 그 요지는 이렇다 자신은 수많은 전쟁을 감행하여 드디어 어진 정치를 이루었으니 여한이 없다고. 그렇지만 어쩔 수 없이 자신도 죽음에 이르게 되었으니 태자가 왕위를 곧바로 계승하여 義와 禮를 행할 것, 죽은 뒤의 호화로운 무덤은 부질없는 짓이니 장례를 검소히 할 것 등이다. 장례의 장소와 격식에 대해서도 구체적으로 지시하고 있다.

> 임종 열흘 뒤 庫門 바깥 뜰[外庭]에서 '서쪽 나라(인도)' 식으로 불(火)로 화장하여라. 屬纊之後十日 便於庫門外庭 依西國之式 以火燒葬 (《삼국사기》卷7, 신라본기7, 문무왕 21년).

문무왕의 유언을 앞의 장례 기사와 대비시켜보면, 장례 장소인 '庫門外庭'이 곧 '東海口大石上'이라는 등식이 성립된다. 장례터를 가리키는 두 곳은 얼핏 보아 서로 다른 곳을 말하는 것처럼 판이하다. 하지만 별개로 끼어든 '속전'에 구애받을 필요가 없다면 위의 등식은 타당하다. 다시 말하면 일반명사로는 '東海口의 大石上'이지만, 그 구체적 장소를 지칭하면 '庫門의 外庭'이다.[166] 마찬가지로 '속전'을 도외시하면 '海口'를 반드시 '바닷속(海中)'으로 볼 필요도 없다.

해중릉 주장자들은 '庫門外庭'을 경주시 배반동의 陵只塔 지점으로 비정한다. 능지탑의 유구가 塔廟의 성격을 띠고, 여기에서 숯 조각이 출토되며, 이웃 사천왕사터에서 문무왕 빗돌 조각이 나온 것, 이 빗돌이 꽂힌 귀부의 거북머리가 북향(대왕의 탑묘 쪽)하고 있는 점, 신라 사람들이 문무왕의 화장터를 그냥 방치할 리 없다는 점 등을 그 이유로 내세운다.(황수영)[167] 그밖에도 '陵只'는 《동경잡기》에 나오는 '陵旨'와 동일한 지명이며,

능지탑이란 '陵의 塔'이란 의미이고, 마을 사람들이 이 일대를 '庫門뜰'이라 부른다는 것 등으로 위 주장은 보강되고(신영훈) 있다.[168] 그러나 능지탑설에 대하여는, 사이토오 다다시[齋藤忠]가 1937년에 이 유적을 조사하여 막연히 화장터로 추정해본 것이며, 경주 주변에 '陵旨'(陵只 아님)란 지명이 여럿 있으므로 삼산오악학술조사단에서 화장터라고 억지로 증명하려는 무리가 보인다는 반론이 제기되고(강우방) 있다.[169] 무엇보다도 능지탑이 문무왕의 탑묘로 세워졌다면, 그것은 검소한 장례를 바랐던 왕 자신의 유언을 거역한 것이 된다.

'동해구'에서의 '葬禮' 형식에 대해서도 이를 '藏'으로 보고 혹시 바다와 관련하여 억측이 나올 수 있다.

> 《삼국사기》에 "여러 신하가 유언을 따라 東海口 大石上에 葬하였다"고 보이며,《삼국유사》왕력에도 "능이 감은사 東海中에 있다"고 하였다. 위의 두 기록만으로도 대왕릉의 소재를 말하기에 넉넉한데 다시 이 바닷속 큰 돌을 가리켜 대왕암이라 불러왔으며, 혹은 '뼈를 묻은 자리(藏骨處)'라고 전하여 왔다. 이와 같이 《삼국사기》·《삼국유사》를 비롯하여 적지 않은 문헌이 모두 '葬' 또는 '藏骨'로서 일치되고 있으며, …
> (황수영)[170]

그러나 유언의 '以火燒葬'을 보면 '葬'은 분명히 화장을 뜻한다. 적어도 유언에서는 이 단계까지만 말하고 있다. 이렇게 화장한 뒤 산골하였음은 문무왕릉비문 뒷면 스무 번째 줄 '粉骨鯨津[뼈를 부수어 바다에]'이라 명시된 바와 같다.[171] 신라 왕들을 화장한 사례를 보겠다.

제34대 효성왕 … 법류사에서 화장하고, 뼈를 동해에 뿌렸다.[172] (삼
　　　　국유사, 왕력)

제37대 선덕왕(善德王) … "죽고 사는 것은 하늘에 달려 있으니, 돌이켜 보
　　　　건대 무슨 여한이 있겠는가? 죽은 뒤에는 불교
　　　　법식에 따라 [시신을] 불태우고 뼈를 동해에 뿌
　　　　려라."[173] (삼국사기, 신라본기9)

제38대 원성왕 … 유언에 따라 널[柩]을 옮겨 봉덕사 남쪽에서 화장
　　　　하였다.[174] (삼국사기, 신라본기10)

제51대 진성왕 … 화장하여 뼈를 연량의 서휘 또는 미황산에 뿌렸다
　　　　고 한다.[175] (삼국유사, 왕력)

제52대 효공왕 … 사자사 북쪽에서 화장하여 뼈를 구지제(仇知堤)의
　　　　동쪽 산허리에 묻었다.[176] (삼국유사, 왕력)

제53대 신덕왕 … 화장하여 뼈를 잠현의 남쪽에 묻었다.[177] (삼국유
　　　　사, 왕력)

제54대 경명왕 … 황복사에서 화장하여, 뼈를 성등잉산의 서쪽에 뿌
　　　　렸다.[178] (삼국유사, 왕력)

이로써 보면, 신라왕을 화장한 뒤 처리하는 방식은 뼈를 뿌리는 방식(散骨)과 유골을 묻는(埋葬) 방식(藏骨/骨藏) 두 가지가 있다. 둘 다 장례 절차이지만 '장'의 뜻이 1, 2차가 달라서 각각 '葬'과 '藏'으로 구분한다. 매장 때는 유골 채로 묻을 수 없으므로 뼈항아리(骨壺)를 썼을 것이다. 바닷속에 뼈(가루)를 갈무리한다고 억지 주장을 펴더라도 유골함이 얼마 견디지 못함은 달리 방수 장치나 기술이 없는 시절 아닌가. 그러면 문무왕 장

례에 대한 표현을 다시 보자.

群臣以遺言葬東海口大石上 … 依西國之式 以火燒葬

1차 화장을 하고, 2차로는 별다른 절차가 없었기 때문에 대왕의 화장에 대하여 '正史의 본문'인 本紀로 적은 뒤 그렇게 하게 된 자초지종/유언을 덧붙였다. 이때의 東海口가 바닷속이 아님은 말할 나위도 없다. 대왕의 다비식은 처음이어서인지 최소한의 의례(薄葬)를 당부하고 그렇게 하는 까닭을 조목조목 일러두었다. 이후 신라 왕을 동해에서 화장할 때는 반드시 '뼈를 뿌렸다(散骨)'고 명토를 박았다. 위에 돋움체로 문장 전체를 인용한, 37대 선덕왕의 장례 기사를 보면 문무왕 장례의 실제가 쉽게 그려진다.

'鯨津'은 '고래가 살만한 바다, 즉 깊은 바다를 의미'하여,[179] '동해바다'로[180] 이해하고 있다. 문무왕릉비문에서는 모두 맞는 말이지만, 西海를 의미하는 경우도 있다.[181]

俗傳이 암시하는 바는, 문무왕이 물의 신령인 龍이 되어 대왕석 그 자체이거나, 적어도 거기에 서리어 산다는 것이다. 이것을 확대해석할 경우 대왕석(암)이 곧 대왕릉(장골처)이 되기 십상이다. 문헌상으로는 여기에서 왕께서 용이 되셨다는 이야기가 처음 나온다. 爲龍說에 관하여는 자세한 이야기가 《삼국유사》에 나온다.

유언에 따라 동해 가운데 큰 바위 위에서 장사지냈다. 왕은 평소 언제나 지의법사에게 "짐은 죽은 뒤 호국 大龍이 되어 불교를 숭상하고 나라를 지키려 한다"고 하였다. 법사가 여쭈었다. "용은 축생이 받는 업보인데 왜 그렇게 되시려 하옵니까?" "나는 세간의 영화를 싫어한 지 오 래요. 비록 추한 응보로써 짐승이 된다 하더라도, 그것은 바로 짐이 바 라던 바요." (《삼국유사》 권2, 기이제2, 문무왕법민.)

'遺詔葬於東海中大巖上'이라 하여《삼국사기》에서 말한 문무왕의 장지 '東海口'는 '東海中'이 되었으며, 같은 책 왕력편에도 '陵在感恩寺東海中' 이라고 되어 있다. 石이 → 巖으로 고쳐진 것은 그렇다고 치더라도, 口가 → 中으로 바뀐 것은 문제가 된다.

앞에서 東海口=庫門外庭이라고 본 바 있는데, 역시 '東海口'는 바다에 가깝거나 접하고 있는 뭍을 의미한다. '海口'와 '海中'은 같은 의미로 쓰 이기도 하지만,[182] 문무왕 장례지의 海口가 海中의 뜻으로 쓰였다면 굳이 '(海)中'으로 고쳐 쓸 이유가 없기 때문이다. 상식적으로 생각해보더라도 화장의 성격상 바다에서는 장례를 치르기 어렵다. 그럼에도 '東海中大巖 上'이라 한 것은 뒤에 나오는 龍을 의식했기 때문일 것이다.

庫門을 '창고의 門'으로[183] 보기 쉬우나 매우 애매한 표현일 뿐만 아니 라 '바깥 뜰' 해석도 어렵게 된다. 따라서 어느 고유한 장소를 말하는 것 으로 보이는데,《예기》에 따르면 庫門은 ① 天子 5門(路門·應門·雉門·庫 門·皐門)가운데 하나 ② 諸侯宮의 外門의 뜻이 있다. 그렇다면 동해 쪽 문 루가 될 것이다.[184]『東京通志』[185] 宮室條에 따르면 '庫門'은 '歸正門'이 다.

《삼국유사》 왕력편에서 '능은 바다에 있다'고 하였으니, 그것은 통과의 례로서의 장례가 아니라 항구적인 분묘 즉 유골 묻은 데가 되지 않으면 안 된다. 이와 같이 고려후기에 이미 문무왕의 시신 처리는 水中陵說로 기울어졌다. 요컨대 수중왕릉설은 후대의 자료 《삼국유사》 王曆 따위 기사에서 도출된 것임을 인정한다면, '大石上'·'大巖上'이라 했으므로 수중릉이 아니라는 반박조차[186] 필요하지 않다.

문무왕본기나 <문무왕법민>조 어느 경우이든 장례기사는 1차에 한정되어 있다. 그 옳고 그름은 차치하고라도, 능의 위치를 기록한 왕력 기사를 받아들일 때 '燒葬' 기사에 관해서는 어떤 식으로든 해명했어야 한다. 여기에서 화장한 뒤 수장, 즉 2次 장례처럼 설명하기에 이르렀다.[187]

문무왕이 용이 되었다는 세간의 전설은 아래 일화에서도 확인된다.

제31대 신문대왕의 이름은 政明이요, 성은 김씨이다. 개요 원년(681) 7월 7일에 왕위에 올랐다. 아버지 문무대왕을 위하여 동해 바닷가에 감은사를 지었다.(절의 기록에는 …) 이듬해(682) 임오년 5월 초하루(어떤 책에는 천수 원년이라 하였으나 잘못이다)에 海官 파진찬 박숙청이 아뢰었다. "동해 바다에 작은 산이 떠서 감은사로 향해 오는데, 물결을 따라 왔다 갔다 합니다." 왕은 이를 이상히 여겨 日官 김춘질에게 점을 쳐보게 하였더니, 일관이 아뢰었다. "대왕의 아바마마께서는 지금 바다의 용이 되어 삼한을 지키고 계시고, ….(《삼국유사》 권2, 기이, 만파식적.)

이어지는 이야기는, 문무왕·김유신의 청지기 龍이 신문왕에게 검은 옥 허리띠를 바친 뒤에 만파식적 만들 대나무의 유래와 가치에 대하여 아뢰었다. 이튿날 태자 理洪은 옥허리띠의 장식(窠)이 모두 진짜 용임을 알아맞혔다. 그중 하나를 떼어 물에 넣으니 바로 용이 되어 하늘로 올라갔으므로 태자의 예지가 증명되었다고 한다. 실은《삼국사기》책쓴이도 만파식적 이야기를 소상히 알고 있었음은, 책에 실린 아래 내용을 보면 알 수 있다.

古記에 적혔다. 신문왕 때 동해에 홀연히 한 작은 산이 나타났는데 모습이 거북머리와 같고, 그 위에 한 줄기의 대나무가 있어 낮에는 갈라져 둘이 되고 밤에는 합하여 하나가 되었다. 왕이 사람을 시켜 베어다가 젓대를 만들고, 이름을 萬波息이라 하였다. 이런 이야기가 있으나 괴이하여 믿을 수 없다.(《삼국사기》 권32, 악지.)

《삼국사기》 역사관으로 볼 때 만파식적 설화에 대한 부정적 평가는 충분히 예상되는 일이다. 문무왕이 용이 되었다는 이야기는 늦어도 고려 중기부터 전승되기 시작하여, 대왕석·만파식적 등 관련 증거물이 하나둘 생겨난다는 점을 눈여겨보아야 한다. 이것이 다시 해중릉설로 발전하여 간다. 만파식적조는 고증면에서 보더라도 난센스다. 예를 들면, 태자 理洪(理恭)이 아버지 왕에게 와서 축하하였다는 해는 그가 태어나기 5년 전이다. 따라서 이 설화는 효소왕의 적통성과 권위를 내세우기 위한 것이라고 한다.[188] 어떻든 문무왕이 바다에 늘 사시면서 나라를 돕는다는 이야기는 당시 널리 퍼져 있었다.

위에서 보았듯이 '청지기 龍'에 더하여 '승천한 용'까지 꼽아보면 신성·위대한 문무왕도 이들과 같은 부류의 축생에 지나지 않는다. 그렇다면 문무왕 爲龍說은 이렇게도 어슬프고 맥빠지는 서사가 된다.

2) 절간 기록[寺中記]

〈속전〉이나 〈문무왕법민〉·〈만파식적조〉에는 문무왕이 용이 된 것을 말하고 있으나 왜병을 물리치고자 했다는 말은 없다. 그런데 만파식적조의 끼움주에는 다음과 같이 적고 있다.

> 〈절간 기록〉에 씌어 있다. 문무왕이 왜병을 진압하고자 하여 이 절을 짓다가 다 마치지 못하고 돌아가시어 바다의 용이 되었다. 그 아들 신문왕이 왕위에 올라 개요 2년에 공사를 마쳤는데, 금당 섬돌 아래 동쪽으로 구멍 하나를 뚫어두었다. 이것은 용이 절에 들어와서 돌아다니게 하기 위한 것이다. 대개 유언에 따라 유골을 모신 곳을 대왕암이라 하고, 절은 감은사라 하였으며, 용이 나타난 것을 본 곳을 이견대라 한다.

《삼국사기》 지은이가 위의 〈절간 기록〉 같은 것을 알고 있었는지에 대해서는 뭐라고 말할 수 없다. 만파식적 설화를 괴이하다고 한 마당에 왜병 어쩌고 한 것에 대해서는 더욱 언급할 가치조차 없다고 판단했을 터이다. 아니면, 왜병 이야기는 적어도 《삼국사기》 편찬 당시에는 등장하지 않았을 수도 있다. 달리 근거가 없어 판단하기 어려운 문제이기는 하나, 後者가 사실에 가깝다고 생각한다. 왜냐하면 문무왕 → 爲龍說의 스토리 전개상 왜병 모티프는 하나의 필요충분조건으로서, 왜병이라고 하는 호국의 대상이 있어야 비로소 문무왕 = 호국룡 설화는 완결형이 되기 때문이다. 이후 《세종실록지리지》를 비롯한 역대 지리지나 현대의 대왕암 설화에서도[189] 빠짐없이 왜병이 등장하는 것은 그 사실 여부와는 별도로 설화 자체의 속성이나 논리상 당연하다.

다음은 용이 다니는 통로로 마련하였다는 구멍에 대하여 알아보자. 이 또한 용이 된 문무왕을 증명하는 중요한 증거다. 발굴 결과 이 구멍은 건축공학적으로 밀폐된 지하구조의 환기를 통해 위에 마련된 건물을 유지하기 위한 시설로 추정된다고 한다.(조유전)[190] 우연하고 평범한 事象이 뜻밖의 사실로 바뀌어 이야기가 끊이지 않는 예는 신라 경덕왕 때 剛州 미타사 법당지붕의 구멍에서도 볼 수 있다. 세월이 지나면 건축도 약해지게 마련이다. 그 가운데서도 용마루 가운데 끼우는 火珠 부분을 받치는 얼개가 가장 취약하다. 미타사 지붕의 이 부분이 내려앉자 사람들은 이 구멍으로 貴人이 왕생했다고 말한다.[191] <절간 기록>에서 지나쳐서는 안 되는 구절이 '유골을 모신 곳을 대왕암이라 한다'이다. 앞서 우리는 海口 → 海中 → (陵)으로 발전해간 기사를 추적하여 大石上 → 大巖上 → 海中으로 스토리가 전개되지 않을 수 없는 버전의 양상을 보았다. 대왕암 전설의 최후 형태인 <절간 기록>은 이러한 결론이 타당함을 확인시켜주고 있다. 지금까지의 논의를 정리해보면 〈표 1〉과 같다.

문무왕 장례 전설의 생성과 발전

	문무왕 본기	문무왕본기의 속전 문무왕법민·만파식적	(삼국유사 왕력) 만파식적조의 <절간 기록>	장례터
(화장)	○			큰 돌 위
용이 됨		○		큰 바위 위
왜적 진압			○	바다 (뼈 갈무리)
모티프	→	→		

→ : 발전 방향

<절간 기록>에서 또 하나 특기할만한 사항은 문무왕과 감은사를 연결하고 있는 점이다. 왕릉의 위치가 절과 가까울 경우 ㅇㅇ寺를 중심으로 절 동/서/남/북<방위>쪽에 장사지내다 라고 지점을 표시함이 일반적이다. 그런데 <절간 기록> 및 왕력에만 감은사 앞바다임을 말하였고, 《삼국사기》에는 일절 언급이 없다. 따라서 문무왕릉이 대왕암이라는 설도 왜병진압설과 함께 나온 것으로 보아야한다.

문무왕본기의 '大石'이 <속전>에서는 '大王石', 문무왕법민조의 '大巖'이 寺中記에서는 '大王嵒'으로 되었다. 그다지 문제될 성싶지 않은 이 변화는, 바다에 있는 대왕석/대왕암이 거꾸로 문무대왕의 장례 기사에 영향을 주었다.

'大王石'과 '大王嵒' 사이에 의미상의 차이는 없다. 과연 그것이 왕릉이라면 능 조성 뒤 수백 년이 지나도록 정해진/고유한 이름이 없다는 점이 이해가 되지 않는다. 다시 한번 대왕암을 입에 올린 사료를 보면, 그것들은 예외 없이 정식/공식 왕릉 이름이 아님이 드러난다. 《삼국사기》에서는 <속전>, <절간 기록> 후반에서는 막연히 '대개(蓋)'라 한 뒤 그 이름을 소개하고 있다. <절간 기록>의 '蓋' 이하는 절간 기록과는 별도로 《삼국유사》 지은이를 포함한 당시 사람들의 인식 또는 판단을 적어놓았다. 이것을 《세종실록지리지》에서는(뒤에 나옴) '시골사람들[鄕人]은 오늘날 大王嵒이라고 부른다'라고[192] '대왕암'이라 이름 붙인 주체가 누구인지를 명시하였다. 분명한 것은 '大王'뿐이고, '石'이나 '嵒'은 쓰는 이가 편한 대로 나중에 붙였다. 이처럼 감은사 앞바다의 바위 이름에 '大王'字가 붙어 있지만 실제 문무왕 장례와는 무관하다.

문무왕이 동해 용왕이 되었다는 전설은 왕이 돌아가신 뒤 어느 시기에 형성되었을 것이다. 감은사를 짓기 시작한 이가 문무왕이고 보면[193] 동해에 대한 문무왕의 관심이 어느 정도인지 짐작이 간다.[194] 이것은 鯨津(氏)가 동해(신)임을 알면 문무왕비문의 '波鯨津氏'·'粉骨鯨津'이라는 구절이 잘 말해준다. 아마도 문무왕이 동해 용왕이 되었다는 전설은 이렇게 문무왕과 동해와의 관계로부터 나왔다고 이해된다. 그렇지만 신라인들의 동해(신)에 대한 믿음은 문무왕 이전에도 있었고, 이후에도 변함이 없다.

미추이사금 3년(264) 2월에 왕은 동쪽으로 巡幸(순행 : 영토를 돌아봄)하여 바다를 향하여 제사 지냈고,[195] 특히 혜공왕 12년(776) 정월과 경문왕 4년(864) 2월에는 감은사에 행차하여 '바다제사 지냈다(望海).'[196] 이때의 '望海 - 바다를 바라본다'는 뜻은 (동)해신에 대한 경건한 의식(望祭)이다.[197]

동해신은 나라와 백성을 지켜주기도 하지만 때로는 심술을 부리므로 위로의 대상이기도 하다. 우리는 <수로부인>[198]이나 <처용랑 망해사>[199] 이야기에서 동해신이 때로는 '위함(달램)'을 받아야 하는 신격임을 알 수 있다. 위 왕들이 감은사에 가서 바다 제사를 지낸 기사를 보더라도 거기에 문무왕과 관련됨을 암시하는 구절은 없으며, 그 날짜도 정월 아니면 2월로서 신라의 시조묘나 신궁 제사 달과[200] 같다. 그런데 문무왕이 돌아가신 날은 7월 1일이다. 이렇게 보면 감은사 창건 의도도 원래는 바다 제사와 관련 있어 보인다.[201]

동해신 즉 문무왕의 권능은 왜적을 물리칠 뿐만 아니라 때로는 열두 섬까지도 쳐 없애서 농경지를 만들어 준다.[202] 지방에 따라 동해 용왕은 김부대왕으로도 알려져 있다.[203] 왕이 용이 되었다는 것 자체가 이미 설화 세계이므로, 그 용이 역사상의 누구이든 상관이 없다. 그렇지만 생전 행적이나 사후 장례 등으로 볼 때 문무왕이 거기에 가장 적합하다. 적어도 경주 지역 동해 대왕암 터전에서 문무왕 관련 버전이 우성(優性)이 될 수밖에 없는 이유가 여기에 있다. 따라서 이 전설이 문자로 정착될 때에도 모든 버전이 문무왕 중심으로 이야기되고 있다.

용의 출현을 본 곳 이견대는 용에 대한 전설이 있고 나서 생길 수 있는 장소이다.[204] 동해신이 용으로 상정되었을 때, 용을 볼 수 있다거나 용을 보았다거나 혹은 용을 제사 지내는 곳이 나오게 마련이다.

대왕암을 단지 용이 나타나서(어느 無名)신라왕이 보았다는 지명유래도 있다.[205] 이견대도 그 가운데 하나로서, <절간 기록>에 덧붙인 해설은 이견대의 유래 역시 문무왕과 연결하려는 듯하다. 익히 아는 바 용은 왕의 상징이다. 그렇지만 신라 왕 父子가 오래 헤어져 있다가 만나게 되자 누대를 쌓고 기뻐했다는 이견대의 유래도(《고려사》)[206] 있는 것을 보면, <절간 기록>의 그것은 문무왕 藏骨處가 바로 대왕암임을 말해주는 문서로 제시되었다. 이 때문에 <대왕암이 먼저인가? 이견대가 먼저인가?>라는[207] 원초적 질문이 나오게 된다. 문무왕·대왕암 이야기는 훌륭한 敍事이기는 하나 풀어나가는 순서 '기승전결(起承轉結)'에서 출발[起]이 다양한 관계로 이어지는 이야기가 호소력이 큼에도 어딘지 허전하고 사실 여부는 불문에 붙이는 듯하다.

바닷가 서낭당 유래로서 왜적 퇴치 모티프는 드물지 않다. 우리나라 서해안에는 한·중·일 근해 어로를 하는 배가 정박하는 갯터가 있다. 전북 부안군 죽막동 水城堂이 그 하나다. 堂主 개양할미는 딸 여덟을 둔 多産의 신이다. 그이는 갯가 서낭에 쇠말(鐵馬)을 점지하시어 왜구를 막게 해주었다고 한다. 수성당 발굴 결과 쇠말이 출토되었음은 말할 나위도 없

다.[208]

3) 왜병 쳐들어옴과 이견대

이 단계에서 문무왕 시대 倭와의 관계를 알아보자. 왜 관련 기사는 문무왕 3년(663) 백제 부흥군이 신라와 전투할 때 왜병이 참여한 것뿐이다. 이 전쟁은 백제군 내부의 분열로 인하여 쉽게 진압되었던 것은 주지하는 바이다.[209] 그 뒤 문무왕은 고구려를 멸망시키고(668) 다시 당나라 세력을 한반도로부터 몰아내기까지(676), 그의 주요 적대국이자 근심거리는 고구려·백제 및 당나라였다.[210] 이와 같은 사실을 가리켜 그는 유언에서 '서쪽을 치고 북쪽을 토벌하여(西征北討)' 어쩌고 하였다. 당시 신라는 일본에 대하여 우월의식을 가지고, 각종 물산을 보내주어 정신적으로 일본을 압도하려 하였다.(신카와 도키오)[211] 따라서 문무왕이 왜병을 진압하기 위해 감은사를 짓기 시작했다고 한 <절간 기록>은 사실과 부합되지 않으며,[212] 굳이 말하자면 '假想敵 사건'이라(두창구)[213] 할 수 있다. 이러한 지적은 이전에도 있었지만, 그러면서도 문무왕이 돌아가신 뒤 용이 되고자 했다는 기록은 사실로 받아들이고 있다.(다무라 엔쵸)[214] 그 이유로서, 큰 용(大龍)이 되고자 한 발원은 곧 불교적 분위기 속에서 형성된 문무왕 자신의 호국 관념이기 때문이라고 한다. 문무왕의 호국관이란 곧 지의법사와 나눈 대화를 말한다. 그러나 앞에서 보았던 것처럼 이미 장례터가 '바닷속'으로 바뀌었으며, 실은 이 海中說로 말미암아 爲龍說이 파생되었다고 보아야 한다. '바닷속에 묻히어 용이 되었다'는 이야기를 거꾸로 '용이 되고자 하여 동해에 묻혔다'고 말하였다. 여기에다 불교의 염세관 및 업보설을 곁들였다. 왜적 퇴치를 주장하는 이는 만파식적 조에 보이는 이견대·감은사·기림사를 잇는 길이 왕경으로 연결되는 '東方要路'라고 하여 마치 신라침공 길처럼 암시하고 있는데(다케다 유키오)[215] 그 길은 이전에 왕도 사람들이 바다神 즉 동해대왕을 참배하러 가던 길이었다. 그런데도 "어쩌면 일어날 수도 있는 최악의 상황에 대한 문무왕의 근심이 녹아 있다"고(서영교)[216] 왜적 퇴치 염원이라는 최악의 상황까지 고려하여 배수진을 쳤다.[217]

고려시대에 왜구가 기록에 처음 보이는 것은 고종 10년(1223)이다.[218] 이후 왜구는 점차 골칫거리가 되었다. 감은사도 왜구의 피해가 적지 않았음은 이 절터에서 나온 금속 악기 飯子에 "지정 11년 신묘(1351) 12월 초3일에 계림부 땅 감은사 飯子를 (만들기 위해서) 入重 33斤을 住持인 大師 △印이 △代하여 飯子·小鐘·禁口 등을 造成한 일은 海賊人 등이 同年 4월 초7일에 右 物芒을 훔쳐서 가지고 갔었거늘 다시 造成하였다."라고[219] 새긴 글을 보아도 알 수 있다. 이렇게 보면 문무왕 유언에 왜병 퇴치 모티프가 등장함은 설화로서는 그럴 싸 하지만 문무왕 당대의 사실로 보기는 어렵다.

문무왕이 돌아가시고 신문왕이 즉위하면서부터 신라 자체도 왕위 계승 문제를 비롯하여 정국이 불안한데다 7세기 후반 동아시아의 정세 또한 평온하지 않았다. 실제, 성덕왕 30년(731)에 "일본국 兵船 300척이 바다를 건너 우리의 동해안을 침범하므로 왕이 병선을 출동시켜 크게 격파하였다."는 신라본기 기록에서 보듯이 문무왕 사후의 신라·일본 관계는 한결같지 않았다. 이런 분위기에서 <절간 기록>은 호국 자세라고 할까 유비무환의 정신을 에둘러서 표현한 말일 수 있다. 이러한 왜적 퇴치 메시지는 왜구가 창궐하던 고려말기에는 호소력이 있고도 남는다. 왜적에 대비하라는 당부를 시대를 거슬러 문무왕 당대까지 소급함으로써 나라에서 편찬한 《삼국사기》 문무왕 마지막 해 기사를 부정하려는 시각은 후대의 설화를 사실보다 높이 사는 태도다. 반론을 제시한다. 첫째, 일본 쪽 사료를 보면, 8세기 중엽 일본이 신라정토계획을 세워 긴장한 적이 있었지만, 문무왕 시절의 신라는 한반도 내부 정세와 당나라와의 관계에 더 골몰하였다.[220] 신라는 670년 당나라와 전쟁을 시작하면서 오히려 왜와 더 가까워졌다. 둘째, 6세기 내내 신라 침략을 목표로 군비를 늘리던 일본이 7세에 들어와서는 신라와의 군사대립이 완화됨으로써 대외 군사적 기능을 했던 미야케(屯倉)가 본래의 경제적 기능(屯田)으로 돌아왔다.[221] 셋째, 문무왕 시절 천재지변이나 외적에 대한 공포를 말해주는 증거라는 만파식적과 흑옥대는 그 존재 자체가 의심스럽다. 그것은 신라 중고기[김씨 성골왕 시대]의 옥젓대[玉笛]와 천사옥대를 모방한 '이야기'로 보이기 때문이다.[222] 정리하겠다. 문무왕 자신의 재위 기간을 되돌아보면서 남긴 유언이라면 자신의 言說이 기준이자 기본인데 현대 역사학자를 포함한 제3자의 시각으로 문무왕의 대왜 공포를 말함은 상대방 편에 선 과장이다.

문무왕이 용이 되었는지(바다에 거처를 두고 있는지)는 아무도 모르며, 그 용을 보았다는 사람도 있겠지만, 역시 논의 가능한 사안은 아니다. 하지만 증거가 있다고 하니 바로 대왕암과 이견대이다. 두 증거물은 <절간 기록>에 와서야 함께 등장하고 있다. 그것은 사실을 망각한 시점으로부터 가장 나중이자 전설로서는 가장 발전된 단계에 속하므로 이러한 사료를 근거로 문무왕의 장례 사실에 접근해서는 안 된다.

우리의 관심사에 대하여 조선시대 자료에는 어떻게 나오는가? 대략 그 요지만 적은 <절간 기록>을 〈世傳〉이라 하여 앞뒤 스토리가 통하게 쓴 것이《세종실록지리지》이견대 항목이다. 글쓴이는 이 기사가 워낙 비약이 심하다고 느꼈는지 다시《삼국사기》문무왕본기를 인용해두었다.

듣는이는 이야기 전개에 취하여 史實 여부보다 오히려 의미있고 극적인 스토리를 선호한다. 문무왕 장례에 대하여 사실만 적어놓은《삼국사기》문무왕본기는 설화의 터전에서는 (劣性)이 될 수밖에 없다. 그래서인지《신증동국여지승람》에는 문무왕본기를 소개조차 하지 않고 있다.《세종실록지리지》의 신중함 내지는 공정성이《신증동국여지승람》에 와서는 증발하였다.《신증동국여지승람》이후의 자료도《신증동국여지승람》을 베낀 데 지나지 않으므로 두 자료까지만 비교해보겠다. 불행히도 두 지리지에는 <절간 기록> 뒷부분의 '장골처(藏骨處)'에 대한 언급이 없어서 장례 방식에 대하여 어떤 암시도 받지 못하게 되었다.

이견대. ⓐ 동해ㅅ가에 있다.[223] 世傳. 왜국이 자주 신라를 침범하니 문무왕이 이것을 근심하여, 죽으면 용이 되어 나라를 수호하고 도적을 방어하겠다고 맹세하였다. 장차 돌아가실 때에 유언하기를, ⓑ "나를 동해ㅅ가 물속에다 장사지내라"라고[224] 하였다. 신문왕이 분부에 따라 장사지낸 뒤, 추모하여 臺를 쌓고 바라보았더니 큰 용이 바다에 나타났다. 그로 인하여 이견대라고 이름지었다. ⓒ 시골사람[鄉人]들은 오늘날 大王岩이라고 부른다. 臺 아래 ⓓ 70步 가량[225] 되는 바다의 네 귀퉁이에 우뚝 솟아 四門과 같이 생긴 돌이 있는데, 이것이 장사지낸 곳이다. 김부식은 말하였다. … (《세종실록지리지》이견대)

《신증동국여지승람》에서는 ⓐ 부분을 '(慶州)府의 동쪽 50리 되는 해안에 있다.'라고[226] 하여 더 구체적으로 표시하였으며, ⓒ 부분을 맨 마지막에 넣되 '鄕人'이 없으며, ⓓ 부분은 정확히 10步라[227] 하였다. '김부식' 이하 즉《삼국사기》문무왕본기는 인용하지 않았다. ⓑ 부분은 문무왕본기의 '葬東海口大石上' 또는 '於庫門外庭 … 燒葬'에 해당한다. 위의 水葬說을 받아들이려면 火葬說은 버리지 않을 수 없다. 그래서 화장 뒤 → 藏骨이라 하면, 하나의 사실을 두고 서로 달리 기술한 사료를 둘 다 채택한다는 모순이 생긴다. 이처럼《신증동국여지승람》과 각종 지리지나 문집 등《세종실록지리지》보다 나중에 나온 기록은 <절간 기록>을 부연한 것이므로 설화상으로는 연구 대상이 될지 모르나 사료로서는 가치가 없다. 내가 검토를《삼국유사》까지에 한정시키는 까닭이 여기에 있다.

왜적을 지키고 계시는 문무왕의 거처를 구체적으로 제시할 때 비로소 최후 버전이 실감난다. 이 때문에 대왕암의 존재를 말하는 것만으로는 부족하여 그 위치와 모양을 말하지 않을 수 없었을 것이다. 대왕암의 위치를《세종실록지리지》에서는 이견대 아래 70걸음 정도라 하였고,《신증동국여지승람》에서는 열 걸음이라 하였다.《세종실록지리지》를 그대로 베낀《신증동국여지승람》에서 왜 이렇게 先行 자료와 어긋난 기술을 했는지 의아스럽다. 나아가 'ㅇㅇ步' 뒤에 나오는, 대왕암의 모습이 우뚝 솟은 네 문과 같다고 했다. 이를 두고 "4門을 偶意한 것은 또한 불탑의 경우와도 부합한다"고(황수영)[228] 말하지만, 오히려 설화의 延長이다. 과연 이 문장이 현재 알려진 바 그 대왕암을 가리켜 쓴 글이라면, 네 문의 형상보다는 이른바 石棺의 뚜껑돌을 먼저 언급해야 할 것이다.

신라시대에 바닷물이 넘치면 감은사 계단까지 찼다는 기록이[229] 있듯이, 당시는 해수면이 지금보다 1~2m 정도 높았다고 한다.[230] 그때의 감은사 앞바다 모습을 상상해보면 문제의 대왕암이 지금처럼 드러나 있을지를 묻고 싶다.

'대왕석(암)'은 본래 이야기 속에서 설정된 바위였다. 돌아가신 문무왕이 대나무를 내시어 젓대를 만들기도 하였다는 정체불명의 '小山'도 일종의 대왕암이다. 이 不特定 대왕암을 구체적으로 지적하여 형상화하기가 그리 만만치 않음을 조선시대의 지리지에서 보았다. 설화상의 대왕암과 실제 대왕암 사이의 관계는 〈표 2〉와 같이 될 것이다

대왕암이 있는 모습

→		→	
용이 됨	대왕암	이견대 아래 몇 걸음	
관념의 세계		실재의 세계	
+			

→ : 증거 추적   + : 설화의 완성   ← 의미추구

3. 백령도 당개 서낭당

〈만파식적〉조 및 대왕암 기사를 검토해오면서 생기는 의문이 있다. 첫째, 이견대에서 보았던 대나무는 관악기 만들기에 안성맞춤으로써 실제 연주에 쓰였을까? 그리하여 신문왕의 만파식적은 왕 당대의 젓대를 두고 하는 이야기인가? 둘째, 이견대는 단지 용왕이 된 신문왕을 경배하기 위한 건물이었을까? 복잡하고 어려운 문제일수록 단순, 명료한 질문이 해

결의 지름길이 될 수 있다.

이제 소개하는 서해안 백령도 본풀이(연기 설화)는 문무왕·대왕암 이야기와 흡사한 데가 있어서 많은 시사점을 준다. 먼저 백령도 당집/굿당을 조사하게 된 저간의 사정을 알아보자.

1928년 동아일보는 <도서순례> 시리즈를 기획하였다. 기자 7명을 동, 서, 남해 주요 섬에 파견하여 각 섬의 고적과 전설 따위를 조사하고, 주민들의 생활상을 살펴 그해 6월부터 9월까지 모두 73회에 걸쳐 실었다. 김동진 기자는 연평도·백령도·대청도 등 여러 섬의 민속신앙에 대해서도 자세한 정보를 제공하고 있는데, 이들 세 섬에 임경업·왕대통[王竹筒]·원나라 順帝가 각각 섬의 대표 신앙으로 군림하고 있음을 알아냈다. 이 자료를 다시 소개하고 빛을 보게 된 계기는 류창호의 논문 <1920년대 어느 식민지 지식인의 서해도서 순례>이다.[231] 그러면 서낭당의 내용을 보겠다.

1) 조사 보고 (아래 본문은 류창호 논문의 일부이며, 인용문은 류창호가 인용한 것이다.)

백령도 당개 서낭당
마지막으로 김동진 기자가 들린 섬은 백령도이다. 이 섬의 주민들은 연평도, 대청도와는 또 다르게 '왕대통[王竹筒]'이란 신을 모시고 있었다. 김동진은 '왕대통'을 모시는 당개 서낭당을 방문하고 그 설화에 대해서 다음과 같이 설명하고 있다.

이 집 주인인 성황님은 년대 모를 어느 녯날에 돌연히 바다가 고요하야 사나웁든 당개에도 잔물결이 찰삭거릴 뿐인데 멀리 해상에 仙樂이 일어나며 방울소리 달랑달랑하기에 섬사람이 괴이히녀겨 나가 보앗더니 왕대통(王竹筒) 하나가 풍악을 잡히며 둥실둥실 떠오더랍니다. 이것을 사람들이 이상히 녀겨 모서다가 당개 바위 우에 성황당을 짓고 성황님이 왕대통으로 변신하얏다하야 여긔다 모시고 제사하게 되엇답니다. …(보완 시작)[232] 牧官과 欲心競爭 / 一籌를 뺏긴 神靈 / 왕대통 성황이 어떠케 령하든지 만일 소를 타고 그 앞을 지나가면 소발통(바퀴)이 땅에 붙어 별수없이 내리어 걸어가게 되고 욕심이 그리 적다고는 할 수 없어 사람이 가진 물건을 좋아 한답니다. (보완 끝)… 녯날 목장이 섬 속에 잇서 오백여 두의 말을 치엇는데, 목장 감독하는 監牧官이 승직하야 서울로 돌아 가려할 새 련일 풍랑이 심하야 십여 일을 두고 발선을 못하다가 무당에게 연유를 물어보앗더니 큰 창옷 우에 띈 장띠를 성황님이 가지고 십허 길을 막는 것이라고 하얏답니다. 감목관이 압길이 밧분지라 그 말대로 성황님께 풀어 바치엇더니 대번에 바람이 자버림으로 닷을 감으려할제, 이 감목관 영감도 욕심으로는 성황님보다 더하면 햇지 못하지는 안흔 패라, 바람이 잔 바에야 띠를 빼앗길게 무어냐고 상노를 보내어 바치엇든 것을 돌우 빼서 가자고 돗을 달엇답니다. 신령한 성황님이 엇지 감목관에게 지고야 말겟슴니까. 배가 데일 깁흔 룡틀안(龍機里) 압바다여 라는 곳에 다다럿슬 때에 갑작이 풍랑을 일으키어 파선을 시켜 심술굿게 원수를 갑허버리엇답니다.[233] (밑줄 신종원)

바다 위에서 떠내려왔다는 '왕대통'의 이야기는 마치 『삼국유사』에 전하는 신라의 '만파식적'을 연상시킨다. 재물에 대한 욕심이 많은 해신의 이야기도 다른 지역에서 흔히 전해지는 설화이다. 도서 순례만 하여도 고군산열도의 끝섬신당[末島神堂],[234] 거제도 방면의 국도신당(國島神堂),[235] 울릉도 도동(道洞)의 성황당[236] 등이 모두 패물이나, 여자를 좋아하여 정성껏 제사지내지 않으면 벌을 받는다고 전하고 있다. 백령도민들은 '왕대통'을 섬의 수호신으로 여겨 해마다 옷을 입히고, 갓을 씌우고, 춘추로 제사 지냈다. 그러나 이러한 백령도의 민속신앙은 300여 년 전 백령도 초기 개척시대부터 있었다. 백령도 유배인이었던 설학 이대기(雪壑 李大期)가 1620년(광해군 12)에 쓴 『백령도지(白翎島誌)』에는 다음과 같은 기사가 보인다.

> 본섬의 풍속이 오직 귀신만을 숭상하여 음란한 일을 일삼으니, 비록 일곱 자식을 둔 아녀자도 안심하고 집에 있을 수 없다. 그리고 인가에서는 기도와 제사가 끊이질 않아 북을 치는 푸닥거리가 겨울도 없고 여름도 없으니, 요즈음 이곳의 풍습을 말할 것 같으면 침을 뱉어도 특별할 것이 되지 못한다. 어찌 백성들만 그러하겠느냐. 鎭의 장수들까지 畵戟을 들고 신을 맞이하며 관아에서 굿판을 벌이고도 부끄러움을 모른다. 이러한 풍습은 진을 세운 초기에 성황당을(역주자의 각주 있음) 세운데서 流弊가 나온 것이니 참으로 쓴웃음이 나온다.[237]

위의 글은 성리학자인 이대기가 유교적 교화를 입지 못한 변방 백령도의 무속신앙을 통렬히 비판한 것이다. 그는 관아에서조차 장수가 그림부채를 들고 굿을 벌이는 일은 1609년(광해군 원년) 白翎鎭이 설치된 이후에 만들어진 성황당에서 나온 폐습이라고 하였다. 이대기가 말하는 성황당이 지금의 당개 서낭당인지는 확실치 않으나, 도서순례에 "넷날은 첨사까지 치성을 들여 성황님을 영전에 모시다 노코는 긔치창검을 그 주위에 라열하고 노상 굿을 하얏"다고 말하고 있는 것으로 보아 『백령도지』의 성황당과 도서순례의 당개 서낭당은 같은 곳일 가능성이 크다. 다만 흥미로운 사실은 백령도는 대청도와 달리 지금까지도 임경업을 신으로 모시고 있는 마을이 없다는 사실이다. 이것은 백령도가 수군진 설치 이후 식민지기까지(현재까지도 유효하다) 농업적 사회 기반을 계속적으로 유지하였다는 사실을 증명한다. 백령도는 1810년(순조 10) 목장지(牧場地)를 대폭 축소한 일을 계기로 대규모의 역둔토(驛屯土)를 개발하였고, 1911년 토지 민유화 투쟁을 통해 외지 자본으로부터도 그 땅을 지키는 데 성공하였다. 따라서 어업의 신격인 임경업을 숭배할 이유가 없었다.[238]

2) 왕대통의 뜻과 생김새

왕대통은 '왕대+통'의 겹씨(합성어)다. 왕대(P. reticulata)는 '참대'라고도 부른다.[239] 높이 20미터에 이르는 늘푸른넓은잎 식물로서 가지가 2~3개씩 함께 나온다. 잎의 길이 10~20cm, 너비 12~20cm로 털이 없으며 잔톱니가 있다.[240] 대나무 가운데 가장 크고 보기가 좋아 꾸밈말 '왕'이 붙었다(예, 왕언니·왕만두). 추측에 지나지 않지만, 떠내려온 물건을 굳이 왕대통이라 한 것은 '왕'이라는 글자에 방점이 있는 듯하다. 바다신령 대왕신에 걸맞은 이름이다. 지금까지 민속·무속 신을 연구한 바에 따르면 바다신 역시 대왕이라 부름이 가장 높임말이기 때문이다. 통(筒)은 무엇을 넣는 그릇(bowl)이다. 대나무 속이 비었으므로 통이 되고, 통 속 또는 표면/치장의 내용이나 의미에 대해서는 누구나 자신의 희망/상상을 실을 수 있다.

김동진의 기행문에는 떠내려온 왕대통을 모시는 방법/치장에 대한 언급이 없다. 위에서 인용한 역주자의 각주부터 보도록 하자.

(각주) 진촌1리 당개해변의 성황당을 말한다. 이곳은 백령도의 수호신인 '왕대통(王竹筒)'을 모신 사당으로 알려져 있는데, 풍랑을 다스리는 왕대통 성황을 위해 과거 첨사까지 봄 가을로 치성을 드렸다고 한다. (동아일보 1928, 8, 29) 현재 군부터(대?) 구역 안에 있는 서낭당 안에는 서낭, 애기씨, 관장군을 모시고 있고, 신체를 나타내는 옷을 횃대에 걸어 놓았다.

그로부터 두어 세대나 지난 입문서(안내 책자)이지만 아래와 같이 그 모습을 그리고 있다.

건져보니 다름이 아닌 왕대토막이었다. 여러 사람들은 이 왕대가 보통 왕대보다 더 큰 것을 알고 그 왕대를 발견한 산 위에 성황당이란 집을 지어 신같이 모시어 섬긴 뒤로는 비가 잘 와서 모든 곡식이 잘 되고 – 건너뜀 – 한 번은 장연 군수가 (미상) 이곳에 들렀다가 성황당에 모신 왕대에 옷을 입혀놓았을 때 그 당 안에 아주 멋있는 담뱃대가 있었는데 – 뒤 생략 – (내고장 전설 4, 성황당 전설) [241]

(城隍)堂神 형태로는 그림(탱화)이나 나무조각상이[242] 古來의 방식이라면 글 아는 주민이 생기고 유교 의례가 정착되면서 ' - - 神(之)位'라든가 '

- - 城隍之神'이라는 식으로 神主/위패를 모시는 것은 나중 형식이다. 백령도 당개 성황을 볼 때 지금까지 조사가 미흡했든지 아니면 워낙 예외적이라 그런지는 몰라도 신주 형상에 새로이 대나무 즉 竹像도 넣어야 한다.[243]

그건 그렇고, 대나무라는 식물 자체가 신령이 내려오는 길목이고 신이 깃드는 소재/물건임은 그 색다른 형상이나 죽살이(생사), 성장 방식 같은 섭생에 답이 있는 것 같다. 이 때문에 대나무는 무속인 집의 표지(標識)가 되고, 신이 내리는 '神대(神竿)'로 쓰임을 유념해둘 필요가 있다.

3) 동해의 이견대와 비교하여 - 또 다른 '대나무 신'

오래전 김동진 기자의 지적대로, 왕대통 이야기는 <만파식적>조를 연상시킨다. 바다 멀리서 왕대가 떠내려와서 서낭신으로 모셨는데 성질 고약한 투정꾼으로 행세했다는 스토리가 백령도 당개 서낭신 유래다. 이에 비해, '떠내려온(渡來)' 모티프나 물체는 같지만 경주 감은사 앞 바다에서 얻은 대나무는 신비한 악기로 만들어져 왕조의 보물 만파식적이 되었다. '신비/신성한 물건' 즉 神物 모티프는 마찬가지지만 만파식적의 경우 대나무를 건져 올린(모신) 당초의 장소에 대한 언급이 없으니 이 단계를 건너뛴 모양새다. 곧바로 젓대로 만들어져 왕실에 모셨다면 이야기 전개가 너무 빠르고 다른 의도가 개입된 느낌이다. 더하여, 바다신이 주는 선물을 바다가 보이지 않는 곳(내황전)에 두었다는 서사는 서낭신 유래를 넘어 왕권신화로까지 끌어올렸다. 해신 좌정담에다 중대 진골 왕실의 정통성을 띄우는 '신라 용비어천가'다. 이러한 윤색을 걷어내면 이견대 본래 모습이 드러난다. 그것은 백령도 당개 서낭당이 서해신을 모시는 신당이듯이 이견대는 본래 동해바다 신령을 제사 지내고 굿하던 당집 그 이상도 이하도 아니다. 왕조의 당위를 과시하는 기념 공간을 이름조차 없는 민서 낭당(無名 神堂)으로 두거나 당초의 외관대로 둘 수는 없는 법이다.

시대 배경을 떠올릴 때 '바다신을 맞이하고 제사 지낸다'는 말을 '해룡이 되어 바다에 계신 대왕님을 맞이한다/모신다'는 利見-臺라는 건물 이름이 얼마나 그럴싸한가! 당집(神堂)에 붙는 이름 ○○堂·祠가 아니어서 의아해할 수 있다. 이러한 이름으로는 부산광역시의 太宗臺나 강원도 평창군의 淸心臺가 있다. 이견대도 본래는 해변/개에 있으므로 '당개' 정도로 가식이 없고 소박한 보통명사식 이름이었을 터이지만 유식함에 더하여 권력형 이름 '이견대'로 바뀐 지 오래다. 이제야 우리는 백령도 당개 서낭당에서 이견대의 원초 모습을 상상하게 된다. 사료에 적히고 지금도 스테레오 타입으로 들려주는 이견대 유래는 고상하면서도 간담이 서늘한 '국민윤리 교육 장소'이지만 본래는 해신당 유래 -바다신 본풀이- 의 한 사례에 지나지 않는다.

서해 신령은 왕대통을 선사하고 다시 등장하지 않는다. 신물을 점지한 마당에 더 이상 머무를 까닭이 없다. 바다는 있는 그대로 바다다. 굳이 신령을 친견하려는 사람이 있다면 당개 서낭당에 가서 왕대통 참배로 족하다. 왜 하나마나한 말을 새삼 하는가? 바닷속에는 산 자도 없지만 죽은 자나 신령에게 마련된 어떤 공간이나 시설도 없다. 그런데, 먼 훗날 고려시대 사람들은 바다에 좌정하고 계신 신령을 찾았고, 더러는 본 사람도 있다고 한다. 마침내 바다 가운데서 특정 바위를 찾아냈고, 예상한 바 그 바위는 신라 어느 임금이 돌아가신 뒤 머무는 곳이며, 같은 말이 되겠지만 그 왕이 묻혀 있는 자리 즉 문무대왕릉이라고 하기에 이르렀다.

지역	점지/표류	加工	제1정착처	제2정착처	성격
백령도	대나무	대나무 神像	당개		서낭신
경주	대나무	대나무(→옥)젓대	이견대	내황전	서낭신 → 호국신

4. 대왕신과 대왕신앙

1) 수많은 대왕암

왕릉이라고까지 일컫는 감은사 앞바다의 바위 이름은 '大王石' 또는 '大王岩'으로서 일정하지 않다. 현재도 이를 '대왕바위' 또는 '댕바위'라[244] 하듯이 고려시대에도 그런 식으로 불렸던 모양이다. 어떻게 보면 '大王'에 붙은 '石'이나 '岩'도 '大石上'·'大巖上'에서 장사지냈다는 기록과 연결시켜 '(바로 그) 돌·바위'라고 우기는 데서 붙은 군더더기라는 느낌도 든다. 즉 요체는 '대왕'이며, 대왕은 바위 그 자체이다. '대왕암'이란 장례를 지낸 한갓 바위로서가 아니라 두려움·공경의 대상이 될 때 비로소 하나의 神體=대왕님[245]이 된다. 이것이 동해안 '대왕신앙'의 원형으로서 나는 오래전에 이렇게 쓴 적이 있다.

> 경주 감포 앞바다에는 日沒後나 아침에 굿과 致誠이 심심찮게 행해진다. 그들은 '대왕님과 그를 수행하는 神豪'께 소원을 빈다고 말한다.(1993년 음력 7월 초하루 답사) 이러한 민속신앙을 두고 '대왕'은 곧 문무대왕임을 고증하는 것은 넌센스일 것이다.[246]

설화의 세계에서는 이 신체에다 역사성까지 입혀 의미를 부여한다. 대왕암은 그 지역과 연고가 있는 신화적 인물과 짝하게 된다. 이것은 '대왕'이 도대체 누구냐 하는 천진하거나 호사가들의 질문에 대답하는 과정이다. 여기에서 화장 뒤 대왕암이 보이는 바다에 묻힌 문무왕이 바로 감포 앞 바다의 대왕이라는 지명유래가 나온다. 물속에 있는, 즉 바다에 사는 神이란 곧 龍이다. 그래서 문무왕이 용이 된 것이다. 이것을 표로 그려보면 아래와 같다.

神 관념의 발전과 形象化

바 위	→ ←	대왕바위	→ ←	문무대왕
자연물	→ ←	物神	→ ←	人格神

→ : 神 관념의 발전
← : 神의 形象化

대왕암은 迎日 지방에서도 찾아진다.

> 대왕암. 운제산 꼭대기에 있다. 縣의 남쪽으로부터 10리 떨어져 있다.
> 바위가 갈라진 틈으로 샘물이 솟아오른다. 가물 때 비를 빌면 곧 효험이
> 있다.(《신증동국여지승람》 권23, 영일현, 고적)[247]

이 바위는 본래 운제산 성모(聖母) 즉 산신의 신체(神體)인데,《삼국유사》 기이, 남해왕조에는 이 산신을 남해왕의 妃인 운제부인에 어렴풋이 비정하고 있다.

妃雲帝夫人(雲梯라고도 쓴다. 오늘날 영일현의 서쪽에 운제산 성모가

있는데 가뭄에 빌면 효험이 있다 - 끼움주)[248]

영일현 대왕암 사료가 일깨워주는 바는, '성모'가 곧 '대왕'이라는 점이
다. '대왕'이 반드시 왕이자 남자는 아니다.

울산시 일산동에도 대왕바위가 있는데, 줄여서 '댕바위'라고 한다. 다른
이름으로는 용추암(龍墜岩)이라고 하는데, 용이 승천하다가 그 바위에 떨
어져 죽었기 때문에 붙여진 이름이다. 그 증거로, 용의 피가 묻어 바위가
붉게 되었다고 한다.[249] 바다에 있는 大王(岩·神)이 곧 龍이라는 믿음은 여
기서도 확인된다. 이와 다른 버전을 소개해보겠다.

옛날에 댕바위의 북편에 용굴(龍窟)이 있는데, 이곳에 청룡(靑龍)이
살면서 뱃길을 가는 사람들을 괴롭혀서 東海大王이 청룡이 밖으로 못
나오게 큰 돌을 넣어 막았다고 하여 댕바위에 龍王祭를 지냈다고 한다.
그래서 지금도 일산진 별신굿을 할 때는 제단을 이 바위를 향해서 차린
다고 한다.[250]

울산의 대왕바위는 다름 아닌 '동해대왕' 즉 바다의 神이다. 그런데 제
사의 이름이 용왕제이고 보면, 이 해신은 또한 용신이기도하다. 선과 악
이 맞물려 서로를 필요로 하는 원초적 이야기이다. 이를 향하여 용왕제를
지내고 별신굿도 한다. 흥미로운 것은 이 대왕바위 역시 역사상의 어느
인물로 비정되고 있다.

삼국유사에 실린 한국의 왕권신화

지금까지 구전돼 내려오기로는 문무왕이 돌아가서(죽어서) 동해용이 돼서 일본을 지키겠다 이래서 동해용이 됐는데, 그 왕비께서도 역시 돌아가서 용이 돼가지고 그 용이 날아가지고 이 댕바위에 자무랐다(잠겼다). 그래서 댕바위라 칸다고 전해 오고 있습니다.(《한국구비문학대계》 8-12, 38쪽)[251]

아무래도 감은사와 이견대가 있는 경주의 대왕바위를 두고서 자신들의 바위를 문무왕과 연결하기는 어려웠을 것이다. 이렇게 보면 울산의 대왕바위 역시 바위 → 대왕(海神·龍神) → 문무대왕비(人物神)라는 설화의 발전양상을 답습하고 있다. 그리고 그 대왕바위는 문무왕의 왕비릉이 되었다.[252] (뒤의 <2.울산 대왕암>을 보라!)

2) '대왕'이 붙은 땅이름

'대왕'이란 山神[253]이나 海神 따위를 가리키며, 그 물체가 바위일 때 '대왕암'이 된다. 우리나라 지명에는 '대왕암' 이외에 '大王'字가 앞에 붙는 곳이 더러 있다.

또 사비 강가의 양쪽 언덕은 마치 병풍 같은데 백제왕이 매번 놀러 와서 노래하고 춤추었다. 그래서 지금까지 대왕포라고 부른다.[254] (《삼국유사》기이, 남부여·전백제)

이곳 '냇가 神'도 '대왕(님)'이다. '대왕을 모시는' 또는 '대왕이 계시는' 浦口라 하여 大王浦가 되었을 것이다. 그런데 문제는 '대왕'이란 어느 대왕이냐 하는 물음이다. 그것은 이곳에 도읍을 정하고 있을 때의 왕이어야 사실성이 보장된다. 아울러 사람들의 기억에 남아있고, 그에 대한 전설이 많을수록 좋다.

> 대왕포. 縣 남쪽 7리에 있다. 烏山에서 발원하여 서쪽 백마강으로 들어간다. 백제 무왕이 매번 여러 신하를 거느리고 泗沘河의 북쪽 갯가에서 술 마시며 잔치를 벌였다. 취하면 반드시 악기를 연주하며 친히 노래를 불렀고, 시종들에게도 일어나 춤추게 하였다. 그래서 사람들은 이곳을 大王浦라고 불렀다.(《신증동국여지승람》卷18, 부여현, 산천)

어떻게 보면 <서동요>의 주인공 무왕이 대왕포의 지명유래에 등장하는 것도 있을 수 있다. 그런데 그와 대왕포와의 관계라면 아무런 사건이나 갈등구조가 없는 무미건조한 이야기에 불과하다. 또 다른 버전은 백제 멸망 때의 의자왕과 낙화암 전설로 낙착된다.

> 낙화암만 대왕포에 우뚝이 솟아 있다. (浦는 왕이 늘 놀았기 때문에 얻은 이름이고, 바위는 궁녀들이 떨어져 죽었기에 얻어진 이름이다 - 끼움주 -)(이승휴,《제왕운기》하)[255]

지명과 연고가 있다는 역사상의 대왕이 도무지 정리가 되지 않아서인지 18세기 후반에 제작된《해동지도》에는 '大旺浦'라고 적고 있어 한 나라의 帝王과 관련 없음을 告白한 셈이다. 지금도 마찬가지로 '大旺'이라 쓰고, 帝王과 관련하여 설명하고 있으니 앞뒤가 맞지 않는다.[256]

또 하나의 예를 들겠다.

> 대왕수(大王藪). 崔詵의 용수사기(龍壽寺記)에 쓰여 있다. 龍頭山 남
> 쪽에 한 마을이 있고, 그 洞口에 수풀이 있는데 마을사람들은 이를 대
> 왕수라 부른다. 대개 우리 태조가 영토를 빼앗으러 南方에 이르렀을 때,
> 이곳에다 병사를 주둔시켰다가 사흘 뒤에 갔다고 한다. 지금도 이곳에
> 는 큰키나무가 많고 풀이 무성한데, 나무꾼이나 꼴 베는 이들이 가까이
> 가지 못한다. 신령(神物)이 이곳을 보호하고 있기 때문이라 한다.(《신증
> 동국여지승람》, 권25, 예안현, 고적)[257]

예안 지방의 대왕은 고려 태조를 가리킨다. 그렇지만 그 事端이란 별것
아니었다. 단순히 지역과 관련하여 들먹일 수 있는 역사상의 어느 왕을
환기한 데 불과하다. 오히려 이곳에서 태조와 직접 관련 있는 지명을 들
라면 '太祖峯'이 있다. 그런데 위 사료의 후반부에 이르면 일말의 진실이
드러나고 있다. 대왕수는 다름 아닌 마을의 신성 구역으로써, 그들이 모
시는 神은 곧 '대왕'이라 불리는 숲의 신이다.[258]

《해동지도》 칠곡부에는 '대왕현'이 보인다. 이에 대한 자료는 달리 보
이지 않으며, 현재도 마찬가지이다.[259] 아직 설화가 형성되기 이전의 모
습으로 남아있는 예가 아닌가 한다.

대왕수와 흡사한 곳은 강원도 양양군 현남면 웃달내(上月川里)에도 있다.

> 大王嶝 : 웃달내 서쪽에 있는 산. 大王堂이 있는데, 단오날에 취떡을
> 해 가지고 제사를 지냄.

대왕뜸(대왕등) : 대왕등 산밑에 있는 마을(《한국지명총람》2 강원
편)[260]

'-등'은 '산등성이', '산마루'를 뜻한다. '뜸'이란 몇 집이 모여 사는 작
은 동네. '대왕등'과 '대왕뜸'은 前者가 제사터를 둘러싼 산 쪽을, 後者
는 그 아래 마을을 가리킨다. 하지만 서로 얼마 떨어지지 않은 두 지명은
혼용되기도 한다. '堂(집)'은 원래부터 없었으며, 한국전쟁 이후로는 제사
도 지내지 않고 있다. 마을에서 10여분 올라가면 오래된 소나무가 촘촘히
있고, 성씨별·가구별로 제사터를 정하여 각기 소원을 빈다. 제장의 위치
에 따라 '윗대왕'·'아랫대왕'이라고 부르는데, 세거씨족으로는 경주 김씨
와 한양 조씨가 대부분을 차지한다. 이들은 '대왕'은 곧 '김씨 대왕'과 '조
씨 대왕'이라고 말한다. 역시 인물신으로 비정하여 자신들과의 연고를 주
장하고 있으나 강원도의 전형적인 산맥이 신앙이다.[261]

3) 대왕신앙[262]

'대왕암'은 감은사 앞바다의 그것 말고도 여럿 있다. 바위가 위치한 장
소에 따라, 그것은 바다신 또는 산신의 몸체다. 비단 바위뿐만 아니라 때
로는 포구에, 때로는 수풀(藪)이나 고개에 자리하여 각각 '대왕ㅇ'라 하는
지명을 남기고 있다. 이들 지명을 검토하는 과정에서 우리는 그것이 신성
한 물체 또는 공간으로서 일정한 제의가 행해지는 것을 보았다. 이러한
행위에 대한 해설 또는 변명이 바로 그들이 지어낸 지명유래가 된다. 그
리하여 다소 막연하며 추상적이기도 한 대왕신을 그 지역과의 연고를 내
세울 수 있는 역사상의 인물 - 되도록 역대의 왕이 선호되지만 - 로 비정

하곤 한다. '大王'이 붙은 지명은 대왕신앙의 결정체이자 화석인 셈이다.

대왕을 모시는 제의 현장은 역사상 적지 않게 발견된다. 경주의 토함산 신은 흙상[塑像]으로 모셔져 있었다. 《삼국유사》 기이, 탈해왕조를 보면 문무왕에게 탈해왕이 현몽하여, 자신을 흙상으로 만들어 토함산에 안치해 달라하여 조성된 것이다. 이 소상에게 '오늘에 이르기까지 나라 제사가 끊이지 않으니 즉 동악신(東岳神)'이라 하였다. 탈해는 다른 이름으로 '吐解'라고도 하니, 토해=토함이[263] 되어 탈해왕은 곧 토함산신이기도 하다. 운제부인의 경우와 마찬가지로 역사상의 인물이 어느 산의 신으로 비정되고 있다. 같은 책 왕력편에는 '지금의 동악대왕'이라고 되어 있다. 탈해는 일찍이 토함산에 올라 7일간 머물면서 신라에서 살만한 땅을 살핀바 있고, 이 산에 있는 '요내정'이라는 우물도 탈해와 관련된 전설이 있는 곳이다. 다행히 현몽한 연도와 날짜가 '調露二年庚辰 三月十五日辛酉'라 나오므로, 대개 흙상은 680년 무렵에 모셔졌다고 보아도 좋다.[264] 이 소상을 고려시대에는 東岳大王이라 불렀다. 그런데 실제 동악대왕에게 올리는 제문을 보면[265] 산신의 신령한 은덕을 입고자 하는 것이지, 그가 인격신 아무개라는 의식은 찾아볼 수 없다. 통시적인 토함산신이 때로는 탈해왕으로 비정되어 대접받기도 하지만 그 근본은 산신이며, 이를 높이 불러 대왕이라고 하였다.

신라 제54대 경명왕(917~924) 시절, 왕이 사냥할 때 부리는 매(鷹)를 찾아준 공로로 '선도산신모'는 '대왕'으로 봉작되었다.[266] 당시 봉작제도가 있었는지에 대해서는 아는 바 없지만, '대왕'이라는 명칭은 그대로 이어져, 고려후기에 선도산신 '서악신'은 때로 '서악대왕'이라고도 불리었고[267] 또한 성황신이 되어 있었다.[268]

고려 태조 왕건의 선조 虎景은 평나산 대왕이 되어달라는 과부 산신 즉 호랑이의 요청을 받았다. 얼마 뒤 예성강 지역 사람들에 의해 대왕으로 봉해져 사당에서 제사를 받았다.[269] 이후 평나산(九龍山이라 고침)대왕은 곧 호경을 지칭하게 되었겠지만, 원래는 산신이고 여성이었다. 지역 사람들이 봉했다는 것도 실은 마을 사람들이 산신을 '대왕'이라 부른 데서 나온 말일 것이며, 산신은 호경 이전에도 있었다.

월악산신은 태종 무열왕 때 재앙을 물리친 공로로 책봉을 받은 바 있고,[270] 몽고군이 충주성으로 쳐들어왔을 때(1253) '월악대왕께서 큰 위력을 나타내시어'[271] 물리쳤으며, 이 대왕은 '월악산 신사'에[272] 군림한다. 이 산신대왕이 조선 후기 어느 때부터 김부대왕 즉 신라 경순왕으로 인식되어, 왕 및 덕주공주에 얽힌 전설이 생성·발전되고 있다.[273]

이밖에도 이규보의 《동국이상국집》에는 지리산대왕·공산대왕·마포대왕·국사대왕 등에게 올리는 제문이나 글이 실려있다. 뿐만아니라 《시용향악보》에는 대왕반·삼성대왕·군마대왕·별대왕 따위 노래가 있다. 이들은 모두 무가로서,[274] 비로소 대왕신은 물과 뭍의 각종 신뿐 아니라 무속의 신격에도 해당되는 것을 알았다. '대왕'이란 토속신을 부르는 이름이며 신 그 자체이기도하다.[275]

《신증동국여지승람》 사묘조를 보면, 일부 지역의 성황신에 대해서도 대왕이라 불렀다. 현풍현 비슬산의 경우 '세상에서 정성대왕신이라 한다' 하였으니 곧 조선시대의 사정을 전한 것이다. 《삼국유사》 피은, 포산이성 조에는 이 산신 이름에 대하여, 일찍이 가섭불 시절의 정성천왕이라 하였다. 지금 비슬산 꼭대기의 '천왕봉'이란 이름은 이 '정성천왕'에서 유래한 것이다. 후대에 성황사가 세워지면서 성황신이 원래 산신의 이름과 권위를 이어받되, 호칭은 '대왕'으로 바뀌었다.[276] 또 하나는 함경도 안변 학성산의 성황신으로서 '속칭 선위대왕지신'이다. 신라의 中祀 가운데 하나인 熊谷岳(比烈忽郡 -원주-)神이 성황당이 세워진 이래 성황신이 되었다고 짐작된다.[277]

이러한 성황대왕의 관념이나 제의절차에 대해서는 제목을 '淳昌城隍大王'이라 쓴 순창성황대신사적기에[278] 자세하다. 성황신과 그를 믿는 者와의 관계가 성립·전제되었을 때, 성황신을 부르는 칭호가 곧 '성황대왕'이다. 객관적 서술형이 '성황신'이라면, 이 신에 대한 呼格 또는 對格이 '성황대왕'이다. 두 용어는 서로 넘나들지만, 대개 성황신의 높임말이 성황대왕이다. 이러한 예는 비단 성황신에만 해당되는 것이 아니라, 산신·해신 등 제반 대왕신의 경우도 마찬가지이다.

전통시대에 '대왕ㅇ'라 불리는 지역은 대개 지금도 그 지명이 존재하며, 대왕신의 영검[靈驗]을 믿고 신성시되고 있음을 이미 보았다. 비록 지명으로까지는 발전하지 않았다 하더라도 대왕신을 모시는 사당이나 자연 제사터는 지금도 적지 않게 찾아진다.

《신증동국여지승람》권9, 안산군 사묘조에 보이는 성황사는 경기도 시흥군 군자리 군자봉에 '김씨 대왕'을 모시는 신당으로 현재 존재한다. 이 신당의 유래에 대하여는 경순왕비 안씨가 왕의 위패를 모시고 소원을 빌었다고도 하고, 一說에는 '단종대왕'과 연결하기도 한다. 따라서 대왕 → 김씨대왕 → 김부대왕(경순왕), 또는 대왕 → 단종대왕으로 신위가 발전한 것을 알 수 있다.[279]

강원도 원주시 황골에서도 '대왕'을 제사 지낸다. 그 유래 중 하나는 산림에 두려움과 공경을 표현하기 위하여 시작되었다는 것이다. 또 하나는 치악산 태종대 등의 지명유래와 마찬가지로, 이 일대에서 흔히 접하는 태종(恭定大王) 관련 전설이다. 그런데 실제 축문을 보면 '격명대왕(擊名大王)'으로 표기되어 있어서, 현풍의 정성대왕(靜聖大王)이나 안변의 선위대왕(宣威大王)과 마찬가지로 그것은 치악산신의 일종의 작호이다. 황골 대왕제의 신위도 대왕 → 격명대왕 → 태종대왕으로 발전하여갔다.[280]

강원도 인제군 남면 김부리에는 마을 제당으로 '大王閣'이 있다. 마을에서는 매년 단오날과 중양절(음력 9월 9일)에 문종이를 나뭇가지에 걸어놓고 제사를 지냈다. 마을 이름은 원래 금보옥리(金寶玉里)·金寶皇里였는데 점차 金寶洞·金寶里로 변하여갔다. '금보리'는 다시 '금부리'로 발전하여 지금은 '김부리'라 부르며, 이 최후의 지명과 관련하여 아래와 같은 지명유래가 생겨나기 시작하였다.

金富里. 南面에 있다. 옛날 金傅大王의 가마가 머물렀던 곳이라 한다.[281]

이윽고 이 마을에 '김부대왕묘'도 나타났는데, 김부대왕 즉 경순왕릉은 경기도 연천군에 소재하기에 어려움에 부닥치게 되었다. 부득이 김부대왕 관련 지명유래를 포기하고, 그렇다면 그 아들 마의태자가 일생을 마친 곳으로 설명을 시도하였다. 그러나 마의태자 무덤이 금강산에 있다는 것은 익히 알려진 바이며, 역사책에도 경순왕의 태자는 천년 사직을 고려 왕조에 넘겨주는 데 대한 父王의 처사가 못마땅하여 개골산(皆骨山금강산)으로 들어가 '麻衣草食'했다고 되어 있다. 그리하여 일제강점기 이래 점차 '敬順大王一子之神位'·'敬順大王第一子金富之神位'·'新羅敬順大王

太子金公鎰之神位' 등으로 나름대로 논리와 역사 지식을 가지고 신위 이름을 개선하여, 신라 김씨 후손들은 마을과 별도로 제사를 올린다. 그렇지만 이들 대왕각 역시 마을에서 모시는 '대왕님'의 주거임은 말할 나위도 없다.[282]

태백산 주위의 강원도 영월군·태백시 일대에도 대왕각·단종각이 있는데 단종을 모시며, 이 지역 서낭당 중에도 단종을 제사 지내는 곳이 여럿 있다. 영월은 단종의 유배지이자 돌아가신 곳으로서, 그는 사후 태백산신이 되었다고 전한다. 이것 역시 '대왕'신이 지역에 연고가 있는 역사상의 어느 왕으로 비정된 예에 불과하다.

경상북도 상주시 화서면 화동리 청계마을 뒤쪽에는 오래된 당집이 있다. 건물 안 현판에는〈庚子七月日仙神堂改建記〉가 걸려있으니, 일단 건물의 이름은 仙神堂으로 보아야 한다. 그렇지만 위패에는 '後百濟大王神位'라 쓰고 뚜껑을 덮어놓았다. 주변에는 '대궐터'·'견훤산성' 등이 있다. 대왕님을 모신 신당인데, 그 대왕의 정체에 대해서는 이곳과 연고가 있다는 후백제 왕 견훤으로 비정하고 있다. 신당의 북동쪽 언덕 너머 밭 가운데에 '南無山王之位'라 새긴 큰 바위가 있는 것을 볼 때, 아마도 원래는 산신=산왕을 모신 자연 제사터였다가 나중에 당집을 세운 것 같다. '南無'를 冠稱한 것은 이곳이 清溪寺의 寺域이라서 그렇게 된 것이다.[283]

증수 임영지(增修 臨瀛誌)(1933) 鄕評條에도 대왕이 보인다. 판군기시사(判軍器寺事)를 지낸 강릉의 崔文漢이 포학한 성황신을 굴복시켰는데, 후세에 사람들이 그의 흙상을 만들어 성황당에 모시고 이를 문한대왕(文漢大王)이라 불렀다 한다. 성황신을 '대왕'이라 칭한 또 하나의 예가 되는데, 최씨 문중에서는 이를 자신들의 中始祖 최문한에 比定한 것이다.

대왕신앙이 언제부터 유행하였는지는 알 수 없으나, 고려시대부터 사료에 두드러지게 나타나고 있다. 이후 현재까지 대왕신앙은 면면히 이어지고 있다. 이들 대왕신앙 자료는 각각 그것이 처한 시대의 신앙 모습을 잘 보여주고 있다. 문무왕의 장례와 관련하여《삼국사기》문무왕본기 마지막 해에 보이는〈속전〉,《삼국유사》만파식적조의 기록은 고려 중·후기 대왕신앙의 모습을 보여주는 좋은재료이다.

5. '대왕-여' - 경주 대왕암의 본색

1) '여'란 무엇인가?

신라 서울 경주 해안에서 보이는 정체불명의 물체는 '거북머리 같이 생긴 산'이라고[284] 한다. 이것이 물결이나 시간대에 따라 모습이 바뀐다면 규모를 갖춘 산이라고 보기는 어렵다. 덩치(塊量感)를 갖춘 산이라면 이 정도의 조화는 부릴 수 없다. 위 사료에서 '산(山)'이라 썼지만 실은 바위섬(岩嶼)이다. 육지 사람들은 산과 섬을 서로 이질적이고 무관한 것으로 보지만 바다 사람들에게는 산이 곧 섬이기도 하다. "인천항8부두에서 바다 쪽으로 가면 월미산, 곧 월미도다. 땅이 솟으니 산이고 바닷물에 잠기니 섬이다."라는[285] 설명에서 알 수 있듯이 대왕암을 '산'이라고 묘사해서 이상할 것은 없다. 이 물체가 보이다 안 보이다 한다니 그 수량도 헷갈린다. 그런데 이곳에 대나무가 있단다. 더 이상 자그마한 바위일 수 없으니 이미 '이야기'는 시작되었다. 그 서사에는 왕이 나타나고, 등장인물에 걸맞게 나라를 지키려는 비장한 다짐과 선언이 나온다. 그 언명(言明)은 입에서 입으로 전해지고, 대를 이어가며 가슴에 새긴다.

기실 이런 형태의 돌이 더러 있는데 이름하여 '여'다.[286] '물속에 잠겨 있는 바위',[287] '썰물 때는 바닷물 위로 드러나고, 밀물 때는 잠기는 바위'[288], 또는 '물속에 잠겨 보이지 않는 바위, 다른 말로는 숨은바위·암초·초(礁)'다.[289] 백령도 당개 성황님도 풍랑을 일으키어 '압(앞)바다-여'에서 목관이 탄 배를 부수었다. 한국어 사전에는 예외 없이 올라 있다. '여'가 한자 말이라면 본디의 한자를 적어두었을 터인데 그렇지 않다. 소설로도 유명한 '이어도'는 '여도'를 달리 쓴 것이라 한다.[290] '여'와 '섬'은 크기에 차등은[291] 있겠지만 이어도는 곧 '(이어)여+섬'의 조합으로서 겹말(동어반복)이다. 이 섬이 '환상의 섬'·'피안의 무인도'가 된 배경에는 그것이 어디, 어느 '여'인지 고유한 이름/넘버링이 없기 때문이다. 급기야 '파랑도'라는 이름으로 낙착되는 이름 없는 섬의 운명이다.

옛 제주도 사람들은 이 섬을 이상향으로 생각하는 전설이 있었다. 이 섬은 원래 구전되는 전설에 따르면 바다로 나가 돌아오지 않는 어부들이 가는 섬, 어부들이 죽으면 가는 환상의 섬으로 알려져 왔다. 구전되는 설화마다 세부 사항은 다르지만, 크게 각 설화마다 대략 일치하는 것을 요약하면, "어부가 배를 타고 폭우가 쏟아지는 바다에서 방향을 잃고 처음 보는 작은 섬에 도착했는데, (대략 지금으로 치자면) 초등학교 운동장만하고 자갈과 바위 밖에 없는 섬이 있더라. 그런데 섬 한가운데에 돌을 쌓아 올려 만든 사당 같은 게 보여서 가보니, 한 칸짜리 사당 안에는 밥상이 있고 그 위에 김이 피어오르는 쌀밥 한 그릇이 놓여 있더라. 주위를 아무리 살펴봐도 사람의 흔적은 보이지 않고 사람이 숨을 만한 장소도 없는데 막 지어 올린 듯한 쌀밥이 놓여 있으니 섬뜩해져서, 비바람을 무릅쓰고 섬을 떠나 버렸다더라"라는 식의 내용이다.

설화에 따라 사당 대신 초가집, 쌀밥 대신 보리밥이라 하는 여러 변주가 나타나지만, "비바람이 몰아치는 날씨에 작은 섬이 나타난다"는 것은 비슷한 설화들의 공통된 내용이다. 1984년 제주대학교 측에서 이 해역을 탐사한 뒤 이 암초를 파랑도라고 명명하면서, 전설상의 이어도와 결부시키는 계기가 되었다. 다만, 설화 속의 이어도와 이 섬의 상관관계는 객관적으로 밝혀진 것이 아니다. (위키피디아)

'여'를 한자로는 '礖'라 쓰는데, 형성문자이며 뜻을 나타내는 '돌 석'石部와 소리(音)를 나타내는 與(여)를 합(合)하여 이루어진 한자다. 그런데 그 뜻은 알 수 없다(义未详)고 한다(礖yù. 新华字典). 한편 '石+與'의 형성 위치를 달리한 '礜'字가 있는데 '白石, 毒石名'이라 하여《산해경》西山經의 "有白石焉 其名曰礜 可以毒鼠(흰 돌이 있는데 이름을 礜라고 하며 이 돌의 독으로 쥐를 죽일 수 있다)" 구절을 말한다. 이 한자는 우리의 관심 낱말 '여'와는 거리가 멀다. 제3의 글자로서 '礖'는 '嶼(서)'와 같은 글자로 보기도 하는데[292] 소리가 다르다는 문제점이 있다.[293] 한국의 섬이나 암초 지명에 '여'가 흔한 반면, 중국에는 이 글자가 드물기도 하지만 '물속 바위'라는 뜻으로 쓰이는 예는 없다.

그들은 島보다 규모가 적은 섬을 嶼(서)라고 부른다(《고려도경》권34, 海道1 참조).[294] 그러므로 한국 고유어 '여'가 한자 嶼·礜와 소리와 뜻이 우연히 닮아 굳이 한자로 쓸 때는 '礖'로 대신한 듯하다. '여'가 토박이말임은 국어사전의 풀이에서도 드러난다.

서산시 간월암에서 보이는 여(물속 바위)

서산시 부석면 '검은 여'

여:물속에 잠겨있는 바위(《민중 엣센스 국어사전》, 2007). 여:(바다나
큰 호수같은 데서) 물우에 드러나지 않고 물밑에 잠겨있는 바위=초석, 암
초(《조선말사전》, 1995). 연변조선족자치구

2) '여'를 대하는 자세

밀썰물 차이가 큰 서해안에는 '여'가 많다. 충남 태안군에는 재미있는
이름 '쌀썩은여'도 있다. 서산시 부석면 갈마리 적돌만에는 '썰물 때 드러
나는 바위, 검은-여'가 있다. 물 위에 떠 있는 바위를 일러 '뜬 독(浮石)'이
라[295] 했으니 '여'의 앉음새를 강조하였다. 이 지형지물에서 말미암아 면
이름이 '부석면'이다. 지역에서는 '검은 여 浮石'이라 새긴 몸돌(立石, 神

體)에 해마다 '여제'를 지내는데 2023년 4월 3일에도 어민들은 소원을 빌었다. "유세차 … 검은여 신령께서 고기 잡고 소금 굽게 해주시고 나무와 물을 주시고 … 넉넉하게 보살펴주시니 … "라고 읊었다. 제례 참석자는 사모관대를 쓰고 축문도 한문 투이지만 새긴 한자는 '浮石(부석)'이 고작이다. '여'가 한자말인지는 숙제로 남겨두고, 꾸미는 말은 토박이말을 써서 '검은-여'가 되었다. '검은 여'는 색깔이 검기도 하지만 '검(은)'은 곧 곰=神이 된다. '거믄여'는 제주도 서귀포에도 있는데 이곳에서 굿도 하고, 터가 세다고 한다.[296] 여섬=이어도에서 본 신비·신성은 다른 곳에서도 어김없이 확인된다.

> 그곳에는 거대한 내륙호수, 바이칼이 펼쳐져 있다. 거기 한 가운데 'shaman rock' 곧 '무당바위'가 제법 우뚝하게 떠 있다. 섬은 아니고 '여(물속에 잠겨 있는 바위)라고 불러야 할 바윗덩어리다. (김열규, 《한국인의 자서전》)[297]

중앙시베리아 샤머니즘 사회에서는 호수 위로 나온 '여'에 소녀를 앉혀놓고 그의 순결을 심판한다는 "소름끼치는 전설이 전해져 온다."고 글쓴이 김열규는 '비밀스런 이야기[祕傳]'를 알려준다.

있다가 없어지고 다시 나타나는 것, 그것이야 말로 신비의 세계이고 神의 세계다. 그 있고없음을 빌어 삶과 죽음을 설명하고, 과거와 미래를 오가는 거대한 상상이 바로 대왕암 서사다. '여'에 관한 이야기가 섬찍하면서도 이상향을 언급하는 대단원으로 끝나는 배경에는 그 생태적 특징에서 말미암는다고 나는 본다. 이 점에 대해서는 암초에 대한 범세계적 관녑이 참고된다.

> 신화와 민속학의 맥락에서 암초는 알려진 것과 알려지지 않은 것 사이의 문턱인 경계선의 상징으로 가끔 등장했습니다. 이야기에서 그곳은 비밀스러운 불가사의나 인어나 바다 괴물과 같은 위험한 생물이 있는 장소로 종종 묘사되는데, 이들은 영웅의 수호자나 도전의 역할을 할 수 있습니다. 이 이야기는 마법의 장소이자 잠재적인 위험의 장소인 산호초의 이중적 성격을 강조하며, 자연 세계가 불러일으킬 수 있는 경외심과 그것이 요구하는 존경심을 요약합니다. (https://symbolopedia.com)

바위든 '여'든 그것은 광물일 뿐 자신의 속성을 말하지 않는다. 하지만 인간들은 이 범상치 않은 물체를 '위하(우르러)'고 모신다. 존경·모심의 대상을 그들은 '대왕'이라는 신격으로 부른다. 고유한 이름도 붙이기 전에 주민/고객들의 희망·소원을 들어주는 신령이 되었다. 그가 좌정한 자리는 흡사 백령도 당개 서낭당이고, 경주 이견대이며, 이어도의 한 칸짜리 당집이다. 모두가 '여'를 두고 신비하고 애틋한 이야기를 엮어 가는데 경주 댕바우(대왕바위) '여'는 왕권신화에 휘둘린 나머지 국가 차원의 담대하고 비장한 '역사'가 되었다.

'여'의 속성은 첫째, 물속 돌이 神出鬼沒하여 신성시 된다. 둘째, 그것이 세속화하여 왕이나 용 또는 신으로 나타난다.는 사례를 몇 들어둔다.

• 이들은 울주군 서생면 대송리 간절곶 앞 바다에 있는 해중암초, 곧

여(礖-원문)로 보이는 암초군(暗礁群)이다.

• 바위

• 새우암(덤): 대송에 있는 해중 암초이다. 간절곶 등대 남쪽 끝에서 정동쪽으로 약 600m쯤에 있는 해중 암초인데, 간조 때는 바위가 두 개로 보인다.(박채은 외,《울주지명지리지》, 2020)

• 이들은 울주군 서생면 진하리(진하해수욕장) 앞 바다에 있는 바위섬과 해중암초.

• 바위

명선도(名仙島, 鳴蟬島): 진하 동남쪽에 있는 섬으로, 기암(奇巖)과 괴석(怪石)이 많다. 상록수와 향초가 무성한 무인도로, 옛날에 이곳에 신선이 하강하였다 한다. '동백섬[冬柏島]'이라고도 부른다. 둘레는 330m, 면적은 6,800㎡이다.

• 섬

떡섬[二德島]: 명선도의 남쪽 바다 가운데 있는 두 개의 바위섬이다. 신라 경순왕이 승하하면서 용으로 화하여 하늘로 오를 때 근처에 있는 섬들이 모두 깨어졌는데, 이 바위도 피해를 입어 두 개의 바위로 남게 되었다. 이를 덕도[德島, 떡섬]이라고 한다. (위《울주지명지리지》)

이렇게 보면 '여'는 최소한 사람이나 식물이 살 수 있을 정도의 적은 섬으로 이해하기 쉽다. 그러나 서산시 '검은여'(아래)에서 보듯이 몇 미터에도 못 미치는 '물속 바위'도 있다.

6. 마무리

《삼국사기》를 보면 문무왕의 장례는 소박하였다. 성대한 장례는 부질없는 짓이니 자신을 庫門 바깥뜰에서 화장하라는 유언대로였다. 이에 대한 기사가 '東海口 大石上에서 장사지냈다'이다. 고문은 歸正門이라 하는데 그 바깥뜰은 '동해로 통하는 어귀'로서 그곳 큰 돌(바위)에서 다비하였다. 이곳을 택한 까닭은 다비 뒤의 뼈 뿌림을 생각해서다. 문무왕 장례에 대한 전말은 이것이 전부이며, 이러한 사실은 무엇보다 문무왕 비문에서 확인된다.

영토가 동해에 접한 신라는 일찍부터 바다를 신성시하여 제사 지냈다. 동해신을 모시는 저명 장소가 바로 감은사 언저리다. 역대 왕은 이곳에 와서 '望海' 즉 바다를 보고 제례를 올렸다. 문무왕의 발상으로 당대에 절을 짓기 시작하였으니, 그는 동해와 남다른 인연이 있다.

문무왕은 감은사·동해와의 인연 때문에 사후 언제부터인가 동해신으로 추앙되었다. 바다신 고래는 점차 중국 문화의 영향을 받아 상상의 동물 용으로 형상화한다. 파도 상태나 시간대에 따라 '(문무)왕'은 바위 모습으로 보이다 말다 한다. 바다에 잠겼다가 어느 때는 해수면 위로 머리를 내미는데 그러한 바위를 일러 '여'라고 한다. 大王(岩)은 이를 두고 신격화한 말이다. 용은 한 나라의 제왕에 걸맞게 호국용으로 변해갔으며, 물리칠 主敵은 왜적이 된다.

문무왕의 장례 설화 또한 死後 용이 되었다는 이야기와 부합되어야 한다. 이 때문에 장례터 '(東)海口'가 '海中'으로 바뀌었다. 일회성 장례는 잊혀진 과거의 일이고, 사람들은 바다에 '늘상 계시는' 문무왕을 마음에 두고 있다. 그리하여 '海中陵'·'藏骨處'가 된 대왕암에서 임금께서는 나라와 백성을 보살핀다고 한다. 지금까지의 이야기는 어디까지나 '그렇다고 하더라'라는 俗傳·世傳이다.

설화가 믿기는 까닭은 그 증거 '대왕바위'가 있기 때문이다. 기실 바다는 물론 산천·성황·무속도구에 이르기까지 사람들은 거기에 자리잡은 神을 일러 '대왕'이라 불렀다. 대왕신은 가까이에 왕과 관련된 유적이나 명소가 있을 때 역사상의 어느 대왕으로 인식되게 마련이다. 이러한 '가짜(擬似) 증거주의'로 말미암아 사람들은 자신들의 바다 신 모심과 받듦을 정당화하거나 거꾸로 그 유래를 만들기도 한다.

'문무왕 대왕암'도 바다-신이 깃들어 산다는 물속 바위 가운데 하나다. 근년 대왕암의 실체가 실증적으로 드러나게 되자 문무왕 장례에 대한 古今의 속설에 열광했던 데 대해 반성하는 분위기다. 그럼에도 이곳에서는 문무왕 제례나 행사가 여전하다.

(덧붙임 1)

바다와 관련된 관등(官等) 파진찬(波珍飡)(해관海官, 해척海尺)을 두었으며, 진평왕 5년(583)에는 선부서(船府署)에 대감(大監)·제감(弟監)을 두었고, 문무왕 3년(663)에는 선부(船府)를 별도로 두었다. … 신라 상·중대 수군의 제해권(制海權) 역량을 가늠할 수 있다.   정덕기, <신라 상·중대 船府署의 정비와 水軍>

(덧붙임 2)

신라는 일찍부터 바다와 관련된 官等 波珍飡(海官, 海尺)을 두었으며,

진평왕 5년(583)에는 船府署에 大監·弟監을 두었고, 문무왕 3년(663)에는 船府를 별도로 두었다. 신라의 선부는 7세기 중엽 동아시아에서도 그 격이 가장 높게 설정되어 제도적 뒷받침을 받고 있었다. 지증마립간 2년(512)의 우산국 정벌이나 문무왕 2년(662) 탐라국을 정복한 것만 보더라도 신라 상·중대 수군의 制海權 역량을 가늠할 수 있다. 정덕기, <신라 상·중대 船府(署)의 정비와 水軍> 한국고대사탐구 38, 2021

(덧붙임 3)
대중가요 <바위섬> 노랫말

파도가 부서지는 바위섬 인적 없던 이곳에
세상 사람들 하나 둘 모여 들더니
어느 밤 폭풍우에 휘말려 모두 사라지고
남은 것은 바위섬과 흰 파도라네
바위섬 너는 내가 미워도 나는 너를
너무 사랑해
다시 태어나지 못해도 너를 사랑해

이제는 갈매기도 떠나고 아무도 없지만
나는 이곳 바위섬에 살고 싶어라

바위섬 너는 내가 미워도 나는 너를 너무 사랑해
다시 태어나지 못해도 너를 사랑해

이제는 갈매기도 떠나고 아무도 없지만

나는 이곳 바위섬에 살고 싶어라

나는 이곳 바위섬에 살고 싶어라

보론 : 울산 대왕암의 이름과 유래

1. 머리말

울산광역시 동구 일산동에는 등록문화재 106호로 지정된 '울기등대'가 명물이다. 하지만, 맑고 푸른 바다와 어우러진 거대한 암석[대왕암]까지를 어우르면 가히 울산이 자랑할 만한 '울기공원'이었다. 이것이 지금은 '대왕암공원'으로 불리는데, 공원의 하이라이트가 등대에서 바위로 옮겨온 느낌이다. 그것은 근래까지 대왕암에 대한 인식이 별로 없었다는 말이기도 하다.

지역에서 새로이 말하는 대왕암의 유래는 얼마나 근거가 있는지, 그것이 경주 감은사 앞바다의 대왕암과는 어떻게 다르고, 그런데도 무슨 이유로 둘 다 같은 이름을 쓰는지에 대한 소박한 의문은 비단 관광객들의 관심사일 뿐만 아니라 역사·지리·국어학적 관점에서도 하나의 연구거리가 된다.

나는 이러한 문제의식을 가지고, 울산 대왕암은 지역적으로 가까운 경주의 그것으로부터 직·간접적으로 어떤 영향을 받았는지 살펴보겠다. 그리고 울산 '대왕암' 명칭이 한동안 잠복하였던 그사이 사정은 무엇인지 알아보겠다.

2. 울산 대왕암

1) 정확한 역사관

경순왕은 無力과 아쉬움의 임금이다. 나라를 제대로 다스릴 기회도 없이 천년사직을 넘겨준 失機의 왕이다. 민중의 기억에 각인된 경순왕은 실제 그의 행적이나 역사와 관련없이 '이야기'되고 있다. 이들 이야기에 별다른 의심을 하지 않는다면 이야기의 무대는 곧 경순왕이 행차한 곳이 되고만다. 아래 경순왕 설화는 울산지역의 것으로서 더 이상 숭배의 대상으로까지는 진전되지 않았다.

신라의 마지막 왕인 경순왕은 나라의 존립이 위태로워지자 울산 문수산에 사는 문수보살의 계시를 받아 거취를 정하기로 하고, 신하들을 거느리고 울산으로 향했다. 그래서 '삼호'라는 곳에서 태화강을 건너려고 할 때, 동자승이 나타나 마중을 하고 길을 안내했다. 경순왕은 대단히 반갑게 생각하고 뒤를 따랐는데, 지금의 울산대학교 정문이 있는 자리에서 갑자기 동자승이 몸을 날려 문수산 쪽으로 가버리고 말았다. 이에 경순왕은 "헐 수 없구나! 헐 수 없구나!" 하면서 흐느꼈다. 때문에 그 곳을 '헐수정'이라 했고, 동자승이 문수산 쪽으로 사라진 곳을 '無去'라 이름했다. (≪한국구비문학대계≫8-12, 1986)

경순왕은 마지막으로 부처힘이라도 빌어 나라를 바로 잡아보겠다고 친히 재(齋)를 올렸다. 그런데 하루는 아주 남루한 옷을 입고 얼굴도 빡빡 얽은 노승 한 사람이 와서 임금님이 친히 올리는 자리에 말석이라도 좋으니 참여하게 해달라고 했다. 경순왕은 이를 허락했고, 재를 마친 다음, 희롱 삼아 어디서 왔는지를 물었고, 중은 하곡현(울산의 옛이름) 문수산에서 산다고 했다. 이 말을 들은 왕은 임금님이 親供하는 재에 참석했다는 사실을 발설하지 말라고 하자, 중(노승)도 진신 문수보살이 친공하는 재에 참석했음을 발설하지 말라는 말을 남기고는 몸을 날려 남쪽으로 사라지고 말았다. 경순왕은 당황하고 부끄러웠지만 부랴부랴 어가를 준비해 문수보살을 뒤따랐다. 그래서 지금의 두동면과 범서면의 경계를 이루고 있는 고개까지 왔지만, 이미 거리는 상당히 떨어졌고, 경순왕은 '헛일이구나! 헛일이구나!' 하면서 탄식했다. 때문에 이 고개를 '헛고개'라 하고, 그 밑에 왕이 잠시 머문 곳을 '지잔'이라 한다.(서영대, <울산지역의 사찰설화>)[298]

위 이야기는 ≪삼국유사≫ 감통편의 진신수공조와 거의 같은 내용이다. 진신수공조에서는 경덕왕의 이야기로 나오는데 민중들의 기억 속에는 뉘우침과 기회놓침의 대명사인 경순왕이 대신 자리 잡고 있다. 왕의 이름이 비슷한 데서 나온 착오일 수 있으나 설화 향유자들은 그들이 알고 있는 경순왕의 이미지에 부합되기 때문에 전혀 의심 없이 전해지고 있다.

앞에서 살펴본 것처럼 그 이름 앞에 '대왕'이 붙는 바위나 구역·건물 가운데 그 사실성을 입증하고자 역사상의 실재 대왕=임금이 흔히 연고자로 등장한다. 그 가운데서도 신라 경순왕=김부대왕이 숫자로 보아 가장 많다. 아마도 여러 신라김씨 인구수와 비례할 것이다. 울산의 경우는 위의 지명설화에서 보듯이 경순왕이 거듭 등장하고 있으니 울산지역의 '대왕' 지명은 당연히 김부대왕에서 그 연고를 찾을 만하지만, 지역민들이 아는 경순왕은 신 같은 존재의 대왕에는 결코 미치지 못하는 역사상의 나약한 인물일 뿐이므로 울산대왕암이 경순왕과 연결될 소지는 애초부터 없었다. 덕분에 울산대왕암은 이야기꾼이나 호사가들의 '자유로운' 상상에 물들지 않고 단순한 지명유래의 원형을 잘 간직하고 있는 드문 예에 속한다.

2) 바다신 대왕암

'대왕바위'는 울산시 일산동에도 있는데, 줄여서 '댕바위'라고 한다. 다른 이름으로는 용추암이라고 한다. 용이 승천하다가 그 바위에 떨어져 죽었기 때문에 붙여진 이름이다. 그 증거로서 용의 피가 묻어 바위가 붉게 되었다고 한다. 바다에 있는 대왕(神)이 곧 龍이라는 믿음은 여기서도 확인된다.

제3의 이름 '용딩이'도 그것이 역사상의 특정 대왕과 관련된 '유적'이 아니라 용(해신)을 가리키는 '지명'임을 확인시켜준다. 즉 '용'과 '대왕이'[299](-댕이-딩이)가 합쳐진 합성어 즉 '용+대왕'으로 보기 쉬우나 '龍(들, 무리)의 대왕'으로 혼동할 소지를 피해서인지 그러한 地名例는 나타나지 않을 뿐만 아니라.[300] '용대왕'은 결국 '용왕'이니 지명이 될 수 없다. 그렇다면 '딩이'는 '돌댕이'란 말에서 보듯이 '덩어리'이거나 '서낭댕이' 따위에서 보듯이 일정 장소를 뜻하는 지명소이다. 따라서 '용딩이'가 龍+文武大王(妃)를 암시할 소지는 없다. 이 바위는 용바위이거나 대왕바위일 뿐이다.

울산의 대왕바위는 다름 아닌 '동해대왕' 즉 바다의 신이다. 그런데 제사의 이름이 용왕제이고 보면, 이 해신은 용신이다. 따라서 이를 향하여 용왕제를 지내고 별신굿도 한다. 흥미로운 것은 이 대왕바위 역시 역사상

의 어느 인물로 점차 비정되어 가고 있다.[301] 관련 구술을 아래에서 보도
록 하자.

[울산시 설화 6]

*앞 설화가 끝나고 조사자가 먼저 울산시내의 전설을 이야기해 달라고
했더니 이 전설을 구술하였다. 제보자는 향토사가(이유수, 男, 59살. 1984년
8월 10일)이므로 역사적인 고증을 하느라고, 구전 자료를 더러 빠뜨리는
경우도 있었다.*

　울산시 일산동(蔚山市 日山洞)에 울기 등대가 있는 그 산을 댕바위산
이라고 합니다. 댕바위산 맨 끝에는 대왕바위 카는 바위가 있습니다. 이
것이 줄아서(줄여서) 댕바위라고도 하고, 또 한편으로는 용추암(龍墜岩)
이라고도 지방 사람들은 불러 옵니다. 불러 오는데 지금까지 구전돼 내
려오기로는 지금까지 문무왕(文武王)이 돌아가서(죽어서) 동해 용이 돼
서 일본을 지키겠다[주(1)]왜구의 침노를 막겠다는 말이다. 이래서 동해
용이 됐는데, 그 왕비께서도 역시 돌아가서 용이 돼가지고 그 용이 날아
가지고 이 댕바위에 자무랐다(잠겼다).[주(2)]현지 노인들은 문무왕비와
관련을 모르고 그저 용이 승천하다가 그 바위에 떨어져 죽었기 때문에
용추암이라고 한다고 한다. 그 증거로는 용의 피가 묻어 그 바위가 붉다
고 한다. 그래서 댕바위라 칸다고 전해 오고 있습니다.[주(3)]댕바위를
경상북도 월성군 양북면에 있는 신라 문무왕 수중릉의 이름과 같아서
文武王 王妃의 水中陵으로 이렇게 풀이하고 있다.(《한국구비문학대계》
8-12)[302]

이와 다른 버전을 소개해보겠다.

(조사자 : 거기서 얼마 안 떨어진 곳에?) 댕바위에서 한 300m 떨어진 곳에 그 서쪽에 보면 산봉우리를 그 술바위산(述岩山)이라고 합니다. [조사자: 술바위?] 술바위, 술바위산이라고 하는데, 이 술 쿠는 것을 이병도 박사 소론에 따르면 솟는다, 솟을, 거게서 나온 것으로 보고 숭산 내지 신령한 산이다 이렇게 풀이를 하더만요. 그대로 하면 바로 문무왕릉 이견대가 있고 감은사가 있고 댕바위가 있고 이와 마찬가지로 울산 댕바위 여게도 이견대 대신에 술바위산 이것이 그거하고 어느 정도 같은 그런 위치에 있는 게 아니냐 이렇게 봐 지는데. 마아, 그렇게 보는 한 가지 이유는 술바위라고 그 이름 자체가 숭산이다 카는 그런 것도 있지마는 일산봉에서 별신굿을 할 때 할 때 말이지요,[주(4)]*옛날에 댕바위의 북편에 龍窟이 있는데, 이곳에 靑龍이 살면서 뱃길을 가는 사람들을 괴롭혀서 東海大王이 靑龍이 밖으로 못 나오게 큰 돌을 넣어 막았다고 하여 댕바위에 龍王祭를 지냈다고 한다. 그래서 지금도 일산진 별신굿을 할 때는 제단을 이 바위를 향해서 차린다고 한다.* 모시는 신위(神位)가 있어. 그 중에 술바위 선생이라 캐서 술바위 선생을 모시고 별신굿을 합니다. 그렇게 보면 술바위산도 신령한 산이고 그래 봐지고 있지요. 그라고 쪼금 또 서쪽을 내라오면 신라때 고찰(古刹)이 두나가 있읍니다. 월봉사도 있고, 또 하나 지금 월정사라 쿠는 절이 있고, 그 두 절이 다 신라말 때 절이라 이래 카는데, 그래 보면 댕바위하고 술바위산하고 그 절 하나하고 이런 것이 똑 그 저 문무왕릉에 따르면, 댕바위, 이견대, 감은사하고 똑같은 그런 인상을 주게 돼 있읍니다.[303]

선과 악이 맞물려 서로를 필요로 하는 원초적 이야기이다. 위 인용문에서 밑줄 부분을 잘 보면, 당시 주민들은 아무도 문무왕(妃) 관련 유래를 모르고 있으며, 울산 댕바위의 대왕은 곧 '동해대왕'이라고 명백히 나온다. 그리고 [주(3)]의 해설에서 문무왕 수중릉과 이름이 같아서 그렇게 풀이하였다고 이미 유권해석을 내린 바 있다. 아무래도 감은사와 이견대가 있는 경주의 대왕바위를 두고서 자신들의 바위를 문무왕이라고 하기는 어려웠을 것이다. 이렇게 보면 울산의 대왕바위 역시 바위 → 동해대왕(바다신·용신) → 문무대왕비(인물신)라는 인물설화로 가는 발전양상을 답습하고 있다. 굳이 이치로 따지자면 '대왕바위'가 아니라 '왕비바위'라야 맞다.[304]

울산 대왕바위가 문무왕비 능이라는 설의 발단을 추적해보겠다. 《한국구비문학대계》 편찬취재 당시 대담자는 향토역사와 지명에 해박한 이유수(1926~2007. 울산시 복산동 출생) 선생으로서 문무왕 '수중릉'과 이견대·감은사 등의 언급에서도 보듯이 그 자신이 신라사에도 밝은 분이다. 위 《한국구비문학대계》와 같은 해(1986년)에 펴낸 선생의 《울산지명사》 가운데 '대왕바위'·'용굴' 조항을 보면 위의 대담과 같은 내용이 실려 있다.[305] 그런데 이 책에는, 대왕바위=문무왕비릉 설은 이유수 선생 자신이 처음 말한 것이 아니라 李永周 선생이 전한 내용을 金永福 선생으로부터 들었다고 되어 있다.[306] 즉 이영주 → 김영복 → 이유수의 순서로 전해졌다. 모두 돌아가신 분들이라 더 이상의 추적이나 시비를 가릴 방도는 없다. 그렇지만 문헌에 밝은 한 두 사람이 자신들 지역의 대왕바위에 역사성을 부여하기 시작했던 사실은 분명하다.

울산대왕암=문무왕비릉 설은 1980년대 중반에 나타나 누구나 확인할

울산대왕암 용굴(변상복ⓒ)

삼국유사에 실린 한국의 왕권신화

수 있는 말하자면 하나의 '생산품'[artifact]이다. 그러니까 이 가공품이 만들어진 연대는 더 거슬러 올라가야 하며, '1980년대 중반'이란 시점은 구전 민속자료의 상대적 연대 측정 방법 (oral-folklore data dating method)으로 말하면 오히려 해당 유물의 하한선=最終時限[terminus ante quem]이 된다. 우리가 '1980년대 보다 한두 세대나 앞서는 人事를 확보한 것만도 다행한 일이다. 여기까지가 1980년대 중반의 상황이라면, 그 이전으로 거슬러 올라가보자.

1872년 대원군 집권기에 편찬된 <울산목장지도>에는 '大洋巖'이라고 적혀 있다. 大正3년(1914)에 측량, 이듬해에 출판한 <朝鮮地形圖> (No. 154 장생포)에도 '大洋岩'으로 나온다.[307] 1976년에 편집, 1979년 인쇄한 국립지리원의 1/5만 지도에도 '대양바위'라고 나오니 위의 '대양암'과 마찬가지다. 한편 1980년에 간행된 한글학회의 《한국지명총람9》(경남편Ⅱ)를 보면 아래와 같다.

> 대양-방우 [大洋岩, 해금강] 【바위】 어풍대 동남쪽에 있는 바위. (348쪽)
>
> 용딩이[용추암] 쫑진방우 북쪽에 있는 바위. (349쪽)

역시 '대왕암'이 보이지 않으며, '댕바위'도 보이지 않는다. 그 이유에 대해서는 몇 가지로 생각해볼 수 있다. 첫째, <울산목장지도>나 <조선지형도>만 그대로 답습했을 가능성이 있으나 《한국지명총람》은 異稱을 빠짐없이 실어주기 때문에 이에 대한 설명이 되지 않는다. 둘째, 《한국지명총람》 편찬 당시 민간에게까지 폭넓게 채록하지 못했다. 셋째, '대왕암'이란 이름은 80년대 이후 나온 말이다. 먼저 셋째 가능성부터 생각해보겠다. 나의 조사나 연구 결과 및 위에 인용한 《한국구비문학대계》類(이유수 version)에 따르면 '대왕암'은 있으나 '대양암'은 희귀한 예다. 이제 두 번째 가능성만 남는다. 당시 주민들이 부르는 이름은 '대양암'으로서 '대왕암'을 말하는 주민이 희귀했다. '대양암'은 이미 19세기 문헌에 정착된 말이다. 그렇다면 다시 셋째 가능성과 연결된다. 지명과 역사에 밝은 人士는 '대양암'이 뜻으로 보아서도 열등하다고 느껴서인지 - 여기에는 애향심도 적지않이 작용한다 - '대양'을 '대왕'으로 돌려놓는 동시에 그 '증빙' '사실'로서 문무대왕(+妃)을 제시하였다. 대왕신앙에 대한 역사나 내용 및 전국적 분포를 알 수 없었던 당시로서는 그럴 수밖에 없다. 그들이 문무대왕(+비)에 대해서는 그렇게 강조하면서도 실제 통용되던 '대양암'에 대해서는 일언반구 하지 않은 것은 '대양암'을 인정하지 않으면 바위의 격이 올라간다고 생각했을지도 모른다.

다음은 왜 지도에서는 '대양암'으로 기록되었을까를 살펴볼 차례다. 아직 동일한 예를 찾지는 못했지만 '대왕'에서 '대양'으로 발음이 변해갔을 수 있다. 대원군 당시의 우리 선조들이나 일제강점기의 지도제작자들 또한 대왕신앙을 몰랐을 것이므로 오히려 명실상부한 '대양'쪽을 선호했을 것이고, 조선시대 내내 잡신을 '대왕'으로 이름 붙이는 것이 예법에 어긋나고 참람하다고 하였듯이 의도적으로 '대왕'을 버렸을 수도 있다. 뜻 또한 '대양'이 '대왕'보다 크니 좋은 말이라고 판단하였을 법하다.

2011년에 오면 설화는 더욱 발전(?)하여 《삼국유사》문무왕법민조의 문무왕이 하였다는 유언이 그 왕비의 말로 둔갑하였다.

대양바위 Daeyangbawi [異] 대왕암, 댕바위, 용추암, 大洋岩 시의 동구 일산동에 위치한 바위이다. 댕바위라고도 부르는 대왕암은 신라시대 문무대왕의 왕비가 죽어서도 호국룡이 되어 나라를 지키겠다(無根)고 하여 바위섬 아래에 묻혔다는 전설에서 유래한 지명이다. 일설에는 용이 승천하다가 떨어졌다고 하여 龍墜巖이라고도 부른다.(《한국지명유래집, 경상편》, 2011)[308]

'대왕암'이 보통명사라는 것을 알면 '대양암'이란 지명이 오히려 예외적이고 희귀한 예다. 과연 '대양암'이라 부르던 시절보다 더 이전에는 '대왕암'이 바른 이름이었다.

울산 대왕암에 대한 기록이 가장 먼저 보이는 자료는 오한 孫起陽(1559~1617)의 《聱漢先生文集》이다. 그 3권에 息城君 李雲龍의 墓誌가 실려있는데 정유재란(1597)의 전황을 기록하는 가운데 문제의 대왕암이 나온다.

> 12월에 楊經理 등이 가등청정을 울산에서 진압하였다. 公은 스스로 며칠간 水軍을 정비하여 대왕암에서 나가 싸웠다.[309]

같은 내용을 澤堂 李植(1584~1647)도 息城君李公墓碑銘에서 쓰고 있다.

> 정유년 … 겨울에 중국 군대가 道山을 포위하자, 公이 대왕암에서 배를 인솔하고 나아와 挾擊하였는데, 중국 군대가 퇴각하였으므로 公도 물러 나왔다.[310]

다시 200여 년 뒤 울산의 대왕암은 향토 선비의 詩文에 나온다. 磻溪
李養吾(1737~1811)는 1803년 3월에 반구대, 집청정, 장천사, 반구암, 양정,
동축사, 월봉사, 대왕암 등을 보름에 걸쳐 유람하고 <柳殷模 君과 함께
바다를 보고 대왕암에 오르다(與柳君殷模觀海登大王巖)>라는 시를 남겼다.
그 첫 구절을 소개하면 아래와 같다.

넓은 바다(大洋) 서쪽 가 대왕암에
누가 왜구 막을 말을 보내주실까.[311]

위 시구를 선입견 없이 읽는다면, 이러한 동해안의 절경에 왜구=왜적
이 詩想으로 떠오른 것 그 이상도 이하도 아니다. 그것은 생략된 그 다음
구절이 落花·芳草·滄溟·壯觀 등으로 詩題가 발전하는 것을 보아도 알 만
하다. 다른 가능성으로 이양오는 향토사에 밝은 선비이니만큼 오히려 정
유재란 때 이곳에서 왜군을 물리친 일이 연상되었을 법도 하다.

이양오 일행에 동참한 김상규도 <대왕암>이란 시를 남겼으니 이때까
지 문제의 바위 이름은 '대왕암'밖에 없었다. 그런데 이양오의 시에 '대왕
암'보다 먼저 '大洋'이 아울러 擧名되는 것을 보면 발음도 비슷한 이 두
이름이 언젠가는 바뀔 운명이 점쳐지기도 한다.

이양오보다 두 세대 뒤의 인물 李鼎和(1811~1860)도 <대왕암>이란 시
를 남겼다. 필요한 부분만 인용하면 다음과 같다.

신라왕의 옛 자취 묻는 이 없고
가을 팔월에 서성이며 찼던 칼을 매만지다.[312]

비로소 대왕암을 역사상의 임금, 그것도 신라 왕과 연결하고 있지만 그가 어느 왕인지는 여전히 막연하다. 문헌이나 지명에 보이는 대왕암·大王浦·大王藪 등의 '대왕'이 역사상의 어느 대왕인지 궁금해하는 것은 인지상정이다. 위 시는 신라의 대왕이 누구인지를 주변의 사적과 연결하여 어림잡지 않고 '대왕'을 일단 역사상의 인물로 보기 시작한 단계를 잘 보여준다. 하지만 이런 추정이 식자우환에 지나지 않는 듯 그 뒤 누구도 문제의 '대왕'에 대해 더 이상 궁금해하지 않았고, 오히려 '대왕'조차도 무의미하거나 沒理解한 수준에 머물러 이후 '大洋'에 그 자리를 넘겨주게 되었다.

경주 감은사 앞바다의 대왕암이 세상에 알려지고, 그것이 사적으로 지정되면서 울산 대왕암도 서서히 복권되기 시작하였다. 1970, 80년대까지 '대왕암'이란 이름이 명맥을 유지하고 있었는지는 알 수 없으나, 지금까지 살펴본 지도에나 구비전승 어디를 보아도 그렇지 않다. 그렇지만 '대양'이란 이름 자체가 '대왕'으로 연결하기에 아주 좋은 조건을 갖추고 있다. 내가 보기에 울산대왕암은 경주의 그것에 감동분발(感發)되어 '새로이' 탄생한 지명이다. 1980년대에 울산대왕암의 지명유래를 말하던 이들이 조선후기의 詩文에 나오는 그것을 알았다면 그 오랜 유래를 증명하기에 더없이 좋은 자료를 인용하거나 소개하지 않을 리가 없다.

대한민국 국민이라면 누구나 알고 있는 경주대왕암의 위력은 실로 대단하다. 동해 바닷가에서 보이는 작은 섬이나 바위를 역사상의 어느 임금 무덤으로 비정하려는 시도는 울산대왕암 뿐만 아니다.

강원도 고성군의 金龜島(금구도. 옛이름은 草島)는 1990년대부터 고구려 광개토대왕릉 또는 제11대 동천왕(재위 227~248년)의 무덤이라는 설이 대두되었다. 전혀 근거없고 어이없는 이야기지만,[313] 이 섬에서 기우제를 지낸 사실이 크게 의미부여된 것 같다. 그것은 용왕→王과 관련되기 때문에 역사상의 실재했던 임금을 떠올릴 소지는 내재해 있으며, '금구도'라는 지명도 보기에 따라서는 심상치 않다.

울산대왕암=문무왕비릉설은 이러한 유행의 단적인 예로서 '대왕'을 실재했던 인물로 보려는 욕구에 불과하고, 그러한 의미부여 전통과도 맥이 닿는 현상이다. 이제 문무왕비설의 취약점이 드러나자 화장했다는 신라의 문무왕, 효성왕, 선덕왕 등이 차례로 그 후보에 오르게 되었다. 동해바다에 '유골을 뿌린(散骨)' 장례절차를 임의로 '유골을 모신(藏骨)' 것으로 해석한 것은 일찍이 '문무왕 대왕암' 연구에서 본 선례를 그대로 밟고 있다.[314] 동해에 산골한 이상 무덤이라 할 무엇이 없으니 묘지석 같은 것이 있을 리 없고 그 대신 불상을 조성한 예를 우리는 신라 성덕왕 때 金志誠(金志全)이 조성한 미륵상과 아미타상의 造像記에서 잘 볼 수 있다. 藏骨한 왕릉을 찾기로 하면 우리는 동해에서 적어도 세 곳의 왕릉을 찾아야 할 것이며, 문무왕비릉설과 같이 그 왕비까지 염두에 둔다면 이러한 왕/왕비릉은 동해의 어딘가에 여섯 군데나 있어야 한다.

3. 마무리

울산 대왕암 지명전설에는 다음과 같은 특징이 있다. 1) 이곳의 '대왕'이 곧 '동해대왕'이라고 명시되었다. 2) 그 대왕은 靑龍으로서 뱃길을 해코지하기도 하고, 승천하다가 바위에 떨어져 죽은 슬픈 용이다. 3) 이러한 전설은 단순히 입으로 전해지거나 믿음에 그치는 것이 아니라 용왕제·별신제로 의례가 되었다. 그러므로 해신=대왕은 해석에 따라 선·악의 이중성을 띠며, 동해지역의 중요한 신으로서 정기적으로 위함을 받는다. 이 신화는 해신=대왕신앙의 원초형을 잘 간직하고 있어서 울산이 해신=대왕신앙의 본고장으로 자리매김한다.

울산 대왕암에 대한 기록은 정유재란 기록에 처음 나타나며, 한말부터 1970년대까지는 '大洋'岩이 유통되었는데 이 표기는 '大王'의 변화형·異表記라 하겠다. 이 표기만 유통될 수 있었던 배경에는 당시 누구도 문제의 바위를 역사상의 어느 대왕과 연결된다고는 생각하지 않았기 때문이다.

1980년대 중반에 들어와 《한국구비문학대계》나 《울산지명사》가 간행되었다. 이때 '대왕암'의 이름이 '복권'되면서, '대왕00'라고 부르는 근거를 모색하였을 것이다. 이 과정에서 경주의 문무왕대왕암이 비교 대상이 되어 주변 자연환경도 이견대-술바위산, 감은사-월정사와 같이 대비시키고 무덤 주인은 문무대왕이 아니라 그 왕비로 낙착되었다.

내가 볼 때 울산 대왕암의 지명 전설은 원초형 그 자체로서 가치가 있으며, 문무왕이나 김부대왕을 자의적으로 끌어들이지 않아 오히려 역사상으로도 엄정성을 견지해왔다. 경주의 대왕암조차 이미 고려시대부터 역사에 오염된 채로 지금까지 굳어져 내려왔다. 그러므로 이를 역사상의 어느 임금 또는 왕비와 연결하면 할수록 경주 대왕암의 아류에 지나지 않으며 세태에 영합한 것이 된다. 적어도 규모로 볼 때도 울산 대왕암과 경주의 그것은 비교조차 되지 않으며, 경주의 대왕암은 규모가 적은 대신에 그 형태가 보기에 따라서는 무덤과 흡사하기 때문에 지금까지 논란이 되어왔다.

(이 글은 2012년 5월 울산광역시 동구청에서 열린 학술대회 때 처음 발표하였고, 같은 해 12월 한국지명학회의 《지명학》18에 실린 논문이다.)

<원문과 번역>

원문

《三國遺事》善德王知幾三事條

第二十七德曼,(一作万) 謚善德女大王. 姓金氏, 父眞平王. 以貞觀六年壬辰卽位, 御國十六年, 凡知幾有三事.

初, 唐太宗送畵牧丹三色紅紫白, 以其實三升. 王見畵花曰, 此花定無香. 仍命種於庭, 待其開落, 果如其言.

二. 於靈廟寺玉門池, 冬月衆蛙集鳴三四日. 國人怪之, 問於王. 王急命角干閼川弼呑等, 鍊精兵二千人, 速去西郊, 問女根谷, 必有賊兵, 掩取殺之. 二角干旣受命, 各率千人問西郊, 富山下果有女根谷. 百濟兵五百人, 來藏於彼. 並取殺之. 百濟將軍亐召者, 藏於南山嶺石上, 又圍而射之殪. 又有後兵一千二百人來. 亦擊而殺之. 一無孑遺.

三. 王無恙時, 謂群臣曰. 朕死於某年某月日, 葬我於忉利天中. 群臣罔知其處, 奏云何所. 王曰, 狼山南也. 至其月日王果崩, 群臣葬於狼山之陽. 後十餘年, 文虎大王創四天王寺於王墳之下. 佛經云. 四天王天之上有忉利天, 乃知大王之靈聖也.

當時群臣啓於王曰, 何知花蛙二事之然乎. 王曰, 畵花而無蝶, 知其無香. 斯乃唐帝欺寡人之無耦也.

蛙有怒形, 兵士之像. 玉門者女根也, 女爲陰也, 其色白, 白西方也. 故知兵在西方. 男根入於女根則必死矣, 以是知其易捉. 於是群臣皆服其聖智.

逐花三色者, 蓋知新羅有三女王而然耶. 謂善德, 眞德, 眞聖是也, 唐帝以有懸解之明. 善德之創靈廟寺, 具載良志師傳, 詳之. 別記云. 是王代. 鍊石築瞻星臺

번역

제27대 德曼 - 曼은 万으로도 쓴다 - 의 諡號는 '善德女大王'이다. 姓은 金氏요, 아버지는 眞平王이다. 貞觀 6년 임진년에 즉위하여[1] 16년 동안 나라를 다스렸는데[2], 미리 안 일이[3] 세 가지 있다.

첫째.[4] 당나라 태종이 붉은 색, 자주 색, 흰 색의 세 가지로 그린 모란과 그 씨 세 되를 보내왔다.[5] 왕은 그림 속의 꽃을 보고 "이 꽃은 반드시 향기가 없을 것이다."라고 말하였다. 그러고는 정원에 씨를 심도록 하여 꽃이 피고 질 때까지 기다려 보았는데, 과연 그녀가 한 말과 같았다.

둘째. 靈廟寺의[6] 玉門池에 겨울인데도 뭇 개구리가 모여 3,4일간 울었다. 나라사람들이 괴이하게 생각하여 왕에게 물었다. 왕은 급히 角干 閼川[7]·弼呑 등에게 명령하여, 精兵 2천명을 뽑아 빨리 西郊에 가서 女根谷을[8] 물어보면 반드시 적병이 있을 것이니 잡아 죽이라고 하였다. 두 角干은 命을 받아 각각 천 명을 거느리고 서교에 가서 물으니 富山[9] 아래에 과연 여근곡이 있었다. 백제 병사 500명이 와서 숨어 있으므로 모두 잡아 죽였다. 백제 장군 亏召란[10] 이가 南山嶺 돌 위에 숨어 있으므로 또 포위하여 쏘아 죽였다. 또 후원병 1200명이 왔으나 역시 공격하여 죽이고 한 사람도 남겨놓지 않았다[11].

셋째. 왕이 아직 건강할 때 여러 신하에게 말하였다. "내가 아무 해, 아무 달, 아무 날에 죽을 것이니 나를 忉利天에[12] 장사지내 주시오." 신하들은 그 곳이 어디인지 몰라 "어디를 말씀하십니까?"라고 여쭈었다. 왕은 "狼山[13] 남쪽이다."라고 하였다. 예언한 그 달 그 날에 왕이 과연 돌아가셨으므로, 신하들은 낭산의 남쪽에 장사지냈다.[14] 그 후 10여 년 있다가 문무대왕이[15] 왕의 무덤 아래에 四天王寺를[16] 지었다. 불경에 사천왕천 위에 도리천이 있다고 하는데, 이에 대왕이 신령스런 성인이었음을 알았다.[17]

당시 신하들이 왕에게 여쭈었다. "모란꽃과 개구리, 두 가지 일이 그렇게 되리라는 것을 어떻게 아셨습니까?". "그림에 꽃은 있으나 나비가 없으니 향기가 없다는 것을 알았다[18]. 이것은 당 황제가 과인이 짝이 없음을 빗댄 것이다."[19]

"개구리가 성난 모습은 병사의 형상이다. 옥문이란 여근이요, 여자는 陰이오 그 색은 흰 색이니, 흰 색은 西方이라. 그래서 병사가 서방에 있는 것을 알았다. 男根이 여근에 들어가면 반드시 죽으니, 이 때문에 쉽게 잡을 것을 알았다."[20] 여러 신하들이 그 뛰어난 지혜에 감복했다.[21]

꽃을 세 가지 색으로 보낸 것은 대개 세 여왕이 있을 줄 알고 그렇게 한 것인가. 곧 선덕·진덕·진성여왕[22]을 말하는 것이니, 당나라 황제도 선견지명이 있었던 것이다. 선덕왕이 영묘사를 창건한 것은 양지 스님의 전기에[23] 자세히 실려 있으니, 이를 상고하라. 別記에, 이 왕대에 돌을 다듬어 첨성대를 쌓았다고 하였다.[24]

역주

1) 《舊唐書》新羅傳에는 '貞觀5年……是歲 眞平卒 無子 立其女善德爲王 宗室大臣乙祭 總知國政', 《新唐書》新羅傳에는 '貞觀五年……是歲 眞平 死 無子 立女善德爲王 大臣乙祭柄國', 《資治通鑑》193, 唐紀9, 太宗 貞 觀5年條에는 '新羅王眞平卒 無嗣 國人立其女善德爲王'이라고 하여, 중 국측 역사책에는 모두 정관 5년(631)에 즉위한 것으로 나온다. 그렇지 만 《삼국사기》연표 및 신라본기 진평왕 54년조의 分註에 인용한 「古 記」에 의하면 위의 본문과 마찬가지로 정관 6년에 즉위하였다고 되어 있고, 《삼국유사》塔像, 生義寺石彌勒條의 '善德王十三年甲辰歲(644)' 를 보아도 그 즉위년은 정관 6년이다. 더욱 차이가 나는 것은 《삼국유 사》王曆篇 善德女王條의 '仁平甲午(634)立 治十四年'이라는 기사이 다. 634년 즉위설에 대하여, '仁平'은 선덕여왕의 연호인데 改元과 卽 位年次를 혼동했다는 설명이 있다(三品彰英, 582쪽).

　　정관 5년과 6년의 두 가지 즉위설에 대해서는 다음과 같은 이해방 식이 제시되고 있다. 첫째, 진평왕이 정월의 아주 이른 날 돌아가셨 기 때문에 그런 착오가 생겼을 것이라는 것이다(三品彰英, 582쪽). 둘째, 《삼국사기》신라본기 법흥왕 年紀의 일부 기사가 일년씩 늦어 지는 경우와 마찬가지로 대수롭지 않은 착오일 가능성이 있다. 셋 째, 新王의 즉위년이 곧 舊王의 薨年이라는 고정관념에서 벗어나, 왕위계승이 해를 넘길 수도 있다는 가정이다. 신라사에서 처음으로 여자가 왕이 되는 마당에 그 可否를 두고 오랫동안 논란이 있었을 것이고, 이러한 배경에서 선덕여왕이 즉위할 때까지 乙祭의 섭정이 있었다고 보는 것이다.(신종원, <삼국유사 선덕왕지기삼사조의 몇 가지 문제>《신라와 낭산, 신라문화제학술회의 논문집》17, 44쪽, 경주시, 1996)

선덕여왕이 왕위를 계승하게 된 저간의 사정에 대해서는 다음과 같은 해석이 대두되었다. 이미 진평왕 말년에 왕실 및 그 측근이 여자로써 왕위를 계승시키려고 한 데 대해 화백회의에서 이를 반대하고 나선 것이 진평왕 53년 5월의 柒宿·石品의 난이다(정중환,<毗曇·廉宗亂의 原因考>《동아논총》14, 8~10쪽, 1977 : <김유신론>《역사와 인간의 대응, 한국사편》35~38쪽, 고병익회갑기념논총위원회, 1985). 을제의 등장에 대해서는 의견이 두 가지로 나누어진다. 첫째, 이러한 여왕의 약점을 보완해주는 후견인으로서 을제가 내정되었다(고경석, <비담의 난의 성격 문제>《한국고대사논총》7, 265쪽, 한국고대사회연구소, 1994). 둘째, 선덕여왕이 國人에 의하여 왕위에 올랐으므로, 을제의 정국 운영은 귀족세력과의 타협이다(주보돈, <비담의 난과 선덕왕대 정치운영>《이기백고희기념 한국사학논총》상, 245쪽, 일조각, 1994).

2) 《삼국사기》선덕왕 16년조를 보면 다음과 같다. 「비담·염종 등이 '여왕은 정치를 잘 못한다.'고 하여 반란을 일으켰는데, 이를 평정하지 못하고 8일에 돌아가셨다」. 같은 곳 分註에 '唐書에는 정관 21년(선덕왕 16, 647)에 卒하였다고 쓰여 있다. 通鑑에는 二十五年卒이라 하였는데, 本史와 상고해보면 통감이 틀렸다.'라고 하였다.《자치통감》정관 22년조를 보면 '新羅王金善德卒 以善德妹眞德爲柱國 封樂浪郡王 遣使冊命」이라 하였으니, 위 인용문의 25년은 22년으로 고쳐야하고, 그렇

더라도 홍년에 1년의 차이가 난다.

3) 幾는 幾微. 그러므로 知幾는 '숨은 뜻'이나 앞날을 알아맞춘다는 뜻. < 셋째 이야기에서는 이를 '靈聖'이라고 표현하였다.

4) 위의 모란 그림 일화(편의상 <첫 번째 이야기>라 칭한다)는 선덕왕 즉위 전의 일이므로 위의 '初'는 '先是'의 뜻으로 해석해야 하는데, 모든 번역책이 이것을 '一'로 해석한 것은 잘못이라는 한 주장이 있다(강재철, <선덕여왕지기삼사조 설화의 연구>《동양학》21, 단국대학교, 1991, 83쪽). 그렇지만 뒤의 '二(事)'·'三'을 아울러 볼 때 '初'는 '一'의 뜻으로 쓴 것이다. 다만 '二'·'三'과 대비해볼 때 '初'가 어색하기는 하다. 그러나 그것은 오히려 모란 그림 일화가 즉위 전의 일이었다고 판단할 수 있는 하나의 단서가 되며, 모란 그림 이야기를 옮겨 전하는 과정에서 原初의 흔적을 제거하지 못한 不注意의 산물이다. 요컨대 위의 문장만으로 보아서는 '初'를 '先是' 또는 '一'의 어느 쪽으로 해석하여야 할지 단언하기 어렵다. 그러나 뒤에 보듯이, 선덕여왕이 모란 그림을 보고 말하였다는 선견지명에 대한 내용을 보면 '初'는 오히려 '一'의 뜻으로 보는 것이 자연스럽다.

5) 모란 그림 이야기의 素材가 되었던 史實은 정작 진평왕 43년(521)의 일로서 다음 기록이 가장 자세하다. '武德四年 遣使朝貢 高祖親勞問之 遣通直散騎侍郎庾文素往使焉 賜以璽書及畵屏風錦綵三百段 自此朝貢 不絶'(《구당서》199 신라전). 즉 唐 高祖 때 신라가 처음으로 遣唐使를 보내자 통직산기시랑 유문소를 신라에 보내어 내려준 回賜品 가운데 그림 병풍이 있었다. 이 조공 사실은 《삼국사기》에는 7월, 《冊府元龜》970에는 10월의 일로 기록하고 있다. 신라 遣唐使가 慶州을 출발하여

당나라의 長安에 들어가기까지는 3, 4개월 정도 소요되었다 하므로 이러한 차이가 보이는 것은 당연하다(권덕영, 《古代韓中外交史, 遣唐使研究》, 20쪽, 일조각).

6) 《신증동국여지승람》慶州 佛宇條와 《東京通誌》7, 佛寺條에 의하면 진평왕 임진년 = 선덕왕 원년(632)에 창건되었다고 하나, 《삼국사기》善德王紀에는 그 4년(635)에 창건되었다고 한다. 한편 《삼국유사》탑상, 미륵선화·미시랑·진자사조를 보면, 진지왕(576~579) 때 흥륜사 僧眞慈는 영묘사의 동북쪽 나무 밑에서 화랑 未尸郞을 만났다. 단순히 장소를 가리키기 위해 '(지금의) 영묘사 자리'라는 뜻으로 썼다고 이해해야 할 것이다. 이 절의 장육삼존상을 비롯하여 천왕상 및 殿塔의 기와는 良志 스님이 만든 것으로 유명하며, 영묘사의 위치에 대해서는 아직 논란이 있다. 신종원, <삼국유사 양지사석조 주석> 《고문화》 40·41, 한국대학박물관협회, 1992 참조.

7) 角干은 신라 17 관등 가운데 첫 번째인 伊伐湌의 별칭. 《삼국사기》신라본기에 의하면 알천은 선덕왕 6년(637)에 大將軍이 되었고, 이듬해에 북쪽 변경 지역의 七重城을 쳐들어온 고구려 군사를 무찔렀다. 진덕왕 원년(647)에 '伊湌 알천을 上大等에 拜했다' 하였고, 진덕왕이 돌아가시자(654) 群臣이 알천에게 섭정하도록 청하였으나, 굳이 사양하고 대신 김춘추를 천거하였다. 그는 腕力이 대단하였는데, 남산 亐知巖에서 國事를 논의하던 중 호랑이가 뛰어 들어오자 이를 매쳐 죽였다(《삼국유사》기이1, 진덕왕조). 진덕왕 원년까지도 알천이 제2관등인 伊湌이었던 것을 보면, 위의 <두 번째 이야기>는 그가 각간이 되고 난 뒤의 어느 시점에서 생성된 것이라 볼 수 있다.

8) 《신증동국여지승람》21, 경주, 산천조를 보면, '府의 서쪽 41리에 있다'
고 하고, <두 번째 이야기>를 소개하였다. 현재의 경주시 서면 신평2
리에 있다. 조선시대에 김종직은 '얕은 골에 어찌 적병이 매복할 수 있
으랴. 옥문곡이 천 년 동안 이름만 속였구나'(《佔畢齋集》2)라고 하여,
<두 번째 이야기>의 설화적 속성을 폭로하고 있다.

9) 경주시 서면의 우중골을 사이에 두고 단석산과 마주보고 있는 산. 여
근곡은 부산성 아래가 아니라 약 7km 북쪽에 있으므로 위의 記述이
틀린 것 같다고도 한다(三品彰英, 584쪽). 富山에는 문무왕 3년에 쌓은
城이(사적 제25호) 있으며, 김유신과 함께 삼국통일에 많은 공을 세운
竹旨郎의 낭도 得烏가 부산성의 창고지기로 뽑힌 일이 있다(《삼국유
사》기이2, 효소왕대 죽지랑조).

10) 뒤에 보듯이 《삼국사기》에는 '于召'라고 나오므로 '亐'를 '于'의 本字라
고 보면 별 문제가 없다. 그러나 《삼국유사》에서 오직 이곳과 '亐比
所宅'(기이편, 辰韓條), '會于南山亐知巖'·'亐知山'(기이편, 진덕왕조)
등에만 이 글자가 보이므로 달리 볼 소지도 있다. 신라 金入宅 가운데
하나인 '亐比所宅'이 담양 開仙寺石燈記에서는 '烏乎比所里'라고 적
힌 점을 들어 亐=烏임이 지적된 바 있다(鮎貝房之進, 《俗文攷》, 81쪽,
1934). 윤선태는, '汚'에서 'ㅢ'변을 뺀 글자로서 '오'라는 우리말을 표
기하기 위해 만든 신라의 造字라 추정하였다(<752년 신라의 대일교
역과 買新羅物解>《역사와 현실》24, 55쪽, 1977). 그런데 東魏의 戻海
墓誌에 '卒亐第'라고 쓴 예가 있다(미술문화원 영인, 《金石異體字典》
9쪽, 1984).

11) <두 번째 이야기>는 선덕여왕 5년의 사건을 말하는 것으로, 《삼국사

기》에는 다음과 같이 전한다.

12) 欲界六天의 두 번째 하늘. 須彌山 위에 있으며, 일명 三十三天이라고
도 한다. 그 중턱에 四天王이 살면서 사방을 수호한다.

13) 경주시 보문동과 배반동 일대에 걸쳐 있다. 신선이 와서 노니는 곳으
로서 복된 땅이라 하여 일찍부터 聖地로 인식되었다(《삼국사기》실성
이사금 12년조). 이곳의 숲을 '神遊林'이라 하는데, 석가모니 이전 부
처시대[前佛]의 일곱 절터 가운데 하나라고 알려졌다(《삼국유사》홍
법, 아도기라조).

14) 선덕여왕 16년 정월에 毗曇의 난이 일어나고, 그 달 8일에 죽음을 맞
았다. 이때 왕이 비담 등에 의해 시해되었다고도 하고(山尾幸久,《古
代의 日朝關係》392·400쪽, 東京, 1989) 혹은 自然死로 보기도 한다
(주보돈, 앞 논문, 212~213쪽). 설혹 자연사했다 하더라도 죽는 날짜
를 예언했다는 것은 사실로 받아들이기 어렵다. 왕을 낭산에 장사지
낸 뒤 나중에 사천왕사가 들어서자, 그 절위에 위치한 선덕왕 능이 교
리적으로 도리천이 된 것이다. 선덕여왕에 대한 세 가지 이야기 중 가
장 예언다운 구조를 갖추고 있으며, 사천왕사 창건 후 어느 시점에서
나온 것으로 일단 볼 수 있다.

15) 신라 제30대 임금. 재위기간 661~681년.

16) 낭산의 남쪽 기슭에 있으며, 절터에는 현재 石碑 귀부 2基와 당간지
주·주춧돌 등이 남아 있다. 당나라 군사를 물리치기 위해, 문무왕 10
년(670) 또는 그 11년 직전에 귀국한 明朗이 이 절을 짓도록 진언하
여 창건되었다(《삼국유사》기이2, 문무왕법민조). 사천왕사 탑의 팔
부신장상은 양지 스님이 만든 것으로 유명하며, 四天王寺成典이(《삼

국사기》직관지) 있는 것으로 보아 신라의 대표적 官寺였다. 그렇지
만 현재의 遺構는 重創伽藍일 것이며, 양지의 작품으로 알려진 유물
에 대해서도 의문이 제기되고 있다(김정기, <경주 사천왕사 가람고>
《윤무병박사회갑기념논총》1984).

17) 이러한 낭산 중심의 불교적 우주관은 선덕여왕의 왕위 계승을 정당
화하기 위해 나온 것으로서, 선덕왕은 생시에 '도리천의 딸'이라 하여
다른 왕족과 차별화되었다. 이러한 이론적 근거는 진평·선덕여왕대
에 활약한 고승 안홍에 의해 제시된 것으로 보인다(신종원, <삼국유
사 선덕왕지기삼사조의 몇 가지 문제>, 56~62쪽).

18) 모란 그림에 대한 선덕왕의 해석이란 것도 사실, 그림에 대한 무지의
소치이다. 모란꽃에는 향기가 있지만, 꽃이 피는 5월 초에는 벌과 나
비가 많지 않은 때라 모란꽃에 나비가 앉은 모습을 보기 어려울 뿐이
다. 그리고 당시에 이미 중국에는 모란 꽃 그림에 나비를 곁들이지 않
는 법식이 있었다. 나비는 蝶字는 같은 발음의 '耋' 즉 여든 살을 의미
하므로 長壽를 기원하는 뜻이 되어 그림의 의미가 제한되기 때문이
다(조용진, 《동양화 읽는 법》, 94~95쪽, 집문당, 1989).
　　중국에서 모란 玩賞이 유행한 것은 唐代('自李唐來 世人深愛牧丹'
周茂叔의 愛蓮說)로서 정확히는 盛唐 즉 8세기 무렵부터이며, 그것
도 북중국에서의 일이다. 蜀地와 같은 江南은 五代까지도 모란을
몰랐다고 한다. 모란꽃의 절정기는 長安에서 (음력) 3월 15일을 전
후한 20일 간이다. 모란꽃 중에서 紅·紫 두 종류를 높이 쳤고, 흰 꽃
은 냉담한 색이라 하여 사람들로부터 배척당했다(石田幹之助, <唐
都長安に於ける牧丹の鑑賞>《市村博士古稀記念東洋史論叢》, 富山

房, 1933).

그렇다면 모란 그림 이야기는 첫째, 그 시기가 의심스럽고 둘째, 백색의 모란까지 끼어 있는 것을 보면 사실로 보기는 어렵다.

문일평은 모란을 '天香과 國色을 아울러 가진' 花王이라 하면서도, 향기 없는 變種이 있었던 것 같다고 하였다. 그렇지만 원산지가 중국인 모란이 우리나라에 수입된 시기에 대해서는 史書의 逸話를 이렇게 부정하고 있다. "모란이 漢土에서도 저 豪奢를 極하던 隋 煬帝 무렵부터 비로소 愛賞하게 되었고, 唐 玄宗 때에 이르러서야 널리 재배하게 되었으니, 이로 보더라도 진평왕 전에 있어는 도저히 輸入되지 못하였을 것이다."〈花下漫筆〉《湖岩全集》3, 조선일보사, 1939 ;《 花下漫筆》(삼성문화문고 19), 160~162쪽, 1972.

19) 이 모란 그림 이야기는 다행히 各篇(version)이 두 편 더 있어 설화의 발전양상을 추적할 수 있다. 그 하나는《삼국사기》의 다음 기사이다.

20) 비로소 여근곡이 등장하게 되는데, 옥문이 곧 여근이기 때문이라는 것이다. 이미 (西郊의) 여근곡이라고 점친 이상, 뒤에 나오는 연결 논리는 蛇足이며 死後藥方文 格이다. 즉 여근곡이 어디에 있는지를 새삼스럽게 풀이하고 있으며, 전투 결과 이길 수밖에 없었던 이유를 自評하는 식이다. 그러다 보니 억지 논리가 개입되었지만, <두 번째 이야기>가 특히 識者層을 상대로 한 설화라는 점을 감안하면 매우 그럴듯하다.

<두 번째 이야기>의 발단은 선덕여왕 5년 조에서부터 비롯된다. 선덕여왕이 옥문지의 두꺼비를 보고 옥문곡에 적병이 있을 것이라고 예언했다는 것이다. 아마도 전투가 있은 직후 승리의 원인을 왕의

恩德으로 돌리고, 나아가 그것은 선덕여왕이 비범한 능력의 소유자로서 마땅히 왕이 될 자격을 갖춘 인물임을 강조하는 데서 나온 것이라 생각된다. 이러한 주장의 이면에는 왕의 재위 기간 중에도 왕의 자격 여부에 대한 논란이 있었음을 알 수 있다. 자신이 성골 신분이며, 아버지가 진평왕인 선덕여왕에게 이전의 다른 왕에게는 대두되지 않았던 문제가 떠나지 않은 것은 오직 왕이 여자라는 이유 때문이다.

21) 이러한 설화적 속성과 그 발전에 대한 이해가 없으면, 선덕여왕을 미래를 알아맞히는 신비한 인물로 보기 쉽고, 따라서 여왕의 무녀적 성격을 논하기(삼품창영, 581~583쪽. 井上秀雄,《고대조선사서설 ― 王者와 宗敎》40~41쪽, 1978. 강영경, <신라 선덕왕의 知幾三事에 대한 일고찰>《원우논총》8, 숙명여자대학교, 1990) 쉽다.

22) 신라 제51대 임금(재위 887~897).

23) 《삼국유사》의해, 良志使錫條를 가리킨다.

24) 《세종실록지리지》에는 선덕여왕 2년,《증보문헌비고》2에는 여왕 16년에 쌓았다고 하여 정확한 연대에는 차이가 있다. 첨성대가 천문관측소·占星臺 또는 祭天所인지에 대해서는 논란이 있다. 어떻든 선덕여왕대에 와서 하늘에 대한 관심이 고조되었다는 사실만은 분명한데, 따라서 그것은 선덕여왕이 天女임을 천명하는 하나의 시설이라고 보는 것이다(신종원, <삼국유사 선덕왕지기삼사조의 몇 가지 문제>, 62~63쪽).

<원문과 번역>

원문

万波息笛

第三十一神文大王諱政明, 金氏.。開耀元年辛巳七月七日即位。爲聖考
文武大王創感恩寺扵東海邊。寺中記云。文武王欲鎭倭兵, 故始創此寺,
未畢而崩爲海龍。其子神文立開耀二年畢. 排金堂砌下東向開一穴, 乃龍之
入寺旋繞之備。盖遺詔之藏骨處名大王岩, 寺名感恩寺, 後見龍現形処名利
見臺。

明年壬午五月朔, 一本云天授元年, 誤矣. 海官波珎喰朴夙淸奏曰, "東
海中有小山浮來向感恩寺, 隨波徃來." 王異之, 命日官金春質 一作春日占
之。曰 "聖考今爲海龍鎭護三韓. 抑又金公庾信乃三十三天之一子今降爲
大臣。二聖同德欲出守城之寶, 若陛下行幸海过必得無價大寶." 王喜, 以
其月七日駕幸利見臺, 望其山遣使審之, 山勢如龜頭, 上有一竿竹, 晝爲二
夜合一。 一云山亦晝夜開合如竹。使來奏之, 王御感恩寺宿。

明日午時竹合爲一, 天地振動風雨晦暗七日。至其月十六日風霽波平。
王泛海入其山, 有龍奉黑玉帶來獻。迎接共坐問曰, "此山與竹或判或合,
如何?" 龍曰, "比如一手拍之無聲, 二手拍則有聲。此竹之爲物, 合之然後
有聲. 聖王以聲理天下之瑞也。王取此竹, 作笛吹之, 天下和平。今王考爲
海中大龍, 庾信復爲天神。二聖同心, 出此無價大寶令我獻之."

王驚喜, 以五色錦彩金玉酬賽之, 勅使斫竹出海時, 山與龍忽隱不現。王
宿感恩寺, 十七日, 到祗林寺西溪邊, 留駕晝饍。太子理恭即孝昭大王守闕,

聞此事, 走馬來賀, 徐察奏曰, "此玉帶諸窠皆眞龍也." 王曰, "汝何知之?"
太子曰, "摘一窠沉水示之!" 乃摘左邊第二窠沉溪即成龍上天, 其地成淵。
因號龍淵。駕还以其竹作笛藏扵月城天尊庫。吹此笛則兵退病愈, 旱雨雨
晴, 風定波平, 號万波息笛, 稱爲國寶。至孝昭大王代, 天授四年癸巳, 因
失禮郎生还之異, 更封號曰万万波波息笛。詳見彼傳。

번역

만[1]파식적

  제31대 신문대왕[2]의 이름은 政明이요, 성은 김씨다. 개요 원년(681) 신
사년 7월 7일에 왕위에 올랐다. 아버지 문무대왕을 위하여 동해 바닷가에
감은사[3]를 지었다. ('절간기록'에는 이렇게 써놓았다. "문무왕이 왜병을 진압
하려고4) 이 절을 짓다가 다 마치지 못하고 돌아가시어 바다의 용이 되었다. 그
아들 신문왕이 왕위에 올라 개요 2년에 공사를 마쳤다.[5] 금당 섬돌 아래 동쪽으
로 구멍 하나를 뚫어 두었는데,[6] 용이 절에 들어와서 돌아다닐 수 있도록 마련하
였다." 이를테면 유언[7]에 따라 유골을 모신 곳 이름이 대왕암이며, 절 이름은 감
은사[8]다. 나중에 용이 나타난 것을 본 곳[9]을 '이견대'라 했다.)
  이듬해 임오년(682) 5월 초하루(어떤 책에는 천수 원년이라 하였으나 잘못
이다)에 海官 파진찬[10] 박숙청이 아뢰었다. "동해 바다에 작은 산이 떠서
감은사로 향해 오는데, 물결을 따라 왔다 갔다 합니다." 왕은 이를 이상히
여겨 일관[11] 김춘질(혹은 '춘일'이라고도 쓴다)에게 점을 쳐보게 하였더니,
일관이 아뢰었다. "부왕(父王)께서 지금 바다의 용이 되어 삼한을 지키고

계시고, 또 김유신 공은 삼십삼천[12]의 아들로서 이제 인간 세상에 내려와 대신이 되었습니다. 두 성인이 덕을 함께하여 나라 지킬 보물을 내어 주시려 하니, 폐하께서 바다로[13] 행차하시면 값을 헤아릴 수 없는 큰 보물을 얻을 것입니다."

왕은 기뻐하여 그달 7일에 이견대에 가시어 그 산을 바라보고,[14] 사람을 보내어 살펴보게 하였다. "산 모양은 거북의 머리와 같은데 그 위에는 대나무 한 그루가 있어, 낮에는 둘이 되고 밤에는 합하여 하나가 됩니다(일설에는 산도 대나무처럼 낮과 밤에 따라 벌어지고 합해졌다고 한다)"라고 돌아와 아뢰었다. 왕은 감은사에 가시어 묵었다.

이튿날 정오에 대나무가 합해져 하나가 되자, 천지가 진동하고 비바람이 몰아치며 이레 동안 깜깜했다. 그달 16일에 이르러서야 바람이 그치고 물결이 평온해졌다. 왕은 배를 타고 그 산에 들어가니, 용이 흑옥대[15]를 받들고 와서 왕에게 바쳤다. 왕은 용을 맞아 동석시키고 물으셨다. "이 산과 대나무가 갈라지기도 하고 합해지기도 하니, 무슨 까닭인가?" 용이 아뢰었다. "비유해 말씀드리면, 한 손으로 치면 소리가 나지 않고 두 손으로 치면 소리가 나는 것과 같습니다. 대나무란 물건은 합쳐진 연후에야 소리가 나게 되므로 성왕께서 소리로써 천하를 다스리게[16] 될 상서로운 징조입니다. 왕께서 이 대나무를 가지고 젓대를 만들어 부시면 천하가 화평해질 것입니다. 지금 왕의 아바마마께서는 바다의 큰 용이 되셨고, 김유신 공은 또한 천신(天神)이 되셨습니다. 두 성인이 합심하여 값을 헤아릴 수 없는 큰 보물을 내시어 저로 하여금 바치게 한 것입니다."

왕은 놀라고 기뻐서 오색 비단과 금·옥을 하사하고, 사람을 시켜 대나무를 베어 바다에서 나올 때[17] 산과 용은 문득 사라져 보이지 않았다. 왕은 감은사에서 묵고, 17일에 기림사[18] 서쪽에 있는 시냇가에 이르러 가마를 멈추고 점심을 드시었다. 태자 이공(理恭.[19] 효소왕)이 대궐을 지키고 있다가 이 소식을 듣고 말을 타고 달려와서 축하하고, 천천히 살펴보면서 아뢰었다.[20] "이 옥대의 모든 장식[21]은 모두 진짜 용입니다." "그대가 어찌 아는가?" 하고 왕이 물었다. 태자는 "장식 하나를 떼어 물에 넣어 보여 드리겠습니다!"[22] 하고는, 왼쪽 둘째 장식을 떼어 시냇물에 넣으니 곧 용이 되어 하늘로 올라가고, 그 땅은 곧 못이 되었다. 이로 인하여 그 못을 용못[龍淵]이라 한다.

왕은 돌아와서[23] 그 대나무로 젓대를 만들어 월성의 천존고[24]에[25] 간직해 두었다. 이 젓대를 불면 적병이 물러나며 질병이 낫고, 가물 때는 비가 오고 장마 때는 개이며, 바람이 가라앉고 물결은 평온해지므로 만파식적이라 부르고 국보로 삼았다. 효소대왕 때에 이르러 천수 4년 계사년(693)에 부례랑[26]이 살아 돌아왔던 기이한 일로 인하여 다시 이름을 높여 만만파파식적(萬萬波波息笛)이라 했다. 자세한 것은 그 전기[27]에 보인다.

역주

1) '萬'의 통용글자.

2) 재위 681~692년.

3) 慶州市 陽北面 龍堂里 龍潭마을에 있다. 절의 규모나 품격으로 보아, 신문왕이 즉위한 해에 공사를 시작하고 그 이듬해에 준공했다고 보기는 어렵다. 문무왕의 意中이 어떠하였는지는 알 수 없으나, 신문왕이 父王代의 사업에다 自己 위주로 '感恩寺'라는 절 이름을 붙였다고는 볼 수 없다. 원래의 절 이름은 '鎭國寺'였다는 황수영의 주장도 있지만 이렇다할 근거는 없다. 오히려 '感恩寺'는 漢字의 字意를 취한 것이라기보다, (海)神을 뜻하는 固有語 '감'을 音寫한 것으로 보아야한다는 견해가 있다(신종원, <단군신화에 보이는 곰(熊)의 실체>《한국사연구》118, 22~24쪽, 2002). 비슷한 관점에서 감은사를 동해용신의 용신당으로 정의하기도 한다(이준곤, <龍神創寺說話의 형성과 의미>《구비문학연구》3, 1996).

4) 당시의 시대상을 살펴보면, 왜병을 진압하고자했다는 것은 사실과 다르다고 한다(田村圓澄, <文武王と佛敎>《초우황수영박사고희기념 미술사학논총》, 통문관, 1988). 倭兵云云한 것은 일종의 '假想敵 사건'이라고 이름 붙였다(두창구, <萬波息笛考>《강원민속학》7, 20쪽, 1990). 사료가 말하는 시대배경이 실제와 다르다는 또 하나의 근거로서, 만파식적 설화는 문무왕대보다 백여 년 뒤의 원성왕측에 의해 의도적으로 형성·유포된 것이라고 한다. 김상현, <만파식적설화의 형성과 의의>《한국사연구》34, 1981. 김경애, <신라 원성왕의 즉위와 하대 왕실의 성

립〉《한국고대사연구》41, 2006. 김복순, 〈삼국유사 '무장사 미타전'조의 몇 가지 검토〉《신라왕경의 사찰1 - 신라문화제학술논문집36》, 2015.

5) 본문에 따르면 감은사 창건은 신문왕의 발원에 의해 이루어진 것이라 하니 이 寺中記의 내용과 차이가 나는데, 대개 後者가 타당한 것으로 보아왔다 (김재원·윤무병, 『감은사지발굴조사보고서』, 국립박물관, 5쪽, 1961). 하지만 문무왕이 용이 되었다는 說 자체는 늦어도 고려 중기에 형성된 설화며, 이 용을 모시기 위하여 절을 세웠다고 하려면 신문왕 創寺說이 나올 수 밖에 없다.

6) 이 구멍은 1979년의 재발굴 때에 확인되었으나 지금은 다시 흙에 묻혔다. 건축공학적으로 보면, 밀폐된 지하구조를 환기시켜 위에 올려진 건물을 유지하기 위한 시설이라고 한다. 조유전, 1981, 「감은사지발굴조사 개요」『고문화』19, 30쪽.

7) 『삼국유사』紀異2, 文武王法敏條에 "朕은 죽은 뒤 護國大龍이 되어 佛法을 숭상하고 나라를 지키려한다."고 하였다. 이러한 내용은《삼국사기》신라본기 문무왕 21년조에도 "俗傳王化爲龍 仍指其石爲大王石"이라고 나온다. 그런데 정작 뒤이어 나오는 유언의 내용은 다음과 같다. 자신은 수많은 전쟁을 감행하여 드디어 어진 정치를 이루었으니 여한이 없지만, 어쩔 수 없이 죽음에 이르렀으니 태자가 왕위를 곧바로 계승하여 義와 禮를 행할 것, 죽은 뒤 호화로운 무덤은 부질없는 짓이니 장례를 검소하게 할 것을 부촉했다. 장례의 장소와 격식에 대해서도 "임종 열흘 뒤 庫門 外庭에서 西國 식으로 불로 燒葬하여라!"고 지시하였다.

8) 이숭인의 〈草屋子傳幷贊〉에 "동쪽 바다를 바라보고 感應寺에 들려서 용혈을 보고 이견대에 올랐다가 배로 대왕암에 이르렀다."라고 쓰는

등 조선시대 문집에는 의외로 '감응사'라고 쓴 데가 적지 않다.

9) [리]·[野]·[浩]는 "용이 나타난 곳을 이견대"라고 해석하였다. '利見'이
    란《周易》乾卦 九二爻辭 "見龍在田 利見大人"에서 나온 말.

10) 파진찬 : 신라 17관등 중 네 번째. 파진찬은 '바돌한'·'밧돌찬' 등으로
    읽히며, 海尺·海干·海湌 등으로도 쓰임을 볼 때, 海官은 파진찬의 뜻풀
    이[釋讀]라 이해된다.

11) 일관은 천문·기후 등을 관찰하고 예언하는 관리. 신종원, <古代의 日
    官과 巫>《신라초기불교사연구》, 민족사, 1992.

12) 삼십삼천 : 불교에서 말하는 欲界六天 가운데 두 번째 하늘. 忉利天.

13) 원문의 '边'은 '邊'의 약자.

14) 윤철중(<만파식적설화 연구>,《한국도래신화연구》, 백산자료원,
    1997, 21쪽)은 望祭로, 장장식(<만파식적설화의 역사적 배경과 의미
    >,《설화와 역사》,집문당 2000, 307쪽)은 '강신제(일종의 맞이굿)으로
    보았다.

15) 흑옥대 : 중고시대의 天賜玉帶에 대비되는 신라 中代 왕권의 상징. 三
    寶에 대한 연구로는 신종원, <신라의 세 보물과 만파식적·거문고>,
    《일연과 삼국유사》, 신서원, 2007이 있다.

16) "소리로써 천하를 다스린다"는 것은 유교의 예악사상을 표현한 것이
    며, 신문왕이 표방한 유교 정치이념이 역사적 배경이 되어 설화화한
    것이라는 앞서의 김상현 논문이 있다. 그러나 악기나 음악은 불교 경
    전에 자주 등장하며, 불교 미술의 소재에도 적지 않게 보이므로 수긍
    하기 어렵다. 이러한 지적은 이미 이기백(<김대문과 김장청>《한국사
    시민강좌》1, 일조각, 1987, 109~110쪽)이 한 바 있다. 그런가 하면 고

대 악기의 주술적인 면을 강조하는 글도 있다. 三品彰英,《新羅花郎の 硏究》, 平凡社, 1974, 104~108쪽. 한편 新羅鐘 上部의 單龍과 소위 音筒은 만파식적을 조형화한 것이라는 주장이 있다. 황수영, 「신라 梵鍾과 만파식적 설화」(『신라문화』 1, 동국대학교, 1984). 그러나 이 주장은 만파식적 설화 당시보다 나중에 만들어진 현존하는 신라종을 관찰하여 나온 說이다. 『삼국유사』 기이, <원성왕>조에는 왕의 재위 (785~798) 시절 일본에서 만파식적을 얻고자 했지만 "상대 진평왕 때 (그것이) 있었으나 지금은 없다."라고 하여 돌려보낸 뒤 內黃殿에 잘 간직했다는 기사가 있다. 만파식적을 만들었다는 신문왕 때 이전인데 이미 그 존재를 말하고 있다. 이후의 역사책에 동해 용왕이 바쳤다는 옥젓대[玉笛]에 대한 기록과 유물은 보이는데 대나무로 만든 만파식 적은 기록과 실물 어느 것도 없다고 한다(今西龍, 1933, 「慶州所藏玉 笛考」『新羅史硏究』). 따라서 만파식적 이야기는 신문왕이 임금 될 자 격이 있음을 보여주려고, 또는 원성왕이 중대 무열왕계 왕실을 극복 하기 위해 지어낸 것이라고 학계 일각에서는 보고 있다.

17) [리]·[野]·[品]은 "칙사가 대를 꺾어 바다에서 나올 때"로 해석하였다.

18) 『삼국유사』, 塔像, 前後所將舍利條 및 『신증동국여지승람』, 慶州府, 佛宇條에도 '祇'로 되어 있으나, 『삼국유사』, 탑상, 洛山二大聖條에는 '祇'로 쓰였다. 이와같이 '祇'와 '祇'는 혼용되지만, 『梵宇攷』 慶州篇 에 '祇林寺 在含月山'이라 씌어 있고, 현재도 '기림사'라 하므로 '祇' 가 맞다고 보아야 한다. 경상도 사투리로 'ㄱ'을 'ㅈ'으로 발음하는 방 식도 참고할 만하다. [浩]는 '경북 봉화군 문수산에 있던 절'이라 하였 으나 경북 경주시 양북면 호암리 함월산 기슭에 있다.

19) 『삼국사기』 권8에는 "諱理洪 一作恭"이라고 나온다.

20) 만파식적 사건은 태자 理恭이 태어나기 적어도 5년 전의 일이다. 따라서 만파식적 및 흑옥대 이야기는 효소왕의 嫡統性과 권위를 드높이려는 의도에서, 효소왕대에 만들어진 것으로 보는 견해가 있다. 신종원, 「신라 오대산 사적과 성덕왕의 즉위 배경」(『최영희선생화갑기념 한국사학논총』, 탐구당, 1987), p. 105.

21) '쪽'[斗]·[동], '눈금'[浩] 등으로 번역한 예가 있으나 '장식'[리]·[退]이 가장 타당하다. '顆'를 잘못 쓴 것인지도 모르겠다.

22) "물에 넣어 보십시오"([斗]·[退])라는 번역도 있다.

23) '還'의 略字.

24) 천존고 : 월성 안에 있었기 때문에 '內庫'라고도 한다고 보는 견해가 있다. 전덕재, 「신라 상대 왕국의 변화와 종묘」(『신라문화』 36, 2010. 『삼국유사』, 기이2, 원성대왕조에는 만파식적을 '內黃殿'에 두었다고 했다.

25) '扵'은 '於'의 俗字.

26) 원문은 '失禮郞'으로 되어 있으나 '부례랑'이 맞다. 『삼국유사』, 塔像, 백률사조 참조.

27) 『삼국유사』, 塔像, 백률사조를 이른다.

꼬리주

1) 신라 법흥왕으로부터 진덕여왕 재위기간을 말하는 이른바 성골왕 시대를 말한다.

2) 이에 대한 전반적인 연구로는 주보돈,<金春秋의 外交活動과 新羅內政>《한국학논집》20, 계명대학교, 1993이 있다.

3) 毗曇의 亂에 대해서는 硏究史를 쓸만큼 학설이 분분하다. 이에 대한 연구사적 정리 로는 高慶錫,<비담의 난의 성격 문제>《한국고대사논총》7, 한국고대사회연구소, 1994가 있다.

4) 새 임금을 추대하는 세력이나 臣民을 일반적으로 일컫는 말이다. 최의광, <삼국사기 삼국유사에 보이는 신라의 '國人' 기사 검토>《신라문화》25, 2005.

5) 《삼국사기》권2, 신라본기 제2, 벌휴이사금 즉위년.

6) 《삼국사기》권4, 신라본기 제4, 지증마립간 즉위년조 및 《삼국유사》기이 제2, 지철로왕.

7) 《삼국유사》기이 제2, 문무왕법민.

8) 조용진,《동양화 읽는 법》, 94쪽, 집문당, 1989.

9) 조용진, 위 책, 95쪽.

10) 周茂叔의 <愛蓮說>에도 '自李唐來 世人深愛牧丹'이라고 나온다.

11) 以上은 石田幹之助, <唐都長安に於ける牧丹の鑑賞> ≪市村博士古稀記念東洋史論叢≫, 富山房, 1933에 있는 내용이다.

12) 문일평은 모란을 '天香과 國色을 아울러 가진' 花王이라 하면서도, 향기없는 變種이 있었던 것 같다고 하였다. 그렇지만 원산지가 중국인

모란이 우리나라에 수입된 시기에 대해서는 史書의 逸話를 이렇게 부정하고 있다. "모란이 漢土에서도 저 豪奢를 極하던 隋 煬帝 무렵부터 비로소 愛賞하게 되었고, 唐 玄宗 때에 이르러서야 널리 재배하게 되었은즉, 이로 보더라도 진평왕 전에 있어는 도저히 輸入되지 못하였을 것이다."「花下漫筆」≪湖岩全集≫ 3, 조선일보사, 1939 ; ≪花下漫筆≫ (삼성문화문고 19), 160~162쪽, 1972.

13) 강재철, <선덕여왕지기삼사조 설화의 연구>≪동양학≫21, 단국대학교, 1991, 83쪽. 강재철,<선덕왕지기삼사조 설화의 역사적 이해>≪설화와 역사≫, 耳勤최래옥교수화갑기념논문집간행위원회, 2000.

14) 최초의 遣唐使로서 이 해 7월에 신라 서울을 떠나 같은 해 10월에 당나라에 入朝한 것으로 보고 있다. 권덕영,≪고대한중외교사≫, 20쪽, 일조각, 1997.

15) ≪삼국사기≫권4, 신라본기 제4, 진평왕 43년조 ;≪구당서≫권 199 上, 新羅傳 ;≪冊府元龜≫970, 外臣部 朝貢 3.

16) 이기백, <삼국유사 기이편의 고찰>≪신라연구≫창간호, 동국대학교, 1984.

17) 실은≪수이전≫의 모란 그림 이야기도 두 가지 버전이 있다. 다른 하나는 권별(1589 ~1671)의 ≪해동잡록≫권1에 실린 것으로서, 다음과 같다.
眞平王時, 唐太宗以牧丹子三升, 及牧丹畵圖, 遣之. 王以示德曼, 德曼笑曰 : "此花無
香氣." 王曰 : "何以知之?" 曰 : 此花富貴雖號花王, 而無蜂蝶, 豈不以朕女人無偶爲王耶? 必有深意." 命種於庭, 待花發, 果無香.(김현양 외,

《역주 수이전일문》, 박이정, 1996, 76쪽에서 옮김)

사건의 시점은 진평왕 때로서 선덕여왕은 이름 그대로 '덕만'으로
나온다. 여기까지는 신라본기 (B)와 같다. 그런데 후반부에 이르면
선덕왕은 스스로를 '짐(朕)'이라 불렀고, 未婚을 말하였으며, '깊은
뜻'(= 숨긴 뜻)까지 있다고 하였다. 즉 각편 C와 A를 아우르고 있다.
하나의 버전에 '덕만'과 '朕'이 각각 나오므로 후반부는 선덕왕이 즉
위한 뒤의 일이라고 볼지도 모르나, 이 대화는 진평왕 눈앞에서 일어
난 것이므로 앞뒤가 맞지 않는다. 그리고 '짝없음'와 '깊은 뜻'도 내
용상으로는 같은 것이므로, 결국 B·C·A를 조합한 형태가 되고 말았
다. 이 때문데 분석과 비교의 대상에서 제외하였다.

18) 강재철, 앞 논문, 1991, 25~26쪽.

19) '大臣'이란 직책은 일반적으로 上大等으로 보고 있다.

20) 元年二月以大臣乙祭摠持國政(《삼국사기》, 신라본기 제5, 선덕왕본
기). 이 기사를 《구당서》신라전에는 '宗室大臣乙祭總知國政'이라 하
였고, 《신당서》신라전에는 '大臣乙祭柄國'이라고 썼다. 비슷한 표현
의 기사로는 《삼국사기》권4, 법흥왕 18년 3월조의 '拜伊湌哲夫爲上
大等 摠持國事'가 있다.

21) 以伊湌居柒夫爲上大等 委以國事(《삼국사기》권4, 진지왕 원년조)

22) 眞智王元年丙申 居柒夫爲上大等 以軍國事務自任(위 책, 권 44, 거칠
부전).

23) 고경석, <비담의 난의 성격 문제>《한국고대사논총》7, 265쪽, 한국고
대사회연구소, 1994. 정중환은 왕실 및 그 측근이 여왕으로써 왕위를
계승시키려한 데 대해 화백회의에서 이를 반대하고 나선 것이 진평

왕 53년 5월의 柒宿·石品의 난이라 하였다. 정중환,<비담·염종난의 원인고>《동아논총》14, 8~10쪽, 1977 ; <김유신론>《역사와 인간의 대응 - 한국사편》, 35~38쪽, 고병익회갑기념논총위원회, 1985.

24) 고경석, 위 논문. 이정숙, <진평왕 말기의 政局과 善德王의 즉위>《백산학보》52, 1999, 223쪽.

25) 정용숙,<신라 선덕왕대의 정국동향과 비담의 난>《이기백선생고희기념 한국사학논총》상, 245쪽, 일조각, 1994.

26) 선덕여왕의 왕위 계승이 순탄하지 않았다는 사실에 대한 함축성 있는 표현이 바로 사료B의 '國人立之'이다. 왕위 계승에 '나라사람'이 참여하는 경우는 왕위계승자가 뚜렷하지 않을 때나, 새 왕을 옹립하려는 세력이 있을 때로 한정된다. 신종원,<신라 오대산 사적과 성덕왕의 즉위배경>《최영희선생화갑기념 한국사학논총》, 111쪽, 탐구당, 1987 등 참조.

27) 사료 A 외에도《삼국유사》塔像篇 生義寺石彌勒條,《삼국사기》연표 및 신라본기 진평왕 54년조의 끼움주로 인용된 '古記' 등을 말한다.

28) 三品彰英,《삼국유사 고증, 상》, 582쪽, 1975.

29) 《삼국사기》신라본기 법흥왕 연도기사[年紀]에는 동일 사건에 대하여 같은 책의 志보다 일년씩 늦는 경우가 있다. 이홍직,<신라의 발흥기>《국사상의 제문제》3, 1959 ;《한국고대사의 연구》451~452쪽, 신구문화사, 1971 참조. 그렇지만 진평왕 홍년의 경우도 이러한 착오로 보아야 하는지는 좀더 생각해 볼 일이다.

30) 주 28)과 같음.

31) 고구려의 고국천왕(179~197)이 돌아간 뒤 얼마 동안이었는지는 알

수 없으나 왕비 于氏는 후계자가 결정될 때까지 비밀에 붙여 장례를 지내지 않은 사례가 있다. 《삼국사기》권 16, 고구려본기 4, 산상왕 즉위년.

32) 정연식(<선덕여왕과 聖祖의 탄생, 첨성대>《역사와 현실》74, 2009) 은 여왕 즉위시 또는 그 직후에 성조황고 칭호를 받았다고 주장하고 있으나 즉위년에는 대신 을제가 권력을 행사하고 있었다. 여왕은 재위 2년 정월에 신궁에 제사하는 등 나라정치 전면에 등장한다. 이동윤은 '성조황고'존호가 《구당서》에 없는 점을 들어 존호를 올린 시점은 여왕 사후라고 보았다. 구체적으로는 김춘추가 진골로서 왕위에 오를 수 있었던 것은 덕만(선덕여왕)이 김춘추와 김유신의 여동생 문희 사이의 혼인을 후원했기 때문이라 하였다. 그 결과 존호 시점은 문무왕 때를 지목하였다.<신라 선덕왕의 존호 '성조황고'검토>《지역과 역사》52, 2023

33) 遣使者冊善德襲父封 國人號聖祖皇姑

34) 한편 진평왕 43년 당나라 사신 庾文素가 그림병풍을 가져오자 선덕여왕이 왕위계승권자로 결정된 이 기념할만한 해에 '첫 번째 이야기'가 사람들에게 회자되었다고 보기도 한다(이정숙, 앞 논문, 218~219쪽). 다만 이 해에 왕위계승권자로 결정되었는지는 미지수다.

35) 武田幸男,<新羅 "毗曇の亂"の一視覺>《三上次男博士古稀紀念論文集》, 平凡社, 1985, 241쪽. 이에 대한 비판으로는 주보돈,<김춘추의 외교활동과 新羅內政>《한국학논집》20, 3~6쪽.

36) 정중환, 앞 논문, 1977, 14쪽.

37) 주보돈, <비담의 난과 선덕왕대 정치운영>, 《이기백선생고희기념 한

국사학논총》상, 224쪽, 일조각, 1994.

38) 이정숙, 앞 논문, 226~227쪽.

39) 井上秀雄, <新羅政治體制の變遷過程>《新羅史基礎硏究》, 東京, 1974, 432쪽 ;《古代朝鮮史序說 - 王者と宗敎 - 》, 東京, 1978, 40~41 쪽 ; 三品彰英《三國遺事考證, 上》, 581~583쪽, 東京, 1975 ; 강영경, <신라 선덕왕의 知幾三事에 대한 일고찰>《원우론총》8, 숙명여자대학교, 1990.

40) 《삼국사기》권5, 신라본기 제5, 선덕왕 12년조 및《冊府元龜》권 991, 外臣部 36, 備禦 4의 貞觀 17년 9월 庚辰.

41) 金庠基,<국사상에 나타난 건국설화의 검토>《建大 學術誌》5, 1965 ; 《東方史論叢》, 45쪽, 서울대학교 출판부, 1984.

42) 이미 <愛蓮說>에 '牧丹 花之富貴者也'라 하였지만, 모란은 富貴·功名과 아울러 絶世美人을 상징하는 꽃이기도 하다.《한국문화 상징 사전》2, 221쪽, 동아출판사, 1995 참조.

43) 丁仲煥은 昌寧曺氏 世譜의 기사, 즉 자신들의 시조 曺繼龍이 선덕여왕의 남편이라는 世傳을 소개하였다. 정중환, <비담·염종란의 원인고>《東亞論叢》14, 20~24쪽, 동아대학교, 1977. 현재 경주시 안강읍 노당리에 飮葛文王墓와 조선 영조 33년(1757)에 세운 墓閣이 있다고 한다. 이근직,《삼국유사 왕력편 연구》, 대구효성가톨릭대학교 대학원 석사논문, 56쪽, 1995 참조.
한편 조선광문회 刊(1913)《東京雜記刊誤》에는 金仁平이 선덕여왕의 匹(남편)이라고 되어 있다.

44) 김상기, 위와 같음.

45) 서의식, <신라 上代의 왕위계승과 聖骨>《한국사연구》86, 82쪽, 1994. 그러나 朴南守는 飮葛文王의 '飮'을 '飯'字의 刊誤로 본 武田幸男의 견해를(<新羅骨品制の再檢討>《東洋文化硏究所紀要》67, 196쪽, 1975) 받아들여 이를 불교식 이름으로 보고, 大臣 '乙祭' 및 선덕여왕 5년조에 보이는 '閼川'은 각각 고유식 이름과 한자식 이름의 어느 하나에 해당하는 것으로 보아 세 사람을 동일 인물로 추정하였다. 박남수, <신라 화백회의의 기능과 성격>《수촌박영석교수화갑기념 한국사학논총》상, 229쪽, 1992.

46) 선덕여왕은 김춘추의 어머니인 天明夫人과 자매간이므로, 김춘추의 나이를 기준으로 비담 난 당시 선덕여왕의 나이는 67~68세 정도라고 계산한 논문이 있다. 정용숙,<신라 선덕왕대의 정국동향과 비담의 난>《이기백선생 고희기념 한국사학논총》상, 1994, 255쪽. 이에 따르면 선덕여왕은 즉위 당시 나이가 52~53살이 된다.

47) 《삼국유사》 의해, 이혜동진 및 《대동운부군옥》 권20, 心火繞塔. 後者는 최남선, <新羅殊異傳>《삼국유사》부록, 39쪽, 민중서관, 1954에 소개되었다.

48) 인권환, <心火繞塔 說話攷 - 인도 설화의 한국적 전개 - >《국어국문학》41, 1968. 황패강, <志鬼說話小考>《신라불교설화연구》, 일지사, 1975.

49) 《조선금석총람》上, 72~82쪽.

50) 池內宏,<新羅の骨品制と王統>《東洋學報》28 - 3, 1941. 武田幸男,<新羅骨品制の再檢討>《東洋文化硏究所紀要》67, 156~166쪽, 東京大學, 1975. 이들 논문에 대한 학설사적 검토는 이기동,<신라 골품제 연

구의 현황과 그 과제>《신라 골품제사회와 화랑도》, 22쪽, 한국연구원, 1980, 참조.

51) 亏(二를 세로로 관통한 것)

52) 만주족의 인류 탄생 신화를 보면 개구리는 女陰을 상징한다. 이종주, <동북아 시조신화 話素 구성원리와 제 양상>《동북아 샤머니즘 문화》, 전북대학교, 140~141쪽, 2000.

53) 백제 장군 '亏召'는《삼국사기》에 '于召'로 나오므로 亏=于(우)가 틀림없다. 그런데《삼국유사》기이, 金入宅條에 보이는 亏(二를 세로로 관통한 것), 특히《삼국유사》기이, 진덕왕조의 '會于南山亏知巖'의 例를 보면 '亏'는 '烏'(이기동, <신라 금입택고>《신라 골품제사회와 화랑도》, 한국연구원, 1980, 193쪽.) 또는 우리말 '오'의 신라 造字로 (윤선태, <752년 신라의 대일교역과 買新羅物解>《역사와 현실》24, 1997, 55쪽) 보기도 한다.

54) 《삼국사기》권 28, 백제본기 제6, 의자왕 7년조.

55) '요거성'이라고도 부른다. 이병도,《국역 삼국사기》, 78·420쪽, 을유문화사, 1980.

56) 정구복 외,《역주 삼국사기3》163쪽, 한국학중앙연구원, 2012.

57) 이들 세 성의 이름은 당시 김유신 휘하에서 전사했던 비녕자 전기 (《삼국사기》권 47)에도 나온다. 세 성의 위치는 무산성은 전북 무주군 무풍면, 감물성은 경북 김천시 개령면, 동잠성은 경북 구미시 인의동 일대로 비정한다. 정구복 외,《역주 삼국사기3》162쪽, 한국학중앙연구원, 2012.

58) 이병도, 앞 책, 420·620쪽.

59) 비슷한 견해로 '신라와 접경한 백제지역?'이라 한 연구가 있다. 도수
    희,<백제지명연구>《백제연구》10, 128쪽, 1979.

60) 정구복 외,《역주 삼국사기3》801쪽, 한국학중앙연구원, 2012.

61) 《삼국사기》권 26, 백제본기 4.

62) 김종권,《완역 삼국사기》424쪽, 1969.

63) 이병도, 앞 책, 406~407쪽.

64) 정구복 외,《역주 삼국사기3》767쪽, 한국학중앙연구원, 2012.

65) 이병도, 위 책, 40~41쪽.

66) 정구복 외,《역주 삼국사기3》150쪽, 한국학중앙연구원, 2012. 이우
    태는 영일군의 독산성을 백제 말기에 對 신라 전투에서 보이는 독산
    성과 동일한 것으로 이해하였다. 자연히 그는 옥문곡도 경주 근교의
    女根谷으로 받아들이게 되나, 대야성으로부터 여근곡까지의 경로 및
    실제 진출 가능성에 대해서는 자신을 갖고 있지 않다. 이우태,<영일
    냉수리비의 재검토>《신라문화》9, 112~114쪽, 1992.

67) 김태식, <백제의 가야지역 관계사, 교섭과 정복>《백제의 중앙과 지
    방》75~82쪽, 충남대 백제문화연구소, 1997.

68) 이병도, 앞 책, 417쪽.

69) 이우태는 영일냉수리비문에 나오는 재물의 성격을 논하면서, '우소가
    거느린 500명의 특공대는 몰래 독산성까지 잠입하여 어떤 작전을 수
    행한 다음 뒤따라오는 후원군의 도움을 받아 퇴각하려는 계획'이라
    하였다. 앞 논문, 114쪽. 설화적 사료를 이용할 경우 신중함이 요구되
    는 대목이다.

70) 단석산은 칼로 자른 듯한 바위의 형상으로 인해 생겨난 이름인데, 김

유신이 자신의 칼을 시험해본 곳이라고 한다. 持麥石은, 김유신이 보리를 여기에 갖다 놓고 술을 빚어 잔치를 베풀었다는 돌이다. 이들 지명 전설의 사실성 여부에 대해서는 다음 논문에서 언급한 바 있다. 문경현, <소위 중악석굴에 대하여>《신라사연구》, 경북대학교 출판부, 1983. 신종원, <단석산 신선사 조상명기에 보이는 미륵신앙 집단에 대하여>《역사학보》143, 1994, 20~21쪽.

71) 三品彰英, 앞 책, 584쪽.

72) 강재철, 앞 논문, 84쪽 재인용.

73) 이우태는 '옥문곡은 현재 경주에서 얼마 멀지 않은 곳에 위치하고 있어서 요즈음도 관광의 명소'라 쓰고 있다. 앞 논문, 113쪽. 정용숙은 <신라의 여왕들>《한국사시민강좌》15, 일조각, 1994, 48쪽에서 '여근곡(옥문곡이라고도 함)'이라 하였다.

74) 근대의 한문 지리지《동경통지》(1933) 산천조에도 마찬가지로 '女根谷'이라고 나온다. 1937년에 간행된《嶠南誌》권4, 慶州郡 山川條에도 '女根谷'이라 題하여, '自只火谷山來'라 한 뒤《신증동국여지승람》과 동일한 기사를 싣고 있다. 그 밖의 俗稱으로 이하석은 '음문골'·'보지골'을 들고 있다. 이하석,《삼국유사의 현장기행》, 문예산책, 1995, 35쪽.

75) <<삼국유사>>효선, 손순매아.

76) 김선주, <신라 선덕여왕과 영묘사>《한국고대사연구》71, 2013.

77) 《삼국사기》신라본기, 선덕왕 16년조에는, 비담 등이 난을 일으켰으나 이기지 못하고 왕은 정월 8일에 돌아가셨다고 기록되어 있다. 그런데 진덕여왕 즉위년조에는 정월 17일에 비담을 죽였다 하였고, 김

유신전(같은 책, 권 41)에는 비담 등이 난을 일으켜 10일간 왕측과 攻守하였다고 되어 있다. 이러한 기록들을 비교하여, 왕이 비담 군사를 방어했다는 것은 있을 수 없고 선덕여왕은 비담 등에게 죽음을 당했을 것이라는 주장이 있다. 山尾幸久,《古代の日朝關係》, 392·400쪽, 東京, 1989.

78) 《삼국사기》 신라본기 선덕왕 5년조의 왕이 병들었다는 기사와 위의 '세 번째 이야기'를 들어, 선덕여왕이 말년에 건강이 좋지 않았던 것이므로 자연사하였을 가능성이 높다고 본 견해로는 주보돈, 앞 논문, 1994, 212~213쪽이 있다. 그러나 '세 번째 이야기'를 사실로 받아들이는 태도는 문제가 있다.

79) 《삼국유사》, 기이 제2, 문무왕법민조.

80) 자장은 638년에 당나라에 유학갔다.

81) 고익진,<신라밀교의 사상내용과 전개양상>《한국 밀교사상 연구》, 동국대학교, 1986, 151쪽. 신종원, <자장과 중고시대 사회의 사상적 과제>《신라초기불교사연구》, 254~255쪽, 민족사, 1992.

82) 고익진,<신라밀교의 사상내용과 전개양상>《한국 밀교사상 연구》(불교문화연구원 편), 149쪽, 동국대학교, 1986.

83) 《삼국유사》, 탑상, 황룡사구층탑조.

84) 蔚州川前里書石 中 '乙卯年八月四日聖法興大王節'(535, 법흥왕 22년)의 '聖'字가 성골을 가리킨다고 보는 견해가 있다. 이종욱,<신라 중고시대의 골품제>《역사학보》 99~100, 36쪽, 1983 ; 서의식, 앞 논문, 88쪽. 필자는 그것이 법흥왕의 信佛行爲를 두고 한 호칭이었다고 이해하였다. 신종원,<신라 불교공인의 실상>《신라초기불교사연

구》, 175쪽.

85) 정중환,<新羅聖骨考>《이홍직박사회갑기념 한국사학논총》47~51쪽, 신구문화사, 1973. 문경현,<신라왕족의 骨制>《대구사학》11, 1676, 6 ~16쪽. 신동하,<신라 골품제의 형성과정>《한국사론》5, 40~42쪽, 서울대학교, 1979.

86) 이기동,<신라 골품제 연구의 현황과 그 과제>《신라 골품제사회와 화랑도》, 25쪽, 한국연구원, 1980 .

87) 《삼국유사》, 기이제일, 천사옥대.

88) 신종원, <자장과 중고시대 사회의 사상적 과제>《신라초기불교사연 구》, 274~277쪽 참조.

89) 김철준은 중고시대를 眞種王名 시대라 하고, 眞種은 곧 찰리종이며, '眞'字는 성골의 자격을 표시한 것이라 하였다. 김철준, <신라 上代社 會의 Dual Organization (下)>《역사학보》2, 1952, 94~101쪽. 그의 논지대로 한다면, 중고시대는 오히려 '眞'骨을 칭해야 옳을 것이다. 성골의 형성을 법흥왕대까지 소급해서 보고, '眞'字를 불교적인 것으 로 해석한 데서 나온 모순적 설명이 되겠다. 정중환도 <신라성골고> 에서 비슷한 논리에 의하여 성골의 형성을 법흥왕 때로부터 보고 있 다. 신동하는 3世代 最小集團을 他 집단과 구별하기 위하여 진평왕대 에 성골이 발생했다고 보았다. 즉 진평왕 자신을 포함하여 → 동륜태 자 → 진흥왕이 그것이며, 법흥왕은 興法君主로서 성골로 추존되었다 고 하였다. 앞 논문, 같은 곳.

90) 문경현, 앞 논문, 1976.

91) 이에 대해서는 이기동,<신라 골품제 연구의 현황과 그 과제>《신라

골품제사회와 화랑도》, 20~26쪽 및 이종욱,<신라 골품제연구의 동향>《한국고대의 국가와 사회》,역사학회, 1985에 실린 연구사적 정리를 참고할 것.

92) 井上秀雄은 비담의 난 때 王者(여왕)와 귀족 사이의 서열을 명확히 하기 위하여, 즉 왕통의 존엄성을 강조하기 위하여 성골과 진골이 구분되었다고 하였다. 井上秀雄,<新羅の骨品制度>《歷史學硏究》304, 1965 ;《新羅史基礎硏究》310~311쪽, 東京, 1974.

93) 이기동도 다음과 같이 말하였다. '진평왕이 진골 귀족 위에 군림하는 초월적인 신분으로서 성골의식을 표방한 것도 이처럼 종교적 상징에 의해서 권력을 신성화하던 시대적 분위기를 도외시하고서는 결코 이해할 수 없을 것이다.' <한국 고대의 국가권력과 종교>《동국사학》35·36, 7쪽, 2001.

94) 신유림은 신라의 유서 깊은 일곱 절터 [七處迦藍] 가운데 하나다. 나중에 사천왕사가 들어섰다. 《삼국유사》흥법, 아도기라.

95) 《東京雜記刊誤》, 조선광문회, 1913에서는, 신라시대의 王都 개념으로 볼 때(만) 낭산이 鎭山이지, '(東國 - 책쓴이 삽입)興地勝覽에서 (후대까지도) 낭산을 진산이라고 한 것은 틀렸다'고 하였다. "狼山 在府東九里 鎭山"

96) 實聖尼師今 12년(413)에 낭산에 仙靈이 하늘에서 내려와 놀았으므로 이 땅을 福地라 하여 나무를 베지 못하게 하였다(《삼국사기》권3, 신라본기 제3, 같은 해). 이로 말미암아 지금의 洞名 '降仙마을'이 생겼다고 한다. 장충식,<신라 낭산유적의 제문제>《신라와 낭산, 제17회 신라문화제학술회의 발표요지》, 3쪽, 1995년 12월.

97) 李成市,<新羅僧·慈藏の政治外交上の役割>《朝鮮文化研究》2, 76~ 80쪽. 이 논문에서 이성시는 황룡사구층탑이 天上界의 수미산을 본 땄다고 하였으나, 황룡사구층탑 관련 사료에서 그러한 취지의 言說 은 볼 수 없다. 수미산 중심의 우주관은 낭산을 軸으로 한 것으로서 '세 번째 이야기'에 명시되어 있다.

98) 고익진, 앞 논문, 137~139쪽 ; 신종원, <안홍과 신라불국토설>《신라 초기불교사연구》244~245쪽.

99) 신종원, <안홍과 신라불국토설>, 위 책, 239쪽.

100) 고익진, 앞 논문, 140쪽.

101) 《삼국사기》신라본기 제4, 진흥왕 37조에 안홍 기사가 보이는데《삼 국유사》나《해동고승전》의 사료보다 너무 앞선다.

102) 고익진, 앞 논문, 137쪽. 신종원, <원광과 진평왕대의 점찰법회>《新 羅思想의 再照明, 신라문화제 학술발표회 논문집 12》, 경주시, 1991; 《신라초기불교사연구》, 213~215쪽.

103) 고익진은 <한국고대의 불교사상> (《철학사상의 제문제, Ⅱ》, 1984, 223쪽)에서 이 둘을 別人으로 보았으나, <신라밀교의 사상내용과 전개양상>(앞 책, 134쪽)에서 이를 시정하고 있다. 안홍·안함이 서 로 다른 사람이라는 주장에 대한 비판은 신종원, <안홍과 신라불국 토설>《신라초기불교사연구》, 235~236쪽 참조.

104) 신종원, 위 논문, 242쪽 참조.

105) 《조선금석총람》上, 114쪽.

106) 《세종실록지리지》에는 '貞觀七年癸巳' 즉 선덕여왕 2년(633)에 쌓 은 것으로 나와 있으며,《증보문헌비고》권2에는 선덕여왕 16년

(647. 진덕왕 원년)에 쌓았다고 하여 정확한 연대에 차이가 있다.

107) 필자는 첨성대 설치 이후에 신라의 천문 관직이 설치되었다는 점을 들어 첨성대의 성격이 시대적으로 변화하여갔다고 이해한 바 있다. 신종원,<古代의 日官과 巫>《국사관논총》13, 국사편찬위원회, 1990 ; 《신라초기불교사연구》, 49~50쪽. 朴星來도 비슷한 견해를 표명한 바 있다. 다만 그는 중국의 천문학이 들어오기 전에 첨성대의 주요 기능은 농업신인 靈星을 숭배하기 위한 것이었다고 하였다. 박성래,<첨성대에 대하여>《한국과학사학회지》2 - 1, 한국과학사학회, 1980. 지금까지의 논의를 종합 검토한 뒤, 당시의 천문관에서 첨성대는 관측의 기능을 잘 수행했다고 보는 다음 글이 있다. 이문규, <첨성대를 어떻게 볼 것인가 - 첨성대 해석의 역사와 신라시대의 천문관>《한국과학사학회지》26-1, 2004.

108) 이용범,<瞻星臺存疑>《진단학보》38, 1974 ; <續瞻星臺存疑>《불교와 諸科學》, 동국대학교, 1987. 민영규,<瞻星臺偶得>《朝鮮學報》101, 1981.

109) 한편, 박성래는 사대의식이 강한 김부식이 신라가 祭天을 한다는 것 자체가 못마땅하여 첨성대의 존재를 무시하였다고 보았다. 앞 논문, 137쪽.

110) 정연식, <선덕여왕과 성조(聖祖)의 탄생, 첨성대>, 앞 책.

111) 김선주, 앞글, 2013.

112) 이동운은 《신당서》에 보이는 '성조황고' 내용이 《구당서》 신라전에 보이지 않으며, 선덕여왕 본기 4년 당나라가 내린 책봉 기사에도 '성조황고'가 없는 점을 들어 존호를 올린 시점은 여왕 사후 8세기

중엽 문무왕대라고 추정하였다. 이동운, <신라 선덕왕의 존호 '성조황고' 검토> <<지역과역사>>52, 2023. 그러나 '성조황고'는 일종의 별명이나 雅號 같은 것이므로 사관에 따라 기록 여부가 다를 수 있다. 여왕 4년 기사에 '성조황고'가 올라 있지 않은 까닭은 재위기간의 총평 성격을 가지는 즉위 기사에서 이미 언급했기 때문으로 나는 본다.

113) 唐遣使持節 册命王爲柱國樂浪郡公新羅王 以襲父封 靈廟寺成(《삼국사기》, 신라본기 제5).

114) 이영호,<新羅中代 왕실사원의 官寺的 기능> <<한국사연구>>43, 1980, 103쪽. 今西龍은 '신라 王廟의 附屬寺'라고 하였다. 아울러 그는 廟字를 나중에 避諱하여 妙字로 고쳤다고 한다. <新羅文武王陵碑に就きて>《新羅史研究》, 508쪽, 1933.

115) 채상식, <신라통일기의 成典寺院의 구조와 기능>《부산사학》8, 16~17쪽, 1984.

116) 신종원,<삼국유사 良志使錫條 註釋>《고문화》40·41합집, 84쪽, 한국대학박물관협회, 1992.

117) 신종원, <문무왕과 대왕암>《한국중세사회의 제문제 – 김윤곤교수 정년기념논총》, 한국중세사학회, 2001;《삼국유사 새로 읽기》, 일지사, 2004.

118) '젓대/대금'은 "국악의 대표적인 관악기로 黃竹 또는 雙骨竹으로 만든 橫笛."이다(《한국민족문화대백과사전》). 일반적으로 '피리'라고 번역하는 경우가 많은데, 이것은 전통악기를 잘 모르는 데서 비롯되었다(남상숙, <삼국사기 및 삼국유사의 음악기사 점검>《한국음악사

학보》2, 120쪽, 1989). 젓대의 '젓'은 한자 笛에서 온 것이고 '대'는
우리말 대(작대기)다. '적ㅅ대'에서 ㄱ이 탈락하여 → '젓대'가 되었
다. 젓대는 가로로 부는 데 비해, '피리'는 한자 篳篥(필률)에서 나온
말로서 세로로 분다.

119) 신문왕 10년, 서기 670년.

120) 이강래는 '남쪽 창고'로 번역하였다.《삼국사기 I》292쪽, 한길사,
1998.

121) 《삼국유사》탑상, <백률사>.

122) 《삼국유사》기이제2, <원성대왕>.

123) 이밖에도 신라 궁실에는 세오녀가 가져온 비단을 갈무리해둔 어고·
귀비고도 있다. 藏其綃於御庫爲國寶 名其庫爲貴妃庫(《삼국유사》기
이, 연오랑세오녀).

124) 김상현, <만파식적설화의 유교적 정치사상>《신라의 사상과 문화》
82쪽, 일지사, 1999.

125) 김영숙, <만파식적 설화의 전승과 詩的 변모양상 - 조선시대 詠史樂
府를 중심으로>《삼국유사의 현장적 연구 - 신라문화제학술발표회
논문집11》270쪽, 1990.

126) 《삼국유사》기이, 천사옥대조.

127) 《고려사》2, 태조 20년조.

128) 신라에 세 보물이 있다고 들었다. … 그때 황룡사의 나이 90이 넘은
스님이 말하였다. "제가 들으니 聖帶는 진평대왕이 띠시던 것으로
서 대대로 전하여 남고에 모셔져 있습니다." 왕이 드디어 창고를 열
어 살펴보게 하였으나 보이지 않아, 다음날 齋戒하고 제사를 지낸

뒤에야 보게 되었다. (《삼국사기》12, 경명왕 5년조)

129) 위와 같음.

130) 신종원, 〈신라 오대산 사적과 성덕왕의 즉위배경〉《최영희선생화갑 기념 한국사학논총》, 탐구당, 1987, 105쪽. 신종원, <만파식적조 역 주>,《삼국유사 새로 읽기(1)》, 237쪽, 2004.

131) 김상현, 앞의 글, 83쪽

132) 채미하, <천사옥대와 흑옥대 - 신라 국가제사와의 관련성을 중심으 로 ->《경희사학》24, 2006. 채미하는 신문왕이 흑옥대 설화를 통하 여 신궁 제사를 지낼 수 있는 근거를 마련했다고 하였다(39쪽).

133) 眞平王元年 有神人降於殿庭 謂王曰 … (《신증동국여지승람》21, 경 주부 고적)

134) 효소왕이 아버지 문무왕을 마중나간 기사를 고려하여 박해현은 천 수원년설이 타당하다고 하였다.《신라 중대 정치세력 연구》, 전남대 학교박사학위논문, 40쪽, 1996.

135) 신종원, <신라오대산사적과 성덕왕의 즉위배경>《최영희선생화갑 기념논총》105쪽, 1987.

136) 《역주 삼국유사》99쪽, 한국정신문화연구원, 2003.

137) 신종원, <신라의 세 보물과 만파식적·거문고>《일연과 삼국유사》, 신서원, 2007. 김경애, <신라 원성왕의 즉위와 하대 왕실의 성립> 《한국고대사연구》41, 2006.

138) 장사훈,《증보 한국음악사》117쪽, 1994.

139) 송방송,《한국음악통사》97쪽, 일조각, 1984. 문주석(<신라 '大笒' 形成 考>《민족문화논총》33, 영남대학교, 2006)은 다음과 같이 말한

다. 만파식적은 가로로 잡고 부는 대금이며 淸孔과 七星孔을 갖추었고, 오랜 기간 시행착오를 거쳐 신문왕 2년에 완성된 개량악기다. 우리가 이 해(682)에 관심을 가지는 까닭은 만파식적 기사뿐만 아니라 三竹이 등재되었기 때문이다(《삼국사절요》11, 신문왕2년조). 만파식적이 삼죽에 포함되는지 어떤지는 알 수 없지만 어떻든 이 해에 악기의 전면적 개량·개편이 있었고 만파식적도 그 일환이라는 데는 의심의 여지가 없다.

140) 今西龍, <慶州所藏玉笛考>《新羅史研究》, 1933.

141) 위와 같음. 옛 경주부에 보관되어 오던 옥젓대가 일본에 반출된 것을 제자리에 찾아놓은 곡절은 다음 글에 자세하다. 아라키 준(荒木潤), <일제강점기 경주의 유물 반출·훼손과 조선인의 대응>《고고학지》2020, 국립중앙박물관.

142) <백령도 당개 서낭당> 유래다. 이 책 둘째 마당, Ⅲ <문무왕과 대왕암-숨은 바위 '여'에 대한 서사>에서 자세히 언급한다.

143) 신종원, <안홍과 신라불국토설>《신라초기불교사연구》, 민족사, 1992.

144) 初主眞骨歡喜師 第二主慈藏國統 (《삼국유사》탑상, 황룡사장육)

145) 신종원, <자장과 중고시대 사회의 사상적 과제>, 앞 책, 1992.

146) 채미하, 앞 글, 32쪽.

147) 주운화는 고구려의 멸망이라는 정치적 변동 상황이 현금이 신라 왕경으로 유입되게 된 직접적인 동기라고 보았다. <樂을 통해서 본 신라인의 복속·통합 관념 -가야금과 현금의 정치적 상징- >《한국고대사연구》38, 2005.

꼬리주2

148) 김수태도 만파식적을 무열왕계 왕위계승의 상징으로 보았다.《신라 중대정치사연구》38쪽, 일조각, 1996.

149) 주운화도《삼국유사》원성대왕조를 중시하여, 나물왕계인 원성왕이 만파식적을 이어받은 점 등을 들어 만파식적을 무열왕계 왕위계승 의 상징으로 보는 데 난색을 표명하였다. 위의 글.

150) 《高麗時報》, 1939년 8월 ;《우현고유섭전집》4, 450~455쪽, 통문 관, 1993.

151) 《고려시보》, 1940년 8월 ; 위의 전집, 456~464쪽.

152) 《국립박물관 특별조사보고》제2책, 5쪽.

153) 황수영,《신라의 동해구》, 27~29쪽, 열화당, 1994.

154) 이병도,《국사대관》, 보문각, 1955 ;《역주 삼국유사》II, 48쪽, 한국 정신문화연구원, 2002, 재인용.

155) 남천우,〈문무왕의 수중릉에 이견있다〉《주간 경향》, 1974년 6월 9 일자(5월 25일 역사학회 발표 요지) ;《유물의 재발견》, 119쪽, 학고 재, 1997.

156) 김원룡,〈문무왕릉의 성격 — 十字形으로 된 연못· 化龍護國은 확실 한 근거 없어· 石函存在 아직 몰라〉, 서울신문, 1967년 5월 20일.

157) 황수영 선생의 일련의 논고가 있다.〈문무대왕릉의 조영 배경과 그 양식〉(한국일보, 1967년 5월 25일) :〈문헌에서 본 문무대왕릉〉(東 大新聞, 1967년 5월 29일) ;《황수영전집 5—한국의 불교미술》, 127 ~136쪽, 1997에 재수록 ;〈新羅文武大王陵 발견의 意義〉《新東亞》,

1967년 7월호 :《신라 문무대왕동해릉》, 호영, 1997. 아래 논자도 대략 황수영의 논거를 따르고 있다. 권태원, 〈羅代 喪·葬風에 관하여〉《호서사학》3, 1974. 신호웅, 〈東海口 유적의 역사성〉《영동문화》2, 1986. 정영호, 〈石窟 창건과 東海口 신라유적과의 관계〉《정신문화연구》15-3(통권 48), 1992. 장충식, 〈문무대왕의 위적〉《新羅文武大王》, 경주군, 1994. 이기선, 〈대왕암은 장골처인가 산골처인가—문무대왕릉 과대포장론에 대한 반론〉《가나아트》, 1994년 7·8월호. 윤세영, 〈신라 火葬王考〉《한국사학보》6, 25쪽, 고려사학회, 1999.

158) 김정학, 〈한국사의 날조-아마츄어들의 역사의 허구에 대하여-〉釜大新聞, 1974년 7월 16일자. 안예환,《문무왕과 대왕암 연구-호국사상을 중심으로-》, 고려대학교 교육대학원 석사논문, 1983. 이 글은 대왕암에 대한 가장 자세한 연구사를 쓰고 있다.

159) 김정학, 위의 글.

160) 이병도,《국역 삼국사기》125쪽. 1980.

161) 김원룡, 〈문무왕릉의 성격—十字形으로 된 연못·化龍護國은 확실한 근거없어·石函存在 아직 몰라〉, 서울신문, 1967년 5월 20일.

162) 국립문화재연구소,《감은사지 동 삼층석탑 사리장엄》185·214쪽, 2000.

163) 문무왕 해중왕릉설이 당초 성실한 학문적 동기에서 나온 것이 아니었다는 주장도 있다(유홍준,《나의 문화유산답사기》1, 160~165쪽, 1993).

164) 〈역사스페셜, 최초 발굴 신라대왕암〉. 발굴에 참여한 당시 국립경주문화재연구소 이은석 학예연구사의 다음과 같은 말이 인상적이다.

"양수기는 넉 대를 동원했지요. 모래주머니 500개를 가져가 아침부터 열심히 막았어요. … 점심도 굶어가며 다 빼지는 못했지만 뚜껑돌이라고 하는 바위 바닥까지 봤어요. 바위는 바닥에 박힌 상태였어요. 이것이 무덤의 개석(蓋石·뚜껑돌)처럼 보인 것은 물속에 있을 때 일어나는 착시 현상 때문이었어요." 발굴 결과는 대체로 남천우의 주장과 일치하였다. 김태식은 이를 두고 '언론에서 문화재를 의도적으로 키운' 기획이라고 회고했다(<발견 50주년, 문무왕 수중릉은 실재인가 신화인가?>《신동아》2017년 3월호).

165) 위 김태식의 글에서 재인용.

166) 김정학은 "庫門의 外庭에서 화장하고, 東海口의 大石上에 장사지냈다"고 두 단계로 해석하면서, 後者에 대해서는 "큰 바위 위에서 뼈를 동해 바다에 뿌렸다"는 뜻으로 보았다. 김정학,〈한국사의 날조-아마츄어들의 역사의 허구에 대하여-〉, 釜大新聞, 1974년 7월 16일자.

그런데 유조에 東海大石에 관한 언급이 없으므로, 전후 연속적으로 해석하기는 어렵다. '葬東海口大石上'에 대한 이러한 해석도 水葬說과 마찬가지로 확대해석했다는 비판을 면하기 어렵다. 화장한 뒤 수장했다고 하여 문무왕본기의 본문과 유언을 각기 다른 절차로 본 것은 황수영도 마찬가지다. 앞의 전집, 134쪽.

167) 황수영,〈신라 문무대왕 탑묘의 조사—경주 낭산 능지탑에 대하여〉, 한국일보 1971년 6월 22일 ;《한국의 불교미술》, 동화출판공사, 1974 재수록. 황수영,〈신라 낭산의 능지탑에 대하여〉《신라와 낭산-신라문화제학술회논문집-》17, 31~34쪽, 경주시, 1996.

168) 동국대 경주캠퍼스, 《신라낭산유적조사》, 1985, 에 실린 신영훈의 글.

169) 강우방, 〈陵旨塔 四方佛 塑造像의 고찰〉《신라와 낭산—신라문화제 학술회의논문집》17, 경주시, 1996.

170) 황수영, 앞의 전집, 127쪽.

171) 《삼국사기》 이병도 역주본(각주 11)에서 지적한 바 있다. 황수영(전집5, 127쪽) 및 권태원은 역사책에 '散骨'이란 문자가 보이지 않으므로 水中寢陵이라고 보았으나 언급할 필요를 느끼지 않는다. 화장한 뒤 뼈를 묻었을 경우 '骨藏'(효공왕)·'藏骨'(신덕왕)이라고 《삼국유사》 왕력에 명시되어 있는데 문무왕에 대해서는 그렇지 않은 점부터 해명해야 한다. 효공·신덕왕의 경우 장골처가 뭍(山·峴)인 것은 말할 나위도 없다. 《삼국유사》, 기이, 만파식적조 끼움주에는 '藏骨處名大王岩'이라 하였으나 나중에 언급하기로 한다.

172) 孝成王 … 理五年. 法流寺火葬, 骨散東海

173) 宣德王 … 死生有命, 顧復何恨. 死後依佛制燒火, 散骨東海

174) 元聖王 … 以遺命舉柩燒於奉德寺南

175) 眞聖王 … 理十年 … 崩火葬. 散骨于年梁西卉一作未黃山

176) 孝恭王 … 理十五年. 火葬師子寺北, 骨藏于仇知堤東山脇

177) 神德王 … 火葬藏骨于箴峴南

178) 景明王 … 火葬皇福寺, 散骨于省等仍山西.

179) 이영호, 〈신라 문무왕릉비의 재검토〉, 《역사교육논집》 8, 81쪽, 1986.

180) 최광식, 〈문무왕릉비〉《역주 한국고대금석문》 2, 한국고대사회연구소, 1992, 131쪽. 다음 글에서는 鯨津氏를 東海神(deity of the

Eastern Sea)이라 하였다.(Vladimir Tikhonov,〈Epigraphical Sources on the Official Ideology of Unified Silla〉《한국사학보》8, 19~22쪽, 2000)

181) 聖住寺朗慧和尙碑文의 '豪木浮鯨津',《고려사》3, 성종세가 2년 3월 조의 '其有三韓舊域百濟遺封地 控鯨津誠尊象闕'의 경우가 그러하다. 미시나[三品彰英]는 鯨津에 대하여 다음과 같이 설명하고, 관련 사례를 들고 있다. 즉 고래는 龍蛇와 마찬가지로 水神에 걸맞는 존 래라 한 뒤, 山口縣 靑海島에 훌륭한 고래의 무덤이 있으며, 向岸寺 淸月庵에는 고래의 戒名·위패를 모시고 연중행사로서 성대한 불교 의식이 봉행되고 있다.〈クマナリ 考《建國神話の諸問題 ― 三品彰 英論文集2》, 1971, 428쪽. 현재 강화도 용진진(龍堂)에는 '斬鯨樓'라 고 써 붙인 누대가 있다.

182) "海口郡은 본래 고구려의 穴口郡으로, 海中에 있다. 경덕왕이 이름을 고쳤는데, 지금의 강화현이다."(《삼국사기》 권35, 지리지4) 그러나 다음의 경우는 좀 애매하다. "4월에 왜인들이 병선 100여 척으로 침입하여 동쪽 변방을 쳐들어와서 월성을 포위하고 공격하는데 4면으로 화살과 돌이 빗발같이 쏟아져 들어왔다. 그러나 왕은 군사들을 정비하여가지고 잘 성을 수비하였으므로 적들은 곧 퇴주하려 하였다. 이때 왕은 군사를 내어 적을 격파하고 북으로 海口까지 추격하여 이를 격파하니 적들은 물에 빠져죽는 자가 반수를 넘었다.(《삼국사기》 권3, 자비마립간 2년)

183) 今西龍은 '天恩寺 西北 山上'에 있는 左倉의 門으로 보았다.〈新羅文武王陵碑に就きて〉《新羅史硏究》, 507쪽, 1933.

184) 이재호(《삼국사기》, 1983, 159쪽)의 '궁문밖 뜰에서'라는 해석이 가
    장 타당하다.

185) 1933년 간행.

186) 김원룡·김정학의 글.

187) 황수영은 "고문외정에서 화장하였으며 그 후 동해에 藏骨"했다고
    (전집 129쪽) 보았다.

188) 신종원, 〈신라 오대산 사적과 성덕왕의 즉위배경〉《최영희선생화갑
    기념 한국사학논총》, 탐구당, 1987, 105쪽. 만파식적 조의 해석에 대
    해서는 신종원, 〈삼국유사 2個條역주〉《미천목정배박사 화갑기념논
    총》, 1997 참조. 두창구, 〈만파식적고〉《강원민속학》7·8, 1990.

189) 감은사 주변의 문무왕 관련 설화에 대해서는 두창구가 위 글에서 소
    개하였다.

190) 조유전, 〈감은사지 발굴조사 개요〉《고문화》19, 30쪽, 1981 ; 〈감은
    사지 발굴조사 概報〉《불교미술》10, 140쪽, 1991.

191) 신종원, 〈삼국유사 郁面婢念佛西昇條에 대한 一考察〉《史叢》26,
    1982 ; 〈삼국유사 욱면비염불서승조 역해〉《신라문화》5, 1988 참조.

192) 鄕人至今稱爲大王岩.

193) 학계에서도, 신문왕이 '돌아가신 아버지 문무대왕을 위해 동햇가에
    감은사를 세운'(《삼국유사》 만파식적조) 것이 아니고 문무왕이 짓기
    시작했다는 절간기록이 타당한 것으로 보고 있다.《감은사》, 1960,
    5쪽. 김상현,〈만파식적 설화의 유교적 정치사상〉《신라의 사상과 문
    화》73쪽, 일지사, 1999. 감은사 신문왕창건설은 '아버지 은혜에 감
    사한다.'는 뜻으로 받아들인 한자 '感-恩' 표기를 생각 없이 받아들

였기 때문이다. 만파식적조 원문은 '爲聖考文武大王 創感恩寺於東海邊'이다.

194) 《삼국유사》 만파식적조를 보면, 신문왕이 그 2년(682)에 이견대에서 동해를 향하여 '望其山'했다고 나오는데 곧 望海와 다를 바 없다.

195) 春二月 東巡幸望海(《삼국사기》2, 신라본기2, 미추이사금 3년).

196) 春正月 幸感恩寺望海(《삼국사기》卷9, 신라본기9, 혜공왕 12년).
春二月 王幸感恩寺望海 夏四月 日本國使至(《삼국사기》卷11, 신라본기11, 경문왕 4년).

197) 김영하,〈신라시대 순수의 성격〉《민족문화연구》14, 218~219쪽, 1979. Vladimir Tikhonov, 앞의 글, 21쪽. 한편 다음과 같이 설명하기도 한다. "그러나 望海는 관광의 성격이 결코 아니며 김씨 왕가의 능역(문무대왕을 위시하여 형적은 없으나 산골된 김씨 왕족들의 동해산골 장소)을 바라보고 절을 했든지, 또는 대왕릉에는 근접이 아니 되므로 떨어진 장소-이견대가 그 장소임에 틀림없다-에서 望祭했다는 내용이다."(황수영,《신라의 동해구》34쪽, 열화당, 1994)

198) 《삼국유사》 권2, 기이제2.

199) 위와 같음.

200) 최광식,《고대한국의 국가와 제사》168~169쪽, 한길사, 1994 참조.

201) 〈攽禁錄〉에 의거하여 감은사의 본래 이름이 鎭國寺였다고 말하지만(황수영,〈석굴암본존 아미타여래좌상 小考〉《고고미술》136·137, 1978) 진국사라는 이름도 후대에 지어낸 것이 아닐까 생각된다. 위의 글에서 〈유금록〉은 베낀 책[寫本]이라고만 할 뿐 해당 부분을 인용하거나 書誌 사항에 대한 언급은 없다. 진국사가 등장하는 다

음 글이 눈에 띈다. "훨씬 후대의 글이지만 月明寺史蹟碑文에 … 興
國·鎭國·新國 세 절에 모두 國 자를 넣어 길이 나라의 복을 비는 장
소로 삼게 하였다(김영태, <가야불교의 史的 고찰>《가야문화》10,
31~37, 1997). 막연한 추측이지만 이 진국사와 혼동한 것은 아닌지
모르겠다. 《신증동국여지승람》32, 김해부, 불우조에도 '鎭國寺'가
보인다.

책쓴이는 감은사를 동해신(=海龍)을 모시기 위한 절이라 보았고,
'感(恩)'은 그 소리 '감·곰'을 취한 것으로서 곧 神을 의미하는 것이
라 추측한 바 있다. 신종원, <단군신화에 보이는 곰(熊)의 실체>《한
국사연구》118, 2002, 22~24쪽 : 이 책, 첫째 마당, Ⅱ. 웅신의 실
체. 고려 말 이숭인(1347~1392)이 쓴<草屋子傳>이라는 글을 보면,
1362년(공민왕 11) 가을에 이숭인은 초옥자라는 사람과 함께 "感應
寺(감응사)에서 노닐며 해룡이 드나드는 구멍을 들여다보았다. 이
어서, 배를 타고 대왕암까지 가봤는데 볼 만하다고 썼다(《동문선》
제51권). 김태식은 감응사를 '감은사의 오류'라고 썼는데(<발견 50
주년, 문무왕 수중릉은 실재인가 신화인가?>신동아 2017년 3월호)
절 지은 이래 고려말에도 '감/곰절(神+寺)'의 뜻으로 그렇게 불렸
는데 한자가 다른 것은 소리적기[音寫] 방식이 달랐을 뿐이다. 경북
성주군 월향면 한개마을 뒤의 영취산(대덕산이라고도 함)에도 感
應寺가 있는데 신라 애장왕 아들의 눈병을 고친 감응이 있었다고
전해온다. 절 이름에 대해서는 "예전에는 감응절, 감은사라고 불리
기도 했었는데요"라고 올린 답사기가 있다 (jinnyhwang.thistory.
com). 李承熙(1847~1916)의 韓溪遺稿, 詩3, 241에도 '初伏日, 同許

知府上感應寺'라고 보인다.

마쓰마에(松前健)도 대왕암에 대하여 동해의 용왕[龍神]을 맞이하여 제사지낸 곳이며, 불교가 들어오기 이전의 '王權的 祭式의 場'이라고 본 것은 중요한 지적이다. 松前健,〈古代韓族の龍蛇信仰と王權〉《朝鮮學報》57, 1970, 5쪽. 비슷한 견해로서, 용은 어디까지나 불교와의 관계에서 호국룡의 성격까지 띄었다고 하는데(熊谷治,〈三國遺事にみえる護法龍〉《東アジアの民俗と祭儀》, 雄山閣出版, 1984, 196쪽)후대의 설화를 바탕으로 논하고 있다는 점에서는 다를 바 없다.

202) 두창구,〈만파식적고〉《강원민속학》7·8, 19쪽, 1990에 인용된 현지 설화.

203) 경북 영해지방의 이야기이다. 조동일,《인물전설의 의미와 기능》, 영남대학교, 1979, 48~54쪽.

204) 김복순은 이견대를 "조선시대에 세운 건물로 대왕암을 바라보기 위한 전망대였다"고(〈신증동국여지승람 권21 경주부 역주〉《신라문화》13, 1996, 182쪽) 주석하였다. 현재의 이견정 위치보다 올라가서 대본초등학교 後崗 山上이 원래의 이견대 자리라고 한다(황수영,〈신라 낭산의 능지탑에 대하여〉《신라와 낭산—신라문화제학술발표회논문집》, 1996 17, 79쪽). 이곳 '대본리'의 땅이름 유래는 이러하다. '이견대' 밑이므로 '대밑'이라 불렀으나 1914년 행정구역 폐합때 '臺本'으로 고침. 예)산밑, →산본山本.

205) 대왕암에 대해 세간에 전해지는 말이다. 용이 이 바위 위에 나타나서 신라왕과 마주보았다고 해서 생긴 이름이다. (大王巖也 諺曰 有

龍見於此巖上 與羅王相見云 故因名云" 李德弘,《艮齋集》7, 雜著, 東
京遊錄, 1766).

206) 世傳 羅王父久相失 及得之 築臺相見 極父子之懽 作此以歌之 號其
臺曰 利見(《高麗史》卷71, 樂志2, 利見臺).

207) 신종원,《삼국유사 깊이 읽기》, 220~222쪽, 일지사, 2019.

208) 표인주, <전남민속현장에 나타난 '말'의 상징성>《전남문화재》5,
1992. 국립전주박물관,《부안 죽막동 제사유적》, 1994. 국립전주박
물관,《부안 죽막동 제사유적 연구》, 1998.

209) 변인석,《白江口戰爭과 백제·왜 관계》, 한울, 1994 참조.

210) 문무왕 일반 및 당대의 대외관계에 대해서는 다음 글이 있다. 김수
태,〈문무왕〉《신라중대정치사연구》, 일조각, 1996. 최재석,〈신라 문
무대왕의 對唐·對日 정책《고대한국과 일본열도》, 일지사, 2000.

211) 신카와 도키오(新川登龜男),〈日羅間의 調(物産)의 意味》《日本歷史》
481, 1988 ; 신종원 역,〈일본·신라 사이 調(物産)의 의미《강원사
학》17·18, 2002.

212) 新川登龜男은 결코 일본(倭)을 의식한 것은 아니고, 중국과의 사이
에 용궁(용왕)이 있다는 인식을 일본에 代置한 것이라고 한다. 新川
登龜男,〈入唐求法諸相》《日本古代の對外交涉と佛敎》184쪽, 吉川
弘文館, 1999.

213) 두창구, 앞의 글, 20쪽.

214) 田村圓澄,〈文武王と佛敎》《蕉雨황수영박사고희기념 미술사학논
총》, 457~458쪽, 통문관, 1988. 그는 일본과의 국제관계가 긴박해
진 사태 속에서 鎭倭兵의 발상이 생겨났을 것으로 보고, 그 시기는

〈寺中記〉 단계라 하였다.

215) 武田幸男,〈創寺緣起からみた新羅人の國際觀〉《中村治兵衛先生古稀
記念東洋史論叢》362～363쪽, 1986.

216) 서영교,《나당전쟁사 연구 – 약자가 선택한 전쟁》, 334쪽, 아세아문
화사, 2006. 이 안목의 논거는 황수영의 '진국사'설인데 앞에서 추
적한 바 실체가 없는 자료다.

217) 김상기,《고려시대사》765쪽, 동국문화사, 1966. 황패강,《신라불교
설화연구》, 일지사, 1975, 250쪽. 木村誠,〈文武王代의 대왜관계〉, 제
18회 신라문화학술회의 발표문, 1999년 8월 30일.

218) 이현종,〈고려와 일본과의 관계〉《동양학》7, 단국대학교, 1976 ; 나종
우,《韓國中世對日交涉史研究》, 원광대학교, 1996 등 참조.

219) "至正十一年辛卯十二月初三日雞林府地感恩寺飯子入重三十三斤住
持大師△印△代飯子小鐘禁口木乙造成爲乎世叱段海賊人木亦同年
四月初七日右物芒乙儵取持去爲良在乙造成"(국립경주문화재연구
소,《감은사 발굴조사보고서》, 198～202쪽, 1977).

220) 永田正治, <文武王의 思想과 大王巖傳說 – 평화와 호국 ->《동아시
아고대학》16, 266쪽, 동아시아고대학회. 2007. 김은숙, <일본과의
관계>《신라의 대외관계와 국제교류- 신라 천년의 역사와 문화 12》,
경상북도, 2016. 전덕재, <통일신라의 외교>《한국의 대외관계와 외
교사, 고대 편》, 356~377쪽, 동북아역사재단, 2019.

221) 原島礼二, <六世紀日本の朝鮮侵略と軍事動員体制>《朝鮮史研究
会論文集 11 - 日本における朝鮮史像(特集)》, 1974.

222) 이 문제에 대해서는 이 책, 둘째 마당, Ⅱ. <신라의 세 보물과 만파식

적·거문고>에서 논했다.

223) 在東海濱.

224) 遺命 葬我于東海濱水中.

225) 七十步許.

226) 在府東五十里海岸.

227) 臺下十步.

228) 황수영, 앞의 전집, 131쪽.

229) "昨日午時海水漲溢至佛殿階前, 晡時而還."《삼국유사》권4, 의해, 賢瑜珈 海華嚴.

230) 김주환, <대종천 유역의 지형과 지질>《신라문화》2, 164·169쪽, 1985. 손호웅·김성범, <문무왕 수중릉에 대한 지질공학적 연구>《지구물리》6-3, 2003. 김윤배·윤성진, <경주 동해안권의 해양과학자원과 문화자원 융합을 통한 문무대왕 재조명 및 경주지역 해양교육관광 활성화 방안>《수산해양교육연구》29-4, 1220-1221쪽, 2017.

231) 류창호, <1920년대 어느 식민지 지식인의 서해도서 '巡禮'>《한국학연구》36, 인하대학교 한국학연구소, 2015. 나는 경기문화재단 김성태 박사로부터 이 자료에 대해 들었다.

232) '(보완)' 부분은 류창호 논문에서 생략한 부분을 <네이버 뉴스 라이브러리>에서 '도서순례 백령도방면 (10) 왕대통' 기사로 보완한 것.

233) 도서순례 - 백령도방면(11) ,『동아일보』1928년 8월 29일, 2면.

234) 도서순례 - 고군산열도(3) ,『동아일보』1928년 6월 24일, 2면.

235) 도서순례 - 거제도방면(8) ,『동아일보』1928년 7월 13일, 2면.

236) 도서순례 - 울릉도방면(7) ,『동아일보』1928년 9월 7일, 5면.

237) 且本島風俗, 惟鬼神是尙, 淫亂是事, 雖七子之母, 猶不能安其室, 而人家祈禳不絕, 坎坎擊鼓, 無冬無夏, 此問風習言之, 可唾不特. 豈氓爲然, 至於鎭帥, 亦畫戟迎神, 設會公堂, 而猶不知其非. 蓋此俗出於, 創立之初爲城隍作祠, 而流弊之(至?)此, 誠可哂也. (인천광역시 역사자료관, 역주 백령도지, 『역주 인천도서지역의 지지자료』, 17쪽, 2010)

238) 류창호, <1920년대 어느 식민지 지식인의 서해도서 '巡禮'>《한국학연구》36, 614쪽, 2015.

239) 다음 제목을 보면, 백령도에서도 두 이름을 구별 없이 쓴다. 이형석, <왕대나무 모신 성황당>·<참대통을 타고 온 서낭신>《효의 고장·신비의 섬, 백령도》135~137쪽, 가천문화재단, 2000. (밑줄 책쓴이).

240) 공우석, <대나무의 시·공간적 분포역 변화>《대한지리학회지》36권 4호, 446쪽, 2001.

241) 오병진 편저,《백령도》, 213쪽, 샘터사, 1979.

242) 예를 들면 상주시 성황사의 남녀 목각상이나 전주시 성황신상 다섯 분(5位)이 있다.

243) 황패강의 기행문에도 우리의 관심사에 대하여 언급한 바 있다. "왕대(竹)에 衣冠을 입혀 神位로 모시었다. 해마다 9월 9일 당에서 제사를 지냈는데 - 건너뜀 - 백령도의 경우 신위의 憑體가 대나무라는 것이 좀 특이하다." 오병진, 위 책, 225~226쪽에 실림.

244) 서정범, 〈方言에서 본 만파식적과 문무왕릉〉《한국민속학》8, 1975.

245) 대왕암은 본래 물속의 신터[神座]로서 해양신앙 즉 '용국의 門'이던 것이 문무왕의 爲龍說로 발전하게 되었다는 글이 있다. 永留久惠, 〈海神考 - 비교민속학적 見地から〉《수촌박영석교수화갑기념 한국

사학논총》上, 1205쪽, 탐구당, 1992,

246) 신종원, 〈강원도 인제군 남면 일대의 석탑〉《古文化》 42·43, 1993.

247) 현재의 지명유래는 다음과 같다. 대왕방우(대왕바우, 대왕암) : 음시 밭골 동남쪽 운제산 꼭대기에 있는 바위. 높이 30m, 둘레 60m 가량 되는데, 이 바위에 기도하면 아들을 낳는다 하며, 가뭄이 심할 때 기우제를 지내면 매우 영검하다 함(한글학회,《한국지명총람》 6, 경북Ⅲ, 영일군 대송면, 180쪽, 1979).

《대동운부군옥》20에는 다음과 같이 나온다. "雲梯山頂有大王岩 巖泐間有泉沸出 歲旱禱輒應"

248) 끼움주에서 보듯이 운제부인과 운제성모의 관계는 모호하며, 더구나 운제성모가 어떤 物象인지에 대해서는 緘口하고 있다. 그렇지만 주석을 붙인 의도는 읽을 수 있다.

249) 한국정신문화연구원,《한국구비문학대계》 8-12, 38쪽, 1986.

250) 위의 책, 39쪽.

251) 위의 책, 38쪽.

252) 신종원, <울산 대왕암의 명칭과 유래>《지명학》18, 2012년, 12월. 이 책, 둘째 마당, 보론.

253) 《경상도지리지》경주부 守令行祭條에 '兄山 大王之神'이라고 나온다.

254) 又泗沘河兩岸如畵屛 百濟王每遊宴歌舞 故至今稱爲大王浦

255) 落花巖簪大王浦 (浦以王常遊得名) 이승휴,《제왕운기》하.

256) 大旺里 (→ 대왕이) : 왕포리에서 으뜸가는 마을. 대왕포가 됨.(한글학회,《한국지명총람》4, 충남편上, 부여군·읍)

대왕펄(大旺浦) : 대왕이 앞에 있는 큰 들.(한글학회,《한국지명총
람》4, 충남편 上, 부여군, 부여읍, 1974, 459쪽).

旺浦川 : 부여읍 능산리 烏山에서 발원하여 서쪽으로 흘러 佳塔里·
東南里·왕포리를 거쳐 백마강으로 들어감. 백제 제30대 武王이 薯
童王子일 때 신라의 善化公主를 데리고 가끔 이곳에서 뱃놀이를 하
며 놀았다 함(위의 책, 440쪽).

257) 《신증동국여지승람》권25, 예안현, 고적.

258) 이 지명은 지금도 그대로 쓰인다. 대왕수(大王藪) : 구레실 앞에 있
는 숲. 고려 왕건 태조가 삼한을 통일할 때, 이곳에 둔을 쳤다가 3일
후에 떠나갔으므로 대왕수라 하여, 나뭇가지 하나도 꺾지 못함.(한
글학회,《한국지명총람》5, 경북편 II, 428쪽, 안동군 도산면).

259) 한글학회,《한국지명총람》7, 경북편 IV, 칠곡군 동명면, 1979, 507
쪽에는 다음과 같이 나온다. 대왕재(대왕티) : 가좌에서 달성군 공산
면 송정리로 넘어가는 재. 대왕티(大王峙) → 대왕재.

260) 《한국지명총람》2, 강원편, 232쪽, 1967. 양양문화원,《양양의 땅이
름》297~298쪽, 1995에는 다음과 같이 되어 있다. 대왕등(大王嶝)
: 망령재로 올라가는 등성이인데 단오절에 음식을 차려놓고 무사태
평을 기원하던 곳이다. 대왕뜸 : 대왕산 밑에 있는 산.

261) 신종원,〈양양군 현남면 웃달내 마을 대왕제 참관기〉《강원지역문화
연구》1, 2001을 볼 것.
다음 글에서 상월천리의 그것을 산맥이 신앙권에 포함시켰다. 장정
룡,〈강원지역 산맥이신앙 고찰〉《한국민속학》25, 1993.

262) 이 항목 대부분의 내용에 대해서는 내가〈순창성황사적기와 대왕신

앙〉(《성황당과 성황제》, 민속원, 1998)이라는 글에서 자세히 소개한 바 있다. 뒤에 단행본으로도 출간하였다. 《한국 대왕신앙의 역사와 현장》, 일지사, 2008.

263) 三品彰英 遺撰, 《三國遺事考證》上, 486~487쪽, 1975.

264) 탈해는 동해를 건너 아진포에 상륙한 인물이므로, 그의 흙상을 모신 것은 문무왕이 동해를 중시하였던 또 하나의 사적이라는 황수영의 지적이 있다.(〈신라문무왕릉 발견의 의의〉, 230쪽).

265) 이규보, 《동국이상국집》 권38, 동악제문.

266) 《삼국유사》 권5, 감통, 선도성모수희불사.

267) 이규보, 《동국이상국집》 권38, 東京西岳祭文.

268) 《고려사절요》 권14, 신종 6년 4월.

269) 《고려사》 권1, 고려세계.

270) 永除△△之災 別封此山 表元勳也(忠州月光寺圓朗禪師塔碑).

271) 《고려사》 권24, 고종 41년 12월 갑신.

272) 위 책, 고종 43년 4월.

273) 신종원, 〈갑둔리 오층석탑 명문과 관련된 역사해석의 문제〉《인제 갑둔리 일대 석탑 조사보고서》, 80~86쪽, 강원대학교박물관, 1996 참조.

274) 김동욱, 〈시용향악보의 배경적 연구〉, 《한국가요의 연구》, 을유문화사, 1961.

275) 중국·일본의 전설에도 각종 신을 대왕이라고 부르는 예가 적지 않다. 신종원, 〈중국과 일본의 대왕신 자료〉《이화사학연구》30, 2003 참조. 이들 사용례와 우리나라의 그것과는 선후 등 어떤 관계가 있

는지 앞으로의 연구과제다.

276) 이 사당에는 조선시대에 많은 사람이 몰려, 기도한다는 명목으로 官의 紙布를 낭비하였다고 한다. 이능화(이재곤 옮김), 《조선무속고》 99~100쪽, 동문선, 1991, .

277) 신종원, 〈단군신화에 보이는 곰(熊)의 성격〉《한국사연구》118, 18~ 19쪽, 2002 ; 이 책 , 첫째마당, Ⅱ, 곰신(熊神)의 실체

278) 국가민속문화재 제238호.

279) 성황당에 모신 무신도에 '대왕'과 '부인' 따위 그림이 있는데 이들이 누구인가 하는 풀이는 근래에 생성되기 시작하였다. 2004년 10월 23일 시흥 군자봉 성황당 학술대회 발표 내용.

280) 신종원, 〈원주군 소초면 황골의 동제 -大王祭와 城隍祭〉《강원문화연구》14, 강원대학교, 1995.

281) 金富里 在南面 昔日金傳大王留輦處云(《江原道誌》3, 1940).

282) 신종원, 〈강원도 인제군 남면 일대의 석탑〉《고문화》42·43, 한국대학박물관협회, 1993.
신종원, 〈갑둔리 오층석탑 명문과 관련된 역사해석의 문제〉《인제 갑둔리 일대 석탑조사보고서》, 강원대학교 박물관, 1996.

283) 2001년 4월 25일 답사. <견훤, 대왕신으로 모셔지는 사람들>《한국 대왕신앙의 역사와 현장》176~194쪽, 일지사. 이 책 부록으로 <상주시 화서면 하송리 견훤대왕 동제 인터뷰>를 실었다.

284) 山勢如龜頭((《삼국유사》만파식적), 有一小山 形如龜頭((《삼국사기》악지).

285) [윤태옥의 길 위에서 읽는 한국전쟁] daum.net 2024년 3월 2일치.

월미산(月尾山)은 인천광역시 중구 개항동에 위치한 산으로, 해발 108m에 이르고 있는 산이며, 원래는 군사 보호구역으로 인해 민간인의 출입이 통제된 산이었으나, 18만여평의 월미산을 지난 2001년 개방되었다. 월미도는 면적이 0.7 km2밖에 되지 않는 작은 섬이었지만 지금은 간척되어 육지가 된 인천 앞바다의 육계도이다. [위키백과]

286) 이 낱말의 사용 예를 들어본다. "주로 수면 위로 삐죽이 드러난 여가 표적이 되었다. 새똥이 하얗게 덮인 그 여들은 물새들의 쉼터이자 해녀의 작업장이었는데, 애꿎게도 집중 사격을 당했던 것이다. 여 하나는 포탄에 명중되어 수면으로 드러났던 윗부분이 완전히 사라져버렸다." 현기영, 《제주도우다》1, 350쪽.

287) 이희승 편, 《국어대사전》, 민중서관, 1976.

288) <연세 한국어사전>, 1998.

289) 고려대학교, <한국어대사전>, 2009.

290) 양정식, <제주도 지명어의 형태와 의미소 고찰> 33쪽, 제주대학교 교육대학원, 1999. 다음 논문에서도 '이어도(礁島)'라고 쓰고 있다. 송성대, <제주 海民들의 이어도토피아> 《문화역사지리》 제21권-제1호, 170쪽, 2009.

291) 개념 규정은 국립해양조사원에서 간행한 《해양지명 조사》(2007)와 약간의 차이가 보이나 대체로 일치한다. 《해양지명 조사》에 따르면 '여'는 해수면의 위, 아래 위치에 따라 岩·礁로 구분하여 漢譯된다. "우리나라 <해양지명 표준화 편람>에서는 IHO-IOC의 견해를 수용하여 여·서·탄을 모두 암에 포함되는 것으로 규정하고 있다. 암은

'만조시 바닷물에 잠기는 고립된 형태의 바위 또는 하나의 커다란 돌로서 항해에 위험 요소가 되는 바위'로 정의되고 있어 초와는 구별된다." 18쪽.

292) 한 문장에서 바꿔 쓰는 예를 들어본다. "一, 黑石外嶼草, 每月望晦潮滿時, 竝深沒水中, 雖值水淺, 見所植標木, 則可知礁草所在, 行船不難。" 태종실록 26권, 태종 13년 8월 10일 丙辰 1번째기사 1413년. 다음 책에서는 섬 지명 '여[嶼·㳠]'라고 쓰고 있다. 이영택, 《한국의 지명》262쪽, 도서출판태평양, 1986.

293) '여'가 본디 우리말이 아니라면 중국에서 이 한자를 받아들일 때 글자·소리와 뜻을 우리 식으로 구분해나갔을 가능성도 있으나 앞으로의 연구결과를 기대해본다.

294) 1123년 고려 인종 때 송나라 사신으로 개경을 방문한 서긍(徐兢)은 "바다 가운데 땅으로 촌락을 이룰 수 있는 것을 '주(洲)'라고 한다. 10주와 같은 것이다. 주보다 작으나 역시 살 수 있는 곳은 '도(島)'라고 한다. 3도와 같은 것이다. 도보다 작으면 '서(嶼)'라고 한다. 서보다 작으면서 초목이 있으면 '섬(苦)'이라 한다. 섬과 서 같으면서도 바탕이 순전히 돌이면 '초(焦)'라고 한다"고 하였다(『高麗圖經』권34 海道1 "如海中之地 可以合聚落者 則曰洲 十洲之類是也 小於洲而亦可居者 則曰島 三島之類是也 小於島則曰嶼 小於嶼而有草木則曰苦 如苦嶼而其質純石則曰焦).

295) 한국학중앙연구원, <디지털서산문화대전> 갈마리(渴馬里).

296) '거믄여'는 검은 돌이 해안가에 툭 튀어나왔다는 뜻이다. 이 돌들은 화산폭발로 용암이 해안까지 흘러 내려와 식은 화산암이다. '여'

는 썰물 때 드러나고 밀물 때는 보이지 않는 물속에 잠긴 바위이다.
https://brunch.co.kr/@coquine27/103. ‘검은-여’는 제주시 버렁
에도 있다. 《제주시 옛 지명》 490쪽.

297) 김열규, 《한국인의 자서전》 39쪽, 웅진씽크빅, 2006.

298) 서영대, <울산지역의 사찰설화> 《울산연구》 3, 98쪽, 2001.

299) 충남 부여군 부여읍 왕포리 大王浦 가에 있는 마을 ‘大旺이[대왕리]’
를 비롯하여 전국에 ‘대왕이’라는 지명은 여럿 있다.

300) 神과 大(王)의 겹말(同語反覆) ‘神王’은 安邊 성황신을 가리킨 예가
있으며, 경기도 감악산에는 ‘王神祠’가 있다. 신종원, 《한국 대왕신
앙의 역사와 현장》, 39·300쪽, 일지사, 2008 참조.

301) 신종원, 《한국 대왕신앙의 역사와 현장》, 172~174쪽.

302) 한국정신문화연구원, 《한국구비문학대계》 8-12, 1986, 38쪽.

303) 한국정신문화연구원, 《한국구비문학대계》 8-12, 1986, 39쪽.

304) 다음 글에서 지적된 바 있다. 김송태, <울산 일산동 대왕암의 유래
고찰 – 호국 불교와 龍의 신통력을 중심으로> 《鄕土史報》 13, 38쪽,
2002.

305) 이유수, 《울산지명사》, 221·222·953쪽, 1986.

306) “金永福翁談 李永周로부터 傳承되었다고 한다.”, 위 책, 952쪽.

307) 참고로 비슷한 시기에 제작된 《조선지지자료》에는 ‘대왕암’·‘대양
암’ 어느 쪽도 기록되지 않았다.

308) 국토지리정보원, 《한국지명유래집, 경상편》, 175쪽, 2011.

309) 十二月楊經理等壓淸正于蔚山 公自延日整舟師 進戰于大王巖

310) 冬 天兵圍道山 公自大王巖進舟挾擊 天兵退 公亦退 (택당선생집 제

10권)

311) 大洋西畔大王巖 誰送飄飄禦寇驂

312) 羅王古蹟無人問 撫劍徘徊八月秋

313) 고성군,《고성군 금구도의 고고·역사와 전승설화》, 2008. 이상수·
고희재, <고성 금구도城址에 대한 고찰>《영동문화》10, 관동대학교,
2009.

314) 김송태, 앞글, 33~34쪽.

익산 쌍릉 위성사진

백제의
왕권신화

Ⅰ. <무왕>조와 익산 미륵사 서탑사리기

1. 머리말

익산 미륵사 서탑 金製舍利奉安記(공식 이름은 '금제사리봉영기'이다. 아래 <사리기>라 줄임)의 출현은 미륵사 및 서동설화에 대한 지금까지의 다양한 논의에 한 획을 그어주었다. 그 논의란 문헌상으로 볼 때 첫째, 서동설화의 시대 배경은 어느 왕 때인가? 둘째, 서동설화는 어느 정도 사실인가? 셋째, 향가 서동요는 어느 시대에 불리던 노래가 채록된 것인가 정도가 될 것이다.

한편 고고학적으로는 1980년부터 16년간에 걸친 미륵사터 발굴 결과이 절은 中院의 木塔, 동·서에 석탑을 둔 3탑3금당으로 이루어졌음이 밝혀졌다. 1992년에는 미륵산 장군봉 골짜기에 자리한 사자암을 발굴하여서기 1322년에 해당하는 '至治二年師子寺造瓦'銘 기와조각이 수습됨으로써 이곳이 ≪삼국유사≫ 武王條(아래 <무왕>조라 줄임)에 나오는 知命法師의 '사자사'임이 확인되었다.

사리기가 발견되자 논쟁에 다시 불이 붙었다. 그렇다면 ≪삼국유사≫ 무왕조를 어떻게 이해해야 하며, 아직도 가치가 있느냐는 것이다. 연구자들자신이 백제사 내지 백제불교사 전공자인 탓에 기존의 자기 주장에 되도록 사리기를 유리한 쪽으로 해석하고자 하였다. 당대의 일차사료가 나온이상 이 금석문을 바탕으로 원점에서 다시 검토해야 하는 사안임에도, 사료환경이 바뀐 데 대해 너무 인색하지 않았나 하는 유감이 없지 않다.

무왕조에 대해서는 국문학이나 국어학·설화 쪽의 연구도 역사학이나 고고학계 못지않게 이루어졌다. 이들 인접 학문의 연구는 상호 도움이 되는데 무왕·서동요 문제를 놓고 볼 때 건너편의 연구를 도외시해온 태도가 이상할 정도다.

나는 백제사와 백제불교를 잘 알지 못하지만, 그것이 오히려 선입견 없이 사리기를 볼 수 있는 장점이 될 수도 있다. 이에 과감히 미륵사 및 무왕조 논쟁에 뛰어들게 되었다.

2. 문헌 사료

1) 삼국유사 〈무왕〉조

무왕 <고본은 武康이라고 썼으나 잘못이다. 백제에는 무강이 없다.>

제30대 무왕의 이름은 璋이다. 어머니는 서울 南池 가에 집을 짓고 과부로 살더니, 못의 용과 관계하여 [장을] 낳았는데, 어렸을 때 이름은 薯童이었다. 그의 됨됨이나 능력은 이루 헤아리기 어려웠다. 늘 마를 캐다 팔아서 생업을 삼았으므로 나라 사람이 그로 인해 [서동이라] 이름 지었다.

[그는] 신라 진평왕의 셋째 공주 善花<또는 善化>가 더없이 아름답다고 듣고, 머리를 깎고 [신라의] 서울로 왔다. 마를 마을의 뭇아이들에게 먹이니, 아이들이 그를 가까이 따랐다. 이에 노래를 지어 아이들을 꾀어

부르게 하였다. 노래는 이렇다.

선화공주님은

남 모르게 사귀어 두고

서동의 방을 밤에 마를 안고 간다

동요가 서울에 두루 퍼져 대궐에까지 이르니, 뭇 관리들이 임금께 심히 간언하여 공주를 먼 곳으로 귀양보내게 되었다. 바야흐로 떠나려고 할 때 왕후는 순금 한 말을 주어 보냈다. 공주가 귀양살 곳으로 가는데, 서동이 도중에 나와 절하고, 모셔 가고자 하였다. 공주는 그가 어디서 왔는지는 알 수 없었으나, 만나보니 믿음직하고 기뻐서 따라가다가 몰래 정을 통하였다. 그 뒤에 서동의 이름을 알고, 노래대로 되었음을 깨달았다. 함께 백제에 이르러 모후가 준 금을 내어 생계를 꾀하려 하니, 서동이 크게 웃으며 물었다. "이게 도대체 무엇이오?" 공주는 "이것은 황금이라 하는데 백년의 富를 이룰 것입니다"라고 하였다. 서동이 말하였다. "내가 어릴 적 마를 캐던 곳에는 이런 게 진흙처럼 마구 쌓여 있어요". 공주가 이 말을 듣고 크게 놀라 물었다. "이것은 천하의 진귀한 보물입니다. 그대가 지금 금이 있는 곳을 아신다면, 이 보물을 부모님 궁전에 보내는 것이 어떻겠습니까?" 서동이 좋다고 하였다. 이에 금을 모아 언덕과 같이 쌓아두고, 龍華山 師子寺의 知命法師에게 가서 금을 옮길 방도를 물었다. 법사가 말하였다. "내가 신력으로 보낼 수 있으니, 금을 가져오시오!"라고 하였다. 공주는 편지를 써서 금과 함께 사자사 앞에 가져다 두었다. 법사는 신력으로 하룻밤 사이에 신라 궁중으로 날라다 두었다. 진평왕은 그 신통한 조화를 이상히 여겨 더욱 존경하여 늘 편지를 보내 안부를 물었다. 서동은 이로 인해 인심을 얻어 왕위에 올랐다.

하루는 왕이 부인과 함께 사자사에 가려고 용화산 아래 큰 못가에 이르자 미륵삼존이 못 가운데서 나타나므로 수레를 멈추고 경배하였다. 부인이 왕께 이르기를, "이곳에 꼭 큰 가람을 세우는 것이 저의 소원입니다"고 하니, 왕이 허락하였다. 지명법사에게 가서 못을 메울 일을 의논하니, 신력으로 하룻밤 사이에 산을 헐어 못을 메우고 평지로 만들었다. 이에 彌勒三會를 본받아 법당·탑·회랑을 각각 세 곳에 세우고, 절이름을 미륵사<『국사(國史)』에는 王興寺라고 하였다.>라고 하였다. 진평왕은 백공을 보내 이를 도왔다. 지금도 그 절이 남아 있다.<『三國史』에는 이[서동]를 法王의 아들이라고 했는데, 여기서는 홀어미의 아들이라고 전하니, 알 수 없다.> (원문·번역 및 역주는 뒤에 실림)

원문과 번역

武王

武王<古本作武康, 非也, 百濟無武康>

第三十, 武王名璋. 母寡居, 築室於京師南池邊, 池龍交通而生. 小名薯童, 器量
難測. 常掘薯蕷, 賣爲活業, 國人因以爲名.

무왕¹⁾<옛책에는 무강(武康)²⁾이라고 썼으나 잘못되었다. 백제에는 무강
이 없다.>

제30대 武王의 이름은 璋이다. 어머니는 서울 남쪽 못가에³⁾ 집을 짓고⁴⁾
과부로 살았는데, 그 못의 용과 관계하여⁵⁾ 璋을⁶⁾ 낳았다.⁷⁾ 어렸을 때 이름
은 薯童이라⁸⁾ 하였다. 그 도량이 커서 헤아리기 어려웠다.⁹⁾ 늘 마를 캐다
팔아 생업으로 하였으므로 나라 사람들이 그로 인해 '맛동'이라 불렀다.

聞新羅眞平王第三公主善花<一作善化>美艷無雙, 剃髮來京師, 以薯蕷餉閭里
群童, 群童親附之, 乃作謠, 誘群童而唱之云, 善化公主主隱, 他密只嫁良置古, 薯
童房乙, 夜矣夗卯乙抱遣去如.

서동은 신라 진평왕의¹⁰⁾ 셋째 공주 善花<또는 善化라고도 쓴다>가 아
름답기 짝이 없다는 것을 듣고, 머리를 깎고 신라의 서울로 갔다. 마를 마
을¹¹⁾ 아이들에게 먹이니, 아이들이 그를 가까이 따랐다. 곧 노래를 지어
아이들에게 부르게 하였는데, 그 노래는 이렇다. "선화공주님은 / 남 몰

래 사귀어두고 / 서동 방을 딩굴며[12] 안고 간다네."

童謠滿京, 達於宮禁, 百官極諫, 竄流公主於遠方, 將行, 王后以純金一斗贈行.
公主將至竄所, 薯童出拜途中, 將欲侍衛而行, 公主雖不識其從來, 偶爾信悅, 因
此隨行, 潛通焉, 然後知薯童名, 乃信童謠之驗.

동요가 서울에 두루 퍼져 대궐에까지 이르니, 뭇 관리들이 임금께 심히
간언하여 공주를 먼 곳으로 내쫓게 하였다. 공주가 떠나려 할 때, 왕후는
[13] 순금 한 말을 주어 보냈다. 공주가 귀양살 곳으로 가는데, 서동이 그 길
로 나와 절하고 모셔가고자 하였다. 공주는 그가 어디서 온 사람인지 알
수 없었지만, 그와 길벗이 되어 듬직하고 기뻤다. 이렇게 따라다니다가
몰래 정을 통하였다. 그 뒤 서동의 이름을 알고, 곧 동요의 징험이라[14] 믿
게 되었다.

同至百濟, 出母后所贈金, 將謀計活, 薯童大笑曰, 此何物也. 主曰, 此是黃金,
可致百年之富. 薯童曰, 吾自小掘薯之地, 委積如泥土. 主聞大驚曰, 此是天下至
寶, 君今知金之所在, 則此寶輸送父母宮殿何如. 薯童曰, 可.

함께 백제에 이르러 왕후가[15] 준 금을 내어 장차 살아갈 방도를 꾀하려
하니, 서동이 크게 웃으며 "이게 무슨 물건이오?"라고 물었다. 공주가 말
하기를, "이것은 황금이니 백년의 부유함을 이룰 것입니다"라고 하였다.
서동이 말하기를, "내가 어려서부터[16] 마를 캐던 곳에는 이런 것이 흙더
미처럼 쌓여 있소"라고 하였다. 공주가 이 말을 듣고 크게 놀라 말하기를,

"이는 천하의 진귀한 보물입니다. 그대가 지금 금이 있는 곳을 아신다면, 이 보물을 부모님[17] 궁전에 보내는 것이 어떻겠습니까?"라고 하니, 서동이 좋다고 하였다.

於是聚金, 積如丘陵, 詣龍華山師子寺知命法師所, 問輸金之計. 師曰, 吾以神力可輸, 將金來矣. 主作書, 并金置於師子前, 師以神力, 一夜輸置新羅宮中. 眞平王異其神變, 尊敬尤甚, 常馳書問安否. 薯童由此得人心, 卽王位.

이에 금을 모아 언덕과 같이 쌓아두고, 용화산[18] 사자사의[19] 지명법사에게[20] 가서 금을 옮길 방법을 물었다.[21] 법사가 말하기를, "내가 신통한 힘으로 보낼 수 있으니, 금을 가져오시오"라고 하였다. 공주는 편지를 써서 금과 함께 사자사 앞에 가져다 두었다. 법사는 신력으로 하룻밤 사이에 신라 궁중으로 날라다 두었다. 진평왕은 그 신기한 조화를 이상히 여겨 더욱 존경하여 늘 편지를 보내 안부를 물었다. 서동은 이로 인해 인심을 얻어 왕위에 올랐다.

一日王與夫人, 欲幸師子寺, 至龍華山下大池邊, 彌勒三尊出現池中, 留駕致敬. 夫人謂王曰, 須創大伽藍於此地, 固所願也. 王許之. 詣知命所, 問塡池事, 以神力, 一夜頹山塡池爲平地. 乃法像彌勒三會, 殿塔廊廡各三所創之, 額曰彌勒寺.<國史云, 王興寺> 眞平王遣百工助之, 至今存其寺.<三國史云, 是法王之子, 而此傳之獨女之子, 未詳>

하루는 왕이 부인과 함께 사자사에 가려 하는데 용화산 아래 큰 못가에

이르자 미륵삼존이[22] 못 가운데서 나타나므로 가마를 세우고 우러러 절
하였다. 부인이 왕께 이르기를, "이곳에 큰 가람을 세우는 것이 오직 저의
소원입니다"라고 하니, 왕이 이를 허락하였다. 지명법사에게 가서 못 메
울[23] 일을 의논하니, 신력으로 하룻밤 사이에 산을 헐어 못을 메우고 평
지를 만들었다. 이에 미륵삼회를[24] 본받아 법당·탑·회랑을 각각 세 곳에
세우고,[25] 절 이름을 彌勒寺<國史에는 王興寺라[26] 한다.>라고 하였다. 眞
平王은 百工을 보내 이를 도왔다. 지금도 그 절이 남아 있다.<三國史에는
[27] 이를 法王의 아들이라고 했는데, 여기서는 홀어미의 아들이라고 전하
니 자세히 알 수는 없다.>

   <무왕>조는 여섯 단락으로 나눌 수 있으며, 각각의 화소〔motif〕는 다
음과 같다.

   a. 龍을 아비로 하여 서동 태어남.

   b. 셋째 공주 쫓겨남.

   c. 서동과 만나서 緣을 맺음.

   d. 金産地 발견

   e. 왕위에 오름.

   f. 미륵사 건립.

이들 가운데 다소 이질적이며 단락이 지워지는 것은 a와 f다. 그래서 이 둘을 '後日譚'으로 보기도[1] 한다. 이 글에서는 편의상 b~e를 '서동요설화'라 부르고, 여기에 a·f를 포함하여 전체를 '무왕설화'라고 구분하겠다.

≪삼국유사≫ 기이편은 삼국의 왕들에 대한 신이한 일들을 적어둔 편목이다. 당연히 <무왕>조에서는 백제 무왕의 神異事를 적을 것이다. a의 출생이 그렇고, 무왕의 이력과 혼인 역시 기이한 일이며, 당대의 치적 미륵사 건립 또한 빠질 수 없다.

2) 여러 지리지

《세종실록지리지》에는 무강왕에 대하여 아래와 같이 나온다.

> 후조선의 무강왕 및 왕비의 쌍릉(郡의 서북쪽 5리 정도에 있다. 세간
> 에서는 무강왕을 일컬어 말통대왕이라고 한다 - 原註).[2]

즉 후조선-무강왕설이 소개되었다. 이어 간행된[3] 《고려사》 지리지를 보겠다.

> 미륵산에 돌성이 있다. (전하는 말로는 箕準 시대 때 축성했기 때문에
> 이를 기준성이라 한다. - 原註) 또 후조선 무강왕 및 왕비의 능이 있다.
> (세간에서는 말통대왕릉이라고 한다. 한편 백제 무왕의 어릴 적 이름이
> 서동이라고도 한다. - 原註) (권57, 금마군)[4]

익산지역의 산성이 기자조선 때의 것이라 전하며, 고분은 후조선 무강왕 및 왕비의 능이라고 한다. 세간에서는 이 능을 말통대왕릉이라고 불렀다 하니, 당시 불리던 확실한 이름은 '말통대왕'이며 이를 후조선의 무강왕에 비정하고 있다. 여기에서 다시 백제 무왕의 어릴적 이름 서동을 들먹이는 까닭은 (무왕=)서동 또한 말통대왕으로 불렸기 때문이다. 쓰기는 '薯童'이라 쓰되 부르기는 '말통'에 가까운 소리였을 것이다. 그러니까 서동=말통(대왕)을 후조선의 무강왕 또는 백제의 무왕에 비정하는 두 설이 《고려사》 편찬 당시에 있었다. 그런데 <무왕>조 제목의 끼움주에는 "고본에는 武康이라 썼으나 … 백제에는 무강왕이 없다."라 하였다. 추측하자면 첫째 가능성은, 일연 당시 그가 의지한 문서(임시로 '現本'이라 함)가 있고, 이보다 오래 된 '古本'이 있는데 그는 고본을 일축했다고 가정할 수 있다. 둘째 가능성은, '古本'을 단순히 '오래된 문서'라는 뜻으로 보아 이 것밖에 달리 없는데, 일연은 이 '古本'에 의지하면서 사실과 맞지 않는 사항을 '무왕'으로 고쳐 <무왕>조 를 실었을 수 있다.[5]

첫 번째 경우 그러한 고본이 있었다면 적어도 '백제-무강왕'설이 《삼국유사》 이후에도 나타날 만한데 《세종실록지리지》·《고려사》·《신증동국여지승람》 어디에도 그러한 기록은 보이지 않는다. 《신증동국여지승람》 권33의 익산군 불우조의 다음 기사를 보도록 하자.

> 미륵사 : 용화산에 있다. 세상에 전하기를, "무강왕이 인심을 얻어 마
> 한국을 세우고, 하루는 선화부인과 함께 사자사에 가고자 산 아래 큰 못
> 가에 이르렀는데 …[6]

선화부인이 등장하고 사자사·미륵사 이야기는 ≪삼국유사≫ 무왕조와
같지만, 무강왕은 마한의 임금으로 나온다. 일연은 어떤 판단에서였는지
무강왕을 백제왕으로 기정사실화시켜놓은 다음 백제에는 그런 王名이
없으니[7] '무왕'을 잘못 적은 것이라고 하였다. 무왕조를 제외하면 익산의
왕은 무강왕 밖에 없으며, 이렇게 알려진 이름의 왕이 있는데 쌍릉의 또
다른 주인공 왕비의 이름이 전해지지 않는다면 오히려 이상하다. 이미 ≪
삼국유사≫ 단계에서 '선화부인'이 명시되었으므로《세종실록지리지》이
후의 '(무강왕과) 그 妃'는 바로 선화공주라고 보아도 좋다. 후대의 역사책
에서 왕비의 이름을 밝히지 않은 까닭은 그것이 별로 문제가 되지 않거나
紙面上의 이유 때문으로 보인다. 과연《세종실록지리지》·《고려사》를 거
친 뒤에도《신증동국여지승람》에서 선화공주[부인]는 마한=후조선 무강
왕의 왕비로서 의연히 남아있어 익산 某王의 妃가 선화공주라는 데 대해
서는 이설이 없다.

분명히 사료상으로 무강왕이 優性이고 무왕은 실망스럽게도 劣性에 지
나지 않는다. 그럼에도 이런 식으로 사료를 취사선택한 일연의 판단기준
이 궁금하다. 일연이야말로 고조선 이후 우리나라 역사를 꿰뚫고 있는 역
사가다.[8] 그에게 '마한=후조선의 무강왕'이라는 자료는 애초부터 근거 없
는 것으로 보였을 것이다. 무강왕에 대한 불신은《신증동국여지승람》의
익산군 건치연혁조에도 잘 나타난다.

본래 마한국이다. 후조선의 임금 기준은 기자의 41대 손인데, 위만의
난을 피하여 바다에 떠서 남으로 내려가, 韓 땅에 가서 나라를 세우고
마한이라 하였다.[9]

역시 기자조선의 準王이라 썼다. 지역 전설을 익히 알려진 사료 ≪삼국지≫ 위서동이전 韓條에 맞추어 놓았다. 역사는 물론 불교에 해박한 일연이 미륵사 관련 기사를 마한=후조선 사료로 보지 않을 것은 뻔하다. 그의 판단으로 무강왕은 백제왕이 분명한데 그러한 왕의 이름이 보이지 않는다고 실토한 것이 <무왕>조 제목의 끼움주가 아닌가 한다. ≪삼국유사≫를 찬술한 일연이 되도록이면 삼국·백제의 사적을 선호할 것은 예상되는 일이다.

엄밀히 따지면 서동요설화와 미륵사창건은 별개의 사안인데도 일연은 後者에 의지하여 서동요설화를 마름[裁斷]하였다 하지만 서동요설화의 문학성·설화성을 액면 그대로 받아들인다면 무강왕을 무왕으로 고친 것은 恣意的이며 이것이 일연이 저지른 과오이자 한계다. 현대의 연구자들도 이러한 전철을 밟음으로써 그야말로 논의가 방향을 잃었다.

다시 말하면 원래 서동이야기는 굳이 백제 무왕의 故事라고 할 무엇도 없는데 일연의 손을 거치면서 무왕 이야기로 정착되었다. 일연이 펼친 것처럼 論斷의 可否에 빠져들고 싶지 않아서인지 아래《신증동국여지승람》익산군 고적조를 보면《고려사》지리지처럼 무강왕=말통대왕=무왕의 등식으로 모든 가능성을 열어두었다.[10]

쌍릉 : 오금사 봉우리의 서쪽 수백 걸음 되는 곳에 있다.《고려사》에는 후조선 무강왕 및 비의 능이라 하였다. 속칭 말통대왕릉이라 한다. 일설에 백제 무왕의 어릴 때 이름이 서동인데, 말통은 즉 서동이 변한 것이라고 한다.[11]

하지만 이들이 7세기 백제 무왕즈음 유적이라고 하는 데에는 이설이 없다.[12]

《신증동국여지승람》에는 위의 유적들과는 별도의 서동 유적이 실려 있어 사료상 혼동을 일으키고 있다.

> 마룡지 : 오금사 남쪽 백 보의 거리에 있다. 세상에서 전하기를, 서동 대왕의 어머니가 집을 지은 곳이라 한다.(산천)[13]

> 오금사 : 보덕성 남쪽에 있다. 전해오는 말이다. 서동이 어머니를 효로써 섬겼는데, 마를 파던 곳에서 홀연히 오금을 얻자 나중에 왕이 되어 그곳에 절을 짓고 이름을 그렇게 붙였다.(불우)[14]

서동이 (오)금을 얻어 왕이 되었다는 내용은 《삼국유사》 무왕조의 그것을 축약한 것이다. 그러면 서동이 살던 시기는 어느 때로 보아야 할까? 절을 지었다면 불교가 들어온 이후가 될 것이고, 바로 백제시대가 된다. 《신증동국여지승람》 찬술 당시 <무왕>조 이야기는 익산지역에 고스란히 전해지고 있었으나 약간의 變容〔deformation〕을 거친다. 서동의 어머니가 집을 짓고 살던 '南池'는 馬龍池가 되었는데, 이 못은 서동설화를 입증하는 한 증거다. 다른 하나의 증거는 미륵사인데, 이것이 금을 캐서 지었다는 五金寺로 바뀌었다. 사람들이 절 이름 '미륵사'와 황금을 연결하기는 쉽지 않았던 모양이다. 또한 퇴락한 절터가 절 지은 연기(創寺緣起)의 증거가 되기도 어려웠던 것 같다. 아울러, 전에 보이지 않던 서동의 孝行 화소가 보태어졌다. 서동설화의[15] 배경은 오금사로 옮겨졌고, 가까이 서동

탄생의 증거가 되는 마룡지까지 있으니 이곳이 오히려 무왕설화의 배경으로 미륵사보다 안성맞춤이다.

문제는《신증동국여지승람》의 두리뭉실한 찬술 태도다. 미륵사조에서는《삼국유사》무왕조의 創寺 설화를 착실히 옮겨놓고, 오금사조에서는 <무왕>조의 전반부 즉 서동설화 모티프에 의거하면서도, 佛寺 오금사에 대한 기술이므로 당연히 그 귀결은 절을 짓는 것으로 끝난다. 이렇게《신증동국여지승람》에서는 하나의 무강왕=서동 創寺說話가 이중으로 실려 있는 셈이다.

<무왕>조 또한 어느 한 시기의 버전에 지나지 않는다. 미륵사가 당초의 절 모습을 유지하고 있을 때, 즉 미륵사 창사연기를 증명하는 시점의 미륵사창건기를 상상해보자. 내용은 당연히 미륵사 조영의 대체적 윤곽을 귀납적으로 설명하여 갈 것이다. 그것이 바로 고려시대 즉《삼국유사》무왕조와 같은 형태이다. 사리기에서 조영의 사상적 배경이 보이지 않는다고, 그것을 '불완전한 기록' 또는 '기록의 일부'일 것이라며 미흡해하는 경향이 있다. 하지만 創寺 당사자는 제3자가 알기 쉽도록 그 모두를 객관적으로 기록해둘 의무가 없다. 사리기의 '不足分'은 차라리 우리의 기대이자 희망사항이다. 요컨대 <무왕>조가 현재의 발굴 결과와 부합한다는 사실 자체가 역설적으로 '설화적'이라고 말할 수 있다. 왜냐하면 무엇보다 이야기=설화는 앞뒤 연결이 되어야 성립 가능하며, 그것이 설화의 논리인데 반해 당대의 기록인 사리기는 어찌 보면 불친절하다. 더구나 무왕조와 흡사한 버전이 부여의 '궁남지'전설로[16] 내려오니 무왕조의 '쫓겨난 여인 / 가난뱅이와 혼인 / 황금 발견 / 부귀영화'라는 화소는 상당히 일반적인 이야기다. 따라서 서동설화에서 그러한 史實을 찾으려 하거나, 무

왕시대를 이해하는 사료로 <무왕>조를 쓰는 데는 회의가 든다. <무왕>조를 설화로서 먼저 접근해야 하는 이유가 바로 여기에 있다.

3. <사리기>

김상현이 단락지은 것에 따라 적어 보면 다음과 같다.

1 / 竊以 法王出世 隨機赴感 應物現身 如水中月

2 / 是以 託生王宮 示滅雙樹 遺形八斛 利益三千

3 / 遂使 光耀五色 行遶七遍 神通變化 不可思議

4 / 我百濟王后 佐平沙宅積德女 種善因於曠劫 受勝報於今生

5 / 撫育萬民 棟梁三寶 故能 謹捨淨財 造立伽藍

6 / 以己亥年正月十九日 奉迎舍利

7 / 願使 世世供養 劫劫無盡 用此善根

8 / 仰資 大王陛下 年壽與山岳齊固 寶曆共天地同久 上弘正法 下化蒼生

9 / 又願 王后卽身 心同水鏡 照法界而恒明 身若金剛 等虛空耳不滅

10 / 七世久遠 並蒙福利 凡是有心 俱成佛道

번역

가만히 생각하건대, 법왕께서 세상에 출현하시어 기연(機緣)에 따라 달려가시어 중생에 응하여 몸을 드러내신 것은 마치 물 가운데 비치는 달과 같았다. 이 때문에 왕궁에 의탁해 태어나 사라쌍수 아래에서 열반에 드셨는데, 여덟 말(斛)의 사리를 남겨 삼천대천세계를 이롭게 하셨다. 마침내 찬란히 빛나는 다섯 색깔(사리)으로 빛을 내고 일곱 번을 돌게 하였으니, 그 신통변화는 불가사의하였다.

우리 백제왕후는 좌평 사택적덕의 딸로서 오랜 세월 동안 좋은 인연을 쌓으시어 금생에 뛰어난 과보를 받으셨다. (왕후께서는) 백성을 어루만져 기르시고 삼보의 동량이 되셨다. 그리하여 깨끗한 재물을 희사하여 가람을 세우고 기해년 정월 29일에 사리를 받들어 맞이하였다. 원하옵건대, 세세토록 공양하여 영원토록 다함이 없어서 이 善根으로 우러러 대왕폐하의 수명은 산악과 나란히 견고하고, 왕위〔寶曆〕는 천지와 함께 영구하여, 위로는 正法을 널리 펴고 아래로는 蒼生을 교화하도록 도와주시옵소서.

다시 원하옵건대, 왕후께서는 마음이 물에 비치는 거울 같아서 법계를 항상 밝게 비추시고, 몸은 금강과 같아서 허공과 같이 불멸하시어, 七世를 영원토록 다함께 福利를 받고, 이러한 마음가짐으로 모든 중생들이 다 함께 佛道를 이루게 하소서.

문단은 대개 세 부분으로 나누어진다.

1~3행 / 부처의 행적·공덕과 사리영험을 찬탄함.

4~6행 / 왕후 사택적덕의 딸은 선업을 쌓은 인연으로 今生에 태어나 淨財를 희사하여 절을 짓고 사리를 봉안함.

7~10행 / 왕과 왕비에 대한 발원과 모든 중생의 성불을 기원함.

상투적 修辭와 국왕에 대한 의례적 문구를 빼고 보면, 탑을 건립하고 사리를 봉안한 이는 아무개의 딸로서 많은 재물을 희사하였다는 내용이다. 결국 '사택적덕의 딸 +엄청난 財源'의 두 가지 내용으로 귀결된다.

사리기에서 '卽身'의 해석이 문제가 되었는데 그 용례를 찾아보면 다음과 같다.

> 국청 죄인 안세정이 공초하기를, "숙정은 곧 동성의 얼 3촌입니다. 숙정의 집은 장통방동에 있는데, 제가 혹 송추에 왕래할 즈음에 찾아보았던 정상을 숙정의 노비들이 목격하였습니다. 그러나 작은아기의 집은 다른 동네에 있었으니 제가 출입한 것을 그가 어떻게 자세히 알겠습니까?"[17] 《숙종실록》 35권, 27년=서기 1701년 신사, 10월 22일(을해) 3번째 기사 : 태백산사고본 40책 35권 61장 B면 / 영인본 39책 635면)

> 하고하기를 "어제 하례를 받고 오늘 講經을 여는 것은 곧 몸소 元良을 가르치려는 뜻이다." 하였다.[18] 《영조실록》 60권, 20년=서기 1744년 갑자, 9월 11일(을유) 첫 번째 기사 : 태백산사고본 45책 60권 16장 B면 / 영인본 43책 151면)

숙종 35년 기사의 경우 '(그는) 곧'의 뜻이고, 영조 20년의 그것은 '(내가) 몸소'의 뜻이다. '몸소'라는 뜻을 중심으로 하여 헤아려보면 '~께서는' 정도도 무난하다. 조경철은 "즉신이 즉신성불에서 유래된 존칭어일 가능성"을 말하고 있으나[19] 부처님의 사리를 모시는 자리에서 발원자의 成佛을 표명하는 예가 드물고, 또한 '즉신성불'로 보면 다음 줄의 '俱成佛道'

와도 뜻이 중첩된다. 정진원은 '卽身心'으로 끊어 '身心에 卽하여'라고 번역하였다.[20]

4. 무왕설화 이해하기

1) '밤손님' 설화

<무왕>조에서 설화 색채가 짙은 단락은 a와 b~e다. a내용은 어느 여성에게 밤마다 찾아오는 신 또는 괴물 사이에 성관계가 이루어져 2세가 태어난다는 '夜來者說話'다.[21] 이를 나는 '밤손님이야기'라고 부르겠다. ≪삼국유사≫에는 이러한 유형의 이야기가 하나 더 나온다. 요약하면 다음과 같다.

> 광주 북쪽마을에 사는 딸이 아버지에게, 매일 붉은 옷을 입은 한 남자가 와서 잠자리를 같이하고 간다고 말했다. 실을 꿰어 추적하였더니 실은 큰 지렁이였고, 그 사이에서 난 아들이 견훤이다.(≪삼국유사≫ 기이, 후백제 견훤)

이렇게 밤손님에게서 생겨난 아이가 남다른 능력의 소유자가 된다는 신화적 요소를 단락a는 갖추고 있다. 서동의 탄생도 이러한 신화적 전통을 계승한 것이라고 익히 지적되어온 바이다.[22]

백제 제30대 임금 무왕은 29대 法王의 아들이다. 법왕이 누구의 아들인가에 대해서는 두 가지 설이 있다. ≪삼국사기≫에 따르면 법왕은 28

대 惠王의 아들인데, ≪隋書≫에는 '昌王之子'로 되어 있다. 창왕은 곧 27
대 위덕왕으로서 聖王의 태자다. 법왕=昌王之子說에 따르면 법왕은 숙부
로부터 왕위를 이어받은 것이 된다. 이 설에 입각해서 현승환은 왕위에
오르기 전의 법왕이 池龍으로 상징되어 비정상적인 생활인으로서 무왕
을 얻었다고 한다.[23] 하지만 '池龍의 아들'이라는 말의 배경을 너무 천착
하여 사료에 없는 추정을 하는 것은 금물이다. 무왕이 '器量難測'하다고
하였으니, 모든 밤손님계 설화의 주인공이 그러하듯이 그는 비범한 인물
이었을 것이며, 이 점은 즉위로까지 이어지는 그의 능력이 증명해주고 있
다.

2) '내 복에 산다' 설화

<무왕>조는 어디까지가 역사이고 어디까지가 설화인가? b~e 같은 이
야기는 定型化되어 전국에 분포되어 있고 이웃나라 중국·일본에도 유
행하는[24] 설화의 한 패턴이다. 이를 '庶民出世譚',[25] '쫓겨난 여인 發福說
話',[26] '내 복에 산다'[27] 또는 '숯구이 총각의 生金場系'[28] 설화라고 일컫는
다. 그 典型을 둘 정도 요약하여 실어두기로 한다.

가) '강이영성…'이라는 사내거지가 아랫마을의 '홍은소천…'이라는
계집거지와 만나 은장아기·놋장아기·가믄장아기라 이름지은 딸 셋을
낳았다. 하는 일마다 잘 풀리어 부자가 된 부부는 세 딸에게 누구 덕에
잘 먹고 사는지를 물었다. 첫째와 둘째 딸은 天地德을 의례적으로 내세
우고, (실은) 부모님 덕분이라 하여 칭찬을 받았다. 그런데 가믄장아기
는 배꼽아래(선그믓)덕이라 하여 불효죄로 쫓겨났다. 집나간 딸자식을

못 잊어 부모는 두 언니를 시켜 들여오도록 하였으나, 두 딸은 상속받을 재산이 막내 때문에 적어질까 염려하여, 부모가 너를 때리려한다고 거짓말하여 가믄장아기의 귀가는 이루어지지 않았다. 노부부는 가믄장아기를 찾겠다고 서둘러 나가다가 문지방에 부딪혀 봉사가 되었고 재산도 점차 탕진하여 다시 거지로 나서게 되었다. 한편 가믄장아기는 정처없이 떠돌다가 다 쓰러져가는 초가에 아들만 셋 둔 노인 집에 하룻밤 묵어갈 것을 간청하였다. 그날 가믄장아기는 마음씨 착한 셋째아들 마퉁이와 부부의 연을 맺었다. 가믄장아기는 셋째 마퉁이가 마를 캐다가 내던진 돌덩이를 주워보니 실은 금·은덩이였다. 부자가 된 가믄장아기는 한편으로 거지가 되어 떠돌아다닐 부모를 찾으려고 거지잔치를 벌여 드디어 부모와 상봉하였다. 노부부는 딸의 술잔을 받아 그만 떨어뜨리는 순간 눈이 밝아졌다. (가믄장아기〔삼공본불이〕)[29]

나) 세 딸 중 막내는 "다 제 복, 제 덕이지오!"라고 답하여 풍족히 시집보낸 큰딸, 둘째딸과 달리 산너머 숯장사에게 보내면 어떻겠냐는 말이 나왔다. 뜻밖에도 본인이 선뜻 그리로 가겠다 하여 고생하며 살았다. 장모가 와서 보니 숯가마의 이맛독(이맛돌: 아궁이 위에 가로 걸쳐놓은 돌)이 황금덩어리였다. 그것을 빼서 시장에 나갔더니 팔자를 고칠만큼 값을 많이 받았다. 한편 두 언니는 재산을 탕진하였고, 이들을 시집보내고 보태주던 부모도 먹고 살 것이 없어져서 홀로 된 아버지가 걸식을 하다가 막내딸 집에 갔다. 대문께서 울고만 있으니 딸이 나와서 이제부터 같이 사시자고 하였다. 아버지와 딸은 지난 일을 이야기하는데, 딸의 하소연은 이러하였다. "그때는 엄니랑 아버님이랑 그렇게 서운하셨지마

는 누구든지 저 먹을 것은 다 타구나능 겁니다. 다 타구나서 해서루, 지가 엄니 아버님한티 내가 그런 소리를 했더니만, 엄니 아버님이 저를 이런 디루 여위기 때미, 그리두 그 사람 복이 있구 내 복이 있기 때미 이렇기 그냥 잘 살구 이럭합니다." (공주시 의당면 설화 9)[30]

위의 巫歌나 민담은 그 내용이 선명치 않아 금방 수긍이 가지 않는다. 스토리 전개가 매끄럽지 못한 부분은 셋째 딸이 타고났다는 복의 실체다. 그것은 신체의 일부라고 하거나, 아니면 그냥 '내[제] 복'이라고 우기는 정도다. 그런데 알고 보면 이러한 현상은 애초의 이야기 가운데 일부가 생략되었거나 점차 잊힌 결과다.[31]

즉 '내福 이야기'의 또 다른 典型으로는 불전 《잡보장경》 권2에 실린 <波斯匿王女善光緣>이 있다. 이 불전설화의 이야기꾼은 물론 석가모니며 그 메시지는 善因善果·惡因惡果다. 이러한 불전설화가 민담적 보편성을 지향하는 과정에서 불전설화의 요소가 탈락하였다고 한다. 위 전생담에서 파사익왕의 딸 선광공주가 자신의 업력으로 행복하게 산다고 말하여 궁전에서 쫓겨났으나 나중에 보물을 습득하여 국왕 못지않은 궁성을 짓고 잘살게 되었다. 이 복의 뿌리는 그녀가 전생에 부처님과 가섭불을 보필한 공덕 즉 '지은 복' 때문이라고 분명히 밝히고 있다. 그러므로 지금 우리들이 얘기하거나 듣는 '내福 이야기'는 이러한 윤회전생의 배경이 빠진 채로 통용되는 발복 이야기다.

금덩어리를 발견한 장소에 대하여는 마밭〔薯田〕·숯가마 외에도 버전에 따라 돌담·옹달샘 같은 다양성을 보인다.[32] 황금은 富를 나타내는 최상의 표현이다. 서동의 '金'을 '쇠금'으로 읽어 서동이 쇠를 잘 다룰 줄 알며, 마밭에는 쇠가 널려 있다고 해도 설화 전개상 지장이 없다고 보기도 한다.(나경수)[33] 하지만 진평왕·무왕 즈음까지도 탈해설화에서나 볼 수 있는 鐵의 위력을 내세우기는 어렵다. '내 복에 산다' 설화의 모든 각 편에 황금이 등장하는 것은 이런 까닭에 나름대로 이유가 있는 것이며, 그것은 오히려 '내 복에 산다' 설화의 필수불가결한 요소가 된다. 금을 쇠로 바꾸어 놓았을 때는 그만큼 호소력이 떨어진다.

서동요설화를 보면서 떠오르는 비슷한 이야기가 있다. 쫓겨난 공주가 어리석은 남편을 만나 富와 명예를 거머쥔다는 줄거리는 또한 '온달이야기'이기도 하다. 서동이나 온달 모두 이른바 '바보사위'로서 '내福'화소와 함께 이들 설화를 구성하는 두 개의 굴대(軸)이다. 바보사위 이야기는 일찍이 손진태가 '痴壻說話'라 하여 개념을 정립한 바 있다.[34] 한국의 무왕·온달 설화와 흡사한 일본의 炭燒小五郎 설화를 비교한 성기열의 선구적 업적이 있다. 그는 사내 주인공이 결혼하기까지 겪은 시련과 극복을 成年入社式 또는 어른되기 의례로 보았다.[35] 그 뒤 임재해도 무왕·온달 이야기의 공통점에 착안하여 주로 여성 의식이나 갈등의 측면에서 고찰을 시도하였다.[36]

이러한 논의가 백제 역사를 말하는 데 있어 멀(迂遠)게 들릴지도 모른다. 문제는 어느 바보가 한때 장가 잘 가서 국왕까지 될 것이며, 때로는 나라를 지키는 명장으로 이름을 떨칠 수 있겠느냐는 상식적이고 소박한 의문이다. 그 스토리를 사실로 받아들이는 사람이 없듯이, 그를 보필한 즉 남편을 출세시킨 공주도 일찍이 정형화된 '이야기'로서 정해진 패턴에 따라 반복되는 인류 공유의 테마임을 환기시키고자 한다.

5. <무왕>조와 <사리기>에 대한 여러 학설

'내 복에 산다'계 설화에 대해서는 아직 연구가 일천하여 신데렐라 이야기같이 凡世界的 분포를[37] 가지고 있는지는 알 수 없지만, 하나같이 '내 복에 산다'라는 주어진 패턴에서 장소·인명 등 고유명사만 바뀌고 거기에 맞는 시대설정을 하고 있다. 역사 인물이 전설로 얘기되는 一回性이 민담과 다른 점으로서, 그렇게 함으로써 듣는이로 하여금 조금도 의심할 수 없는 근거를 제공한다.[38] 설화연구자가 신데렐라든 콩쥐팥쥐든 그 이름과 그들이 살았다는 지역에 큰 의미를 두지 않듯이 서동이 무왕이든 무강왕이든 아니면 동네 마퉁이든 이야기에 설정된 인물과 시대·장소에 천착하면 설화=허구의 덫에 걸리기 십상이다. 그러므로 서동의 혼인(b)에서부터 즉위(e)까지의 이야기도 역사로서 접근하기보다 설화로서 접근할 때 비로소 의문 사항이 쉽게 풀릴 수 있다. 한 예로 왜 하필 '셋째 공주'인가에 대해서도 '내 복에 산다'계 설화를 안다면 그것은 이미 주어진 답으로서 달리 선택의 여지가 없다. 셋째 공주의 이름은 당시 불리던 동요에 나오는 이름에 지나지 않음을 향가 서동요는 분명히 보여주고 있다. 아래의 지적을 귀담아들어 볼 일이다.

> 서동과 무왕은 동일인이 아니다. … 이러한 때에 즉위한 30대 무왕
> 이 신라 진평왕의 딸인 선화공주와 결혼했다는 것은 상상도 못할 일이
> 었을 것이다 … 무왕설화는 史實의 기록이 아니라 무왕이라는 역사적
> 인물을 非凡의 인물로 표현하고 聖化시키기 위하여 기존의 구전설화를
> 借用해다가 무왕 개인의 이야기로 정착시킨 것으로 보인다.(최운식)[39]

서동설화에 매몰되기 쉬운 분위기에서 갈래를 잘 잡아주고 있다. 비록 늦었지만, 관련사료를 검토한 역사학계의 연구에도 위와 같은 견해가 더러 보인다.(강봉원)[40]

그러면 무왕 개인의 이야기로 정착시킨 집단이나 지역 즉 설화의 생성자·향유자는 어디의 누구인가? 무왕조에는 백제 쪽 인물보다 오히려 진평왕과 선화공주, 신라의 기술자 등 신라요소가 많은 것은 사실이다. 그렇다고 하여 "철저히 신라·신라인의 입장에서 전승·기록되었다"고(강민식)[41] 하는 데는 신중해야 한다. 설화의 근원지나 유포지역을 보면 "밤손님설화는 옛날의 백제영역권에 집중적으로 분포되어 있다."고[42] 한다. 서동이야기도 익산·백제지역에서 널리 전승된 이야기임은 사료에 나타난 대로다. 다만 삼국이 통일되고, 다시 <무왕>조가 채록되던 일연 당시 백제시절의 설화가 그대로 남아있을 리는 없기 때문에 그 변용의 요소나 배경에 대해서는 유념해두어야 한다.

설화의 속성과 유형을 알고나면 무왕설화의 史實性 추구와 그 의미파악에 불필요한 노력을 기울이지 않았을 것이다. <무왕>조에 대한 연구는 대략 미륵사 발굴 전과 뒤, 그리고 사리기 발견 이후의 세 시기로 구분할 수 있다. 발굴 전의 여러 설에 대해서는 노중국이 잘 정리하였다.[43] 그는 <무왕>조를 史實의 반영이라고 보되, 그것이 동성왕·무녕왕대의 이야기가 될 수 없음은 고분 양식이나 당시의 정치 상황과 맞지 않기 때문이라 하였다. 이어서 서동설화의 주인공은 서동=무왕=무강왕=武廣王으로서 무왕조의 여러 話素를 무왕대의 사실과 조정하여 맞추는 데 치중하였다. 그리하여 "서동은 법왕과는 계보를 달리하는 방계의 왕족 가문에서 태어난 것 … 당시의 정치적 사건에 연루되어 가문이 화를 입게 되자 익산지역으로 救命逃避하였고, 거기에서 신분을 감추고 마를 캐면서 생활을 영위하는 가운데서 서동이란 이름도 붙여진 것"이라고 결론지었다.[44] 그는 ≪삼국유사≫ 왕력편의 "三十代武王 或云 武康"을 받아들여 '무왕'은 '무강왕'의 축약형으로 보았다. 하지만 왕력편의 내용은 <무왕>조의 "백제에는 무강왕이 없다."는 말과 모순된다. 이에 우선, 왕력편의 지은이를 일연스님이 아닌 다른 사람으로 생각해볼 수 있다.[45] 다른 하나의 해결책은 <무왕>조의 나눔주를 존중하여, '或云'은 양쪽 다 쓰인다는 兼用의 의미가 아니라 앞에서 부정적으로 보았던 '古本'기록으로 보자는 것이다. 그러면 무왕과 무강왕은 별개의 인물일 수 있다. 무왕의 異表記가 武廣王이라는 설은 ≪觀世音應驗記≫의 '百濟武廣王遷都枳慕密地 新營精舍 以貞觀十三年歲次己亥冬十月云云'에서 나왔다.[46] '康'과 '廣'이 字形이 비슷할 뿐 아니라 '康'에는 '廣'의 뜻도 있기 때문이라고 하는데(김영태),[47] 앞의 무왕=무강왕 설과 마찬가지로 하나의 가능성에 그친다.

미륵사 발굴이 어느 정도 마무리된 시점에서 노중국은 출토유물을 활용하면서 무왕조를 다시 검토하였다.[48] 그는 미륵사의 완공이 무왕 30년(629)이라 하고, 앞선 논문에서 남겨놓았던 몇 가지 문제를 풀어나갔다. 그중 눈에 띄는 것은 황금에 관한 추정이다.

가난한 생활을 하던 서동 시절에 이렇게 많은 금을 모았다는 것은 현실적으로 불가능하다. … 무왕이 즉위 이후 상당한 양의 금을 확보하고 있었던 것을 상징적으로 보여주는 것 … 즉위 후 왕실 재정을 튼튼히 하기 위해 금을 확보하려 하였고 그에 따라 금광을 개발하고 砂金을 채취하는 것을 적극적으로 추진하지 않았을까 한다.[49]

설화의 화소를 사실로 인식하여 적극적으로 해석한 예라 하겠다.[50] 이에 대하여 "설화는 이야기다. 따라서 여기에 실려 있는 내용이 곧 역사적 사실이라고 믿는 것은 문제가 있다."는 김주성의 반론도 있다.[51] 더 나아가, 설화에 의존하는 연구 태도를 가리켜 ≪삼국사기≫를 전적으로 무시하고, 무왕조의 내용을 역사적인 사실로 증명하기 위해 일방적인 해석을 하고 있다고[52] 비판하기도(강봉원) 한다.

다음은 師子寺에 사는 知命法師 이야기를 보도록 하자. 그를 신라 진평왕 때의 智明과 同一人으로 본 김복순의 견해에[53] 대해, ≪삼국사기≫와 ≪해동고승전≫에서 보다시피 事蹟이 분명한 신라 智明을 <무왕>조의 지명법사와 혼동한 것은 사료의 字句를 잘못 해석한 것이라 하였다.(노중국)[54] 무엇보다 두 나라 '지명'스님의 동일인설은 백제의 知命이 일찍이 진평왕과 통하는 사이였을 것이라고 해석하여 서동설화를 사실로 인식하려는 데서 나온 것이라는 데 약점이 있다. 지명법사가 하룻밤 사이에 신라에 금을 날라주었다는 이야기는 서동이 임금 지위에까지 오르는 데 빠질 수 없는 요소다. 이것 역시 선화공주의 '복 이야기'에 빼놓을 수 없는 요소다. 지명법사가 미륵사상의 신봉자로서 무왕을 전륜성왕의 지위에 올려놓았다는 노중국의 지적은[55] 옳다. 그 자신이 미륵사 공사를 총지휘한 것도 <무왕>조에 보이는 대로다.

백제의 지명법사는 국왕을 보좌하면서 불교 이념을 제공한 점에서 신라의 안홍이나[56] 자장법사와 같다고 하겠으며, 거대한 佛事를 책임지고 진두지휘한 점에서는 신라 영묘사·사천왕사 창건 때 불사를 도맡은 神技의 良志스님과[57] 흡사하다. 이런 권위와 능력의 소유자 지명법사 이야기가 나돌지 않는다면 오히려 이상하다. 사람들은 미륵사를 지은 지명법사는 황금을 敵國 신라로 날려 보낸 고승으로서, 실은 그가 보인 道力 덕분에 서동이 왕이 되었다고 알고 있었다. 서동요가 비록 아이들의 노래이기는 하지만, 이 노래를 불렀던 言衆은 婚談 뒤에 일어나는 미륵사 창건과 지명법사의 활약을 상기하거나 口演할 것이다. 미륵사가 낙성된 오랜 뒤, 당시 미륵사 창건을 주도한 왕비가 누구인지도 잊어버린 시점에서도 사자사라는 절 이름이 조선시대까지 고스란히 남아있듯이, 지명법사는 사람들의 기억에 오래 남아있었을 것이다. 서동설화와 서동요가 미륵사 창건 사실과 연결되는 중심에는 지명법사가 존재하고 있다. 나라[신라]와 국왕 중심으로 엮어진 ≪삼국유사≫ 기이편의 성격상 지명법사는 무왕조의 助演에 불과하지만 적어도 역사=사실의 시각에서 볼 때 미륵사·지명법사가 오히려 <무왕>조의 주축이며, 여기에 지역의 설화와 동요가 덧붙여졌다고 나는 본다.

선화공주 기사를 설화로 보는 한 진평왕이 百工을 보내어 절 짓기를 도와주었다는 기사도 설화상으로는 마무리를 잘하였다. 백제·신라 두 나라 사이의 기술 교류에 관한 유명한 일화는, 선덕여왕이 황룡사구층탑을 지을 때〔643년〕 백제로부터 기술자 阿非知를 모셔온 일이 있다.[58] 이즈음 두 나라 사이의 기술격차가 이 정도이고, 황룡사 또한 습지에 지었으므로 미륵사를 지은 기술 이전이 절실했을 것이다. 수많은 신라기술자를 (百工)백제에 보냈다는 이야기는 이러한 역사적 사실이 거꾸로 投射된 것으로 보인다. <무왕>조는 그것이 백제왕에 대한 '신기한 이야기'요, 익산지역이 무왕설화나 역사의 중심이지만 신라가 삼국을 통일하고 다시 오랜 훗날 사실의 기억이 바래진 때 신라인들의 굴절된 우월의식이 이런 식으로 나타날 수 있다.

미륵사 발굴 뒤에 나온 또 하나의 논문은 이내옥의 <미륵사와 서동설화>다.[59] 그도 설화는 설화로 보아야 한다고 하여, 미륵사 창건 이외의 이야기는 보조적인 소재에 지나지 않는다고 하였다. 하지만 그 또한 설화에 의지하여 서동 어머니가 관계한 龍이 불교적인 용 즉 미륵불과 관련된 용이라 하였고,[60] 서동이 석가모니 부부의 이름을 쓰는 진평왕의 딸〔미륵선화의 상징〕과 결혼했으니 서동도 석가족에 편입된 것으로 상징된다고 하였다. 그는 미륵사 창건 연기를 미륵상부경에 근거한 용화세계의 구현이라 하면서도, 이 절의 遺構를 보면 석가의 진신사리를 모시는 장소가 아니므로 미륵사 창건의 사상적 배경은 결국 백제에서 유행하던 법화경의 造塔信仰이라고 하였다.

<사리기> 출현 뒤 몇 번의 학술대회가 백제사·고고미술 분야 중심으로 열렸다. 사리기를 둘러싼 여러 논의에 대해서는 김상현이 비판적 검토를 한 바 있으므로 이를 참고하면서 필자의 논지를 피고자 한다.

발표자들의 문제의식은 미륵사의 중심신앙·사상이 무엇이냐는 것과 그 발원자가 누구냐는 것으로 크게 나눌 수 있다. 종래 <무왕>조에서 제기된 문제의 일부라고 하겠다. 기왕에 <무왕>조나 당시의 정치·외교에 대해 글을 쓴 이는 자신이 구축한 입론에서 벗어나기가 쉽지 않을 것이다. 하지만 당대의 사료가 나온 이상 당연히 이 1차 사료에 입각해야 하고, 2차 사료는 1차 사료를 이해하는 보조수단이 되어야 한다. 이 둘이 상충할 때는 과감하게 2차 사료는 포기한다는 당연한 원칙에 입각하지 않는 한 논의는 역사 연구의 영역에서 멀어질 수밖에 없다.

미륵사의 불교사상에 대하여 보면 <무왕>조의 '殿·塔·廊廡 各三所'는 발굴 결과, 3院 가람배치가 확인되었다. 따라서 미륵사는 세 佛殿에 미륵

(삼존)불을 모시는 彌勒三會 도량이라고 이해하면 된다. 그런데 이 3院의 배치도를 보면 전체적으로 하나의 가람으로 통합되어 있으므로 그것은 곧 법화사상의 會三歸一이고, 서탑의 석가모니 진신사리는 법화신앙자 사택왕후가 모신 것이므로 미륵사는 미륵신앙과 법화신앙의 조화에 의해 창건된 대가람이라고 조경철은 보았다.[61] 어느 절이든 가람배치 여하와 관계없이 하나의 寺名에 따라 전체가 통합되는 법이다. '3院 →1가람'의 절 이름이 '미륵사'라면 거기에 미륵신앙과 같은 비중의 여타 신앙을 곁들일 여지는 사실상 없다. 이 '하나의 寺域'에다 1, 2차 사료 어디에도 보이지 않는 법화신앙을 논할 수 있는지 모르겠다. 미륵사의 3원 가람은 미륵삼회를 의미하는 것이라고 하면서 중원과 동·서원의 신앙배경이 다르다는 주장은 자기모순이라는 지적에(김상현)[62] 귀 기울일 필요가 있다. 익산미륵사에서 법화경 신앙을 관련짓는 것은 어불성설이라는 홍윤식의 비판도 있다.[63]

'法華信仰과의 調和說'에는 사리기에는 보이지 않는 제3 인물의 출현이 예정되어 있다. 서탑이 법화신앙자 사택공주의 발원이니 정작 미륵사의 미륵신앙을 표방하는 다른 인물이 있을 것이고, 그러면 그것은 서탑이 아닌 中院이나 東院의 발원 내용일 것이라는 논리다. 그 제3의 인물에 대해서 조경철은 다음과 같이 주장하고 있다.

중원(629년 추정)과 동·서원(639년 추정)의 창건 선후관계를 고려하여 사택왕후 이전의 선화공주를 부정할 필요는 없겠다. ≪삼국유사≫의 선화공주와 사리봉안기의 사택왕후 기록을 상호보완적으로 이해해야 할 것이다.[64]

백제에 법화 사상이나 신앙이 성했던 것은 사실이다. 왕비 사택적덕이 사택지적비에 보이는 智積과 성이 같고 이름 또한 닮았다는 점에서 법화 신앙자일 가능성은 크지만 그러한 가능성에다 더욱 추론을 밀고 나가는 데에는 마음이 놓이지 않는다.

다음은 발원자의 문제다. 앞에서 언급했듯이 <사리기>와 <무왕>조는 병렬적이거나 전후 순차적인 것이 아니다. 사리기가 탑 속에 앉혀지고 이 사실조차 희미해진 상태에서 미륵사 창건의 인연과 그 주요 과정을 전달한 것이 <무왕>조=무왕설화다. 그런데 무왕설화는 <무왕>조의 그것만 일회적이자 불변의 모습으로 있었다고 보아서는 안 된다. 이 1, 2차 사료는 서로 雙方의 존재를 상정하지 않는다. 사리기 세대는 <무왕>조가 필요조차 하지 않았고, <무왕>조 세대는 사리기의 내용을 모른다. 사리기와 <무왕>조는 양자택일의 관계이며, <무왕>조는 '새로운 사리기'로서 즉 사리기와는 다른 버전이다. 사택왕비와 선화공주는 그들이 실존 인물이든 가공의 여주인공이든 동일한 사건의 인물을 시대를 달리하여 기술하였을 뿐이므로 본체와 그림자 같은 존재다. 그런데도 3院 가운데 東·西院은 두 여인 중 누구의 발원에 의한 것이며 나머지 하나는 자연히 국왕에게 돌아갈 수밖에 없다는 계산은 산술적이며 架空的이다. 홍윤식은 사리기·<무왕>조 等價說에 입각하여 선화공주를 창건발원자로, 사택왕비를 서탑 사리봉안의 발원자로 보았다.[65] 비슷한 주장은 정진원도 "미륵사는 '선화공주'가 삼원삼탑 대가람의 전체 밑그림을 그리고, '백제왕후'가 '가람'의 삼탑 중 서탑을 만드는 데 기여하고 있다."라고[66] 하였다. <사리기>든 <무왕>조든 왕과 왕비(사택씨 혹은 선화공주)는 함께 발원하고 있으며, 가람의 일부로서 탑이 아니라 이들 모두를 둘러싼 전체 즉 "가람을 조립하면서 OO 年月日에 사리를 奉迎한다."고 사리기에 새긴 사실을 환기하고 싶다. 절을 짓는데 단계별로 발원자를 상정하는 것은 탑이 가람 조영의 마지막 단계라는[67] 一連의 과정에도 위배된다.

　<무왕>조와 사리기 두 사료 가운데 어떤 것도 버리지 않으려는 또 하나의 연구자는 김수태다. 먼저 대외 정책면에서 그는 <무왕>조에 보이던 친신라정책이 사리기에 와서는 對新羅戰을 추구하게 되었다고 한다.[68] '친신라정책'이란 설화의 내용을 그대로 받아들인 것이며, '對新羅戰追究'란 서탑의 사리구멍 안에 봉안된 7개의 작은 칼에 대한 의미 부여다. 사료를 접한 순서는 설화 → 유물 즉 사료의 원래 생성 순서와 반대가 되는데, 그러한 순서에 따라 두 사료를 전후 계기적으로 이해하였다. 먼저 의문을 제기하고 싶은 것은 신성한 사리를 모시면서 戰意를 다진다는 발상이 어울리지 않는다. 오히려 칼은 사리그릇과 흔히 함께 묻는 地神 제사용(地鎭具)이 아닐까 생각된다. 일본 고대 사찰에서도 刀子가 나오는데, 그 鏡·劍·玉·의 고분문화와 관계있다고 한다. (中野政樹, <鎭壇具> <<新版佛教考古學講座>>2. 64쪽, 雄山閣, 1984). 더 의미를 부연한다면, 세속 일을 자르고 털어내는 도구다,[69]

　다음으로 김수태는 미륵사 조영 과정에서 신앙의 추이를 注視하고 있다.[70] <무왕>조에 보이는 미륵신앙이 석가불신앙으로 바뀌며, 석가불신앙의 주체는 부여 세력인 왕비족 사택씨라는 것이다. 教祖의 사리봉안을 불교신앙의 한 흐름=宗派로 보는 데도 문제가 있지만, 더 중요한 것은 기왕에 미륵신앙자=선화공주=익산 세력의 실체를 인정했으면 그들이 어떤 계기로 석가불신앙자=사택왕비계에게 미륵사 창건을 양보하게 되었는지에 대한 사료 제시나 최소한의 설명이 보이지 않는 점이다. 이 역시 동

일한 사건=불사에 대해 달리 기술된 사료들을 별도의 사건으로 설명하는 데서 빚어지는 딜레마라고 하겠다. 거듭 말하지만 동일 사건에 대한 서로 다른 기술=버전을 각각 별개로 인정하고 兩者 사이에 시차를 인정하여 그 사이 정책이 바뀌었다고 보는 태도는 사료 취급과 해석 모두에 문제가 있다.

비교적 나중에 논쟁에 뛰어든 박현숙은 미륵사 창건의 주체를 무왕으로 보았다. 그는 백제의 부흥을 위해 익산을 경영했는데 그 일환이 미륵사 창건이라는 것이다. 하지만 서탑의 발원자는 <사리기>에 적힌 대로 사택왕후이며, 무왕의 '嬪婦'도 등장하는 것을 보면[71] 선화공주는 小妃였을 것으로 추측하였다.[72]

선화공주에 대해 본격적인 논리를 편 이도학의 주장은 다음과 같다. 첫째, <사리기>에서 미륵신앙 관련 언급이 없는 점으로 보아 그것을 전적으로 신뢰하기 어렵다. 둘째, 같은 맥락에서 中·東塔의 <사리기>를 알지 못하므로 서탑사리기는 미륵사 조성 배경을 이해하는 데 1/3 持分 정도밖에 가지지 못한다. 셋째, 金板 銘文에서 보이듯이 미륵사 발원자는 왕비 이외에도 많기 때문에 그들의 발원문도 있을 것이다. 넷째, 태자에 대한 언급이 없는 것으로 보아 태자는 사택왕비의 所生이 아닐 것이다. 다섯째, 선화공주가 발원한 미륵사와 관련하여 後妃 사택왕비가 남길 수 있는 글귀는 왕과 왕후 부부의 안녕 정도밖에 없다. 이러한 주장의 문제점을 들어보겠다. 첫째, 한정된 공간의 사리기에 창사 배경이나 연기를 다 실어준다는 보장은 없다. 둘째, 선화공주[왕비]를 의식하여 몸을 움츠린 <사리기>치고는 황금이라는 재질이나 뛰어난 조각미, 그리고 문장표현에서 하등의 열등의식을 찾아볼 수 없다. 셋째, 태자에 대한 언급이 의무 사항이 아닌데도 이를 문제 삼아 왕비와의 혈연관계까지 추정하는 것은 사료 밖의 가능성을 점치는 것이다. 요컨대 사택왕비를 비롯한 당대의 사람들은 자신들이 현재 佛事의 주역이며, 불사에 대해서는 익히 알고 있는 사항이므로 오히려 寺役의 자초지종을 언급할 필요를 못 느낄 수 있다. 하지만 후대 사람들은 증거물인 미륵사를 놓고 연역적으로 설명을 해나갈 수밖에 없다. 이도학이 말하는[73] 현재의 고고학적 사실과 부합한다는 <<무왕>조> 자체가 실은 설화적일 수밖에 없는 이유가 여기에 있다.

6. <무왕>조의 사료가치

무왕전설의 구성을 분석한 현승환은 다음과 같이 결론내렸다.

> 무왕을 영웅화시키기 위하여 야래자 설화를 탄생 삽화로 수용하고, 개인의 복에 따라 왕이 되었다는 점을 보여주기 위해 당시 전승되던 내복에 산다계 설화를 수용, 전설화시킨 것이라 보인다.[74]

≪삼국유사≫ 기이편의 성격상 <무왕>조의 주인공은 당연히 무왕이다. 그가 서동요를 지어 선화공주를 차지하는 등의 이야기는 무왕 위주로 전개되는 듯하다. 하지만 황금을 알아내어 남편을 출세시키고 왕위에까지 오르게 하며, 미륵사를 창건하는 주체는 선화공주=왕비다.

현승환은 서동설화가 '내 福'계 설화를 수용했다고 파악하면서도 이들 두 설화가 연결될 수 있는 生來的 공통점을 간과하고 말았다. 그것은 서동이 임금이 된 것도 공주를 잘 만나서 가능한 일이었다.

　<무왕>조는 '내 복' 이야기가 미륵사〔증거〕창건에까지 이어짐으로써 더욱 史實的으로 발전하였다. '내 복' 이야기를 염두에 두지 않고 "그리고 <무왕>조 전체를 한 문장으로 표현하면 '무왕이 미륵사를 창건했다.'가 된다"는[75] 이내옥의 결론이나 "신라 중심적 서술을 벗겨내고《삼국유사》무왕조를 본다면, 미륵사 창건의 실질적인 주체는 선화공주라기보다는 무왕이라고 할 수 있다."는[76] 박현숙의 말은 국가적 大役事의 결단이나 명령 체계면에서 틀린 말은 아니다. 하지만 오늘날의 국가사업이나 어떤 기관의 공사도 기관장 명의로 내외에 공표되는 예를 참고하면 무왕의 실질적 역할을 과대평가해서는 안 된다. 무왕설화에 대한 나의 이해는 사리기의 발견으로 명쾌히 입증되었다. <사리기>에도 발원자는 사택왕비이지만 국왕에 대한 칭송과 祈福의 言辭는 의례적으로 나온다.

　미륵사 창건의 발원자가 왕비라는 이 1, 2차 사료의 공통점이야말로 몇 백 년을 지난 뒤에도 미륵사 창건의 기억이 連綿히 이어왔음을 말해준다. 사택적덕이라는 명문 귀족 집안의 딸이 신라의 공주로 둔갑한 것도 크게 보면 武王妃가 원래 왕의 배필이 될 수 있는 고위 신분임을 말해주는 점에서 사실의 굴절이 심한 편은 아니다. 미륵사 창건의 기억이 어느 정도 잊힌 시점이라 하더라도 武王妃가 신라사람이라는 각 편 즉 서동설화보다 덜 굴절된 이야기가 없지는 않았을 것이다. 하지만 일반적으로 설화의 유형이 '밤손님'·'내福' 등으로 정형화되어가는 것은 그러한 타입의 이야기가 재미와 의미가 있으며, 그래서 듣는이에게 오래 기억되기 때문이다. 무왕설화에서 타당성 있고 무미건조한 이야기보다 서동요설화가 환영받은 까닭도 바로 여기에 있다.

사리기에서 두 번째 특기할 사항은 '엄청난 財源'이다. 이 史實을 후대에 전할 때, 어떻게 그 많은 비용이 가능했을까 하는 궁금증에 대하여 당시 백제의 국력이나 정치 상황을 알 바 없는 말무리(言衆)들에게 '내 福이야기'가 거대한 富=福의 축적을 설화적으로 가장 잘 설명해줄 수 있었을 것이다. 미륵사의 사리장엄에서 보듯이 그것은 눈부실 정도의 황금으로 마련되었다. 이 또한 '내 복' 설화가 끼어들 바탕이 되었다.

나의 입론이 설화-우위, 설화-우호적으로 보일지 모르겠다. 하지만 역사설화는 해당 사건=역사가 먼저 있고, 그것을 후대에 몇몇 포인트만 강조하여 이야기식으로 엮음으로써 담백한 사실의 기록보다 더욱 寫實的으로 과거를 말해준다. 서술에 있어서 歷史體와 說話體는 동일한 사건이나 사실에 대하여 표현방식이나 강조점이 다를 뿐이다. <사리기>가 나온 마당에 무엇보다 우려되는 것은 미륵사 창건 발원자로서 선화공주와 사택공주 두 사람 모두를 인정하는 태도다. 이것은 앞에서 말했듯이 본체와 그림자의 두 개체를 각각 인정하는 식이라고 말하지 않을 수 없다.

기왕에 사리기가 나왔으면 모든 논의는 사리기에서 출발해야 하고, 사리기의 범위를 벗어나는 논의는 조심스럽다. 이러한 관점에서 中院·東院의 발원자를 추정한다거나 그들 각각의 불교사상을 논하는 태도는 사료 중심의 연구라 하기 어렵다. 같은 차원에서 미륵사 창건의 중심에 사택왕비가 있음에도, 그를 넘어선 미륵사 창건의 의도나 익산 경영의 목적을 논의하는 태도는 마음이 놓이지 않는다.

<사리기>와 <무왕>조를 비교할 때 미륵사 창건의 주체가 왕비라는 점은 일치하며, 거대한 재력=황금이 소요되었다는 점도 서로 같다. 역사설화=전설이 어떠한 사건·사실로부터 나온 것임을 상기하면 위의 결론은

결코 새삼스럽지 않다. 다만 <사리기>는 현재진행형 서술이고, <무왕>조는 과거의 기억과 현존 景觀이 설화형식을 빌려 '口述(→이후 문자로 정착)'된 차이가 있다. 따라서 두 사료는 시대 차이는 있지만 나름대로 사실이 반영되었다. 이렇게 보면 <사리기> 발견 이후에도 <무왕>조가 퇴색되지 않는 것은 논자들이 의식하든 않든 간에 그럴만한 이유가 있어서이다.

<무왕>조에서 확인되는 제3의 사실은 미륵사를 둘러싼 사적이 백제를 배경으로 하고 있다는 점이다. 일찍이 무왕/무강왕 사적은 후조선=마한 때의 일이라 전하여 왔고, 후대의 '증거물' 마룡지·오금사에 이르러서는 서동의 시대 배경이 조선시대까지 내려올 빌미를 주었다. 그런데 일연은 한갓 이야깃거리[설화]로 전락한 무왕의 故事를 역사로 환원시켜 그 연대를 바로잡아 주었다. 미륵사 창건의 기억이 희미해져 갈 무렵 그 시대 배경은 본래의 위치를 벗어나고 있었다. 이렇게 기억이 착종되고 그것이 더욱 증폭되어 가는 현상은 일연 이후 조선시대에 와서도 변함이 없었다. 지극히 당연한 이야기지만 <사리기>는 미륵사 창건이 백제 무왕 때의 일임을 확인시켜주었고, 그것은 일연의 역사 인식이며 <무왕>조가 보여주는 ≪삼국유사≫라는 역사책의 가치를 재인식시켜주는 계기를 만들어주었다.

7. 마무리

무왕과 미륵사·서동요에 대한 연구는 여러 학문 분야에서 오래도 盡力

하였다. 그 뒤 발굴을 통하여《삼국유사》무왕조의 절 지은 기록이 대부분 사실과 합치됨을 알았다. 세 번째 단계는 미륵사 서탑에서 사리기가 발견됨으로써 미륵사를 창건한 사람들의 이름과 그들의 생각까지 엿볼 수 있게 되었다.

사리기에 적힌 발원자는 뜻밖에도 '沙乇'氏이므로 이제 선화공주에 대한 미련은 버려야 한다. 서탑은 그러하지만 中·東塔 사리기에 선화공주가 언급되었을 '기대론'이 수적으로 우세한 것은 우리가 지금까지 선화공주와 서동 이야기에 너무 익숙해져 있었기 때문이다. 하지만 사리기의 사택 부인은 사실 즉 '당대의 기록'이고 선화공주는 후대 설화의 주인공이다.

池龍의 자식으로 무왕이 태어났다는 탄생 설화는 의미 있는 것으로 받아들이면서 서동과의 결혼 이야기 또한 설화 형식을 빌어 무왕의 즉위까지 설명하고 있다는 데 대해서는 의외로 인색하다. 그 설화성이란 미륵사 창건의 막대한 재원을 황금 획득으로써 설명하며, 황금 획득 → 즉위 → 創寺로 이어지는 횡재·開運이 모두 '셋째 딸=공주'의 타고난 福 때문이라는 서사를 말한다. 이러한 논리야말로 사실과는 별개로 존재하는 '이야기 문법'이다.

청동기시대 이래 마한연맹 중심지의 하나였던 익산지방에서는 왕조에 얽힌 역사의 모든 기억이 마한, 더 거슬러 올라가 기자조선[후조선]시대로 환원된다. 백제 무왕의 미륵사 창건도 그 기억이 잊힐 무렵 후조선=마한의 무강왕 史實로 기억되어 간 모양이다. 일연은 이렇게 시대적으로 떠도는 미륵사 창건 사실을 백제 무왕대라는 제 위치로 돌려 놓았다. <무왕>조는 절 지은 주체가 왕비였다는 기억도 비교적 잘 간직한 편이다.

당대의 기록인 사리기는 미륵사 조영에 대하여 친절히 기록하지 않았다. 선화공주에 대한 언급을 기대하는 것과 마찬가지로 미륵사 조영에 대한 신앙적 배경에 대해서도 '期待·豫測論'은 만만치 않다. 이러한 기대·예측은 미륵사창건 이후 자연히 발생했을 것이며 그 하나의 결과가 <무왕>조다. 그것은 彌勒三會 사상으로서 창사 사실과 어느 정도 오버랩된다. 그것은 후대 사람들의 기억에다가 미륵사 조영이 증거가 되어 설화가 형성되었기 때문이다.

II.《삼국유사》<무왕>조 및 익산 미륵사 서 탑사리기 연구를 뒤돌아보다

1. 머리말

《삼국유사》기이편에 실린 <武王>條는 백제 무왕의 神異한 사적을 기록한 내용이다. 마(薯)를 캐어 삶을 꾸려가던 가난한 총각이 신라 진평왕의 셋째 공주를 만나 왕위에까지 오르고, 미륵삼존의 영험으로 큰 절을 지은 이야기다. 나라를 오가며 '국제결혼'한 데다, 그 정도로 신분 상승이 가능한 일인지, 나머지 '기이한' 서사도 얼마나 믿어야 할지 오래전부터 연구가 뜨거웠다.

2009년, 1월 해체된 미륵사 탑 속에서 사리기가 나오자 다시 논문이 쏟아져 나왔다.[77]

탑을 세운 당대 기록이 나왔는데도 <무왕>조 기록이 여전히 가치가 있을까? 첫째, 사리기에는 沙乇 왕비가 절 지은 주인공으로 나오기 때문에 선화공주의 존재를 어떻게 봐야 하는가? 이 물음은 역사학의 문제다. 이 문제와 연동하여 둘째, <무왕>조의 여주인공 선화공주의 존재가 불안하고 미심쩍다면 서동요를 어느 시대의 노래로 보아야 하는가? 이 물음은 어문학의 문제다.

나도 「사리봉안기를 통해 본 삼국유사 무왕조의 이해」라는[78] 제목으로 살펴본 바 있다. 당시 논고에서는 서동요를 다루지 않았다. 이 글은 주로 지난번 논문 이후에 나온 연구를 논평하면서 뒤이어 서동요를 풀이한다.

이런 유래로 앞 원고와 중복되는 내용은 되도록 피하였다. 여러분들의 많은 가르침 바란다.

2. <무왕>조 敍事(narrative)에 대한 오해

《삼국유사》 기이편 <무왕>조를[79] 번역하면 아래와 같다.

> 무왕 <고본은 武康이라고 썼으나 잘못이다. 백제에는 무강왕이 없다.>

제30대 무왕의 이름은 璋이다. 어머니는 서울 南池 가에 집을 짓고 과부로 살았는데 못의 용과 관계하여 [장을] 낳았다. 장의 어렸을 적 이름은 薯童이었다. 그의 됨됨이나 능력은 이루 헤아리기 어려웠다. 늘 마를 캐다 팔아서 생업을 삼았으므로 나라사람들이 [맛동이라] 불렀다.

[그는] 신라 진평왕의 셋째 공주 善花<또는 善化>가 더없이 아름답다고 들어, 머리를 깎고 [신라의] 서울로 왔다. 마를 마을의 아이들에게 먹이니, 아이들이 그를 가까이 했다. 그러다가 노래를 지어 아이들을 꾀어 부르게 하였다. 노래는 이렇다.

> 善花公主主隱 , 他密只嫁良置古 , 薯童房乙, 夜矣夗乙抱遣去如
> 선화공주님은
> 남 몰래 사귀어 두고

서동 방을

딩굴(며) 안고 간다네[80]

동요가 서울에 두루 퍼져 대궐에까지 이르니 뭇 관리들이 임금께 극구 간언하여 공주를 먼 곳으로 귀양보내게 되었다. 떠나려는 참에 왕후는 순금 한 말을 주어 보냈다. 공주가 귀양 살 곳으로 가는데 서동이 길에 나와 절하고, 모셔가려 하였다. 공주는 그가 어디서 왔는지도 모르지만, 길벗이 되어 믿음직하고 기뻤다. 이렇게 따라다니다가 몰래 정을 통하였다. 나중에 서동의 이름을 알고 노래대로 되었다고 여겼다. 함께 백제에 이르러 모후가 준 금을 내어 살림밑천으로 삼으려 하는데. 서동이 크게 웃으며 "이게 도대체 무엇이오?"라고 물었다. "이것은 황금이라 하는데 백 년이나 누릴 수 있는 재산입니다". 서동은 "내가 어렸을 적 마를 캐던 곳에는 이런 게 진흙처럼 쌓여 있어요"라고 했다. 공주가 이 말을 듣고 크게 놀라 말하였다. "이것은 천하의 진귀한 보물입니다. 그대가 지금 금이 있는 곳을 아신다면, 이 보물을 부모님 궁전에 보내는 것이 어떻겠습니까?" 서동은 "좋습니다!"라고 답했다. 이에 금을 모아 언덕처럼 쌓아두고, 용화산 사자사의 지명법사에게 가서 금을 보낼 방법을 물었다. 법사가 말하였다. "내가 신통력으로 보낼 수 있으니 금을 가져오시오". 공주는 편지를 써서 금과 함께 사자사 앞에 가져다 두었다. 법사는 신통력으로 하룻밤 사이에 신라 궁중으로 날라 두었다. 진평왕은 그 신통한 조화를 이상히 여겨 더욱 존경하여 늘 편지를 보내 안부를 물었다. 서동은 이로 말미암아 인심을 얻어 왕위에 올랐다.

하루는 왕이 부인과 함께 사자사에 가려고 용화산 아래 큰 못가에 이르자 미륵삼존이 못 가운데서 나타나므로 수레를 멈추고 경배하였다. 부인이 왕께 "이곳에 반드시 큰 가람을 세우는 것이 저의 소원입니다"라고 하니, 왕이 허락하였다. 지명법사에게 가서 못을 메울 방도를 의논하니, 신통력으로 하룻밤 사이에 산을 헐어 못을 메우고 평지로 만들었다. 그리하여 미륵3회를 본받아 법당·탑·회랑을 각각 세 곳에 세우고, 절 이름을 미륵사<『國史』에는 王興寺라고 하였다.>라고 하였다. 진평왕은 온갖 기술자를 보내어 이를 도왔다. 지금도 그 절이 남아 있다.<『삼국사(기)』에는 이 사람[서동]을 法王의 아들이라고 했는데, 여기서는 홀어미의 아들이라고 하니 알 수 없다.>

1) '원형신화(mythic archtype)' 요소

<무왕>조를 단락으로 나누어 요약하면 아래와 같다.

a. 무왕은 과부가 龍과 관계하여 낳은 아들(이름 璋. 어릴 적 薯童)이다.

b. 진평왕의 셋째 공주 선화가 절세미인이라는 소문 듣고 경주에 와서, 공주를 흉보는 노래를 아이들에게 부르게 했다.

c. 왕이 노래를 듣고 공주를 쫓아내자 서동과 만나 정을 통하였다.

d. 서동이 황금밭을 보여주자 공주가 신라 왕궁으로 보내고 싶어 하므로 사자사의 지명스님이 신통력으로 옮겨주었다.

e. 진평왕은 공주 안부를 알게 되고, 서동은 이 일로 인심을 얻어 왕위

에 올랐다.

f. 무왕 부부는 사자사를 가다가 미륵삼존을 만나 역시 스님의 도움으로 미륵사 3탑 가람을 지었다.

위 내용 가운데 문헌(《삼국사기》)으로 방증되거나 유적·유물로 확인되는 사실은 무왕과 사자사·미륵사다. 이들 팩트를 밑천으로 행·불행과 시련을 극복해가는 내용이 <무왕>조다. 그럼에도 처음부터 끝까지 긴장감이 유지되는 機制(mechanism)는 배경설정을 맨 앞뒤(a, f)에 배치한 문학적 능력이다. 그 사이에 있는 b~e의 문장치고 어느 하나 기록될 만하거나 인과관계가 분명한 것은 없다. 이런 이질적 구성을 두고 문 b~e를 '서동요 설화'라 부르고, a·f를 '後日譚'으로 구분지어 부르기도 한다. b에서 e로 이어지는 이야기는 특정 나라와 민족을 넘어서는 인류 공통 유산으로서 이른바 '원형 신화'다. 세 가지 모티프를 예로 들겠다.

(1) 池龍의 아들

異人/영웅은 출생부터 다르다. 우리 역사상 밤에 찾아온 남자 – '밤 손님' 또는 夜來者 - 와 관계하여 태어난 영웅으로는 후백제 시조 견훤이 있다.

광주 북쪽마을에 사는 딸이 그 아버지에게, 매일 붉은 옷을 입은 한 남자가 와서 잠자리를 같이하고 간다고 말해서 실을 꿰어 추적하였더니 실은 큰 지렁이였고, 그 사이에서 난 아들이 견훤이다.(『삼국유사』기이, 후백제 견훤)

밤손님에게서 생겨난 아이는 신화적 능력의 소유자라는 관념은 오래
되었다.[81]

(2) 셋째 공주

셰익스피어의 비극《리어왕》에도 셋째 공주만이 끝까지 효도하는데 언
니들 둘의 假飾이나 간악한 언행은 '내 복에 산다' 계열 이야기와(아래)
흡사하다. 우리 가요 가운데 노랫말에서도 찾아진다. "건너 마을에 최진
사 댁에 딸이 셋 있는데 / 그중에서도 셋째 따님이 제일 예쁘다던데".[82]

(3) 황금밭 발견

서동과 같이 아내 잘 만난 덕으로 하루아침에 횡재하여 출세했다는 설
화를 '내 복에 산다' 이야기라고 하는데 전국에 분포되어 있고 이웃나라
중국·일본에도 유행하는 패턴이다. 이를 '서민이 출세한 이야기', '쫓겨난
여인 發福說話', 또는 '숯구이 총각의 生金場'계 설화라고도 일컫는다. 하
나만 소개하겠다.

세 딸 중 막내는 "다 제 복, 제 덕이지오!"라고 답하여 풍족히 시집보
낸 큰딸, 둘째딸과 달리 산너머 숯장사에게 보내면 어떻겠냐는 말이 나
왔다. 뜻밖에도 본인이 선뜻 그리로 가겠다 하여 고생하며 살았다. 장모
가 와서 보니 숯가마의 이맛독(이맛돌: 아궁이 위에 가로 걸쳐놓은 돌)
이 황금덩어리였다. 그것을 빼서 시장에 나갔더니 팔자를 고칠만큼 값
을 많이 받았다. 한편 두 언니는 재산을 탕진하였고, 이들을 시집보내고
보태주던 부모도 먹고 살 것이 없어져서 홀로 된 아버지가 걸식을 하다

가 막내딸 집에 갔다. 대문께서 울고만 있으니 딸이 나와서 이제부터 같이 사시자고 하였다. 아버지와 딸은 지난 일을 이야기하는데, 딸의 하소연은 이러하였다. "그때는 엄니랑 아버님이랑 그렇게 서운하셨지마는 누구든지 저 먹을 것은 다 타구나능 겁니다. 다 타구나서 해서루, 지가 엄니 아버님한티 내가 그런 소리를 했더니만, 엄니 아버님이 저를 이런 디루 여위기 때미, 그리두 그 사람 복이 있구 내 복이 있기 때미 이렇기 그냥 잘 살구 이럭합니다." (공주시 의당면 설화 9)[83]

신데렐라型 신화가 범세계적이듯이[84] 용의 아들·제3녀·황금밭 모티프도 다른 나라에서 널리 구전되고 있다. <무왕>조에 나오는 장소나 사람 이름, 금덩어리[85] 모티프를 사실로 받아들이는 연구 태도가 얼마나 위험한지를 알게 된다.

2) '선화'라는 이름과 선화공주

(1) 官婢 선화

'善花'를 '善化'로도 쓰는 것을 보면 두 번째 글자 花·化는 소리읽기(音借)하여 '화'인 모양이다. 앞 글자 '善'을 어떻게 발음했는지 알 수 없어 유감이다.[86] '선화'라는 이름을 가진 여성은 그렇게 높은 신분 같지는 않다. 더하여, 동네 아이들이 장난기로 부른 이름이라면 역시 고귀한 이름 같지는 않다. 당시로서는 흔한 이름으로서, 지난 세기의 초등교과서에 많이 나오는 '철수'나 '영이' 정도다. 고려 의종 16년(1162)에 곡식을 다투다가 임신부를 살해하여 유배당한 관비 이름에 '善花'가 보인다.

5월 관비 선화는 임신부와 곡식을 다투다가 죽여서 자연도로 유배 보
내다.(《고려사》志38, 형법. 1162년 5월)[87]

뜻이 좋고 듣기에도 거슬리지 않는 '善花(化)'라는 이름은 예전에도 드
물지 않았던 모양이다.

(2) '선화공주'는 더 있다.

'선화'라는 이름이 희귀하지 않듯이 '선화공주'도 지역에 따라 신라·백
제의 국경을 넘나드는가 하면, 멀리 동해안에 절을 지었다는 전설도 있
다.

경남 거창군 취우령 설화 및 축제[88]

국경 지대라는 역사적 경험은 또 하나의 설화를 낳았으니 이 마을에서
전래되는 선화공주 설화이다. 《삼국유사》에 실려 있는 백제 서동 왕자와
신라 선화 공주의 사랑 이야기는 워낙 유명하거니와 영승 마을에서 전래
되는 설화는 두 갈래다. 하나는 서동 왕자가 선화 공주를 말에 태우고 영
승 마을 뒷산인 취우령을 넘어 백제의 첫 동네인 이곳에서 자신의 신분을
밝히고 부여로 갔다는 이야기이다. 다른 하나는 신라 왕궁에서 쫓겨난 선
화 공주가 취우령(驟雨嶺)을 넘다가 영승에서 백제 수비대에 붙잡혀 첩자
로 몰려 죽었다는 슬픈 결말이다. 서동 왕자가 바로 이 지역을 점령했던
백제 무왕이었다. 원래 설화가 다 그러하듯이 영승의 선화공주 설화도 사
실 여부를 확인할 수 없지만, 이 설화가 무왕이 이곳을 점령했던 역사적

사실을 반영하고 있다는 것만은 부정하기 어렵다.

선화공주 설화는 영승 마을의 문화 자산이 되었다. 취우령이 '비가 몰려오는 고개'라는 뜻이듯이 취우령에 비구름이 몰려오면 곧 마을에 비가 왔다. 그래서 마을 사람들도 예부터 "취우재 비 묻었다. 설거지해라."라고 했다. 마을 사람들은 이 비를 선화공주의 눈물이라고 믿는다. 또한 가뭄이 들 때 취우령에서 기우제를 지내는 것도 이와 무관하지 않다. 선화공주 설화는 1986년에 처음으로 채록되었고, 2013년부터 매년 선화공주의 넋을 위로하는 취우령제를 지내고 있다. 역사는 설화를 낳았고, 그것은 다시 문화가 되어 마을 전통으로 계승되고 있다.

강원도 동해시 감추사[89]

강원도 동해시 용정동에 있는 사찰.

善花公主가 창건한 石室庵에서 유래한 이 사찰은 현대에 중건되어 감추사(甘湫寺)라 불리고 있다. 현재는 한국불교태고종 소속 사찰이다. 설화에 의하면 신라 진평왕의 셋째 딸인 선화공주가 병이 나자 현재의 감추사인 東州 甘湫 동굴에서 3년간 기도를 하였는데 그 후 병이 낫자 석실암을 지었다고 한다. 근대인 1902년에 절을 다시 짓고 新建庵 또는 大恩寺의 分庵이라 하였다고 전하나 이를 고증할 만한 자료는 찾을 수 없다. 최만희와 홍종범이 1963년에 편찬한 『진주지(眞珠誌)』에 의하면 "석실암은 군의 북쪽 용정리 감추 북쪽에 있다"고 하였으나 1959년 태풍 해일로 인하여 유실되었다. 1965년 甘雲法師 仁學이 삼성각(홑처마 맞배지붕)·용왕각·요사채 1동을 중건하여 감추사라고 하였다. 1979년에는 朴福壽라는 이가 절 입구에 5층 석탑을 건립하였다. 2006년에는 관음전(전면 3칸, 측면 겹처마 팔작지붕)을, 2011년에는 삼성각을 지었다. 절 입구에 있는 약수가 유명한데 가뭄이 들면 기우제를 지낸다고 한다. 특별한 문화재는 없다. 신라시대 선화공주의 기도처로 전해지고 있어서 고대 종교문화의 일면을 엿볼 수 있다.

3) 신화와 역사 - 〈무왕〉조 읽는 법

백제 무왕 시대를 논하면서 왜 신화를 들고 나오는가? 먼저 말해둘 것은, 먼 과거를 이해함에 신화와 역사 두 영역을 대립항으로 보는 시각은 옳지 않다. 원시존재론(primitive ontology)으로 볼 때 고대로 갈수록 일회적이거나 개별·개인적인 事象은 무의미하다. 이것이 '신화적 사고'다. 일찍이 이 문제를 고심하여 하나의 학통을 이룬 M. 엘리아데의 논의를 들어보자. 그의 저작 『우주와 역사 - 영원회귀의 신화』 속 「신화와 역사」라는 小節에서 그는 다음과 같이 설파하고 있다.[90] (가려 뽑음)

집단기억(collective memory)은 어느 정도까지 과거 사건을 회상하고 있는가가 문제다(62쪽). 서사시에서 찬양되고 있는 인물들의 성격은 아무런 문제가 되지 않는다. - 건너뜀 - 아무리 중요한 것이라 할지라도 역사 사건 그 자체는 사람들의 기억 속에 남아있지 않다(70쪽).

역사상의 사건이나 인물에 대한 회상은 기껏해야 2,3세기 정도밖에 사람들의 기억 속에 남아있지 못한다. 개개 사건과 실재 인물에 대한 기억을 유지해 나가기가 어렵기 때문이다. 인간 기억의 구조는 사건 대신에 범주(category)가, 역사 인물 대신 원형(archetypes)으로 이루어져 있다. 그리하여 역사 인물은 신화 모델(영웅 따위)과 동화되고, 역사 사건은 신화적인 행동(괴물이나 적이 된 형제간의 싸움 따위) 범주와 일치된다. 어떤 서사시가 아무리 역사적 진실을 간직하고 있다 하더라도 그것이 실제로 구체적인 인물이나 사건과는 아무런 관계를 맺고 있지 않다. 다만 어떤 제도나 관습 혹은 풍토와 관계를 맺고 있을 뿐이다. 집단 기억은 非歷史的이다(the memory of the collectivity is anhistorical. 71~72쪽).

고대인의 의식에서 원형이 차지하고 있는 중요성, 그리고 사람들의 기억(popular memory)이 원형 이외의 어떤 것도 유지하지 못한다고 하는 한계(inability), 이런 것들은 전통적 정신이 보여주고 있는 '역사에 대한 저항 이상의 어떤 것'을 우리에게 보여준다(75쪽).

고대인의 의식은 개인에 대한 기억에 어떠한 중요성도 부여하지 않기 때문이다(77쪽).

다소 철학적이고 현학적으로 들릴지 모르겠지만 이러한 이론을 내세우지 않고도 이미 체득한 예가 없지 않다. "사리봉안기에는, 미륵사는 무왕의 왕비인 佐平 沙乇積德의 따님이 창건한 것으로 되어 있기에 선화공주는 설화적 인물로 보아야 한다."거나[91] "선화공주는 바로 이 무강왕 신화 속의 인물이었다."고[92] 말한 예가 그러하다. 앞 문장에서 돌출한 '무강왕'에 대하여 부연설명을 하고 넘어가야겠다.

『세종실록지리지』·『고려사』를 거친 뒤에도 『신증동국여지승람』에서 선화공주는 마한/후조선 무강왕의 왕비로서 의연히 남아있으므로 익산 지역의 어느 왕비가 선화공주라는 데 대해서는 이설이 없다. 분명히 익산 지역 사료상에는 무강왕이 優性이고 무왕은 실망스럽게도 劣性에 지나지 않는다. 그럼에도 '무왕' 사료를 택한 일연의 판단기준은 무엇인가? 일연이야말로 고조선으로부터 당대까지 우리나라 역사를 꿰뚫고 있다. 그에게 '마한/후조선의 무강왕'이라는 자료는 애초부터 근거 없어 보였을 것이다. 백제의 무강왕에 대해서는 말할 나위도 없다. 일연은 항간에 떠돌던 무강왕 신화를 익산·백제라는 지역과 나라에 맞추어놓았다. 이를 두고 "무왕이라는 역사 사실로 둔갑했다."고도[93] 하는데 일연은 역사의 한 장면으로 진지하게 검토하였다. 당연히 호의적 평가도 있다. "신화적 사건이 역사적 시점 속에 자리 잡고 있는 것은 삼국유사 전체의 추세로 보아 '신화적인 것의 역사화'라고 보아야 한다."[94] 이 말마따나 역사와 신화의 인위적 조합은 일연의 功過다.

3. <舍利記>에서 선화공주 찾기/救하기

1) 〈사리기〉(원문은 미주에)[95].
번역은 아래와 같다

가만히 생각하건대, 법왕께서 세상에 출현하시어 근기에 따라 나아가시고, 중생에 응하여 몸을 드러내신 것은 마치 물 가운데 비치는 달과 같았다. 이 때문에 왕궁에 의탁하여 태어나 사라쌍수 아래에서 열반에 드셨는데, 여덟 말 사리를 남기고 삼천대천세계를 이롭게 하셨다. 마침내 찬란히 빛나는 5색(사리)으로 일곱 번을 돌게 하였으니, 그 신통변화는 불가사의하였다.

우리 백제왕후는 좌평 사택적덕의 딸로서 오랜 세월 선한 인연을 심으시어 금생에 뛰어난 과보를 받으셨다. (왕후께서는) 모든 백성을 어루만져 기르시고 삼보의 동량이 되셨다. 그래서 깨끗한 재물을 희사하여 가람을 세우고 기해(639)년 정월 29일에 사리를 받들어 맞이하였다. 원하옵건대, 세세토록 공양하여 영원토록 다함이 없어서 이 선한 근본으로 우러러 대왕폐하의 수명은 산악과 같이 견고하고, 왕위는 천지와 함께 오래 누리시어, 위로는 정법을 널리 펴시고 아래로는 창생을 교화하는 데 도움이 되게 하소서.

다시 원하옵건대, 왕후께서는 마음이 물에 비치는 거울 같아서 법계를 항상 밝게 비추시고, 몸은 금강과 같아서 허공처럼 불멸하시어, 일곱 세상[七世]이나 오래도록 함께 복 받아, 이러한 마음가짐으로 모두가 불도를 이루게 하소서.

상투적 꾸밈말과 국왕에 대한 의례적 문구를 빼면, 탑을 세워 사리를 봉안한 사람은 아무개의 딸로서 많은 재물을 바쳤다는 내용이다. 결국 '사택적덕의 딸 + 엄청난 財源'의 두 요소만 남는다.

2) 〈사리기〉 對 〈무왕〉조

당대 금석문이 나온 이상 논의는 1차 사료인 〈사리기〉에 입각해야 하고, 2차 사료 〈무왕〉조는 1차 사료를 이해하는 데 참고가 될 뿐이다. 이 둘이 서로 다를 때는 2차 사료는 포기해야 함이 역사학의 기본이다. 그런데 연구 풍토가 그렇지는 않았다.[96] 〈사리기〉 출토 이후 '선화공주 구하기'가 시작되었다.

설화는 사실을 바탕으로 만들어지는 것이 일반적이다. 무왕이 신라 왕녀와 결혼하지 않았다면 이러한 설화가 만들어질 리가 없다. 따라서 무왕과 선화공주의 결혼을 허구로 돌릴 필요는 없다.(노중국, ≪백제사 회사상사≫) [97]

『삼국유사』에 수록된 향가인 <서동요>는 신라인들 사이에 구전되고, 고려시대까지 전승되어 《삼국유사》에 수록되었을 것으로 여겨진다. 신라 향가인 <서동요>에 선화공주의 이름이 적시되어 있으므로, 그의 존재에 대해 부정할 수는 없다.(이현주, <신라 선화공주의 역사적 실재와 역할>) [98]

'선화공주 구하기'를 못마땅해하는 연구자는 아래와 같이 소견을 밝혔다.

그런데 이 <사리봉안기> 명문이 나와서도 그 설화를 역사 사실로 酷信하는 역사학자가 있으며, 예의 沙宅 왕후는 무왕의 제2 왕후요 제1왕후는 선화공주라고 우기는 실정이다. 무왕은 재위 연간이 40년이 넘으니 선화공주가 죽고 제2 왕후가 들어설 충분한 가능성이 있다고 주장한다. 무왕 제1왕후 선화공주가 중탑 중원을 창건하고 제2왕후 제3왕후가 동탑 동원 서탑 서원을 조성했다고 주장하고 있다. 그래서 선화공주와 서동에 관한 검토가 절실히 요청된다.(문경현, <백제 무왕과 선화공주>) [99]

금판때기에 새긴 글 <사리기>에 비해 입으로 전하던 <무왕>조는 고려시대 사람들의 말투(語套)/숨소리까지 포착된다. 귀 밝은 연구자는 이야기가 만들어지고 전해지는 진원지까지 추정한다.

> 백제 30대 무왕과 신라 진평왕의 셋째 딸 선화공주와의 혼인은 실제
> 일어났던 역사적인 일이 아니라 백제문화권에서 백제 민중들의 소망이
> 투영된 설화로 널리 구비전승되다가 기록화되었다고 여겨진다.(변종현,
> <서동설화의 기록화 양상 연구>)[100]

앞에서 소개한 신화 이론에 따르면 백제인의 소망이 그대로 고려 말기까지 전해지기는 어려운 일이다. 예리한 독자 이내옥은 그 소망 지역이 백제 문화권이라는 것조차 의심한다. 서동이 선화공주를 꾀러 신라에 간 것을 '오다[來]'라 쓰고, 함께 백제로 돌아온 것을 '이르다[至]'라고 표현한 것으로 보아 백제 무왕설화는 오히려 신라 중심으로 전개되고 있다고 한다.[101] 이어서 그는 설화에 의존하는 연구 태도에 대하여 소견을 말한다.

> 서동설화가 문자화된 것은 일연이 삼국유사에 채록하기까지 수백 년
> 이 흐른 상황이었기 때문에 그 원형을 확인하기는 불가능하다. 따라서
> 설화를 설화로 이해해야지, 그 부분을 떼어내 역사적 사실로 해석한다
> 면 위험한 일이다. 이내옥, <미륵사와 서동설화>[102]

<사리기>와 <무왕>조를 비교하여 살핌은 취사선택의 문제가 아니다. 그렇다고 서로 보완 관계에 있지도 않다. 두 사료가 생성된 시대차를 인

정한다면 수긍할 일이다. 선화공주가 등장하는 『삼국유사』는 고려 말기 서책이다. 거기에 실린 <무왕>조는 삼국시대의 전승을 이어받았을 것 같지만 함께 실린 향가 서동요는 고려시대 작품이므로(뒤에 나옴) 배경 설화도 신라·백제시대의 전승을 옮겼다고 볼 수는 없다. 이것이 두 여인을 같은 무대에 올려놓지 않는 이유다. 캐릭터상으로 사택왕비는 本體고 선화공주는 그림자 같은 존재다. 서동요에 나오는 이름 '선화'가 배경 설화에도 나오므로 이 둘은 산문과 詩歌라는 형식만 다를 뿐 같은 내용을 말하고 있다. 어느 것이 먼저인지는 모르지만 '닭과 달걀'의 선후 관계와 같다

3) <무왕>조의 사료 가치

미륵사 창건 발원자가 왕비라는 1, 2차 사료의 공통점이야말로 몇백 년을 지난 뒤에도 당초의 기억이 이어져 왔음을 말해준다.

그 첫째는 사택적덕이라는 명문 집안의 딸이 신라의 공주가 된 것이다. 武王妃는 원래 왕의 배필이 될 만한 귀족임을 말해주는 점에서 이야기 문법에서 보면 크게 굴절되지는 않았다.[103] 미륵사 창건 기억이 어느 정도 잊힌 시점이라 하더라도 무왕비가 백제사람이라는 버전 즉 서동설화보다 덜 굴절된 이야기가 없지 않았을 것이다. 그럼에도 신화의 유형이 '밤손님'·'내 福' 쪽으로 방향을 틀어 정형화되어가는 까닭은 이렇게 설명된다. 실제 이야기 또한 굴절되게 마련인데, 정작 신화는 실제보다 더 의미를 추구한 결과 비극적 운명을 잘 드러내 주기 때문이라고 한다.[104] 한 마디로, 귀가 솔깃하고 감동적이어야 세월이 아무리 흘러도 의연히 전해지지 않겠는가.

그 두 번째는 '엄청난 財源'이다. 이 사실을 후대에 전할 때, 어떻게 그

많은 비용이 가능했을까 하는 궁금증에 대하여 당시 백제의 국력이나 정치 상황을 알 바 없는 듣는이들에게 '내 福' 이야기야말로 쉽고도 드라마틱한 설명이 된다. 가장 신화적인 것이 가장 역사적 설명이 되었다.

4. 서동요 말뜻풀이(語釋) 비켜가기

1) 학제적(interdisciplinary) 연구가 요망된다

(1) 향가 연구의 경향

향가가 실린 『삼국유사』 조목이야말로 인접 학문끼리의 협업/공동연구가 필요하다. 향찰로 써놓은 노래를 뜻이 통하게 풀어 읽어야 하므로 국어학자가 '자리를 깔아'야 하고, 그 시가를 문학적으로 논평해야 하므로 국문학자가 요청되며, 삼국·통일신라 시대가 배경이므로 그 즈음의 역사를 알아야 한다. 실제, 무왕·사리기에 대해서도 세 분야의 업적은 연구사를 쓸 정도로 차고 넘친다. 그럼에도 인접 분야와는 교류가 드물어서 자신들의 마당에서 갑론을박하면서도 바로 옆집 - 인접학문 - 에서는 무엇을 하는지 관심조차 없다. 하나의 향가를 두고 세 집이 각각 허공중에 소리 지르는 형국이다. 어느 향가라도 작품의 배경과 말뜻풀이(語釋)가 제대로 이루어져야 문학이나 역사 분석도 바람직하게 될 터인데 이렇다 할 공론 마당은 보이지 않는다.

한국고대사가 전공인 나도 향가가 실린 조목을 분석하고 연구한 뒤에 정작 詩歌에 이르러서는 그쪽의 연구 성과나 경향을 모르는 까닭에 '마음에 드는' 풀이 하나를 '골라잡아' 실어줄 뿐이었다. 그만큼 향가가 본문과 어떻게 연관되는지를 고민해본 적이 없고, 선배나 스승의 귀띔도 없었다. 겨우 학창 시절 들어본 선배학자의 풀이를 싣고 마는데 근래 와서 보니 내가 올린 것은 한두 세대 이전의 풀이로서 문제가 많음을 알게 되었다.[105)

⑵ 서동요의 경우

서동요가 언제 불러졌는 지에 대해서는, <무왕>조의 시대 배경을 그대로 믿어서 아래에서 보듯이 향가 가운데서도 가장 이른 시기로 알려져 있다.[106)

> 향가 중의 가장 오랜 형태로 그 형식은 4구체로 알려져 있다. (위키백과)
> 신라 진평왕 때 백제 무왕이 지었다는 향가. (한국민족문화대백과사전, 항목집필 사재동)
> 現傳 25수의 향가 가운데 가장 오래고, 가장 짧고, 가장 동화 같은 전설을 지닌 서동요는 현전 讖謠 가운데 最古의 것.(최범훈)[107)

지금은 위와 같은 국어학 쪽 연구 결과 - 사료에 쓰인 연대 - 를 믿지 않으려 한다.[108) 결정적으로는, 신라 때에 우세했던 대(목적)격 조사 '肹(힐)'이 나말여초를 경계로 '乙'에 그 자리를 내주었다 하는데, 서동요에는 '乙'만 두 번 나온다. 이 때문에 서동요 표기의 성립 연대를 고려 문종~충렬왕 때라고 송재주는 일찍이 지적했다.[109) 뒤이어 금기창,[110) 남풍현도[111) 같은 이유를 들어 서동요의 표기법으로 보아 13세기 즈음에 기록된 것으로 보았다. 지금까지 나는 설화 분석을 통해 서동 이야기는 사료에 쓰인 연대와 무관하다고 논하여 왔는데, 거기에 삽입된 노랫말 또한 설화 연대와 다르지 않음을 확인시켜준다. 이것은 본문이나 노랫말에 둘 다 쓰인 '善花(공주)'라는 표기에서도 이미 예상되는 바이지만 본문(배경 설화)과 그것의 결정체/하이라이트인 노래가 따로 논다면 – 시대가 다르다면 - 이상한 논리 아닌가. 박노준은 <무왕>조를 사료로 신중히 받아들이면서 산문 기록과 서동요를 별개로 보았다. 산문 기록은 동성왕 서동이 동요를 이용하여 맺은 혼담이라 하고, 서동요는 나중에 고려시대의 표기법으로 적었다고 보았다.[112] 그러나 '뭇 아이들을 꾀어 이렇게 부르게 했다.'라고 하여 서동요를 적어놓은 것을 보면 노래와 배경 시대가 서로 다르다고 말하기는 어렵다.

서동요가 13세기 노래이고, 그 배경설화가 <무왕>조임을 안다면 <무왕>조 분석에 全力하여 무왕·진평왕대의 백제·신라 사정이나 국제 관계, 나아가 무왕의 배우자 추정/합산에 그렇게 많은 공력을 들이지 않았을 것이다. 일연은 당대에 유행하던 노래나 속담의 연원이 오래전이라고 판단할 경우 그 始源을 추정하여 '대개 이때 비롯되었다(蓋始于此)'라든가 [113] '여기서 나온 듯하다(蓋出乎此))'라고[114] 소견을 적어놓았다. 그러나 서동요에는 노래가 비롯된 계기/始源을 말하지 않았다.

2) 오늘날에도 불리는 서동요

서동요는 천여 년 이전 노래이지만, '입으로 전하는' 속성을 고려하면 혹시 시방도 전해오는 것은 없는지 탐문해 볼 일이다. 처용가의 경우 신라 때 노래가 고려, 조선시대를 거쳐 지금도 노래 부르고 춤도 추지 않는

가. 다행히 서동요의 고장 익산에서 서동요 하나가 채록되어 있다.[115]

전라북도 익산시 성당면 대선리 173-1, 회선마을. 제보자 이증수(49
살) 자택, 채록일 2011. 8. 25.[116]
선화공주 선화공주 우리 공주 선화공주   / 시집일랑 아니 가고 밤이
면 또 밤마다
서동 방만 찾아가서 안고 굴며 논다네   / 서동이여 서동이여 어서
오소 어서 오소
염통일랑 하나인데 염통 반쪽 떼어다가   / 공주님께 바쳤다네

이증수의 스승 박갑근 옹(2005년 돌아가심)이 학생들에게 꼭 이 노래
를 가르쳤다고 한다.[117]

서동요 회선마을 버전(아래 '마을버전'으로 줄임)은 채집된 뒤 2017년
『한국구비문학대계』에 실려 세상에 알려졌지만, 채록은 그보다 6년 전
이다. 이 노래를 가르쳐준 박갑근 옹은 채록되기 10여 년 전에 돌아가셨
다 하니 근세까지 연면히 전해오는 민요다. 마을버전이『삼국유사』서동
요를 의식했거나 영향을 받았다면 그 형식은 4구체가 되었을 것이나 그
렇지 않고, 노랫말도 차이가 있다. 다행히, 마을버전은 '元 서동요' 풀이에
결정적 자료를 제공한다. 자료에서 눈에 띄는 노랫말은 '안고 굴며'와 '염
통'이다.

(1) '卯'을 둘러싼 해석

'卯'字는 『삼국유사』 중종임신본에 邊部(왼쪽)은 보이지 않고 傍部(오른쪽) 'ㅁ(병부 절)'만 찍혀 있어서 여러 추정이 나왔지만, 파른본이 알려진 뒤에 글자에 대한 논란은 잦아졌다. 향가 연구 초창기에 小倉進平는 卯乙을 '묘을> 모을> 몰내'로 읽었다.[118] 양주동이 '卯'을 卯의 俗體로 보아 그 古音이 '모'이므로 첨가어 '내'를 제거한 '몰'이라고 보았듯이[119] 당시는 '卯'가 대세였다. 하지만 홍기문은 국어학상의 의문을 제기하였다. ①'卯乙'에서 '내' 소리를 찾을 수 없다. ②불과 몇 구절 앞에 '몰래(密只)'를 쓴 마당에 거듭 썼다. ③'卯乙'에서 '몰'을 풀어낼 수 있는가? 그리하여 문제 글자를 '卵'으로 판독한 뒤 소리읽기하여 '夜矣卵'을 '바므란'으로 읽었다.[120]

이후 정렬모가 '夜矣?ㅁ乙'을 '바미알(밤알)'로 해독하고[121] '알'은 물고기·새 따위에나 해당한다고 보았다. 이 견해를 발전시켜서 사람의 (불)알/성행위를 뜻한다고 보거나[122] 여성의 (공)알(陰核)로도 보았다.[123] 김문태는 '알'을 만삭이 된 배[腹] 모양이라고 하였다.[124] 김완진도 卵으로 보았는데 隱語 내지는 비유적 표현이며 그 정체에 대해서는 유보하였다.[125] 황인덕은 卵으로 보면 달걀 풍속을 찾아내야 되며, 불알로 봐도 어린이들 노래에는 어울리지 않는다고 하였다. 그리하여 중국 소수민족의 남녀교제나 혼인 풍속에 알/달걀이 쓰임을 보고 해법을 찾았다.[126] 이러한 주장을 하려면 인류학상으로 이웃 나라와 한반도 남부와의 친연관계라든지 상호 교류에 대한 설명이 뒷받침되어야 한다.

다른 갈래의 연구자들은 서동요를 도참노래(讖謠)라고[127] 하는데 '어린이 노래'에 걸맞지 않다. 서동이 지어 부르게 했다는 노래가 까발림·흉봄·놀림 이상으로 육감적이거나 예언·주술성을 띤다면 서동요의 환경 - <무왕>조의 산문 - 과는 한참 멀어진다. 서동요가 '동요'라는 점을 잊지 않는다면 그것을 어른스럽게 읽거나 너무 비틀어 해석해서는 곤란하다.[128] 예를 들면 이런 식이다. 그 하나. 이 노래는 선화공주에게서 버림받은 사람이 분풀이한 것이라 하여 공주도 서동도 아닌 제3의 인물을 등장시켰다.(서재극, <서동요의 문법>)[129] 그 둘. 노래의 주인공을 '선화공주의 님(善花公主 主隱)'으로 읽어서 서동으로 본다.(고정의, <서동요 해독의 재검토>)[130] 반론이 없을 수 없다. 첫째, 미천한 서동을 깎아내린 것만으로 - 짝사랑이므로 - 공주가 쫓겨날 이유가 없다. 서동은 턱없는 꿈으로 허튼짓이나 하는 사람으로서 사람들 안중에도 없는 인물이다. 둘째, 1행 - 노래 전체이기도 하다 - 의 주어 '공주의 님'이 누구인지 이름도 밝히지 않고 3행에 와서야 서동의 이름이 나오는 노랫말은 문리에 맞지 않는다. 셋째, 문제의 한자를 '卵'으로 읽은 것은 연구역사로 볼 때 퇴행이며, 그 '알'이 곧 임신한 선화공주라는 주장도 비약이다.

(2) (안고) 굴며

'굴며(굴다)'란 말이 다소 생소한데 '구르다'의 준말로서 '돌면서 움직이다'라는 뜻이다. 이 句를 향가 원문(卯乙抱遣)에 대비하면 '抱遣'은 '안고'가 되니 나머지 '굴며'는 '卯乙'에 해당한다. 과연 '卯(원)'은 '누워 뒹굴 원'자이므로 '卯乙'은 마을버전의 '굴며'를[131] 적은 것이다. 마을버전은 원문 '卯乙+抱遣'의 앞뒤가 바뀐 셈이다. 이렇게 풀이하면 첫째, 원문 '卯'를 연구자 마음대로 고치지 않았다. 둘째, 구전으로 내려온 마을버전과 내용이 일치한다. 이미 심재기는 "작품을 正攻法으로 순박하게 直視"해야 한다고 반성시킨 다음, '卯'의 새김인 '누워 뒹굴다'에 착안하여 '卯

乙'을 그 뒤의 '抱遣'과 합하여 '딩굴 안고'로 해독한 바 있다.[132] 이어 금기창도『설문해자』의 풀이 '夗 轉臥也'를 끌어다가 '밤에 누버딩굴 안고 가다 / 밤에 누어 딩굴게 안고 갔다'라고 읽었다.[133] 윤철중은『삼국유사』에 쓰인 모든 卯·卵 글자를 조사하여 '누워딩굴다' 뜻인 '夘'字임을 밝혔다. 따라서 '夘乙抱遣'를 복합동사 '딩굴안고'라고 풀었다. 다만 그는 '(薯童)房'을 집이나 방이 아닌 사람 이름에 붙는 호칭으로 보았다.[134] 그러나 여기에서도 마을버전을 참고해보면 '서동 방만 찾아가서'라고 했으니 '잠 자는 방'이 아니라면 어디에서 딩굴고 안을지 난감해진다.

(3) 마을버전의 제5·6구

'딩굴(고) ⇄ 안(고)'라는 노랫말이 공통분모로 있으니 서동요와 마을버전은 같은 뿌리(계통)임을 알게 된다. 그런데 마을버전에는 제5, 6구가 더 있으니 4구체와 6구체라는 차이가 난다. 여기에서 두 가지 논의가 필요하다. 첫 번째는 의문으로서, 서동요도 원래는 6구체였던가?[135]. 두 번째는 낱말풀로서, 제5구에 나오는 '염통'이다. 염통의 본래 뜻은 가슴 속의 심장, 臟器이지만 추상적으로 마음/생각이 담긴 그릇이다.[136] 노랫말의 '염통'이야말로 어린이 눈높이에 맞추어져 있다. 사랑이란 스스로 이루어지는 일이 아니므로 서동의 마음/염통이 누구에게 가 있는지를 떠벌린다. 마을버전 5, 6구는 서동이 하나밖에 없는 자신의 염통=마음 절반을 공주에게 바치고 (찾아)가더라는 동네 아이들의 입방아다.

서동요에는 마을버전의 제5, 6구 같은 내용이 없다. 마을버전은 서동요 풀이에도 도움을 준다. 기실, 5·6구를 듣고 나서야 서동이야기(산문)의 본 뜻, 전체 의도까지 옮긴/실린 노래를 듣게 되었다. 여기에 '?알'이니 '몰래'니 하는 노랫말을 들먹이면 노랫말은 동요의 주제와 한참 멀어지게 된다. 이처럼 '염통(마음)' 구절은 서동요의 화룡점정이요, 5·6구까지 갖출 때 제격을 갖춘 또 하나의 버전을 만나게 된다. 이러한 해석이 연구자들의 머리에서 나온 것이 아니라 익산이라는 서동요 본고장에서 이어져 내려온 노래인 만큼 천금의 가치가 있다.

5. 마무리

『삼국유사』<무왕>조의 여주인공은 선화공주로서 서동(나중의 무왕)을 만나 부부가 되었고, 그녀의 발원으로 미륵사 같은 역대급 절이 이루어졌다. 이것이 왕실의 異蹟을 기록한 紀異篇 무왕 신화의 시작과 끝이다. 중간에 펼쳐지는 이야기는 '믿거나 말거나' 차원으로서 특정 인물과 시대를 한정하기 어려운 원형 신화다. 사료 신봉자들은 그 사연/곡절(무왕·왕비의 출생·가계·이름)을 별다른 고민 없이 역사에 대입하였는데 선택지의 폭(스펙트럼)이 너무 커서 또 하나의 픽션/신화가 될 위험을 초래하였다. 과거 사실을 두고 있을/그럴 수 있는 '가능성'에 한도를 두지 않은 업보다.

미륵사 서탑 해체 과정에서 나온 사리기를 보면 발원자는 뜻밖에도 왕비 사택적덕이다. 당대의 1차 사료와 대립하는 2차 사료 <무왕>조! '말 없는(無言)' 사택왕비와 국경/국적을 넘나드는 선화공주! 둘 가운데 어느 쪽을 신빙할 것이냐 하는 문제는 그리 어렵지 않다.

기록들은 무왕 부인이 미륵사 건립에 관여하였다는 것을 전하고 있지만 그 부인으로 지목되었던 '선화공주'의 실재는 입증할 수 없으며, 미륵사는 단계적으로 조영되었을지라도 각 院이 별개로 분리되기는 어렵다는 점에서 사리봉영기에서 말하고 있는 사택왕후에 의한 가람의 건립은 문자 그대로 받아들이는 것이 합리적이라는 결론에 도달하였다.(박지현, <미륵사와 창건 주체에 대하여>)[137]

위에서 보듯이 <무왕>조·사리기 연구는 점차 중심을 잡아가고 있다. 더하여, 공주 이름 '선화'는 무작위로 뽑은 '代稱(byword)'으로 나는 보았다.

청동기시대 이래 마한 연맹의 하나였던 익산지방에서는 왕조에 얽힌 모든 기억이 마한, 더 거슬러 올라가 후조선시대로 환원된다. 백제의 미륵사 창건도 그 기억이 잊혀갈 무렵 후조선·마한의 무강왕 사실로 기억에 남았다. 일연은 지역 설화로 탈바꿈한 미륵사 창건 이야기를 백제 무왕 때라고 하여 제 자리로 돌려놓았다. 다만 신화답게 당시 전해지던, 호소력 있고 솔깃한 이야기는 성실히 적어 두었다. 그것이 <무왕>조로서, 미륵사를 지은 주체가 왕비이며, 그 비용이 엄청나다는 팩트를 이야기 형식으로 그렸다. <무왕>조는 사건의 시대보다 오랜 뒤의 時差가 반영된 기록이라는 점에서 1차 사료와는 다른 차원의 '기억' 사료다.

향가 말뜻풀이에서 나는 서동요의 미해결 詩語 '夘乙'을 익산지역 민요에 견주어 풀어보았다. 마을 버전에 '서동 방만 찾아가서 안고 굴며 논다네'라는 구절이 있다. '夘'은 '누워딩굴 夘(원)'字로서 서동요의 '딩굴 안고'에 해당한다. 이로써 '(? 卩)夘'字 논쟁에 마침표를 찍었다.

지금까지의 논의에다 익산시 석왕동에 있는 쌍릉(큰 무덤+작은 무덤)의 주인공이 누구냐 하는 문제에 이르면 무왕+사리기 연구는 아직 갈 길이 멀다. 유골 분석을 통해서 묻힌 사람들의 남녀성별과 나이를 추정하는데 전문가들 사이에도 견해 차이가 있고, 의뢰 기관에 따라 결론이 달리 나기도 하다. 그러면서도 언제나 초미의 관심은 '선화공주 유골'로서 관심 자체가 논의의 전부다. 최근의 연구에 따르면 무덤 형식으로 볼 때 남성 피장자는 무왕보다 앞서는 혜왕·법왕 시기의 무덤일 것이라는 주장이 나왔다. 모쪼록 사료를 대하는 태도가 냉정하고, 논의 자체가 생산적이기를 기대해본다.

[표] 무왕·왕비 자료의 신화와 역사

	신화			역사		
	백제	후조선	마한	백제	고려	현대
왕 ㅣ 왕비	무왕 ㅣ 선화공주	무강왕=말통대왕 ㅣ 왕비	무강왕 ㅣ 선화부인	대왕 ㅣ 왕후 사택		
땅 이름	남지 사자사 미륵사	*미륵산* *돌성=기준성*	미륵사 용화산 사자사 마룡지 오금산 보덕성	(미륵사)		
무덤		쌍릉				
노래	서동요				서동요	서동요
전거	삼국유사	세종실록·*고려사*	여지승람	사리기	삼국유사	회선마을

부록 1.

'내 덕으로 산다'는 김좌수의 막내딸 - 영월읍 설화 96[138]

그전에 김좌수라고 하는 사람이 있었어요. 동네에, 또, 이름도 몰라요. 딸이 삼 형젠데 딸이 커다란 게 있어요.

"그래 넌 뉘 덕으로 사나?" 이러니까는,

"아버지 덕으로 살지 뉘 덕으로 살아요."

"오, 그렇지, 좋아." 그랬더니, 또 둘째 딸 불러가지고,

"넌 누구 덕으로 사나?"

"아이, 아버지 덕으로 살지요."

"아, 그렇지." 셋째 딸 불러가지고,

"넌, 누구 덕으로 사난?" 그니깐,

"아, 내 덕으로 살지 뉘 덕으로 살아요." 이래거던. 그래 내 쫓아 버렸어. 내 쫓으니 어떡해요. 그냥 쫓겨 가는 거지. 어디 가서 하루 종일 가니깐 뭐, 외딴 골짜구니 산골짜구니 올라가 집이 쬐끄만 게 있거던. 그리구 그 질(길)어구에 할머이 하나기 계신단 말야.

"아이, 할머니 어디 갈 데가 없으니깐 내 좀 쉬어 가겠어요."

"아이, 어디 가는데 처녀가 쉬느냐?" 이래거든.

"아이, 난 뭐, 집두 절두 없이 그냥 나선 사람입니다." 그래, 그 이제 노

인이 인제 밥을 가지고 인제 밥을 점심을 해가지고 갈려거든. 아,

"지가 가져 간다."고. 이래니깐,

"아, 어디 가는 처녀가 그 밥을 가져가면 되나." 그래,

"할머니 밥을 어디 가져 갈려오?"

"저 골짜구니 마구리 올라 가면 우리 아들이 숯을 굽는 데 점심을 가져 갈라 그랜다."

"아, 내가 갖다, 갖다 드리지요." 그래, 즘심을(점심을) 가져 갔어요. 가져 갔는데 아, 그전엔 즈(저의) 어머이가 밥을 가져 왔는데, 그 날은 처녀가 가져 왔거든. 그 우쨌 일인지 알 수가 없지. 그래 밥을 가져와 먹고 앉아 보니깐 숯감을, 숯가마를 이렇게 박았는데, 숯가마를, 숯에 그 숯가마를 박았는데 한 가마에 낭그가 많이 들어갑니다. 그게 아마 시방으로 말하자 면 한 이 삼십 포 나올 거래요. 숯을 구문(구으면) 낭글(나무를) 태워가지고 그래 인제 이맛돌, 이맛돌 박은 게 금돌이라. 금돌! 처녀가 보니까는. 내일 부텀은 인제 그거 하지 말고 저 지빼가지고 가라 이러거든, 이맛돌 빼가 지고. 아, 이 우리 밥줄을 빼 가주 가믄 우특 하느냐고(어떻하냐고) 끔쩍(깜 짝) 놀랜단 말야. 숯 굽는 거 이맛돌 빼 가주 가믄(가져 가면) 어떡하느냐?

"아, 이거 가져 가세요. 아뭇 소리 말고 가져 가세요." 그래 갖고 지고, 지고, 지게를 지고 시키는 대로 하는 거지. 그래 들어가서 저녁을 해 먹고 이래구선,

"내일은 장에 가서 파시요." 이랬단 말이야. 이맛돌을 가지고 가서 파시 라고 그런단 말이야. 이맛돌을 지다만 돌을,

"그래, 값을 얼마하냐."

"그 주는 대로 팔고 오라." 이래거든. 그래 갖다 놓으니 뭐이 살라 그

래? 만고에 살려는 놈이 없지. 저녁에 파장 무렵이 떡 되니까는 키가 훠이 큰 옷자락이 한 발은 되는 노인이 떡 지팡이를 짚고서,

"오늘 참 물건 좋은 게 나왔구나. 그래 이걸 얼마나 달라는가." 인제 그 러니깐,

"아이, 전 금사를 모릅니다. 아이, 어르신네 그저 금사 값 나가는 대로 주시오." 이래니깐 아, 그거 갖다 팔아가지고 큰 부자가 되잖아요. 그니깐 그 가져가지 못할 테니깐 그냥 가라고 이제, 돈 조그만치 줬단 말이야. 그 뒤로 이제 돈을 보내는 거야. 그 돈 가지고 뭐, 논도 사고 밭도 사고 집도 큰 거 사게 됐단 말야. 부자같이 잘 살더래요. 이제 그래, 그래 이제 몇 해 흘러 가다 보니 인제 하루는 누가 동냥을 달랜단 말야, 동냥을. 누군가 하 고 나오니 즈 아버지야, 친정 아버지야.

"아이구, 아버지 들어 오세요." 들어 와서 모셔 놓고 그래, 그 다음에 그 이튿날에 또 인제 즈 언니가 또 왔어.

"언니, 그래 아이, 언니 우쨘 일이야."

"아, 니가 잘 산대니 내가 보러 왔다."

"아이, 고맙다." 또 그 사흘째는 또 즈 둘째 언니가 왔단 말야.

"언니 우쨘 일이야."

"아이, 동생이 잘 산대니 그저 보러 왔다." 아이, 그러냐구, 그 참 고맙다 구. 인제 그래서 다 데려다 메칠 묵어서 즈 아버지 뭐, 그따구는 뭐, 소용 이 없으니까는 너도 얼마, 주고 너도 얼마 가지고 언니들도 다 주고도, 둘 째 언니 얼마 주고 인제 큰 언니 얼마 주고 아버진 지가 모시고 아이 즐에 다(곁에다) 아주 잘 집을 한번 잘 짓고 모시고 이래고, 그래 잘 살드래. 그 니깐 제 복에 산다는 건 잘 살고 아버지 덕에 산다는 사람은 못 살아서 그

저 은어 먹고 그저 제우 살드래요. 그래 남자나 여자나 배짱으로 사는 모냥예요. 그 때, 그 때 안 내쫓았으믄 그 여자도 못 산다고. 그 때 내 쫓았기 때문에 그 남자를 가지고 잘 산다고, 또 그 때 그 남자도 그 여자 아니면 또 평생 숯만 구워 먹고 살 텐데 그 이맛돌 그기 금이잖아요. 금덩이를 모르고 자꾸 숯만 구워 먹으니 우턱하는 거예요? 그래 사람이 사는 기 그렇드래요.

　- 끝 -

부록 2.

내복에 산다[139]

조사일시 : 2012. 1. 29. 채록

조사장소 : 양주시 남면 경신리 허영이 자택

제보자 : 허영이

조사자 : 김헌선, 김형근, 김은희, 김혜정, 변남섭

[구연상황] 허영이 제보자는 10여 년 동안 관계를 맺어온 제보자이다. 양주소놀음굿 조사 과정에서 만났고, 그의 소리와 이야기 능력이 뛰어남을 알고 여러 번 조사를 할 수 있었다. 민요와 설화 외에도 비상한 기억력과 생생한 구연능력으로 옛날 살았던 이야기들은 무척 생동감 있다. 자신의 소리와 기억력에 대한 자부심이 있어서, 보통 다른 사람들과 어울려 소리를 하는 자리에서는 잘 나서는 편은 아니다. 그러기에 따로 본인 자택에서 만나 소리와 이야기를 들었다. 그의 노래와 이야기의 레퍼토리는 새로이 늘어나거나, 줄어들지 않으며 항상성을 가지고 있다. 이전에도 조사한 적이 있던 레퍼토리 중심으로 다시 한번 부탁을 드렸고, 그에 대한 구술을 해주었다. 다만 그의 구술 내용, 이른바 내용의 구체성이나 표현력들은 늘 가변적이다. 먼저 예전에 구현해주어 재미있게 들었던 '내 복

에 산다'라는 이야기를 기억하시냐고 물어 들을 수 있었다.

세 딸을 둔 부자가 딸들을 하나씩 불러 누구의 덕으로 먹고 사느냐고 물었다. 첫째와 둘째는 부모님의 덕이라고 하였으나, 막내딸은 자기 자신의 덕이라고 하자 내쫓기듯 숯을 굽는 총각에게 시집을 가게 된다. 그런데 숯가마에서 금을 발견하고, 그것을 팔아 큰 부자가 되어 잘살게 된다. 시집에 돌아오자 집안은 다 망해버렸다.

[구연내용]

○ 그 내복에 산다, 인제 이런 얘기가 인제 어느 때 났느냐 하믄, 그 옛날에 딸을 샘{삼}형젤 나서 길르는 집이 있었는데 게 어렵게 살고 뭐 이러니깐 미어{모여} 앉어서 얘기덜 별 얘길 다 허잖아요.

○ 그러니깐,

○ "얘 큰애야." 그래가지구는 큰딸을 불르니깐,

○ "네."

○ 아이 뭐 아부지가 불러가지고 허는 얘기니깐 아주 그냥 곰살궂게 대답허구 와 앉거든.

○ 그래, "너는 뉘 덕에 먹고 사느냐?" 그러니까는

○ "예. 아 저야 아 저야 어머니 아버지 어머니 덕에 먹고 삽지요. 그 뭐 뉘 덕에 먹고 살겠습니까? 어머니 아버지 덕으로 먹고 살지요."

○ 에 그랬거든요.

○ "아 그렇지."

○ 또, "둘째 아가야.." 불러가지구,

○ "너는 뉘덕에 먹고 사느냐?" 그러니깐,

○ "아유 그저 어머니 아버지 덕에 먹고 삽지요. 아 지가 뭘 해서 먹고 삽니까? 그저 부모님 덕으로 먹고 삽지요." 이제 이랬단 말이야.

○ "아 그렇지."

○ 또, "나가서 저쪽 방으로 가거라." 인제 그러고.

○ "얘 막내아가야." 인제 그니깐,

○ "예." 그러지.

○ "이리 오너라."

○ 게 와서 앉거든 그러니깐,

○ "너는 뉘 덕에 먹고 사느냐?" 하고 그러니깐,

○ "아이구 아버님 저야 제 덕에 먹지요. 뭐 누구 덕으로 먹읍니까 제 덕에 먹구 삽지요."

○ 아 이렇게 대답을 헌단 말이야. 아 그러니까 괴씸해서,

○ "아 그러믄 저쪽 방으루 저 뒤에 골방으로 가거라."

○ 아 그래가지구 골방에다 갔다 가두구,

○ 게는 형제허구 같이 있질 않겠으니 따루 갔다 가두구선 맥이는 거야. 이제 그리믄서 어느 날, 참 정월달이나 그 해 정월달이 됐든지 간에 종을 불러서 시켜가지구 내 수.

○ 지금으로 일르믄, 서울 남대문 통에 거기 아주 사통오달한데 가서 그 정월 초 하루날 기대리믄 얻어먹든 먹으로 댕기는 거지든지, 하여튼 돌아댕기는 사람이 제일 처음에 오는 사람을 불러서 데리고 와라 그랬단 말이야.

○ 아 그래서 가서 참 남대문턱에 가서 기대리구 왔다갔다 하구 새벽에 가서 그러니깐, 젤 첫 번에 아 어떤 젊은 사람인데 아 숯을 한 두어 섬 짊어지군,

○ "숯 사려! 숯 사려!" 하면서 아 온단 말이야.

○ 아 그래서 아 그 사람을 이리 오라구 그래가진 아 그 사람을 데리구 왔어요.

○ 그래 인제 데리구와서 이제 밥을 실컷맥이구.

○ 그리구 인제 아부지 앞에 가서

○ "이런 사람을 데려 왔습니다." 인제 이러니깐,

○ "아 그렇지." 그래.

○ 아 그니깐 그러니까, "어디 어디서 숯을 가지고 댕기느냐?" 하니깐,

○ "예. 숯을 그저 지가 헐 줄 모르는 거지만, 숯을 구워가지고 이걸 팔아야 먹고 사니깐 그래서 짊어지고 숯을 팔러 왔습니다." 이렇게 허그등.

○ "아 그렇지. 아 그럼 근데 봐온즉 나이두 연설헌데 장개두 않갔지 않느냐?" 하니깐,

○ "아유 장개가 뭡니까? 저두 어머니 아버지를 일찍 잊어부려서 어머니 아버지 쫓아와섰 나니 산골에서 살믄서 숯 구워 먹고 살다가 어머니 아버지 다 돌아가니깐 뭘 해먹을게 없으니깐 숯이나 궈서 팔아먹고 생활을 허고 이십니다." 그러는데,

○ "아이 장갤 갈 수가 있습니까?" 아주 이랬거덩.

○ 그니깐, "하 그렇지."

○ 그니깐 인제 기껏 인제 불러서 맥이구 또 목욕탕이 있어서 목욕을

가서 시키구 옷을 한 벌 갖다줘서 인제 싹 해 입히니깐 카 이놈이 아주 선비란 말야 아주 인물도 잘 생기구.

○ 아 그니깐 딸애를 불러가지고 인제 앉히구서,

○ "너는 네 덕에 먹고 산대니깐, 저 사람 오늘서부텀 쫓아가 살아라." 이제 이거야.

○ 아 그니깐,

○ "네." 그랩지요.

○ 아 이거 그냥 딸도 옷을 이거저거 챙겨서 입군 서슴치 않구 따라서는 거야.

○ 아 그니깐 이 신랑될 사람은 그냥 벌벌 떨구,

○ "어휴 안됩니다, 안됩니다. 우린 뭐 아휴 산골에서 그냥 땅이나 파구 그냥 어 움집에서 살고 있는데 어휴 그런 아기씨를 어트게 데리구 가냐?" 구.

○ "안된다!"구 펄쩍 뛰는 거예요.

○ 아 그래는걸 그냥 종을 시켜가지군,

○ "이사람 네 집이까저 안내해줘라." 이래.

○ 아 그러니까 이리저리 해서 가는데 아이 첩첩산골로 그냥 데리고 가는 거야 그냥.

○ 아 얼마쯤 들어가더니 아 땅을 파구선 이렇게 돌담을 쌓구 그리군 집을 이럭허군 꼭대 긴 새초를 비어다가 이렇게 비가 안 새게 이렇게 해서 덥군 아 그리구 사는 움집이란 말야.

○ 아 그래서 움집에 가서 인제 색시 인계를 인제 해주구 하인은 왔다는 말이야.

○ 아 신랑 될 사람이,

○ "아 우린 이런데서 나는 살기 때문에 여그서 댁에 같은 분허고 같이 살 수가 없으니깐 댁엔 집으루 도로 가시라."구 애길 허니깐,

○ "아니라구 나는 서방님 따라서 여그 왔으니깐 여기서 살겠다." 구.

○ 아 그러는거야. 아 그러니깐 이 남자는 어트게 할 수 가 있어?

○ 그러니깐 여자가 그냥 그 좋은 옷 입은 건 그냥 웃옷은 그냥 벗어서 척척 개서 걸어놓군. 아 냉수를 그냥 한동이 퍼서 들고 오는 거야.

○ 아 그러더니 상을 갖다놓고 냉수를 한동이 올려놓군.

○ 뭐 아무것두 없으니깐.

○ 그러니깐 뭐 이것저것 채려놓을 것두 없구.

○ 냉수 한동일 놓고 서루 맞절을 한 거예요.

○ "에 당신과 나와 인연을 맺는 저거니깐 냉수라도 한동이 놓구서 맞절을 해서 머리를 올리는 걸 이렇게 해자." 구.

○ 그러니간 즉 말하자믄 그게 결혼식이지.

○ 예? 그렇게 해 놓구서 절을 허구 인제 이렇게 해군. 치우고 인제 날마다 인제 밥을 해서 인제 끓여먹군.

○ 숯무지 한다고 인제 신랑은 지게 짊어지구 인제 도끼 하나 인제 지게에다 꽂아서 인제 가지군 가는 거야.

○ 아 그니깐 그러니깐 한 번 가서 하루 가서 해 또 그 이튿날 가서 해 이럭허다보니깐 아마 한 이삼일 됐던 몬양이제 이제.

○ "게 도대체 숯무지 하는데가 어디쯤 이냐?"구 그 담엔 물어보니깐,

○ "이 우이루 해서 꼬불꼬불 해섰나니 올라가믄 내가 댕기는 길이 있으니까 고로 올라가믄 숯가마가 있다."고 그랬단 말이야.

○ 아 그래서, "그러냐."구.

○ 그러니깐 하룬 조반을 해먹이군 신랑 가는 데를 쫓아간 거야 같이.

○ 쫓아가셨나니 보니깐 숯가마를 검탄무지 가마를 이렇게 흙으루다 다 났는데 아 거긴 낭굴 비어다 앞에다 놓기 시작을 하구 인제 숯은 다 끄냈구 이젠.

○ 그러니깐 아 웃목에 자기네 사는 움집처럼 생겼단 말이야.

○ 아 그래 색시가 들어가서 둘러보니깐 아니 자기네 움집보담도 더 좋아.

○ 아주 그냥 흙으루다 지붕꺼정 이렇게 죄 다서 이렇게 맨든거니깐.

○ 아 근데 가만히 앉어서 보니깐 그 신랑은 그런걸 못느꼈는데 그 색시가 가만히 앉어서 보니깐 아 그 불 때는데 아궁지 맨든데 이렇게 설돌 시워놓은 것이 그게 빛이 번쩍 번쩍 번쩍 번쩍 빛이 나는데 아 금덩어리란 말야 그게.

○ 아 또 맞돌도 금덩어리구.

○ '참 인제 인제 이게 바로 내 복에 먹는 금덩어리가 되는구나.'

○ 아 그래가지군 냉수를 그 때 큰 그릇 떠다가 거기다 놓군 같이 저 절을 허자구 그랬단 말이야.

○ 아 그니깐,

○ "이 숯가마에서 왜 절을 허냐?"구 인제 신랑이 그니까,

○ "아 글쎄 시키는 대로만 허라."구.

○ 아 그럼서 절을 몇 번 같이 했단 말이야.

○ 아 그리구선 달게 들어서{달려들어서} 냉수 그릇을 죄 떠서 마시구 그리구선 치워놓구선 덮어놓고 달겨들어 숯가마 이맞돌을 뽑는 거야.

○ 아 그러니깐,

○ "이거 큰 일 났다!"구.

○ "은 밥그릇인데 밥그릇을 헐면 어트게 밥을 먹구 사냐?"구.

○ "인제 굶어죽느다!"구 아 펄펄 뛰는 거야.

○ 아 그래서,

○ "걱정말라."구.

○ 아 그래가지구 그놈의 걸 하나 빼서 인제 지게에다 갖다 짊은거야.

○ 그렇게 해가지구 신랑더러,

○ "이거 지구 집으루 내려가자."구.

○ 아 그래서 큰 걸 밥그릇을 죄 허물어 놓구,

○ "이 돌맹이를 갖다 뭘 허냐?"구 그러니깐,

○ "아 글쎄 이거 지구 내려가자."구.

○ 아 그래선 억지루 구워 삶아가지군 그걸 짊어지구 집엘 내려왔단 말
   이야.

○ 아 그러니깐 갖다가 깨끗이 이거 물로다가 물을 퍼부믄서 솔루 싹싹
   닦구 이럭허니깐 아 그냥 싯누런 금덩어리지 뭐야 그냥 그게.

○ 아 그니깐 여자는 그 공부를 있는 집이니깐 공부를 좀 했지 뭐야.

○ 아 그니깐 서울 아무데 제일가는 금방집에다 주소를 쓰구,

○ '이러이러헌 금을 이 사람헌테 보내니깐 이걸 아주 금값을 저렴하게
   신이 잘 좀 해서 좀 보내달라'구.

○ 아 그리믄서 창호지는 있으니까네 창호지루다 싸구 싸구 해섰나니 지
   게에다 짊어가지곤 당신이 이걸 가서 가서 쪽지를 적어줬단 말이야.

○ '아무데 금방에 거기 가면은 저렴한 값으로다가 잘 쳐 줄테니까 그

렇게 받아가지고 오라."고.

○ 그러니깐, '금값을 잘 해 주면 앞으로 금을 몇 덩어리 더 갖다 줄테니깐 값을 잘 해서 쳐 달라.'고 인제 이렇게 적어서 주고,

○ 그리곤 올 적에 쌀 좀 몇 됫박 사구 또 북에{북어} 한 마리 사고 삼색으로 배, 사과 뭐 밤, 대추 이것 좀 사고 이렇게 해 가지곤 또 사고지 소지 올릴 종이 그것 좀 사고 이렇게 해서 가져오라고, 아 그렇게 적어서 인제 쥐어 보냈단 말이야.

○ 아 그니깐 그걸 찾아서 쪽질 내뵈면서 그 집을 찾아가서 뵈니깐 아 금방집에 주인이 아주 놀래는 거야.

○ "아 이런 금덩어리를 어디서 나서 이런 걸 가져왔냐!"구.

○ 아 그러면서 값을 참 아주 적당하게신이 추어섰나니 해서 줬단 말이야.

○ 아 그니까 그 사람이 이제 그리면서 그 쪽질 내뵀단 말이야.

○ 그러니깐 이 사람이 보니깐 이 금을 사시고 이 상점에 가서 과일들 허구 그 북에 한 마리하구 또 소지 올릴 사고지 그거 몇 장하고 이렇게 해서 사서 보내달라고 적었단 말이야.

○ 아 그니까 그 집이 금방집이 사람이 아 그걸 값을 추어서 해주곤 아 거기 댕기면서 죄 과일 몇 개 뭐 배, 사과하구 밤, 대추 또 북에, 사고지 뭐 이거 죄 사섰나니 다 이렇게 해서 싸서 주면서 가다 펴보지 말구 그냥 잘 가주가라구 그랬단 말이야.

○ 아 그니까 짊어지고 인제 그 산골에 꺼더거리고 인제 새벽 겉이 떠난 사람이 인제 어둑어둑해질임세 인제 짊어지고 거길 꺼더거리고 오는 거야.

o 아 그러니까 이 색시는 나이 어린 색시가 그 첩첩산중에 가시덤불 속에 그 오막살이집에서 해지두룩 남잘 기다리니 이 사람은 또 얼마나 답답했을 거야 정말. 아주 한심하지.

o 아 근데 그렇게 기다리니깐 서방님이 참 팔아서 지어 해서 짊어지고 아 거길 왔거든.

o 아 그러니깐 내물을 채려놓고 또 북에포 한 마리 갖다 인제 해서 거기다 매구 또 인제 물 한 그릇, 정한수 한 그릇 떠다놓구 그러커군.

o 숯가마 궁지 앞에 가섰나니 둘이 절을 허면서 인제 비는 거야 인제.

o 아 그렇게 해서 빌고 이제 끝났어 이제.

o 그래 그래도 신랑은 몬 잊어서 아 숯가마에 이 밥그릇을 이렇게 허물어가지고 어떻게 먹구 살라고 이렇게 해 놨으니 이거 어특하냐구 걱정을 하거든.

o 그니까, "아휴 걱정말라."구.

o 아 그래가지곤 또 메칠 있다 얘길 들으니깐,

o "아이, 땅을 좀 사야 되는데 저 아래 동네에 나가믄 누구네가 논이든 밭이든 거 파는 사람이 있으면 아 그걸 사게신이 해달라 그리라."고.

o 아 그래가지구 신랑을 메칠 있다 그 아래 동네루 내려 보냈단 말이야.

o 아 그래서 그렇게 했더니 그 적어줘서 그걸 가지구 갖다 내 뵈라구.

o 그 아래 이제 이를테면 지금으로 이르면 이장이래든지 뭐 이런 사람을 찾아가서 주라 그랬겠지.

o 아 그 보니깐,

o '값은 괄간에 땅이를 논이든 밭이든 나는 게 있으믄 살 테니깐 아 그걸 증거를 해 달라.'고 그랬단 말이야.

○ 아 그러니깐,

○ '어디 논 뭐 마지기, 어디 밭이 몇 천 평 이렇게 판다 그런다구 그러니깐 사라.'구.

○ 아 그렇게 해서 적어줘서 또 왔단 말이야.

○ 아 그래서 여자한테다 그걸 내 뵈니깐,

○ '어딘 논 뭐 몇 천 평 어딘 또 밭 몇 천 평 이렇게 해서 팔거니깐은 아 살려면 사라.'구.

○ 아 근데 옛날엔 돈이면 참 귀했거든. 아주.

○ 그러니깐 돈 때메 팔아먹는 거야.

○ 땅값은 없었어 그 옛날엔.

○ 그래서 옛날에 뭐 논 천 평 해도 무신 뭐 떡 한 그릇허구도 뭐 바꿔 먹고 이랬단 얘기가 있는 거에요.

○ 땅값은 아주 없었어 옛날엔.

○ 나 알기에도 소 한 마리 팔아가지구 논 일굽마지기 사는 거 봤어요 나 어려서.

○ 마차소 한 마리 팔아가지고 지금 마차소 한 마리 팔아가지고 논 일곱마지기면 천 사백평인데, 천사백평을 뭐 소를 몇 마리 팔기 전엔 예기 무슨 수로 사우?

○ 그걸 그 때만 해도 나 어려서만 해도 소 한 마리 팔아가지고 논 일곱마지기 사는 걸 봤어요.

○ 그렇게 땅 값이 없었다고.

○ 아 그러니까 여자가 이제 어느 날 인제 돈을 그전 옛날엔 종이돈이 아니고 엽전이에요 엽전.

○ 구녕을 뚫어진 걸 그냥 꾸러미에다 줄줄 끼워서 그냥 그걸 자루에다 담아가지고 댕기는 거야.

○ 그놈의 걸 금 팔아온 걸 가지고서 아 그걸 엽전을 가져가자 그래가지고 땅을 샀지 뭐야.

○ 땅을 사니 뭐 아 논 몇 천 평, 아 밭 몇 천 평 뭐 그것도 땅들도 동네에서 아주 일류가는 땅들, 좋은 걸루만 아 그걸 샀지 뭐야.

○ 아 그렇게 사구선 또 왔어 인제.

○ 인제 집으로 와 가지곤 또 여자가 인제 돈을 장만해야 인제 땅두 더 사고 인제 살게 마련을 하잖아.

○ 아 그러니깐 하루는 또 조반을 먹구 신랑더러 숯가마에 가자구 그래 가지고 올라간 거야.

○ 아 우에 이맛돌을 뽑아다 팔았는데 이게 이렇게 설돌이 있는데 설돌 두 개 마저 뽑은거지.

○ "아 그래 밭구덩이를 전부 허무니 어떻허냐?"구.

○ "아유 걱정말라."구.

○ 그래가지고 그걸 갖다 지고 가자 그래가지구 지고 내려와서 또 깨끗이 그걸 물에다 빨믄서 솔루다 닦구 닦구 해선 하니깐 아 싯누런 금덩어리가 그냥 그 뭐 선돌 시어논거 이만큼씩 두꺼운 거 이렇게 시어놓는 거에 기럭지가 얼마야 그러니깐.

○ 그러니깐 깨끗이 닦아서 물기가 없이 이제 죄 천으로다 닦아가지고 종이에다 싸구 싸구 해서 아 그 놈의 걸 또 그 놈의 걸 또 하나 갖다 팔아가지고 오라고 쪽지를 적어서 해줬지 무야.

○ 먼저 갖다 판데 거기 갖다 주믄 값을 잘 해 줄 테니깐 잘 해 가지구

오라구.

○ 아 이걸 지고 가니깐,

○ "아 이런 게 이런 금덩어리가 이거 어디에 이렇게 있어서 가져오
냐?"고.

○ 아 그래가지고 금방에서 그냥 저렴한 값으로다 잘 쳐서 해서 지어버
렸단 말이야.

○ 아 그래서 또 가져왔지.

○ 아 그래가지고 그래가지고서 이제 땅은 장만을 해서 인제 먹고 살만
치 했는데 아 집을 장만해야잖아 또.

○ 아이 그러니깐 저 아래 동네에 내려가서 땅 판다대는 사람 이장한테
가서,

○ "이 동네에서 집 아주 잘 짓고 좋은 집으로다가 아주 크게 잘 진 집
을 파는 게 있으면 사 달라."구 아 그랬단 말이야.

○ 아 그니깐 그걸 가지고 동네에 내려가서 참 이장을 찾아서 내 뵈니
깐 값은 괄간에 제일 크고 잘 진 집으로 나는 게 있으면 사달라고 그
랬단 말이야.

○ 아 근데 그 안에 집을 아주 그냥 부자가 아주 더러운 부자가 집을 그
냥 엄청나게 잘 지었는데 아 이렇게 허구선 몇 해 살다보니까 아 이
놈의 집 짓는데 돈을 다 찌러 박아가지곤 그 때서부텀은 그 까진 농
사짓는 거 가지곤 택도 안자라고 그냥 부자가 점점 찌부러지기 시작
하니깐 아 이 놈의 집을 안 팔아먹곤 못 배기게 된 거야.

○ 아 그러니깐,

○ "아 이러한 집이 있으니 이걸 사라."구.

○ 아 그래서 와서 얘길 허는거야.

○ "그런 집이 있는데 아 이걸 사래는데 아 여자도 맘에 들어에 가서 살 거 아니냐?"구. 그러니깐,

○ "같이 내일은 우리 그 내일 같이 가서 집을 한번 돌아보자."고.

○ 아 그래가지고 같이 가서 돌아보니까 아주 그 밑에 뭐 내려가니깐 마을이 큰 마을이 있는데 집이 몇 백호 들어서서 사는 덴데 그 동네서 최고가는 집이란 말이야.

○ 아주 봐도 정말 뭐 그냥 번쩍번쩍하게 지어놨는데 아 여자도 탐난단 말이야.

○ 아 그니깐 그걸 값을 그 동네서 호가루다 지어서 아 비싸지만 뭐 돈은 얼마든지 있으니까 아 그걸 샀단 말이야.

○ 아 그래가지군 인제 글로 인제 이사를 내려와서 사는데 이 사람이 뭐 숯무지나 했지 농살 또 지어봤어야지.

○ 아 농사짓는 거에 일꾼들을 집에다 몇씩 두고 그냥 농살 지었단 말이야.

○ 큰 농살 퍼지게 지어서 그냥 거둬들이고 이러니깐 뭐 그냥 뭐 베도 그냥 수 백 가마씩 갖다 쌓구 그냥 이렇게 허구 그냥 없는 사람들도 이렇게 좀 줘서 먹고 살게 허면서 사니깐 아 동네 사람이 홀랑 자기네만 도와서 일 봐주지 뭐 다른 거 안헌다 말이야.

○ 아 그러니까 먹고 살기에 걱정 없는 거야 그냥.

○ 아 그러니깐 그렇게 허믄서 멫 해 동안 살다가 자 인전{이제는} 어머니, 아버질 찾아뵈러 가야 되는데 아 한 번 어머니, 아버지 찾아가보게시니 하자구.

○ 아 그렇게 타협이 되가지구서 아 그 땐 그 앞에 개울이 있는데 개울에 다리를 다리를 구리루다가 다리를 놨다는 거야. 구리.

○ 구리루다, 구리 철근으로다 다리를 놨대요. 그렇커구서 말을 하나 큰 걸 사 가지곤 말을 타고 신랑은 왔다 갔다 이렇게 댕기구.

○ 아 그렇게 하는데 하루는 친정엘 가는데 뭐 엿도 고구 뭐 떡두 하고 이렇게 해서 한 바리 싣고 신랑이 타고 가구 색시는 그 옛날에는 가마라 그랬어요 가마.

○ 근데 둘이 미구 둘이 앞뒤에서 이렇게 미구 색시가 타구 이렇게 가는 건 가마구, 또 네 사람이 목줄을 해서 미구 타고 가는 건 가마가 아니라 이름이 그건 사린교에요 사린교.

○ 넷이 민다 해서 사린교라고.

○ 그 사린교도 나도 귀경도 해 봤어요.

○ 나는 가마 타구 장갈 갔지만 그 사린교는 넷이 미는데 옆에가 전부 유리로 돼 있어요.

○ 그래가지고 숄을 달고 이러는데 아주 호화찬란하게 꾸몄다고. 그건 아주 엄청 비싸지.

○ 부자들이나 그거 시집, 장개갈 때 타는 거에요 사린교.

○ 아 그래가지곤 사린골 여자는 타구 남자는 떡하구 엿동고리 뭐 이걸 해서 가지고 말을 타구 가고 이러는데.

○ 아 그렇게 허면서 시댁엘 갔는데 그니깐 이 시댁집은 제가 제 복에 먹고 산다 그러니깐 내쫓다시피 해서 보냈잖아.

○ 제 보내고 나서는 점점 안 되는 거야.

○ 그냥 찌부러지기 시작을 허는거야. 그냥.

그러니깐 어려워졌단 말이야 아주.

○ 집두 그냥 그 큰 집이 그냥 멫 채씩 되던 것도 살기 어려우니까 아 한 채 팔아먹어, 두 채 팔아먹어, 땅도 그냥 이거 한 자리 팔아, 저거 한 자리 팔아 허면 팔아야 뭐 써 볼게 없이 그냥 없어지는 거야.

○ 그래서 부자가 망할려면 걷잡을 수 없어요.

○ 어려운 사람 일어나는 것보덤 더 어렵다고.

○ 지금도 그래요. 지금도 서울 일류가는 부자덜이 망할려면 해 안 가서 망해.

○ 그냥 이 사람들은 또 배짱이 크거든. 돈 끌어쓰는덴 겁슬 안 내는 거예요.

○ 게 어렵기 시작하게 되니깐 자기가 돈을 가지고 못 당하겠으니깐 돈을 여기저기서 자꾸 끌어다 쓰는 거야.

○ 지금으로 말하면 어음 뭐 이런 것도 그냥 막 허구 이래가지고.

○ 그니깐 그게 부도가 나기 시작허니깐 걷잡을 수 없이 홀렁홀렁 넘어가는 거지.

○ 아 이렇게 돼서 어려워졌는데 어느 날 어머니, 아버지가 가만히 살펴보니까 아 어떤 사람이 말을 타고 그냥 풍악을 잽히면서 그냥 어귀를 들어선단 말이야.

○ 아, 저건 뉘집 아들, 딸인데 저렇게까지 허구 댕기나 하고 그냥 자꾸 내다보고 있는 거지.

○ 아 차차 차차 냥 오더니 그 앞에 그 앞에 이렇게 냇개울이 있어가지고 다리를 놨는데 다리를 놨는데 거기는 그냥 이 철퇴 다리를 놨단 말이야.

○ 이 공구리 하는 것도 이 양회 뭐 이런 거 난 거는 불과 얼마 안되요.

○ 몇 해 안 되는 거예요.

○ 그 개발이 돼 가지곤 돌을 빻아서 여러 가지 재료를 섞어가면서 해서 그게 양회가 되는 거지 양회란 거 뭐 그렇게 오라지{오래 되지} 않아요.

○ 근데 그렇게 오더니 아 다리 앞에 와선 아 말이 다릴 건너서야 되는데 다린 건너가지 않고 거기서 뺑뺑 돌면서 주춤주춤하고 있단 말이야.

○ 아 그러니깐 그 말 탄 사람이 채찍을 들더니,

○ "카이, 이 놈아, 구리 다리만 건너봐서 막 철로 논 다리는 못 건너가느냐!"

○ 하면서 채찍질을 하니까 그냥 성큼 건너뛴단 말이야.

○ 그러니깐 아 이 색시 아부지, 색시 엄마가 가만히 보니까 엄청난 놈이거든.

○ 자기네 그렇게 부자로 살아도 구리다리는 못놓구 살았는데 아 구리다리 건너댕기던 놈이 아 이 막 철제 다리는 못 건너 가냐고 채찍질을 하면서 소리를 지르거든.

○ 그러니까 뭐 아주 엄청난 놈이지.

○ '야 도대체 저 놈이 얼마나 잘해 놓고 사는 놈인가?'

○ '아 어떤 집 딸이나 아들이 저렇게 부자로 사는 놈이 있나?' 했더니,

○ 아 그래 차차 차차 오더니 자기네 집 앞에 와서 딱 내리는 거야.

○ 아 그러더니 그 사린교도 갖다 대고. 내리는 걸 보니 자기 딸이란 말이야.

○ '야, 제 복에 먹고 산다 그래서 내쫓아서 숯장사를 딸려 보냈는데 야 이 놈이 이렇게 거저 될 리는 만무 아닌가?' 이런 생각도 하고 그래.

○ 아 그래선 내려선 와가지고선 어머니, 아버지 앞에서 그냥 절을 하거든.

○ 그니깐 그냥 절을 받고.

○ 또 저희 형들은 그 때까지 시집도 못 가고 있어.

○ 그러니까 하두 부잣집 딸이니까 말이야 웬만한 사람이 엄두가 나야 장갤 가지.

○ 그 집에 딸을 데려갈려니 혼수를 허는데 감당을 헐 수가 있어야지 글쎄.

○ 재산이 있어야 뭘 감당을 해서 그 집에 딸을 데려오지.

○ 아 그래서 시집도 못 가고 있는 거야.

○ 아 그래서 인제 절을 하고 인제 그리군 들어가서 인제 참 밥을 채려다 주니까 인제 밥을 먹고 인제 이러커군 어트게 어트게 되서 이렇게 어머니, 아버지가 어렵게 사느냐고 이렇게 하면서 얘기도 인제 많이 나누고 인제.

○ "그냥 네 복에 먹고 산다 그래서 너를 내쫓았다시피 해서 보냈는데 그 때서부텀 우린 되는 노릇이 없고 이렇게 찌부러지기 시작을 허니까 걷잡을 수 없이 이렇게 되는구나." 인제 그런 거예요.

○ 그러니깐 저희 어머니, 아부지도 그 때 탄복을 한 거예요.

○ 이건 제 복에 먹고 산다 그러더니 그 놈이 복이 있지 다른 놈은 복이 없는 거야.

○ 그래서 어떤 집이든지 그 옛날 전설이 내려오는 게 열이면 열 식구

가 다 복이 있는 게 아니에요.

○ 한 사람이 복이 있어가지고 다 먹고 사는 거예요.

책을 나오며

정치사(political history)가 역사의 등뼈라는 말은 현대에도 유효하다. 정치사의 비중은 고대로 갈수록 막중하다. 고대 정치 – 정확히는 '통치' – 는 나중 시대보다 적은 인원이 행사하고 있는데 그 꼭대기에 임금이 계신다. 까마득한 옛날 나라를 세우고, 인민을 동원하여 왕궁과 성채를 짓던 시절이다.

국왕의 권한과 권력은 어디에서 나왔으며, 그 뒷배가 되는 신화는 무엇을 어떻게 말하고 있는지 궁금했다. 전쟁을 위시하여 관료·조세·나라제사 같은 제도나 행정구역 나누기를 사람들은 어떤 논리로 받아들였으며, 국왕을 어떤 식으로 받들고 모셨던가? 그 요체는 믿음 차원의 충군(忠君) 윤리로서 이것을 '이야기'로 풀면 왕권신화가 된다.

책쓴이는 이 분야가 궁금하여 ≪삼국유사≫를 즐겨 읽었다. 하지만 이 고전에 대한 연구가 충분치 않음을 실감하면서, 가다가 쉬기를 거듭하였다. 부족한 대로 ≪삼국유사 새로 읽기≫라는 제목으로 해당 조목의 역주를 부록으로 붙여 두 권을 내고, 발품도 보태어 ≪한국 대왕신앙의 역사와 현장≫이라는 책을 엮었다. 정년 즈음 이 모두를 한 권에 녹이고, 사진도 첨부하여 ≪삼국유사 깊이 읽기≫라는 책을 출간하였다. 졸저 몇 권이 시선을 끌 만한 연구는 못 되지만 2쇄를 찍기도 하고, 두어 해 지나자 모두 절판되기에 이르렀다. 그래서 재판을 내라는 요구도 받았다. 하지만, 새로 발견된 자료를 망라하여 업데이트 하지 않는 한 성실·정확한 업적이 아니 되기에 미루다 보니 종전의 출판사가 문을 닫는 사태에 이르렀다. 결국 기왕의 책 내용 가운데서 왕권과 관련되는 논고만 뽑아 이 책을 엮어보았다.

≪삼국유사≫를 가지고 반평생 글을 쓰는 사람이 제대로 된 역주가 없다고 푸념만 한다면 직무유기다. 수도권으로 대학을 옮겨, 대학원 강의의 곁일(side work)로 우수한 학생들과 틈틈이 정리하면 기대하는 역주를 못낼 것도 아니었다. 학과 선배 교수가 이룩한 ≪역주 삼국유사≫ 업적을 이어받아 증보판을 내기에 더없이 좋은 환경이었다. 절체절명의 기회가 왔다고 상신하였으나, 한 개인의 욕심으로만 비쳤던 모양이다. 급기야 한국학을 진흥시킨다는 기관에 신청을 했는데, 그 책임자가 "조선시대 문집도 번역 안 된 것이 태반인데 왜 다 되어 있는 ≪삼국유사≫를 또 역주하느냐?"고 핀잔을 들었다. 부득이 마음을 접고 개인 연구밖에 할 수 없었던 그간의 사정이다.

자신의 글을 다시 읽고 보완하는 작업은 식상하다. 게으르고 미루기 잘

하는 책쓴이에게 정년 뒤에도 몇 명의 학우(김우선, 김중년, 신정수, 장정태, 김병희)가 생겼다. 연조로 봐서는 몇 십 년도 더 된 원고를 함께 읽고, 도움을 받으면서 탈고했다. 역사연구도 때로는 강단에서 내려와 더 많은 시민 대중과 함께 고민하고 서로를 응원했으면 좋겠다.

　사연도 적지 않은 책을 '한국학 진흥'을 신조로 하는 주류성출판사 최병식 대표와 들쑥날쑥한 원고를 손수 다듬어 주신 이준 이사와 정진호 편집자께 고맙다는 인사를 드린다. 출판에 부칠 즈음 역사교사 신후영이 전체를 읽어주어 한 몫을 하였다.

2024년 11월
청계산 자락 솟대집에서 책쓴이 삼가 마침

역주

1) 武王:『삼국사기』권27 「백제본기」제5 무왕조에 의하면, 백제 제30代
   왕. 재위 600~641년. 父王인 法王이 즉위 한 이듬해에 죽자 즉위하였
   다. 무왕의 系譜에 대해서는『三國遺事』卷3 「興法」法王禁殺條에서도
   마찬가지다. 뒤에 나옴.

2) 武康:『삼국유사』「왕력」에서는 "或云 武康獻丙 或小名一耆篩德"이라
   하였다.《세종실록지리지》·『고려사』·『신증동국여지승람』에도 이 설
   화는 '武康王'에 대한 기록으로 나오고 있으나 그를 후조선·마한의 왕
   이라 하였다.

3) 南池: [斗]이병도·[리]상호·三[品]은 '남지'라는 고유명사로 본 데 반
   해, 권상노·이재호는 '남쪽 못'으로 해석하였다.

4) 서동의 어머니가 집을 짓고 살았던 곳에 대해『신증동국여지승람』익
   산군, 산천조에서는 이곳을 五金寺 남쪽 100여 步 거리에 있는 馬龍池
   에 비정하였다.

5) [趙종업본] 交. [正]文 원문은 '文'이나 趙鐘業本(아래 [趙]로 줄임)에
   따라 '交'로 고쳤다.

6) 『삼국사기』백제본기에서도 "諱璋 法王之子"라 하였다.

7) 한편『北史』百濟傳에서는 제27대 威德王의 아들이라고 하였으나 위
   덕왕이 고령으로 사망하였고, 무왕 또한 재위기간이 긴 점으로 보아
   설득력이 약하다고 한다(정재윤, <미륵사 사리봉안기를 통해 본 무왕·
   의자왕대의 정치적 동향>《익산 미륵사와 백제 - 사리봉안기 출현의
   의의》20쪽, 일지사, 2011).

8) 오늘날도 전해지는 薯童型이야기(일명 '내 복에 산다' 이야기)의 주인 공은 '맛동'·'마퉁이'로 나오는데 '薯童'은 이를 漢譯한 것이다.

9) 한 여인과 비인간적 존재와의 관계에 의한 이상출생 모티프는 설화에 서 흔히 나타나는바, '異類交婚'의 결과로 탄생하는 아이는 대개 비범 한 인물로 시사되고 있다. 池龍을 왕이 되기 전의 法王으로 추정하는 견해도 드물지 않다.

10) 진평왕 : 신라 제26대 왕(579~632).

11) 群 : [六][金]郡

12) [趙]夘, [三][斗][浩][民]卯, [리][六][金]卵. '夘' 字는 중종임신본에 邊 (왼쪽)은 보이지 않고 傍部(오른쪽) '卩(병부 절)'만 찍혀 있어서 여러 추정이 나왔지만 파른본이 알려진 뒤 '夘'로 확인되었다. 小倉進平가 '卯'로 읽은 이래 '몰래·모르게'라 풀었다(《鄕歌および吏讀の硏究》 191쪽, 京城帝國大學, 1929). 홍기문은 '卵'으로 읽어 '(?)알'이라 했 다. 홍기문,《향가해석》235쪽, 여강출판사, 1990(조선과학원, 1956) 이후 심재기는 '누워 뒹굴 夘(원)'으로 제대로 읽어(<서동요 해석 존 의>《국어국문학논총Ⅲ》, 탑출판사, 1998)많은 지지를 받고 있다. '뒹 굴다'라는 풀이는 현대까지 익산 지방에서 전해오는 민요에 나타나 므로 더 이상 논란이 필요없게 되었다.

13) 원문의 母 : [金][權][六] 王

14) 원문의 驗 : [趙] 지워짐.

15) 원문 '母后'의 정확한 뜻은 왕의 어머니다. 앞에서도 "왕후는 순금 한 말을 주어 … "라 했으므로 '王'으로 고쳐 읽는 것이 좋다.

16) 원문의 小 : [民][精]少

17) 원문의 送父 : [趙]지워짐.

18) 龍華山: 익산 북쪽에 있는 산으로서 그 자락에 미륵사터가 있다. 원문 '詣龍華山'이 [趙]에서는 떨어져 나감.

19) 사자사: 미륵산 장군봉의 동남쪽 계곡 표고 320m의 8부 능선에 있는 지금의 사자암 자리에 있던 절. 1993년 발굴조사에서 '師子寺'라 쓰인 기와가 발견되어 이곳이 백제시대 이래《삼국유사》에 등장하는 그곳임을 알게 되었다.

20) 知命:『삼국사기』「신라본기」진평왕조와『해동고승전』釋智明條에 보이는 新羅僧 智明과 동일인으로 보는 견해가 있다(김성기,「서동요에 대한 시고」,『소하이종출박사화갑기념논문집』, 태학사, 1989, 68쪽; 김복순, <삼국의 첩보전과 승려>《한국 고대불교사 연구》373쪽, 민족사, 2002). 김복순의 주장은 신라 지명스님의 17년 外遊 가운데 중국에서 수학한 10년('忽爾十霜 學旣得髓') 뒤의 나머지 7년은 백제에서 있었을 것이라는 추정에 근거한다. 하지만 이것은 事蹟이 분명한 신라 지명을 잘못 해석한 것이라는 노중국(<백제 무왕과 지명법사>《한국사연구》107, 1999)의 반론이 있다. 무엇보다 두 나라 지명스님의 동일인설은 백제의 知命이 일찍이 진평왕과 통하는 사이였을 것이라고 해석하는 등 서동설화를 사실로 인식하려는 데서 나온 것이라는 데 약점이 있다.

21) [趙] 聞 원문 問 : [趙]聞

22) 彌勒三尊: 미륵상을 포함하여 세 軀의 불·보살상을 말하는데 이들 구성에 대해서는 일정하지 않다.

23) 원문 塡 : [正]土+頁 = 土頁 , [品] 預

24) 원문 會 : [浩] [民]尊. 彌勒三會: 미륵불은 석가모니불을 이어 미래에 나타나는 부처. 현재는 미륵 淨土인 도솔천 內院宮에서 天人을 위해 설법하거나 걸터앉아 사유하는 보살로 있다. 釋尊 열반 뒤 56억 7천만 년이 되었을 때 이 세상에 下生하여 龍華樹 아래에서 성불하여, 3회에 걸쳐 설법하고[彌勒三會], 석존의 설법 때 누락된 중생을 제도한다 하여 '一生補處의 菩薩' 즉 當來佛이라고 한다.

25) "미륵삼상과 會殿·탑·廊廡를 각각 세 곳에 세우고"(이병도, 1956). "미륵불상 셋을 모실 전각과 탑과 행랑채를 각각 세 곳에 따로 짓고"(리상호, 1960), "弥勒の三会に法(のっ)とり像(かたちづく)りて、殿塔廊廡、各々三所に之を創り"(野村耀昌, 1962). "이에 미륵삼존의 상을 모방해 만들고, 殿=佛閣과 탑과 낭무를 각각 세 곳에 세우고"(이재호, 1967), "이에 미륵삼회를 법상으로 하여 전, 탑, 낭, 무를 각각 세 곳에 세우고"(권상노, 1978),

26) 왕흥사 : 부여의 부소산 자락에 있는 왕흥사는 법왕 2년(600)에 짓기 시작하여 아들 무왕 35년(634)에 완성되었다(『삼국사기』백제본기). 여기에 친절을 더하여 "그 절은 미륵사라고도 부른다(其寺亦名彌勒寺)"라고 『삼국유사』法王禁殺條에 적었다. 일제강점기에 부여군 규암면 신구리에서 '王興'이라 새긴 기와조각이 발견되었고, 2007년에는 이곳에서 "丁酉年二月/王昌 爲亡王/子立刹本舍/利二枚葬時/神化爲三"라 새긴 사리장엄구가 출토되었으니 왕흥사는 정유년(577, 위덕왕 24년)에 이미 창건되어 法燈을 이어온 사찰이었다. 이 절을 신앙이나 민간 차원에서 미륵사라고도 불렀던 모양이다. 부여의 왕흥사가 위치는 물론 창건연기가 다른 익산의 미륵사와 혼동/착오가

생길 소지는 없다. 지은이 일연은 미륵사 창건연기를 다 적은 뒤『삼국사기』에는 백제의 大刹 미륵사가 전혀 보이지 않아 미심쩍었든지 '(삼)국사(기)에는 왕흥사라 한다.' 풀어쓰면, '『삼국사기』에는 왕흥사라는 절만 있다.'고 적어두어 해결을 나중 사람에게 미루었다. 앞에서 보았듯이 '부여의 왕흥사를 미륵사라고도 부른다.'고 적어 '亦'에 방점을 둔 경우와 속뜻(含意)이 다르다.

27) 앞의『삼국사기』「백제본기」 기사를 가리킨다.

꼬리주

1) 최운식, <쫓겨난 여인 發福說話考>《한국민속학》6, 62쪽, 1973.

2) 後朝鮮武康王及妃雙陵(在郡西北五里許 俗呼武康王爲末通大王)

3) 《고려사》가 편찬된 시기(1451)는 《세종실록》(1454)보다 앞서지만 <세종실록지리지>는 1432년에 撰進된 《신찬팔도지리지》를 그대로 옮겨 실은 것이어서 내용적으로는 《고려사》보다 앞선다고 한다. 강민식(<서동설화의 생성과 전개>《선사와 고대》19, 376쪽, 2003.

4) 金馬郡 … 有彌勒山石城(諺傳 箕準始築 故謂之箕準城) 又有後朝鮮武康王及妃陵(俗號末通大王陵 一云 百濟武王小名薯童)

5) 다음 글에서 일연 자신이 <무강왕전설>을 <무왕전설>로 改竄해놓았다고 보았다. 사재동,<서동설화 연구>《장암지헌영선생화갑기념논총》900쪽, 1971. 송재주,<서동요의 형성연대에 대하여>, 같은 책, 980쪽.

6) 彌勒寺 在龍華山 世傳 武康王旣得人心立國馬韓 一日王與善花夫人欲幸獅子寺 至山下大池邊 …

7) 이 설도 정확한 것은 아니다. 뒤에서 다시 논하겠다.

8) 일연은 ≪삼국유사≫기이, 마한조에서 다음과 같이 쓰고 있다. "魏志云 魏滿擊朝鮮 朝鮮王準率宮人左右 越海而南至韓地 開國號馬韓"

9) 本馬韓國 後朝鮮箕準箕子四十一代孫也 衛滿之亂 浮海而南至韓地

10) 강민식(<서동설화의 생성과 전개>선사와 고대 19 376-377쪽)도 필자와 같은 견해를 피력하였다. 다만《신증동국여지승람》의 해당 기사는 "고려사의 기사에 삼국유사의 견해를 곁들인"것으로 보았으나 고려사의 '한편' 이하가 곧 삼국유사의 기록으로 보아야 한다.

11) 雙陵 在五金寺峯西數百步 高麗史云 後朝鮮武康王及妃陵也 俗號末通
    大王陵 一云 百濟武王小名薯童 末通卽薯童之轉

12) 온전히 쌍릉에 대해 쓴 글은 최완규, <익산 쌍릉의 재검토>《익산의
    선사와 고대문화》, 마한백제문화연구소, 2003이 있다.

13) 馬龍池 在五金寺南百餘步 世傳 薯童大王母築室處

14) 在報德城南 世傳 薯童事母至孝 堀薯蕷之地忽得五金 後爲王創寺其地
    因名焉

15) 서동요를 포함한 삼국유사 무왕조의 그것을 말할 때만 '서동요설화'
    라고 쓰겠다.

16) 최상수, 《한국민속학》, 통문관, 1984(초판 1958). 서대석은 이 자료
    를 편자의 윤색이 가해진 것이라고 지적하였다(<백제신화 연구>《백
    제논총》1, 52쪽, 1985. 다음 비판에 유의할 필요가 있다. "서동의 掘金
    地域을 '부여읍 궁남지' 근방에다 比擬해 보려는 획책들은 현대적 신
    판<서동요의 형성연대에 대하여> 역사화작업이라 할 수도 있겠다.
    이러한 전설·신화 내지 설화의 역사화경향이란 문헌기록에 대한 사
    료비판을 몰각하고 문헌비판을 소홀히 한 대로 그 기록대로를 盡信
    敷衍하려는 인간심리의 약점을 露呈하는 일면이라 하겠다." 송재주,
    960쪽. 異類交婚에 의한 서동의 탄생에 南池가 군이 필요조건은 아
    니다. 그것이 지룡을 등장시키기 위한 假想의 공간일진대 남지는 이
    야기꾼에 따라 궁남지가 될 수도 있고 마룡지도 될 수 있다. 1575년
    발간된《광주천자문》등에 의하면 '南'의 본래 訓이 '앞'이므로 그것
    은 막연히 마을=동네 앞의 못 즉 '앞못'에 가깝다.

17) 鞫廳罪人安世禎招曰: 淑正卽身同姓孽三寸也。 淑正家在於長通坊洞,

身或於松楸往返之際, 時時參尋之狀, 淑正家奴婢目覩, 而者斥阿只家在各洞, 身出入渠何以詳知乎?"

18)　教曰: "昨者受賀, 今日開講, 卽身敎元良之意也。"

19)　조경철, <백제 익산 미륵사 창건의 신앙적 배경>≪한국사상사학≫ 32, 10쪽, 2009.

20)　정진원, <익산 미륵사 서탑 금동사리봉안기에 대하여>, 2009년 6월 구결학회 월례발표회.

21)　일찍이 손진태는 이를 '견훤식 전설'이라고 명명하고 그 세계적 분포에 대하여 언급하였다(≪한국민족설화의 연구≫, 을유문화사, 1947). 서구에서는 '큐핏-사이킷형'으로 알려져 있다. 중국에서는 이러한 설화를 '노달치형', 일본에서는 '삼륜산형'이라고 부른다고 한다. 김균태, <한·중·일 야래자형 설화의 비교 연구>≪비교민속학≫26, 2004.

22)　서대석, 위글, 35쪽 . 김화경, <견훤 탄생담의 연구>≪설화와 역사 - 耳勤최래옥교수화갑기념논문집≫389쪽, 2000.

23)　현승환, 위글, 152쪽. 현승환, <서동설화와 무왕의 등극>≪설화와 역사 - 耳勤최래옥교수화갑기념논문집≫238쪽, 2000.

24)　성기열, <한·일설화 비교연구의 一例 - 온달·무왕계 설화와 '炭燒小五郞'의 경우 ->≪한국구비전승의 연구≫, 일조각, 1976. 현승환, <'내복에 산다'系 설화 연구> 제주대학교대학원 박사학귀논문, 1992의 제4장 '전파경로' 참조,

25)　송재주, <서동요의 형성연대에 대하여>≪장암지헌영선생화갑기념논총≫, 1971, 980쪽.

26)　최운식, <쫓겨난 여인 發福說話考>≪한국민속학≫6, 1973.

27) 현승환, 윗글, 1쪽.

28) 이인경, ≪'한국구비문학대계'소재 설화 해제≫356~357쪽, 민속원, 2008.

29) 현용준, ≪제주도신화≫, 서문당, 1976.

30) ≪한국구비문학대계≫4-6

31) 황인덕, <'내복에 먹고 산다'형 민담과 '삼공본풀이' 무가의 상관성> ≪어문연구≫18, 119쪽·123~124쪽, 1988, 충남대학교.,

32) 최운식, 앞글. 1973.

33) 나경수, ≪남도문화의 서막 마한신화≫, 91쪽, 민속원, 2009.

34) 손진태, 앞책, 1947.

35) 성기열, <한·일설화 비교연구의 一例>≪한국구비전승의 연구≫, 163쪽, 일조각, 1980(중판).

36) 임재해, <무왕형 설화의 유형적 성격과 여성의식>≪여성문제연구≫ 10, 효성여자대학교, 1981.
임재해, <온달형 설화의 유형적 성격과 부녀갈등>≪여성문제연구≫ 11, 효성여자대학교, 1982.

37) 나카자와 신이치(김옥희 역), ≪신화, 인류 最古의 철학≫, 동아시아, 2003.

38) 성기열, 앞글, 165~167쪽.

39) 최운식, <무왕설화의 정착 과정>≪민속학논총≫, 79쪽, 석주선교수 회갑기념논총간행위원회, 1971. 비슷한 論調로 현승환은 "서동설화 는 내복에 산다계 설화가 역사적 사실과 결부되어 다른 설화와 융합 하면서 전설화하여 전승되는 한 양상을 보여주는 것"이라 하였다. 현

승환, 앞글, 247쪽, 2000.

40) 강봉원, <백제 무왕과 '서동'의 관계 재검토 - 신라와 백제의 정치·군사적 관계를 중심으로>≪백산학보≫63, 2002.

41) 강민식, 앞글, 374쪽.

42) 김화경, <견훤 탄생담의 연구>, 앞책, 390쪽.

43) 노중국, <삼국유사 무왕조의 재검토 - 사비시대후기 백제지배체제와 관련하여>≪한국전통문화연구≫2, 2~6쪽, 효성여자대학교, 1986.

44) 윗글, 9쪽.

45) 왕력편이 일연과 무관하다는 견해는 다음 글에서 볼 수 있다. 이근직, <삼국유사 왕력의 편찬성격과 시기>≪한국사연구≫101, 1998.

46) 牧田諦亮, ≪六朝古逸 觀世音應驗記の研究≫60쪽, 平樂寺書店, 1970.

47) 김영태, <미륵사창건연기설화고>≪마한백제연구≫1, 1975.

48) 노중국, <백제 무왕과 지명법사> ≪한국사연구≫107, 1999. 홍윤식에 의하면 익산 금마면의 도금산에서는 금을 채굴하였다고 한다. 홍윤식, <익산 미륵사 창건과 선화공주의 역사적 의미> ≪대발견 사리장엄 미륵사의 재조명≫, 30쪽, 2009년 4월 24일 발표문.

49) 노중국, 윗글, 1999, 11쪽.

50) 홍윤식에 의하면 익산 금마면 도금산에서는 금을 채굴하였다고 한다. <익산 미륵사 창건과 선화공주의 역사적 의미> ≪대발견 사리장엄 미륵사의 재조명≫, 30쪽, 2009년 4월 24일 발표문.

51) 김주성, <백제 법왕과 무왕의 불교정책> ≪마한백제연구≫15, 50쪽, 2001.

52) 강봉원, 161쪽.

53) 김복순, <삼국의 諜報戰과 승려> ≪한국 고대불교사 연구≫, 민족사, 2002. 강민식도 동일인일 가능성이 있다고 보았다. 373쪽.

54) 노중국, 앞글, 22~23쪽, 1999. 문제의 字句는 '忽爾十霜 學旣得髓'로서 신라 지명스님의 17년 外遊 가운데 후반 7년은 백제에 있었을 것이라는 주장이 가당치 않다고 하였다.

55) 위와 같음.

56) 신종원, <안홍과 신라불국토설> ≪신라초기불교사연구≫, 민족사, 2001(2쇄).

57) 신종원, <삼국유사 양지사석조 주석> ≪고문화≫40・41, 1992.

58) ≪삼국유사≫ 탑상편, 황룡사구층탑.

59) 이내옥의 <미륵사와 서동설화> ≪역사학보≫188, 2005.

60) 홍윤식도 과부 薯童母가 상대한 池龍은 미륵경전에서 말하고 있는, 미륵하생이 가까워진 때 翅頭末城 가까이 사는 용왕이라고 하였다. 홍윤식, <익산 미륵사 창건과 선화공주의 역사적 의미>≪대발견 사리장엄 미륵사의 재조명≫, 2009년 4월 24일 발표문.

61) 조경철, <백제 익산 미륵사 창건의 신앙적 배경> ≪한국사상사학≫ 32, 28쪽, 2009.

62) 김상현, <백제 무왕대 불교계의 동향과 미륵사> ≪한국사학보≫37, 23쪽, 2009.

63) 홍윤식, 윗글, 34쪽.

64) 조경철, 윗글, 30쪽. 629년설은 己丑銘 기와로부터 유추한 彌勒寺完工年說이다(노중국, 1999). 이후 사리기가 나오자 조경철은 이보다

10년 뒤 두 번 째 창건을 상정하였다.

65) 홍윤식, 윗글.

66) 정진원, 앞글, 12쪽.

67) 이도학, 앞글, 241쪽.

68) 김수태, <백제 무왕대의 대신라 관계> ≪대발견 사리장엄 - 미륵사의 재조명≫76~77쪽, 마한백제문화연구소, 2009년 4월 24일 발표문.

69) ≪舍利弗問經≫(大正藏 No. 1645)에 이러한 내용이 나오며, ≪삼국유사≫의해, 진표전간조에도 이 經文을 인용하고 있다.

70) 김수태, <백제 무왕대의 미륵사 석탑 사리봉안> ≪익산 미륵사지 출토 유물에 대한 종합적 검토≫, 신라사학회, 2009년 3월 21일 발표문.

71) ≪삼국사기≫권27, 백제본기5, 무왕 39년.

72) 박현숙, <백제 무왕의 익산 경영과 미륵사> ≪익산 백제 미륵사지의 재발견≫, 2009년 5월 16일 발표문, 고려사학회 ; ≪한국사학보≫36, 2009에 재수록

73) 이도학, 앞글, 252쪽.

74) 현승환, 앞글. 162쪽, 1992.

75) 이내옥, 앞글, 39쪽.

76) 박현숙, 앞글, 48쪽.

77) 최근 것으로는 <미륵사지 서탑 출토 사리봉영기와 새로운 백제사 인식> ≪한국고대사연구≫106, 2022이 특집으로 실렸다. 이 글의 연구사 정리는 특집에 실린 박현숙, 「익산 미륵사지 출토 <금제사리봉영기> 연구의 쟁점과 과제 - 문헌사를 중심으로 - 」를 참조하였다.

78) 신종원, <사리봉안기를 통해 본 삼국유사 무왕조의 이해」 ≪익산 미

록사와 백제 - 서탑 사리봉안기 출현의 의의≫, 일지사, 2011.

79) 武王 원문은 이 책<원문과 역주>편에 있다.

80) 책쓴이가 현대어로 옮겨본 것임.

81) 일찍이 손진태는 이를 '견훤식 전설'이라고 이름 붙여 그 세계적 분
포에 대하여 언급하였다(『한국민족설화의 연구』, 을유문화사, 1947).
서구에서는 '큐핏-사이킷형'으로 알려져 있다. 중국에서는 이러한 설
화를 '노달치(누르하치)형', 일본에서는 '三輪山型'이라고 부른다. 김
균태, <한·중·일 야래자형 설화의 비교 연구> ≪비교민속학≫ 26,
2004 참조.

82) 제3공주가 나온 까닭을 "진평왕에게 後嗣가 없었다."고 보기도 한다.
윤영옥, ≪신라시가의 연구≫ 152쪽, 형설출판사, 1996 .

83) 한국정신문화연구원, ≪한국구비문학대계≫ 4-6, 1980.

84) 나카자와 신이치(김옥희 역), ≪신화, 인류 最古의 철학≫, 동아시아,
2003.

85) "서동이 마를 캐던 곳에 금이 흙더미처럼 쌓여있다는 것도 역사적 사
실일 가능성이 높다. 지금도 익산의 인접 지역인 김제시 금구면 오봉
리에는 채금하던 곳이 수십 곳이 남아있고, 겨울철에는 沙金을 채취
하고 있다." 변종현, <서동설화의 기록화 양상 연구> ≪배달말≫ 47,
17쪽, 2010.

86) 정렬모는 '서나'라고 불렀을 것으로 추정하였다. ≪향가연구≫, 사회
과학원출판사, 104쪽, 1965.

87) "毅宗十六年五月, 官婢善花, 與一孕婦爭豆粟, 殺之, 配紫燕島." 같은
기사가 世家 권18, 5월 23일 및 『高麗史節要』에도 나온다.

88) 한국학중앙연구원, 『디지털거창문화대전』, 2015년 9월~2017년 8월
까지 사업. 2017년부터 누리집에서 제공.

89) 한국학중앙연구원, ≪한국민족문화대백과사전≫, 강원도 동해시 해
안로 120(용정동 502-2). 2016년 동국대학교 황인규 교수 집필. 취우
령 설화와 함께 이 설화는 신종원, <선화공주·지증왕비 사료읽기에
참고되는 구술자료 소개>≪신라사학보≫ 50, 2020에 실린 바 있음.

90) M. 엘리아데(정진홍 역), ≪우주와 역사 - 영원회귀의 신화≫, 1976.
이 책의 일부 <Myth and History>를 인용하였으나 원문과 대조하여
일부 표현을 바꾼 데도 있다.

91) 변종현, 앞의 글, 19쪽.

92) 이장웅, <신라 진평왕 시기 백제 관계와 서동 설화> ≪신라사학보≫
44, 248~ 249쪽, 2018,

93) 송재주, <서동요의 형성연대에 대하여> ≪장암지헌영선생화갑기념
논총≫ 960쪽, 1971.

94) 김열규, <삼국유사의 신화론적인 문제점> ≪신라문화 - 신라문화제
학술회의논문집≫ 1, 1980.

95) 1/ 竊以 法王出世 隨機赴感 應物現身 如水中月   2/ 是以 託生王宮
示滅雙樹 遺形八斛 利益三千
3 / 遂使 光耀五色 行遶七遍 神通變化 不可思議   4 / 我百濟王后 佐
平沙乇積德女 種善因於曠劫 受勝報於今生
5 / 撫育萬民 棟梁三寶 故能 謹捨淨財 造立伽藍   6 / 以己亥年正月
十九日 奉迎舍利
7 / 願使 世世供養 劫劫無盡 用此善根   8 / 仰資 大王陛下 年壽與山

岳齊固 寶曆共天地同久 上弘正法 下化蒼生

9 / 又願 王后卽身 心同水鏡 照法界而恒明 身若金剛 等虛空耳不滅

10 / 七世久遠 並蒙福利 凡是有心 俱成佛道

96) "무왕조를 대상으로 과거 자신의 견해를 발표한 적이 있는 연구자 가운데 봉안기(사리기)를 다루면서도 어느 누구도 기존의 주장을 시원하게 포기하거나 수정한 사례가 달리 없다". 주보돈, <미륵사지 출토 사리봉안기와 백제의 왕비> ≪백제학보≫7, 48쪽, 2012.

97) 노중국, ≪백제사회사상사≫424~425쪽, 지식산업사, 2010.

98) 이현주, <신라 선화공주의 역사적 실재와 역할> ≪사림≫ 70, 76쪽, 2019.

99) 문경현, ≪신라사학보≫ 19, 298쪽, 2010. 다음 논문에서는 무왕의 왕비가 4명일 가능성까지 점쳤다. 김수태, <백제 무왕대의 미륵사 서탑 사리 봉안> ≪신라사학보≫16, 11~13쪽, 2009.

100) 변종현, 앞의 글, 22쪽.

101) 이내옥, <미륵사와 서동설화> ≪역사학보≫ 188, 41쪽, 2005.

102) 위의 글, 42쪽.

103) 최연식은 다음과 같이 말했다. "미륵사 서원 석탑의 사리봉안기 내용 중에는 미륵사 건립에 무왕의 왕비가 참여하고 있음이 기록되어 있는데, 이는 삼국유사의 기록이 역사적 사실을 반영하였음을 입증하는 것이라 할 수 있다." 2012, <미륵사 창건의 역사적 배경> ≪한국사연구≫159, 4쪽, 2012.

104) M. 엘리아데(정진홍 역), 앞의 책, 75쪽.

105) 다행히 2023년 '향가독회'가 발족되어 학제적 모임이 이루어졌다.

이 글도 독회에 동참하여 얻은 지식이 발단이 된 것으로서 권인한 교수의 도움이 컸다. 이 글은 2024년 3월 9일 향가독회에서 발표한 내용을 보충한 것이다.

106) 개인이 인터넷에 올린 글 하나를 예로 들겠다. "오늘은 우리나라 최초의 향가 서동요 해석 및 배경설화를 핵심정리로 요약해서 알려드리도록 하겠습니다." blog.naver.com/jongguns

107) 최범훈, <참요연구> 《한국문화연구》 창간호, 경기대학교, 1984.

108) 사재동은 서동설화의 주인공을 두고 "무왕·동성왕보다는 무녕왕에 맞대어질 것 같다."고 했지만, 지헌영 선생의 '탁견'에 기대어 '고려 초 이후에 정착'되었다고 논했다. <서동설화 연구> 《장암지헌영선생화갑기념논총』 947·950쪽, 1971. 이후 "<무왕>조의 古本을 하한선으로 하여 형성·유전된 작자·연대미상의 가요"라고 했다. 사재동, <서동요의 문학적 고찰> 《향가연구 1》 224쪽, 태학사, 1998.

109) 송재주, <서동요의 형성연대에 대하여> 《장암지헌영선생화갑기념논총》, 975~ 979쪽, 1971.

110) 금기창, 《신라문학에 있어서의 향가론》, 태학사, 160~161쪽, 1993.

111) 남풍현, <中古한국어의 문법 개관> 《구결연구》 27, 7쪽, 2011. 남풍현, 「삼국유사의 향가와 균여전 향가의 문법 비교」 《구결연구》 28, 2012.

112) 박노준, 《신라가요의 연구》(3판), 열화당, 1989.

113) 『삼국유사』, 의해, 양지사석.

114) 『삼국유사』, 감통, 욱면비염불서승.

115) 신종원, 『선화공주·지증왕비 사료읽기에 참고되는 구술자료 소개 』≪신라사학보≫ 50, 2020에 소개한 바 있는데 연구자들이 눈여겨 보지 않은 듯하다.

116) 한국학중앙연구원, ≪한국구비문학대계 5-13, 전라북도 익산시≫ 246쪽, 도서출판 역락, 2017에 선화공주 자료가 넷 실려 있으나 나머지 셋은 ≪삼국유사≫ 무왕조의 아류로 보이므로 제외함. 신종원, 위의 글, 2020에 소개한 바 있다.

117) [개설] 전라북도 익산시 성당면 대선리 회선마을에서 채록된 「선화공주」는 익산에만 전하는 지역 민요로서, '서동요'라 부르기도 한다. 익산 지역에 전승되는 '선화공주와 서동' 설화를 활용해서 창작된 민요로 보인다. 현재 전하는 「선화공주」는 1절과 2절로 구성되어 있는데, 본래는 3절로 된 노래였다고 한다. 1절 내용은 향가 「서동요」 와 거의 비슷하고, 2절은 선화공주를 향한 서동의 사랑을 노래하고 있다. [채록/수집 상황] 이증수는 1985년에 전라북도 무형문화재 제1호인 「익산목발노래」의 보존회에 입문하여 예능보유자인 박갑근에게 「선화공주」를 배웠다. (디지털익산문화대전)

118) 小倉進平, ≪鄕歌および吏讀の硏究≫, 京城帝國大學, 191쪽, 1929,.

119) 양주동, ≪增訂 古歌硏究≫, 452쪽, 일조각, 1968.

120) 홍기문, ≪향가해석≫ 235쪽,, 조선과학원, 1956 ; 여강출판사. 1990,

121) 정렬모, ≪향가연구≫103·115쪽, 사회과학원출판사, 1965,

122) 서재극, <서동요의 문법> ≪청계김사엽박사송수기념논총≫ 264쪽, 1973. 이 글에는 별다른 설명 없이 부록으로 「삼공본풀이」를 실어

두었다. 정우영(「서동요 해독의 쟁점에 대한 검토」≪국어국문학≫ 147, 학문사, 2007)도 卵으로 보았으나 어쩐 알인지에 대해서는 유보하였다.

123) 홍재걸, ≪한국고시율격연구≫ 139쪽, 태학사, 1983.

124) 김문태, <서동요와 서사문맥> ≪삼국유사의 시가와 서사문맥 연구≫, 태학사, 1995.

125) 김완진, ≪향가해독법연구≫ 96쪽, 서울대학교출판부, 1980.

126) 황인덕, <서동요의 '알(卵)' 해석 재론> ≪한국언어문학≫ 61, 2007.

127) 민찬,. 「서동요 해독 및 해석의 관점」≪한국문화≫23, 2004. 민찬은 윗글 82쪽에서 참요설이 생성되는 까닭과 이후의 동참자들을 열거하고 있다. 김문태가 '呪詞'라고 이름 지은 것도 같은 범주에 들어간다. 문경현은 "신라 서울에 올라와 讖緯 기능을 이용, 固所願하던 선화공주를 백제에 데려왔다."고 했다. 문경현, 「백제 무왕과 선화공주고」≪신라사학보≫ 19, 318쪽, 2010. 김영수(<사리봉안기의 출현과 서동요 해석의 시각> ≪익산 미륵사와 백제≫ 142~143쪽, 2011) 또한 참요로 보았다. 임주탁·이소영은 서동요를 동요의 징험을 믿게 된 '요참(謠讖)'이라고 이름 지었다. 이들 공동필자는 '夗'을 卵의 俗字로 읽고 황금을 뜻한다고 하였다. 임주탁·이소영, <무왕 서사의 맥락과 서동요의 함의> <<우리문학연구>> 81, 2024.

128) 윤철중의 말을 빌겠다. "群童을 모아 동요를 퍼뜨리는 眞意에 위배되는 - 건너뜀 - 동요의 문맥은 이와 같이 평이하고 순하고 재미가 있는 것이라야 하는 것이지, 억지로 뜻을 돌려서 노래해놓고는 아이들에게 새겨서 들어달라고 강요할 겨를이 없다." <서동요의 신고찰

- '卯乙抱遣'에 대한 새로운 해석> ≪반교어문논집≫ 6. 1995.

129) 서재극, 앞의 글, 265쪽.

130) 고정의, <서동요 해독의 재검토> ≪인문논총≫ 15, 울산대학교, 1998.

131) '(어디서) 굴러먹다'라는 말에서 그 존재를 확인한다.

132) 심재기, <서동요 해석 존의> ≪국어국문학논총Ⅲ≫, 탑출판사, 1998.

133) 금기창, ≪신라문학에 있어서의 향가론≫, 태학사, 166~167쪽, 1993.

134) 윤철중, 앞의 글. 가난뱅이·주정뱅이 같은 사례의 '뱅=방(房)'으로 보았다.

135) 정렬모는 6 구체를 언급하였다. "이 노래의 형식은 4 음조 6 구로서 전 3구, 후 3구의 두 구성 부분을 가지고 있다." 앞의 책, 119쪽.

136) 예를 들면 이런 것이다. "그것은 엄연한 '아포리즘' 곧 警句다. 세상 사람들 염통에 쓰리게 꽃힐 화살 같은 경구다." 김열규,『산에 마음 기대고 / 바다에 영혼 맡기면』85쪽, 좋은수필사, 2009.

137) 박지현,「미륵사의 창건 주체에 관하여 - 주요 쟁점 검토를 중심으로」『한국고대사연구』106, 69쪽, 2022.

138) 한국정신문화연구원,『한국구비문학대계 2-8, 강원도 영월군』465~468쪽, 1986. 1983년 5월 16일, 제보자 고근록(남, 71살), 김선풍 조사.

139) 한국구비문학대계(https://gubi.aks.ac.kr/web/TitleList.asp)

참고문헌

1. 국내 사료 (편찬순)

《月光寺 圓朗禪師 塔碑》,《三國史記》,《海東高僧傳》,《三國遺事》,《東明王篇》,《帝王韻紀》,《慶尙道地理志》,《太宗恭定大王實錄》,《高麗史》,《高麗史節要》,《世宗莊憲大王實錄》,《世宗莊憲大王實錄地理志》,《月印釋譜》,《三國史節要》,《東文選》,《東國通鑑》,《成宗大王實錄》,《時用鄕樂譜》,《新增東國輿地勝覽》,《光州千字文》,《商山誌》,《肅宗大王實錄》,《輿地圖書》,《英宗大王實錄》,《增補文獻備考》,《大東地志》,《湖西邑誌》,《朝鮮地誌資料》(국립중앙도서관 소장),《江原道誌》3

2. 외국 사료 (편찬순)

《漢書》,《三國志》〈魏志〉東夷傳,《隋書》,《北史》,《通典》,《萬葉集》,《舊唐書》,《冊府元龜》,《新唐書》,《資治通鑑》,《資治通鑑外紀》, 古本《竹書紀年》,《魏略》

3. 지도 (편찬순)

〈牧場地圖〉, 국립중앙도서관 소장.
〈咸鏡北道〉(奎12419),《朝鮮八道地圖》, 서울대학교 규장각 한국학연구원 소장.
金正浩,〈大東輿地圖〉.
陸地測量部 編,〈玉山洞〉(도엽번호 193),《朝鮮地形圖》, 1914(大正 3年).

4. 불경 (편찬순)

《妙法蓮華經》,《佛說太子瑞應本起經》,《舍利弗問經》,《過去現在因果經》,
《雜寶藏經》,《高麗大藏經》,《大正新修大藏經》(약칭 大正藏)

5. 언론 (창간순)

《東亞日報》,《新東亞》,《高麗時報》,《서울신문》,《東大新聞》,《釜大新聞》,
《한국일보》,《週刊京鄉》

6. 개인 또는 단체가 저작한 사서 및 문집 (遺稿 포함)

李奎報(1168~1241),《東國李相國集》.

李穡(1328~1396),《牧隱文藁》.

金宗直(1431~1492),《佔畢齋集》.

權文海(1534~1591),《大東韻府群玉》.

李德弘(1541~1596),《艮齋集》.

李大期(1551~1628),《白翎島誌》.

孫起陽(1559~1617),《鰲漢先生文集》.

李植(1584~1647),《澤堂先生集》.

權鼈(1589~1671),《海東雜錄》.

雪岩 秋鵬(1651~1706),《妙香山誌》.

安鼎福(1712~1791),《東史綱目》.

李養吾(1737~1811),《磻溪集》.

朝鮮光文會,《東京雜記》, 1913.

李承熙(1847~1916),《韓溪遺稿》.

崔浚(1884~1970),《東京通志》, 1933.

鄭源鎬,《嶠南誌》, 1940.

7. 국내 단행본·학술지·보고서·잡지 (가나다순)

姜仁求 외 4인,《(韓國精神文化研究院)譯註 三國遺事》Ⅰ·Ⅱ, 以會文化社,
    2002.

강인숙,《고대건국신화와 전설》, 교육도서출판사, 1987.

開校八十周年記念論叢 編纂委員會,《佛敎와 諸科學》(開校八十周年記念
    論叢), 東國大學校 出版部, 1987.

慶州郡·東國大學校 新羅文化研究所 共編,《新羅文武大王》, 慶州郡,
    1994.

慶州市·新羅文化宣揚會,《新羅文化祭學術發表會論文集》1(三國遺事의 新
    硏究), 書景文化社, 1980.

慶州市·新羅文化宣揚會,《新羅文化祭學術發表會論文集》11(三國遺事의
    現場的 硏究), 書景文化社, 1990.

慶州市·新羅文化宣揚會,《新羅文化祭學術發表會論文集》12(新羅思想의
    再照明), 書景文化社, 1991.

慶州市·新羅文化宣揚會,《新羅文化祭學術發表會論文集》17(新羅와 狼
    山), 東國大學校 新羅文化研究所, 1996.

고려대학교 민족문화연구원,《고려대 한국어대사전》, 2009.

高麗大學校 亞細亞問題研究所 六堂全集編纂委員會 編,《六堂 崔南善 全
    集》2, 玄岩社, 1973.

高柄翊先生回甲紀念私學論叢刊行委員會 編,《歷史와 人間의 對應》(韓國

史篇), 한울, 1985.

고성군,《고성군 금구도(金龜島;草島)의 고고·역사와 전승설화》, 2008.

高裕燮,《高裕燮全集》4, 通文館, 1993.

곽진석, ≪시베리아 고아시아족 신화론≫, 주류성, 2021.

國立慶州文化財研究所·慶州市,《感恩寺 發掘調査報告書》, 1977.

국립문화재연구소,《감은사지 동 삼층석탑 사리장엄》, 2000.

국립민속박물관 편집부,《한국 민속문화의 탐구》, 국립민속박물관, 1996.

國立全州博物館,《扶安 竹幕洞 祭祀遺蹟》, 1994.

國立全州博物館,《扶安 竹幕洞 祭祀遺蹟 硏究》(開館五周年紀念 學術심포
　　　　지움 論文集), 1998.

국립해양조사원,《해양지명 조사》, 2007.

국사편찬위원회 편집부,《한국사》1(총설), 국사편찬위원회, 2002.

국어국문학회 편,《향가 연구》, 태학사, 1998.

국토해양부 국토지리정보원,《한국지명유래집》[경상편], 2011.

權悳永,《古代韓中外交史 -遺唐使硏究-》, 一潮閣, 1997.

權相老 譯解,『三國遺事』, 동서문화사, 1978.

琴基昌,《新羅文學에 있어서의 鄕歌論》, 太學士, 1993.

金剛山,《虎食葬》, 太白文化院 附設 太白鄕土史硏究所, 1988.

金基淜 編輯,《慶州金氏文簡公派多山世譜》, 慶州金氏文簡公派多山世譜
　　　　所, 1991.

김도현 외 5인,《산멕이》, 민속원, 2021.

金東旭,《韓國歌謠의 硏究》, 乙酉文化社, 1961.

金杜珍,《韓國古代의 建國神話와 祭儀》, 一潮閣, 1999.

金文泰,《『三國遺事』의 詩歌와 敍事文脈 硏究》, 太學士, 1995.

金福順,《한국 고대불교사 연구》, 民族社, 2002.

金富軾, 金鍾權 譯,《完譯 三國史記》, 先進文化社, 1969.

김부식, 이강래 옮김,《삼국사기》Ⅰ, 한길사, 1998.

金富軾, 李載浩 譯,《三國史記》, 養賢閣, 1983.

金庠基,《東方史論叢》, 서울大學校 出版部, 1974.

김상기,《韓國全史 高麗時代史》, 東國文化社, 1961.

김상현,《신라의 사상과 문화》, 一志社, 1999.

金善豊,《韓國口碑文學大系》2-8, 韓國精神文化硏究院, 1986.

金成煥,《高麗時代의 檀君傳承과 認識》, 景仁文化社, 2002.

金壽泰,《新羅中代 政治史硏究》, 一潮閣, 1996.

김열규,《산에 마음 기대고 바다에 영혼 맡기면》, 좋은수필사, 2009.

김열규,《아흔 즈음에 -우리 시대 인문학자 김열규의 마지막 사색-》,
         Humanist, 2014.

김열규,《한국인의 자서전》, 웅진지식하우스, 2006.

金完鎭,《향가해독법연구》, 서울大學校 出版部, 1980.

김익두·김월덕·허정주,《증편 한국구비문학대계》5-13(전라북도 익산시),
         한국학중앙연구원, 역락, 2017.

金貞培,《韓國民族文化의 起源》, 高麗大學校 出版部, 1973.

김태곤,《동신당》, 대원사, 1992.

金泰坤,《韓國巫神圖》, 열화당, 1989.

金泰坤,《韓國民間信仰硏究》, 集文堂, 1983.

金載元·尹武炳,《感恩寺》(國立博物館 特別調査報告 第2冊), 乙酉文化社,

1961.

김종성 편,《산과 우리문화》, 수문출판사, 2002.

김지남 외 6인,《조선시대 선비들의 백두산 답사기》, 혜안, 1998.

金學範·張東洙,《마을숲 -韓國傳統部落의 堂숲과 水口막이-》, 열화당, 1994.

김현양 외 3인,《譯註 殊異傳逸文》, 박이정, 1996.

나경수,《남도문화의 서막 마한신화》, 민속원, 2009.

羅鐘宇,《韓國中世對日交涉史研究》, 圓光大學校 出版局, 1996.

나카자와 신이치(中沢新一), 김옥희 옮김,《곰에서 왕으로 -국가, 그리고 야만의 탄생-》, 동아시아, 2003.

나카자와 신이치(中沢新一), 김옥희 옮김,《신화, 인류 최고(最古)의 철학》, 동아시아, 2003.

남천우,《유물의 재발견》, 학고재, 1997.

노중국,《백제사회사상사》, 지식산업사, 2010.

노태돈 편저,《단군과 고조선사》, 사계절, 2000.

대한불교진흥원 편집부,《불모산 성주사》, 대한불교진흥원, 2010.

도수희,《한국지명 연구》, 이회문화사, 1999.

東國大慶州캠퍼스博物館,《新羅狼山 遺蹟調査》, 1985.

東國大學校 博物館,《佛教美術》10(特輯·韓國寺址發掘調査), 1991.

東國大學校佛教全書編纂委員會,《韓國佛教全書》9(朝鮮時代篇 3), 東國大學校 出版部. 1988.

東方思想論叢委員會 編,《東方思想論叢》(李鍾益博士學位紀念論文集), 寶連閣, 1975.

동북아역사재단·북방사연구소 편,《고조선의 언어계통 연구》, 동북아역
    사재단, 2018.

동북아역사재단 한국외교사편찬위원회,《한국의 대외관계와 외교사》(고
    대 편), 동북아역사재단, 2019.

리상호 옮김,《國譯 삼국유사》, 신서원, 1960.

리지린 외,《고조선에 관한 토론 론문집》, 과학원출판사, 1963.

마한·백제문화연구소,《益山의 先史와 古代文化》, 익산시, 2003.

文暻鉉,《新羅史硏究》, 경북대학교 출판부, 1983.

文一平,《湖岩全集》3(史譚·隨筆篇), 朝鮮日報社 出版部, 1939.

文一平,《花下漫筆》(三星文化文庫19), 三星美術文化財團, 1972.

미셀 파스투로, 주나미 옮김,《곰, 몰락한 왕의 역사》, 오롯, 2014.

彌天睦楨培博士恩法學人會,《未來佛教의 向方》(彌天睦楨培博士華甲記
    念論叢), 藏經閣, 1997.

박경철·신종원 외 4인,《동북아시아 선사 및 고대사 연구의 방향》, 학연
    문화사, 2004.

朴桂弘,《韓國口碑文學大系》4-6, 韓國精神文化研究院, 1984.

朴魯埻,《新羅歌謠의 研究》(3판), 悅話堂, 1989(초판 1982).

朴容淑,《神話體系로 본 韓國美術論》, 一志社, 1975.

白南雲,《朝鮮社會經濟史》, 改造社, 1933.

卞麟錫,《白江口戰爭과 百濟·倭 관계 : 일본의 기존학설에 대한 재조명》,
    한울, 1994.

부천문화원,《부천문화 향토자료집 마을誌 : 범박동(계수동·함박동), 역
    곡3동(괴안동 일부·옥련동)》, 2011.

佛教文化研究所 編,《韓國密教思想研究》, 東國大學校 出版部, 1986.

사단법인 동안이승휴사상선양회 편,《한국고대사 사료로서의 제왕운기》, 세창출판사, 2019.

史学研究会,《史林》7-3·4, 京都帝国大學, 1922.

史学研究会,《史林》8-1·2·3·4, 京都帝国大学, 1923.

사회과학원,《팔만대장경 해제》8, 사회과학출판사, 1992.

서거정, 박홍갑 역,《필원잡기(筆苑雜記)》, 지만지고전천줄, 2009.

서영교,《羅唐戰爭史 硏究 –약자가 선택한 전쟁》, 아세아문화사, 2006.

서영대 편,《북한학계의 단군신화 연구》, 백산자료원, 1995.

서철원,《삼국유사 속 시공과 세상》, 지식과교양, 2022.

石宙善教授回甲紀念論叢 刊行委員會,《石宙善教授回甲紀念 民俗學論 叢》, 1971.

成耆說,《韓國口碑傳承의 硏究》, 一潮閣, 1976.

成耆說,《韓國口碑傳承의 硏究》, 一潮閣, 1980(중판).

孫晉泰,《孫晉泰先生全集》3, 太學社, 1981.

손진태,《우리의 민속과 역사》(남창 손진태선생 유고집 2), 고려대학교박 물관, 2002.

孫晋泰,《孫晋泰先生全集》3, 太學士, 1981.

孫晋泰,《朝鮮民譚集》, 鄉土研究社, 1930.

孫晋泰,《朝鮮民族文化의 研究》(朝鮮文化叢書 第5輯), 乙酉文化社, 1948.

孫晋泰,《朝鮮民族說話의 研究 -民族說話의 文化史的 研究-》, 乙酉文化 社, 1947.

宋芳松,《韓國音樂通史》, 一潮閣, 1984.

송하 이종출박사 화갑기념논문집간행위원회 편,《송하 이종출박사 화갑
        기념논문집》, 태학사, 1989.

水邨朴永錫敎授 華甲紀念 論叢刊行委員會,《水邨朴永錫敎授 華甲紀念
        韓國史學論叢》上, 探求堂, 1992.

시흥문화원,《시흥 군자봉 성황제 발표 논문집》, 2004년 10월 23일.

신라 천년의 역사와 문화 편찬위원회,《신라 천년의 역사와 문화》12(신라
        의 대외관계와 국제교류), 경상북도, 2016.

신익철,《옛 선비의 풍류놀이와 유산 문화》, 민속원, 2022.

신종원,《삼국유사 깊이 읽기》, 주류성, 2019.

신종원,《삼국유사 새로 읽기》(1), 일지사, 2004.

辛鍾遠,《新羅初期佛敎史硏究》, 民族社, 1992.

신종원,《신라초기불교사연구》, 민족사, 2001(2쇄).

신종원 엮음,《강원도 땅이름의 참모습 -《朝鮮地誌資料》江原道篇-》, 景
        仁文化社, 2007.

신종원 외 4인,《고구려의 역사와 대외관계》, 서경문화사, 2006.

신종원,《한국 대왕신앙의 역사와 현장》, 일지사, 2008.

辛兌鉉,《三國史記地理志의 硏究》, 宇鍾社, 1958.

安在鴻,《白頭山登陟記》, 流星社, 1931.

안재홍, 정민 역,《정민 교수가 풀어 읽은 백두산 등척기》, 해냄, 2010.

安在鴻,《朝鮮上古史鑑》下卷, 民友社, 1948.

楊紹兼,《金石異體字典》, 미술문화원, 1984.

양양문화원,《襄陽의 땅이름》, 대양출판사, 1995.

梁柱東,《增訂 古歌硏究》, 一潮閣, 1965(초판).

梁柱東,《增訂 古歌硏究》, 一潮閣, 1968(재판).

M. 엘리아데, 鄭鎭弘 譯,《宇宙와 歷史 -永遠回歸의 神話-》, 現代思想社, 1976.

歷史學會 編,《韓國古代의 國家와 社會》, 一潮閣, 1985.

연세대학교 언어정보개발연구원,《연세 한국어사전》, 두산동아, 1998.

吳相陳 編著,《白翎島 : 우리는 이 섬을 지켜야 산다》, 샘터사, 1979.

울진문화원,《울진을 이야기하다》(비매품), 2020.

월간산 편집부,《山》576, 조선뉴스프레스, 2017년 10월호.

柳東植,《韓國巫敎의 歷史와 構造》(2판), 延世大學校 出版部, 1978(초판 1975).

柳得恭, 金允朝·金鍾泰·金成愛 校點,『古芸堂筆記』(校勘標點), 한국고전 번역원, 2020.

柳增善,《嶺南의 傳說》, 螢雪出版社, 1971.

유홍준,《나의 문화유산답사기》1(남도답사 일번지), 창비, 1993.

윤구병,《내 생애 첫 우리말》, 천년의상상, 2016.

尹武炳博士 回甲紀念 論叢刊行委員會 編,《尹武炳博士 回甲紀念論叢》, 通川文化社, 1984.

尹烈秀,〈山神圖의 類型과 女性山神圖〉,《古文化》53, 1999.

윤열수,《산신도》, 대원사, 1998.

尹榮玉,《新羅詩歌의 硏究》, 螢雪出版社, 1996.

윤이흠 외,《檀君 그 이해와 자료》(증보판), 서울대학교 출판부, 2001(초판 1994).

尹徹重,《韓國渡來神話硏究》, 백산자료원, 1997.

이가원,《조선 호랑이 이야기》, 학민사, 1993.

李康來,《三國史記 典據論》, 民族社, 1996.

李奎報·李承休, 朴斗抱 譯,《東明王篇·帝王韻紀》, 乙酉文化社, 1974.

耳勤崔來沃博士華甲紀念論文集 刊行委員会,《說話와 歷史 : 耳勤崔來沃
　　　　教授華甲紀念論文集》, 集文堂, 2000.

李基東,《新羅骨品制社會와 花郞徒》, 韓國硏究院, 1980.

李基白先生古稀紀念 韓國史學論叢刊行委員會,《李基白先生古稀紀念 韓
　　　　國史學論叢》上(古代篇·高麗時代篇), 一潮閣, 1994.

李基白 編,《檀君神話論集》, 새문社, 1988.

李基白,《韓國史學의 方向》, 一潮閣, 1978.

李能和, 李在崑 옮김,《朝鮮巫俗考》, 東文選, 1991.

李能和,《朝鮮佛教通史》, 新文館, 1918.

李丙燾,《國譯 三國史記》, 乙酉文化社, 1980.

李丙燾,《新修 國史大觀》, 普文閣, 1955.

李丙燾,《譯註幷原文 三國遺事》, 廣曺出版社, 1975.

李丙燾,《(原文 幷 譯註)三國遺事》, 東國文化社, 1956.

李丙燾,《韓國古代史硏究》, 博英社, 1976.

이성규·신종원 외 4인,《동북아시아 선사 및 고대사 연구의 방향》, 학연
　　　　문화사, 2004.

任東權,《韓國民俗學論攷》, 宣明文化社, 1971.

李泳澤,《韓國의 地名 -韓國地名의 地理歷史的 考察-》, 圖書出版 太平洋,
　　　　1986.

이왕무 외 3인,《譯註 勘界事謄錄》, 동북아역사재단, 2008.

이용범 외 5인,《가야진·가야진사·가야진 용신제》, 민속원, 2018.

李有壽,《蔚山地名史》, 蔚山文化院, 1986.

李殷相,《鷺山文選》, 永昌書館, 1958.

이인경,《『韓國口碑文學大系』소재 설화 해제》, 민속원, 2008.

李載浩 譯,《三國遺事》(상·하), 광문출판사, 1967.

이정재,《동북아의 곰문화와 곰신화》, 민속원, 1997.

二靜 鄭然粲先生 回甲紀念論叢刊行委員會 編,《二靜 鄭然粲先生 回甲紀
念 國語國文學論叢》Ⅲ(國語學 一般), 塔出版社, 1989.

李鍾旭,《古朝鮮史研究》, 一潮閣, 1993.

이필영,《마을신앙의 사회사》, 웅진출판, 1994.

이하석,《삼국유사의 현장기행》, 문예산책, 1995.

李海南博士華甲記念 史學論叢 編輯委員會,《李海南博士華甲記念 史學論
叢》, 一潮閣, 1970.

이형석,《효의 고장·신비의 섬 백령도 : 대청도·소청도》, 財團法人 嘉川
文化財團, 2000.

李弘稙博士回甲紀念 論文集刊行委員會,《李弘稙博士回甲紀念 韓國私學
論叢》, 新丘文化史, 1969.

李弘稙,《韓國古代史의 研究》, 新丘文化社, 1971.

이희승 편,《국어대사전》, 민중서관, 1976.

麟蹄郡·江原大學校 博物館,《(整備·補修를 위한)麟蹄 甲屯里 一帶 石塔
調査報告書》, 1996.

任東權,《韓國民俗學論考》, 集文堂, 1975.

임동권,《한국의 민담》, 서문당, 1972.

任晳宰,《任晳宰全集6 韓國口傳說話》(忠淸北道·忠淸南道 篇), 평민사, 1990.

임학성 외 5인,《譯註 仁川島嶼地域의 地誌資料》, 인천광역시 역사자료관, 2010.

張師勛,《增補 韓國音樂史》, 世光音樂出版社, 1994.

藏菴池憲英先生華甲紀念論叢刊行會,《藏菴池憲英先生華甲紀念論叢》, 湖西文化社, 1971.

장주근,《한국민족문화대백과사전》28, 한국정신문화연구원, 1995.

장주근,《한국의 향토신앙》, 을유문화사, 1979.

전북대 인문학연구소,《동북아 샤머니즘 문화》, 소명출판, 2000.

정구복 외 4인,《역주 삼국사기》3, 한국학중앙연구원 출판부, 2012.

鄭求福,《韓國中世史學史(Ⅰ)》, 集文堂, 1999.

정렬모,《향가연구》, 사회과학원출판사, 1965.

鄭尙朴·柳鍾穆,《韓國口碑文學大系》8-12, 韓國精神文化硏究院, 1986.

정승석 편저,《고려대장경해제》1·3, 고려대장경연구소, 1998.

정재윤·신종원 외 4인,《익산 미륵사와 백제 : 서탑 사리봉안기 출현의 의의》, 일지사, 2011.

제임스 조지 프레이저, 박규태 옮김,《황금가지》1·2, 을유문화사, 2021.

제주문화원·제주시,《濟州市 옛 地名》, 1996.

趙東一,《人物傳說의 意味와 機能》, 嶺南大學校 民族文化研究所, 1979.

조명래·서태숙,《팔공산 지명유래》, 다산미디어, 2021.

조용진,《東洋畵 읽는 법》, 集文堂, 1989.

曺喜烈 編,《尙州地名總覽》, 文昌社·尙州文化院, 2002.

주보돈,《김춘추와 그의 사람들》, 지식산업사, 2018.

震山韓基斗博士 華甲紀念 論文集 刊行委員會,《韓國宗教思想의 再照明》
         (上), 圓光大學校出版局, 1993.

蔡濟恭, 양기정·김정기 역,《樊巖集(번암집)》9, 한국고전번역원, 2021.

千寬宇,《古朝鮮史·三韓史硏究》, 一潮閣, 1989.

淸溪 金思燁博士 頌壽記念論叢刊行委員會,《淸溪 金思燁博士 頌壽紀念
         論叢》, 學文社, 1973.

蕉雨黃壽永博士 古稀紀念論叢 刊行委員會 編,《蕉雨黃壽永博士古稀紀念
         美術史學論叢》, 通文館, 1988.

최광식,《고대 한국의 국가와 제사》, 한길사, 1994.

崔南善,《白頭山覲參記》, 漢城圖書株式會社, 1927.

崔南善,《增補 三國遺事》, 民衆書館, 1954.

崔常壽,《韓國民間傳說集》, 通文館, 1984(초판 1958).

崔永禧先生華甲記念論叢 刊行委員會,《崔永禧先生華甲記念 韓國私學論
         叢》, 探求堂, 1987.

최원석,《사람의 산 우리 산의 인문학》, 한길사, 2014.

崔在錫,《古代韓國과 日本列島》, 一志社, 2000.

태 켈러, 강나은 옮김,《호랑이를 덫에 가두면》, 돌베개, 2021.

包光金映逐博士全集刊行會,《韓國佛敎思想論考 : 包光金映逐博士全集》,
         圓光大學校出版局, 1984.

中南大學校 百濟硏究所,《百濟의 中央과 地方》, 1997.

하정현, <근대 한국 신화학의 태동 - 단군 담론을 중심으로-> ≪종교연구
        ≫49, 한국종교학회, 2007.

한국고대사학회,《韓國古代史硏究》106, 2022.

韓國古代社會硏究所 編,《譯註 韓國古代金石文》2, 財團法人 駕洛國史蹟
開發硏究院, 1992.

韓國文化象徵辭典編輯委員會,《韓國文化상징사전》2, 東亞出版社, 1995.

한국사 시민강좌 편집부,《한국사 시민강좌》27, 일조각, 2000.

韓國精神文化硏究院,《哲學思想의 諸問題》Ⅱ, 1984.

한국종교사연구회 편,《성황당과 성황제 : 淳昌 城隍大神事跡記 硏究》,
민속원, 1998.

韓國中世史學會,《韓國中世社會의 諸問題 - 金潤坤敎授定年紀念論叢》,
2001.

韓國學文獻硏究所,《金山寺誌》, 亞細亞文化社, 1982.

한글학회 편,《(한글학회 지은)한국지명총람》2(강원편), 한글학회, 1967.

한글학회 편,《(한글학회 지은)한국지명총람》4(충남편)상, 한글학회,
1974.

한글학회 편,《(한글학회 지은)한국지명총람》5(경북편Ⅰ), 한글학회,
1978.

한글학회 편,《(한글학회 지은)한국지명총람》5(경북편Ⅱ), 한글학회,
1978.

한글학회 편,《(한글학회 지은)한국지명총람》6(경북편Ⅲ), 한글학회,
1979.

한글학회 편,《(한글학회 지은)한국지명총람》6(경북편Ⅳ), 한글학회,
1979.

한글학회 편,《(한글학회 지은)한국지명총람》12(전북편)하, 한글학회,

1981.

허홍식 외 5인,《동아시아 역사상과 우리문화의 형성 -고대를 중심으로-》, 한국학중앙연구원, 2005.

허홍식,《한국 신령의 고향을 찾아서》, 집문당, 2006.

현기영,《제주도우다》1, 창비, 2023.

玄容駿,《濟州島神話》, 瑞文堂, 1976.

惠庵柳洪烈博士 華甲記念事業委員會,《柳洪烈博士 華甲記念論文集》, 探究堂, 1971.

홍기문, 김지용 해제,《향가해석》, 驪江出版社, 1990.

홍기문,《조선신화연구 -조선사료고증-》, 사회과학원출판사, 1964.

홍기문,《향가해석》, 조선 민주주의 인민 공화국 과학원, 1956.

洪在烋,《韓國古詩律格研究》, 太學士, 1983.

황수영,《新羅 文武大王東海陵》, 호영, 1997.

황수영,《신라의 동해구》, 열화당, 1994.

黃壽永,《韓國의 佛敎美術》, 同和出版公社, 1974.

黃壽永,《黃壽永全集》5(한국의 불교미술), 혜안, 1997.

황의호,《保寧의 洞祭》, 大川文化院, 2001.

黃浿江,《新羅佛敎說話研究》, 一志社, 1975.

8. 외국 단행본·학술지 (독음 가나다순)

今西龍,《新羅史研究》, 近澤書店, 1933.

今西龍,《朝鮮古史の研究》, 近澤書店, 1937.

今村鞆,《李朝各種文獻 風俗關係資料撮要》Ⅲ, 朝鮮總督府 中樞院, 1944.

大林太郎,《東アジアの王權神話 -日本・朝鮮・琉球-》, 弘文堂, 1984.

David A. Mason,《SPIRIT OF THE MOUNTAINS : Korea's San-Shin and Traditions of Mountain-Worship》, Hollym, 1999.

読売テレビ放送 編,《好太王碑と集安の壁畫古墳》(躍動する高句麗文化), 木耳社, 1988.

瀧音能之,《出雲古代史論攷》, 岩田書院, 2014.

牧田諦亮,《六朝古逸 觀世音應驗記の研究》, 平樂寺書店, 1970.

白鳥庫吉,《白鳥庫吉全集》3(朝鮮史研究), 岩波書店, 1970.

山尾幸久,《古代の日朝關係》, 塙書房, 1989.

三上次男博士喜壽記念論文集 編集委員會 編,《三上次男博士喜壽記念論文集》(歷史編), 平凡社, 1985.

三品彰英,《建国神話の諸問題》(三品彰英論文集2), 平凡社, 1971.

三品彰英 遺撰,《三國遺事考証》上, 塙書房, 1975.

小田省吾,《朝鮮史講座》, 朝鮮史学會, 1923.

小倉進平,《鄕歌及び吏讀の研究》, 京城帝國大學, 1929.

市村博士古稀記念 東洋史論叢刊行会 編,《市村博士古稀記念 東洋史論叢》, 富山房, 1933.

新川登龜男,《日本古代の対外交渉と仏教 -アジアの中の政治文化-》, 吉川弘文館, 1999.

野村耀昌 譯,《國譯 一切經》所收, 1962.

Edited by Michael J. Harner,《Hallucinogens and Shamanism》, Oxford University Press, 1973.

熊谷治,《東アジアの民俗と祭儀》, 雄山閣出版, 1984.

依田千百子,《朝鮮民俗文化の研究 -朝鮮の基層文化とその源流をめぐっ
　　　て-》, 瑠璃書房, 1985.

齋藤忠,《東アジア葬・墓制の研究》, 第一書房, 1987.

井上秀雄,《古代朝鮮史序說 -王者と宗教》, 寧楽社, 1978.

井上秀雄,《新羅史基礎研究》, 東出版, 1974.

朝鮮總督府,《朝鮮金石總覽》上, 1919.

中村治兵衛先生古稀記念東洋史論叢編集委員会 編,《中村治兵衛先生 古
　　　稀記念 東洋史論叢》, 刀水書房, 1986.

村上四男,《三國遺事考証》下之三, 塙書房, 1995.

9. 국내 논문 (가나다순)

姜珉植,〈薯童說話의 생성과 전개〉,《先史와 古代》19, 2003.

강봉원,〈백제 무왕과 '서동'의 관계 재검토 -신라와 백제의 정치·군사적
　　　관계를 중심으로-〉,《白山學報》63, 2002.

姜英卿,〈新羅 善德王의 「知幾三事」에 대한 一考察〉,《원우론총》8, 1990.

강인숙,〈단군신화와 력사〉(1),《력사과학》3, 1988.

姜在哲,〈'善德女王知幾三事' 條 說話의 研究〉,《東洋學》21, 1991.

姜憲圭,〈곰나루 傳說의 變異型 考察〉,《熊津文化》2·3, 1990.

高慶錫,〈毗曇의 亂의 성격 문제〉,《韓國古代史論叢》7, 1994.

고정의,〈서동요 해독의 재검토〉,《人文論叢》15, 蔚山大學校 人文科學研
　　　究所, 1998.

공우석,〈대나무의 시·공간적 분포역 변화〉,《대한지리학회지》36-4,
　　　2001.

곽진석, 〈시베리아 만주-퉁구스족 곰 신화의 양상과 유형에 대한 연구〉, 《동북아문화연구》26, 2011.

權兒遠, 〈羅代 喪·葬風에 關하여〉, 《湖西史學》3, 1974.

權赫亮, 〈'범:', '호:랑이', '두루바리'에 대한 어원 연구〉《東洋學》33, 2003.

김경애, 〈新羅 元聖王의 卽位와 下代 王室의 成立〉, 《한국고대사연구》41, 2006.

김균태, 〈한·중·일(韓中日) 야래자형 설화의 비교 연구〉, 《比較民俗學》26, 2004.

金文泰, 《『三國遺事』所載 '龍' 傳承 硏究 -敍述構造와 變貌樣相을 중심으로-》, 成均館大學校 博士學位論文, 1990.

金秉模, 〈新羅金冠을 통해 본 神鳥思想과 神樹思想〉, 《韓國民俗學報》4, 1994.

金福順, 〈佛宇~古跡〉(『新增東國餘地勝覽』 券21 慶州府 譯註), 《新羅文化》13, 1996.

金庠基, 〈國史上에 나타난 建國說話의 檢討〉, 《學術誌》5, 1965.

김상현, 〈백제 무왕대 불교계의 동향과 미륵사〉, 《韓國史學報》37, 2009.

김선주, 〈신라 선덕여왕과 영묘사〉, 《한국고대사연구》71, 2013.

김성구, 〈한국 귀면의 유형분류와 그 정체성〉, 《한국기와학보》9, 2024.

김성구, 〈한국사원의 귀면장식과 김제 금산사 출토 「王」자명 귀면기와〉, 《불교 사상과 문화》8, 2016.

김성환, 〈고구려 건국신화에서 보이는 고조선 인식의 검토〉, 《韓國古代史探究》13, 2013.

김성환, 〈단군, 신화에서 역사로〉, 《동북아역사논총》76, 2022.

김송태, 〈울산 일산동 대왕암의 유래 고찰 : 호국 불교와 龍의 신통력을 중심으로〉, 《鄕土史報》13, 2002.

김수태, 〈백제 무왕대의 대 신라 관계〉, 《대발견 사리장엄 彌勒寺의 再照明》, 마한백제문화연구소·백제학회, 2009년 4월 24일.

김수태, 〈백제 무왕대의 미륵사 서탑 사리 봉안〉, 《新羅史學報》16, 2009.

김수태, 〈백제 무왕대의 미륵사 석탑 사리봉안〉, 《익산 미륵사지 출토 유물에 대한 종합적 검토》, 신라사학회·국민대학교 한국학연구소, 2009년 3월 21일.

金映遂, 〈智異山 聖母祠에 就하야〉, 《震檀學報》11, 1939.

김영심, 〈舍利器 銘文을 통해 본 백제 사비시기 국왕과 귀족세력의 권력관계 -沙씨세력과의 관계를 중심으로-〉, 《韓國史硏究》163, 2013.

金煐泰, 〈伽倻佛敎의 史的 考察〉, 《伽倻文化》10, 1997.

金煐泰, 〈彌勒寺 創建 緣起說話考〉, 《馬韓·百濟文化》1, 1975.

金瑛河, 〈新羅時代 巡守의 性格〉, 《民族文化硏究》14, 1979.

김윤배·윤성진, 〈경주 동해안권의 해양과학자원과 문화자원 융합을 통한 문무대왕 재조명 및 경주지역 해양교육관광 활성화 방안〉, 《수산해양교육연구》29-4(통권 88호), 2017.

金廷鶴, 〈檀君說話와 토오테미즘〉, 《歷史學報》7, 1954.

金宗大, 〈韓國 民間信仰에 나타난 虎의 存在와 그 象徵〉, 《語文論集》47, 2011.

김주성, 〈백제 법왕과 무왕의 불교정책〉, 《馬韓·百濟文化》15, 2001.

金周煥, 〈大鍾川 流域의 地形과 地質〉, 《新羅文化》2, 1985.

金哲埈,〈신라 上代社會의 Dual Organization〉(下)《歷史學報》2, 1952.

金泰坤,〈國師堂 信仰研究 -中西部地方 形態를 중심으로-〉,《白山學報》8, 1970.

金泰坤,〈巫俗上으로 본 檀君神話 -檀君神話의 形成을 中心으로-〉,《史學研究》20, 1968.

김헌선,〈동북아시아 곰신화 비교연구〉,《아시아문화》14, 1998.

김현숙,〈삼국유사 내 주몽의 출자(出自)기사를 통해 본 국가계승의식〉,《三國遺事研究》1, 一然學研究院, 2005.

남상숙,〈『三國史記』 및 『三國遺事』의 音樂記事 點檢〉,《韓國音樂史學報》2, 1989.

南豊鉉,〈『三國遺事』의 鄕歌와『均如傳』鄕歌의 文法 比較〉,《口訣研究》28, 2012.

南豊鉉,〈中古韓國語의 文法 槪觀〉,《口訣研究》27, 2011.

盧重國,〈百濟 武王과 知命法師〉,《韓國史研究》107, 1999.

盧重國,〈三國遺事 武王條의 再檢討 -泗沘時代後期 百濟支配體制와 關聯하여-〉,《韓國傳統文化研究》2, 1986.

都守熙,〈百濟語의「白·熊·泗沘·伎伐」에 對하여〉,《百濟研究》14, 1983.

都守熙,〈百濟地名研究〉,《百濟研究》10, 1979.

杜錫球,〈萬波息笛考〉,《江原民俗學》7·8, 1990.

瀧音能之,〈일본과 한국의 신화·전설에 보이는 곰〉,《충청학과 충청문화》6, 2007.

류창호,〈1920년대 어느 식민지 지식인의 서해도서 '巡禮'〉《한국학연구》36, 2015.

리상호, 〈단군 설화의 역사성〉(1),《력사과학》, 1962년 3호.

리상호, 〈단군 설화의 역사성〉(2),《력사과학》, 1962년 4호.

木村誠, 〈文武大王代의 對倭關係〉, 제18회 신라문화제 학술대회 발표문, 1999년 8월30일.

文暻鉉, 〈단군신화의 新考察〉,《嶠南史學》1, 1985.

문경현, 〈백제 武王과 善花公主攷〉,《新羅史學報》19, 2010.

文暻鉉, 〈新羅王族의 骨制〉,《大丘史學》11, 1976.

문주석, 〈新羅 '大笒' 形成 考〉,《民族文化論叢》33, 2006.

閔泳珪, 〈瞻星臺偶得〉,《한국과학사학회지》3-1, 1981.

민찬, 〈서동요 해독 및 해석의 관점〉,《韓國文化》33, 2004.

박노자(Vladimir Tikhonov), 〈Epigraphical Sources on the Official Ideology of Unified Silla -on material of the inscription on King Munmu's tomb stele-〉,《韓國史學報》8, 2000.

朴大在, 〈《三國遺事》古朝鮮條 인용《魏書》論〉,《韓國史研究》112, 2001.

박봉우, 〈삼국유사에 나오는 나무 이야기 - 1. 신단수와 단수〉,《숲과 문화》2-1, 1993.

朴星來, 〈瞻星臺에 대하여〉,《한국과학사학회지》2-1, 1980.

朴恩用, 〈鷄林類事의 「虎曰監」에 對하여〉,《國文學研究》5, 1976.

朴海鉉, 〈新羅 中代 政治勢力 研究〉, 全南大學校 博士學位論文, 1996.

박현숙, 〈百濟 武王의 益山 경영과 彌勒寺〉,《익산 百濟 彌勒寺址의 재발견》, 고려사학회·전북역사문화학회, 2009년 5월 16일 발표문.

박현숙, 〈百濟 武王의 益山 경영과 彌勒寺〉,《韓國史學報》36, 2009.

方善柱, 〈韓·中 古代紀年의 諸問題〉,《아시아문화》2, 1987.

변종현, 〈서동설화의 기록화 양상 연구〉, 《배달말》47, 2010.

베론트 브루너(김보경 옮김), 《세상에서 가장 오래된 애증관계 , 곰과 인
　　간의 역사》, 생각의나무, 2010

徐大錫, 〈百濟神話 硏究〉, 《百濟論叢》1, 1985.

서영대, 〈東濊社會의 虎神崇拜에 대하여〉, 《역사민속학》2, 1992.

서영대, 〈울산지역의 사찰설화〉, 《울산연구》3, 2001.

서영채, 〈기원의 신화를 향해 가는 길 : 최남선의 『백두산 근참기』〉, 《한
　　국근대문학연구》6-2, 2005.

徐毅植, 〈新羅 上代의 王位繼承과 聖骨〉, 《韓國史硏究》86, 1994.

徐廷範, 〈方言에서 본 萬波息苗과 文武王陵〉, 《韓國民俗學》8, 1975.

孫晋泰, 〈朝鮮 古代 山神의 性에 就하야〉, 《震檀學報》1, 1934.

손호웅·김성범, 〈문무대왕 수중릉에 대한 지질공학적 연구〉, 《지구물리》
　　6-3(통권 18호), 2003.

송성대, 〈제주 海民들의 이어도토피아〉, 《문화역사지리》21-1, 2009.

申東河, 〈新羅 骨品制의 形成過程〉, 《韓國史論》5, 1979.

辛鍾遠, 〈江原道 麟蹄郡 南面 一帶의 石塔〉, 《古文化》 42·43, 1993.

辛鍾遠, 〈古代의 日官과 巫 -샤마니즘의 政治思想史的 意義-〉, 《國史館論
　　叢》13, 1990.

신종원, 〈단군신화에 보이는 곰[熊]의 實體〉, 《韓國史硏究》118, 2002.

신종원, 〈단군신화에 보이는 樹木信仰〉, 《韓國史學史學報》8, 2003.

辛鍾遠, 〈斷石山神仙寺 造像銘記에 보이는 彌勒信仰 集團에 대하여 -신
　　라 中古期의 王妃族 岑喙部-〉, 《歷史學報》143, 1994.

신종원, 〈三國遺事 <良志使錫>條 註釋〉, 《古文化》40·41, 1992.

辛鍾遠, 〈三國遺事 <郁面婢念佛西昇> 條에 대한 一考察〉, 《史叢》26, 1982.

辛鍾遠, 〈三國遺事 <郁面婢念佛西昇>條 譯解〉, 《新羅文化》5, 1988.

신종원, 〈선화공주·지증왕비 사료읽기 관련 구술자료 소개〉, 《新羅史學報》50, 2020.

신종원, 〈襄陽郡 縣南面 웃달내 마을(上月川里) 大王祭 參觀記〉, 《강원지역문화연구》1, 2001.

신종원, 〈울산 대왕암의 명칭과 유래〉, 《地名學》18, 2012.

신종원, 〈熊耳山과 그 異稱 몇 가지〉, 《地名學》35, 2021.

신종원, 〈原州郡 所草面 황골의 洞祭(大王祭와 城皇祭)〉, 《江原文化研究》14, 1995.

신종원, 〈중국과 일본의 大王神 자료〉, 《梨花史學研究》30, 2003.

신종원, 〈한국 산악숭배의 역사적 전개〉, 《숲과 문화》12-4(통권 70호), 2003.

新川登龜男(신카와 토키오), 辛鍾遠 譯, 〈일본·신라 사이 調(物産)의 의미〉, 《江原史學》17·18, 2002.

辛虎雄, 〈東海口 遺蹟의 歷史性〉, 《嶺東文化》2, 1986.

아라키 준(荒木潤), 〈일제강점기 경주의 유물 반출·훼손과 조선인의 대응 -신라옥적과 일승각의 사례를 중심으로-〉, 《考古學誌》26, 2020.

安禮煥, 〈文武王과 大王岩 研究 -護國思想을 中心으로-〉, 高麗大學校 碩士學位論文, 1983.

梁政植, 〈濟州道 地名語의 形態와 意味素 考察〉, 濟州大學校 碩士學位論文, 1999.

염원희, 〈한국 곰 신화에 나타난 자연과 인간의 문제〉, 《민속학연구》29, 2011.

永田正治, 〈文武王의 思想과 大王巖傳說 -平和와 護國-〉, 《東아시아古代學》16, 2007.

吳江原, 〈고려~조선시대 단군 전승의 변형과 확대, 그리고 역사화 과정〉, 《韓國史學報》56, 2014.

왕리쩐(汪立珍), 황금희 역, 〈중국 동북부 지역 인구가 적은 소수민족들이 공유하고 있는 곰 신화 연구〉, 《민족와 이주》(국제학술대회), 국립민속박물관·비교민속학회, 2022.11.18.~11.19.

유현주, 〈울산 대곡리 반구대암각화 호랑이 도상에 대한 수태동물(受胎動物)로서의 신화의

례적 독법〉, 《한국암각화연구》22, 2018.

윤선태, 〈752년 신라의 대일교역과 「바이시라기모쯔게(買新羅物解)」 -쇼소인(正倉院) 소장 「첩포기(貼布記)」의 해석을 중심으로-〉, 《역사와 현실》24, 1997.

윤세영, 〈신라 火葬王考〉, 《韓國史學報》6, 1999.

尹龍爀, 〈公州地方 곰信仰 資料의 一整理 -百濟時代의 熊神崇拜-〉, 《湖西史學》7, 1979.

尹徹重, 〈「薯童謠」의 新考察 -'卯乙抱遣'에 대한 새로운 해석-〉, 《泮橋語文研究》6, 1995.

李根直, 〈『삼국유사』 왕력의 편찬성격과 시기〉, 《韓國史研究》101, 1998.

李根直, 《三國遺事 王曆篇 研究 -新羅記事의 分析을 中心으로-》, 大邱曉星가톨릭大學校 碩士學位論文, 1995.

李基東, 〈韓國 古代의 國家權力과 宗敎〉, 《東國史學》35·36, 2001.

李基白, 〈三國史記論〉, 《文學과 知性》7-4, 1976.

李基白, 〈三國遺事 紀異篇의 考察〉, 《新羅文化》1, 1984.

이기선, 〈대왕암은 장골처인가 산골처인가 : 문무대왕릉 과대포장론에 대한 반론〉, 《가나아트》(통권 38호), 1994년 7·8월호.

李乃沃, 〈미륵사와 서동설화〉, 《歷史學報》188, 2005.

李能和, 〈朝鮮神敎源流考〉(총 10회), 《史林》·《東明》, 1922~1923.

李道學, 〈彌勒寺址 西塔「舍利奉安記」의 分析〉, 《白山學報》83, 2009.

이동환, 〈韓國美學思想의 探究 (Ⅰ)〉, 《민족문화연구》30, 고려대학교 민족문화연구원, 1997.

이문규, 〈첨성대를 어떻게 볼 것인가 - 첨성대 해석의 역사와 신라시대의 천문관〉, 《한국과학사학회지》26-1, 2004.

이상수·고희재, 〈고성 금구도 城址에 대한 고찰〉, 《嶺東文化》10, 2009.

이시영, 〈곰 화소의 전개 양상과 변용〉, 동아대학교 석사학위논문, 2003.

李泳鎬, 〈新羅 文武王陵碑의 再檢討〉, 《歷史敎育論集》8, 1986.

李泳鎬, 〈新羅中代 王室寺院의 官寺的 機能〉, 《韓國史硏究》43, 1983.

李龍範, 〈瞻星臺存疑〉, 《震檀學報》38, 1974.

李宇泰, 〈迎日冷水里碑의 再檢討 -財의 性格을 中心으로-〉, 《新羅文化》9, 1992.

이장웅, 〈곰나루설화와 백제의 곰신앙〉, 《유라시아문화》6, 2022.

이장웅, 〈百濟 熊津期 곰 신앙의 역사적 전개와 穴寺〉, 《史叢》71, 2010.

이장웅, 〈신라 眞平王 시기 백제 관계와 薯童 說話 -역사의 충돌과 설화의 화해-〉, 《新羅史學報》44, 2018.

이정룡, 〈지명의 차자표기법으로서 확인첨가법 고찰〉,《地名學》34, 2021.

李晶淑, 〈眞平王 末期의 政局과 善德王의 卽位〉,《白山學報》52, 1999.

李鍾旭, 〈新羅 中古時代의 骨品制〉《歷史學報》99·100, 1983.

李泰浩, 〈高句麗壁畫古墳〉㉓(人物風俗圖墓·四神圖⑥-天王地神塚),《北
　　　韓》112, 1981.

李鉉淙, 〈高麗와 日本과의 關係〉,《東洋學》7, 1977.

이현주, 〈신라 선화공주의 역사적 실재와 역할〉,《史林》70, 2019.

이홍직, 〈단군신화와 민족의 이념〉,《국사상의 제문제》1, 1959.

이홍직, 〈신라의 발흥기(勃興期)〉《국사상의 제문제》3, 1959.

印權煥, 〈「心火繞塔」說話考 -印度 說話의 韓國的 展開-〉,《국어국문학》
　　　41, 1968.

임재해, 〈고조선문화의 지속성과 성립과정의 상생적 다문화주의〉,《고조
　　　선단군학》24, 2011.

임재해, 〈고조선시대 곰과 범의 역사적 실체와 토템문화의 재인식〉,《유
　　　라시아문화》6, 2022.

林在海, 〈단군신화에 던지는 몇 가지 질문〉,《文化財》21, 1988.

林在海, 〈武王型 說話의 類型的 性格과 女性意識〉,《女性問題硏究》10,
　　　1981.

임재해, 〈온달형 설화의 유형적 성격과 부녀갈등〉,《女性問題硏究》11,
　　　1982.

張承斗, 〈檀君傳說の民俗學的考察〉,《朝鮮》283, 朝鮮總督府, 1938년 12
　　　월.

張承斗, 이복규 옮김, 〈<檀君傳說>의 民俗學的 考察〉,《口碑文學硏究》3,

1996.

장정룡, 〈강원지역 산맥이 신앙 고찰〉,《韓國民俗學》25, 1993.

전진국, 〈고조선 건국 신화의 환인과 환웅 -부정론에 대한 비판과 실체에 관한 탐구-〉,《韓日關係史研究》77, 2022.

전호태, 〈고구려 천왕지신총 연구〉,《先史와 古代》67, 2021.

鄭求福, 〈高麗 初期의《三國史》編撰에 대한 一考〉,《國史館論叢》45, 1993.

정덕기, 〈신라 상·중대 船府(署)의 정비와 水軍〉,《한국고대사탐구》38, 2021.

정승철, 〈'서동/마퉁이'고〉,《冠嶽語文研究》46, 2021.

정연식, 〈선덕여왕과 성조(聖祖)의 탄생, 첨성대〉,《역사와 현실》74, 2009.

鄭永鎬, 〈石窟 창건과 東海口 新羅遺蹟과의 관계〉,《정신문화연구》15-3(통권 48호), 1992.

정용숙, 〈신라의 여왕들〉,《한국사시민강좌》15, 1994.

鄭宇永, 〈<薯童謠> 解讀의 爭點에 대한 檢討〉,《국어국문학》147, 2007.

丁仲煥, 〈毗曇·廉宗亂의 原因考 -新羅政治社會의 轉換期에 관한 一試考-〉,《東亞論叢》14, 1977.

丁仲煥, 〈三國遺事 紀異篇 古朝鮮條에 引用된 魏書에 대하여〉,《大丘史學》12·13, 1977.

정진원, 〈익산 미륵사 서탑 금동사리봉안기에 대하여〉, 구결학회 월례발표회, 2009년 6월.

정호완, 〈곰신앙의 언어표상〉,《語文研究》26, 1995.

정호완, 〈'곰'의 사회언어학적 고찰〉, 《한글》231, 1996.

조경철, 〈단군신화의 환인·환국 논쟁에 대한 판본 검토〉, 《韓國古代史探
究》23, 2016.

조경철, 〈백제 익산 彌勒寺 창건의 신앙적 배경 -彌勒信仰과 法華信仰을
중심으로-〉, 《韓國思想史學》32, 2009.

조법종, 〈고구려 벽화고분에 나타난 단군 인식 검토 -한국 고대 동물숭배
전통과의 관련성을 중심으로-〉, 《단군학연구》12, 2005.

조법종, 〈古朝鮮關聯硏究의 現況과 課題 -단군인식을 중심으로-〉, 《단군
학연구》1, 1999.

趙由典, 〈感恩寺址 發掘調査 槪要〉, 《古文化》19, 1981.

趙芝薰, 〈累石壇·神樹·堂집 信仰 硏究 -서낭(城隍)考-〉, 《文理論集》7(文
學部篇), 1963.

조현설, 〈웅녀·유화 신화의 행방과 사회적 차별의 체계〉, 《구비문학연구》
9, 1999.

朱甫暾, 〈金春秋의 外交活動과 新羅內政〉, 《韓國學論集》20, 1993.

주보돈, 〈彌勒寺址 출토 舍利奉安記와 백제의 王妃〉, 《百濟學報》7, 2012.

朱昇澤, 〈北方系 建國神話의 文獻的 再考察 - 解夫婁神話의 再構를 中心
으로〉, 《韓國學報》70, 1993.

주운화, 〈樂을 통해서 본 신라인의 복속·통합 관념 -가야금과 현금의 정
치적 상징-〉, 《韓國古代史硏究》38, 2005.

채미하, 〈天賜玉帶와 黑玉臺 -신라 국가제사와의 관련성을 중심으로-〉,
《慶熙史學》24, 2006.

蔡尙植, 〈新羅統一期의 成典寺院의 구조와 기능〉, 《釜山史學》8, 1984.

최광식, 〈桓雄天王과 檀君王儉에 대한 역사민속학적 고찰〉, 《韓國史學報》60, 2015.

崔南善, 〈檀君及其研究〉, 《別乾坤》12·13, 1928.

崔南善, 〈檀君古記箋釋〉, 《思想界》, 1954년 2월.

崔南善, 〈檀君神典의 古義〉(총 39회), 《東亞日報》, 1928.01.01.~1928.02.28.

崔範勳, 〈讖謠研究〉, 《韓國文學研究》1, 1984.

崔鈆植, 〈彌勒寺 創建의 歷史的 背景〉, 《韓國史研究》159, 2012.

崔雲植, 〈쫓겨난 女人 發福說話考〉, 《韓國民俗學》6, 1973.

최의광, 〈『三國史記』『三國遺事』에 보이는 新羅의 '國人'記事 檢討〉, 《新羅文化》25, 2005.

表仁柱, 〈전남 민속현상에 나타난 '말(馬)'의 상징성〉, 《全南文化財》5, 1992.

許興植, 〈開京 山川壇廟의 神靈과 八仙宮〉, 《民族文化論叢》27, 2003.

許興植, 〈《高麗史》地理志에 실린 名所와 山川壇廟와의 關係〉, 《韓國史研究》117, 2002.

許興植, 〈九月山 三聖堂事跡의 祭儀와 그 變化〉, 《단군학연구》1, 1999.

許興植, 〈名山과 大刹과 神堂의 의존과 갈등 -妙香山과 普賢寺와 檀君窟의 사례-〉, 《佛敎考古學》1, 2001.

許興植, 〈世宗時 山川壇廟의 分布와 祭儀의 變化〉, 《淸溪史學》16·17, 2002.

허흥식, 〈朝鮮初 山川壇廟의 制定과 位相〉, 《단군학연구》4, 2001.

玄丞桓, 〈「내 복에 산다」系 說話 研究〉, 濟州大學校 博士學位論文, 1992.

洪思俊, 〈虎岩寺址와 王興寺址 考〉, 《百濟研究》5, 1974.

홍윤식, 〈益山 彌勒寺 창건과 선화공주의 역사적 의미〉,《대발견 사리장
　　　엄 彌勒寺의 再照明》, 마한백제문화연구소·백제학회, 2009년 4
　　　월 24일.

黃壽永, 〈石窟庵本尊 阿彌陀如來坐像小考 -신라 東海口遺蹟과 관련하
　　　여-〉,《考古美術》136·137, 1978.

황인덕, 〈<내복에 먹고 산다>형 민담과 <삼공 본 풀이> 무가의 상관성〉,
　　　《語文硏究》18, 1988.

황인덕, 〈<薯童謠>의 '알(卵)' 해석 재론〉,《韓國言語文學》61, 2007.

10. 외국 논문 (독음 가나다순)

高橋亨, 〈三國遺事の註及檀君傳說の發展〉,《朝鮮学報》7, 1955.

今西龍, 〈檀君考〉,《靑丘学叢》1, 1929.

大林太郎, 〈朝鮮の檀君神話とツングースの熊祖神話〉,《敎養学科紀要》7,
　　　東京大学敎養学部敎養学科, 1975.

武田幸男, 〈新羅骨品制の再檢討〉,《東洋文化硏究所紀要》67, 1975.

門田誠一, 〈高句麗の初期佛敎における經典と信仰の實態 -古墳壁畵と墨
　　　書の分析-〉,《朝鮮史硏究會論文集》39, 2001.

白鳥庫吉, 〈檀君考〉,《学術院輔仁学會雜誌》28, 1894.

松前健, 〈古代韓族の龍蛇信仰と王權〉,《朝鮮学報》57, 1970.

新川登龜男, 〈日羅間の調(物産)の意味〉,《日本歷史》481, 1988.

原島礼二, 〈六世紀日本の朝鮮侵略と軍事動員体制〉,《朝鮮史硏究会論文
　　　集》11(特集 - 日本における朝鮮史像》, 1974.

原田一良, 〈『本紀』檀君卽位年の復元〉,《朝鮮学報》184, 2002.

李成市, 〈新羅僧·慈藏の政治外交上の役割〉, 《朝鮮文化研究》2, 1995.

鮎貝房之進, 〈俗文攷〉, 《雜攷》6-上, 1934.

田中俊明, 〈檀君神話の歴史性をめぐって -史料批判の再檢討-〉, 《韓國文化》33, 1982.

井上秀雄, 〈新羅の骨品制度〉, 《歴史学研究》304, 1965.

池內宏, 〈新羅の骨品制と王統〉, 《東洋学報》28-3, 1941.

11. 인터넷 (가나다순)

https://brunch.co.kr/@coquine27/103 - 꼬낀느, 〈서귀포 해안길을 톺아보다〉03화(거믄여 "터가 세다"는 말을 톺아보다), 《브런치스토리(brunch story)》, 2023.11.15.

https://newslibrary.naver.com/search/searchByDate.naver - 네이버 뉴스 라이브러리.

https://v.daum.net/v/20240302105102299 - 윤태옥, 〈윤태옥의 길 위에서 읽는 한국전쟁〉25(맥아더가 월미도에서 저지른 과오... 그는 영웅이 될 수 없다), 《OhmyNews》, 2024.03.02.

https://ko.wikipedia.org - 위키백과.

https://www.wikipedia.org - 위키피디아.

https://www.grandculture.net/seosan/toc/GC04100210 - 한국학중앙연구원, 〈갈마리(渴馬里)〉, 《디지털서산문화대전》, 한국향토문화전자대전.

https://www.grandculture.net/bucheon/toc/GC01606036 - 한국학중앙연구원, 〈범박동〉, 《디지털부천문화대전》, 한국향토문화전자대전.

https://www.grandculture.net/iksan/toc/GC07501308 - 한국학중앙
연구원, 〈선화공주〉, 《디지털익산문화대전》, 한국향토문화전자대전.

https://www.grandculture.net/geochang/toc/GC06301016 - 한국학
중앙연구원, 〈아홉산 지명 전설〉, 《디지털거창문화대전》, 한국향토문화
전자대전.

https://kdp.aks.ac.kr/inde/indeData?itemId=14&q=query%E
2%80%A0%EB%82%B4%20%EB%B3%B5%EC%97%90%20
%EC%82%B0%EB%8B%A4&id=POKS.GUBI.GUBI.2_18402&pageU
nit=10&pageIndex=1 - 허영이, 〈내 복에 산다〉, 《한국 구비문학 대계》,
한국학중앙연구원, 2012년 1월 29일 일요일.

https://encykorea.aks.ac.kr/Article/E0079227 - 황인규, 〈감추사〉, 《한
국민족문화대백과사전》, 한국학중앙연구원.

https://blog.naver.com/jongguns

12. 한겨레신문 2024년 9월 20일치

찾아보기

ㄱ

ㄴ

ㄷ

ㄹ

ㅁ

ㅂ

ㅅ

ㅈ

ㅌ

ㅍ